개정판

# 실전
# 경찰 경호 호신술

이기세 · 장동수 · 신원
양덕열 · 김승봉 편저

도서출판 진영사

**실전**
**경찰 경호 호신술**
이기세 · 장동수 · 신원 · 양덕열 · 김승봉 편저

2010년 11월 24일 초판 발행
2013년 08월 12일 초판 2쇄 발행
2023년 04월 04일 개정판 발행

발행인 박 진 영
발행처 도서출판 진영사
인천광역시 부평구 주부토로 236 인천테크노밸리 U1 지식산업센터 B동 1507호
전화 : 032)505-4207
팩스 : 032)505-4206
E-mail : 0183734207@hanmail.net
등록 : 제2007-000001호

ISBN 978-89-6541-604-3 93690
값 17,000원

# 머 리 말

최근 4차 산업화의 급속한 발전에 따라 여기서 파생되는 사회병리현상으로 사회구성원의 경쟁심을 자극함으로써 사회의 역동적인 발전에는 순기능적 인 역할을 수행하여 교통의 혼잡, 20대의 영끌로 인한 비관적 삶의 프기 및 범죄의 양적 질적 증가는 한치 앞을 예측하기 어렵게 급변하고 있다.

특히, 범죄는 광역화, 지능화, 흉포화, 연소화, 잔인화 및 연령불문 대상화 되는 추세로 이를 직접 예방 진압하여야 할 일선 집행자로서의 경찰활동은 점점 어려워지고 있는 실정이다. 특히 날로 흉폭화 되어가고 있는 '묻지마' 식의 폭력은 인간을 무기력하게 만드는 또 다른 문제점으로 대두되고 있으며, 그 동기를 전혀 예측할 수 없기 때문에 예방이 불가능한 범죄유형이 아니다. 이러한 범죄에 대한 유형별 대응을 장기적 관점에서 시행한다면 묻지마 범죄를 최소화 시킬 수 있을 것이다. 이러한 상황에서 벗어나기 위해서는 당사자의 의지와 함께 범국가적 지원이 필요함에도 불구하고 몇몇 경찰들의 무책임한 경찰활동도 도마에 오르고 있는 실정이다. 그도 그럴만한 이유는 막가파식 범죄 유형이 현장에서 직무활동을 하고 있는 경찰관들에게도 예외는 아니기 때문이다. 사회적 약자에 대한 포괄적인 지원 시스템의 구축과 정신장애자에 대한 실질적인 원조가 지속적으로 이루어져야 한다.

따라서 본 교재는 경찰경호 호신술에 적합한 내용을 골자로 하였다. 수백까지의 다양한 호신기법이 난무하고 있지만 실제 현장에서 활용될 수 있는 기법을 토대로 예측가능한 상황에 따른 대처능력을 향상시키는 노력은 반드시 필요하다고 할 수 있다. 기존 생활호신술에서 다루지 않았던 도구를 활용하여 호신할 수 있는 기법을 아주 쉽게 수련할 수 있도록 하기 위해 생소하지만 안전하게 활용할 수 있는 삼단봉 활용법과 경찰관들이 총기를 탈취 당했을 때, 역으로 범죄자들을 제압하는 방법들을 소개하여 보다 더 자신감을 갖고 생활현장에서 자신뿐만이 아니라 경찰 직무를 수행하는 입장에서 안전을 가장 우선시 해야 할 호신 동작들을 모아 사진을 통하여 소개하였다.

특히 호신기법은 눈으로 이해를 하는 것 보다는 실제로 반복적인 수련을 통하여 예기치 못한 상황에서 본능적으로 자신과 타인을 보호할 수 있는 대처능력을 향상시키기 위해 수련에 많은 노력을 게을리하지 말아야 한다. 아직까지 우리나라는 권총을 소지할 수는 없지만 가스총과 같은 휴대 가능한 무기도 범죄로 악용될 수 있는 만큼 활용방법 및 탈취를 당했을 경우 제압방법을 알아두는 것이 필요하다. 마지막으로 본 교재를 통하여 호신술에 대한 관심과 또 다른 기법의 개발을 독려하는 차원에서 편저하게 되었고, 출판을 위해 노력해 주신 도서출판 진영사 박진영사장님과 직원들께 감사의 인사를 드립니다.

**2023년 4월**

**저자 일동**

# 목 차



## 부 록

# 실전 경찰 경호 호신술

1. 경찰경호 호신술이란?
2. 경찰경호 호신술 활용법
3. 삼단봉 기초막기 자세
4. 상대방이 주먹으로 공격해 올 경우 삼단봉 활용대처법
5. 상대방이 주먹으로 공격해 올 경우 대처법
6. 상대방이 발로 공격해 올 경우 대처법
7. 상대방이 잡았을 경우 대처법
8. 상대방이 총기로 위협할 경우
9. 차량경호

# 실전 경찰 경호 호신술

## 1. 경찰경호 호신술이란?

경찰경호 호신술은 일반 생활호신술과는 다른 특수 업무 또는 경찰직무 활동시 생명에 위협을 받거나 상해가 발생될 수 있는 상황에서 자신뿐만이 아니라 민간인 신체의 안전을 목적으로 맨손 또는 호신도구를 활용하여 위험한 상황을 모면하기 위하여 다양한 신체의 움직임을 접목한 새로운 기법의 호신술을 적용하여 제압할 수 있는 종합적인 호신기술들을 말한다.

## 2. 경찰경호 호신술 활용법

경찰경호 호신술은 예측하지 못한 위험한 상황이 발생되었을 때 실시하는 특수 호신술로써 평소 연습한 것과 똑같은 상황이 발생되지는 않겠지만 유사한 동작을 반복하여 훈련을 실시 한다면 실전에서 당황하지 않고 도구나 맨손을 통한 융복합적인 경찰무술로 활용할 수 있다. 특히 무도를 어느 정도 할 줄 아는 유단자들은 그림만 보고도 "아! 그거"라고 입으로는 말할 수 있지만 실전에서는 위협 또는 긴장감으로 인하여 근육이 원활하게 움직이지 못하고 경직되어 평소의 순발력과 민첩성이 떨어져 연습 때보다 더 제 실력 발휘를 못할 경우가 있기 때문에 다양한 대상과 훈련하고 상황을 변경 적용하여 연습하는 것이 효율적이다.

# 3. 삼단봉 기초막기 자세

〈바로서기〉

## ① 우측막기

삼단봉 우측막기는 바로서기 자세에서 오른발이 1보 전진하면서 오른쪽 얼굴 방향에서 시도되는 공격을 차단하는 동작이다.

## ② 좌측막기

삼단봉 좌측막기는 우측막기 자세에서 봉을 잡은 손이 왼쪽 얼굴 부위를 방어하는 동작이다.

## ③ 상단막기

상단막기는 상대방이 위쪽에서 무기로 내려칠 때 머리부위를 방어하는 동작이다.

## ④ 하단막기

하단막기는 칼과 같은 무기로 복부 부위를 공격해 올 경우 방어하는 동작이다.

## 4. 상대방이 주먹으로 공격해 올 경우 삼단봉 활용대처법

1) 상대방이 주먹으로 공격해 올 경우 겨드랑이 제압법
2) 상대방이 주먹으로 공격해 올 경우 다리 제압법
3) 상대방이 주먹으로 공격해 올 경우 뒤팔 제압법
4) 상대방이 칼로 공격해 올 경우 손목 치기법

### 1) 상대방이 주먹으로 공격해 올 경우 삼단봉으로 제압하기

삼단봉을 이용하여 상대의 겨드랑이를 이용하여 제압하는 방법이다.

#### ① 상대가 주먹으로 공격해 올 경우

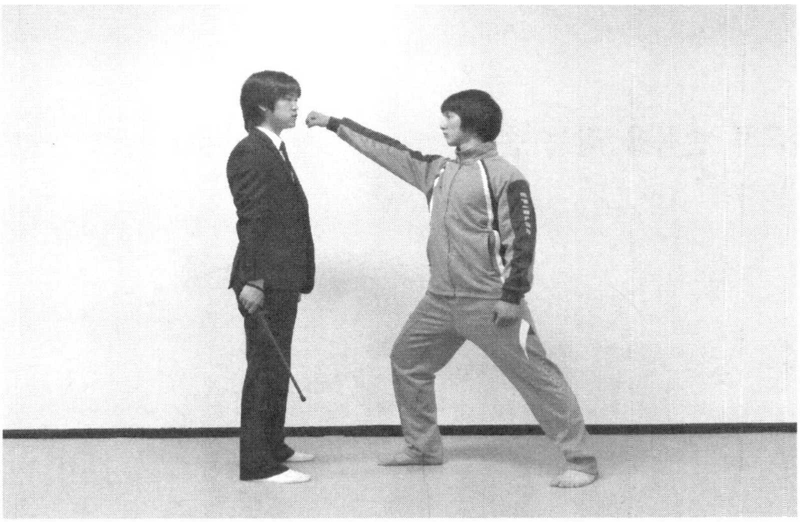

② 삼단봉으로 팔 가운데 부분을 막은 후

③ 한손으로 손목을 잡는 순간

④ 삼단봉을 겨드랑이 쪽으로 이동시켜

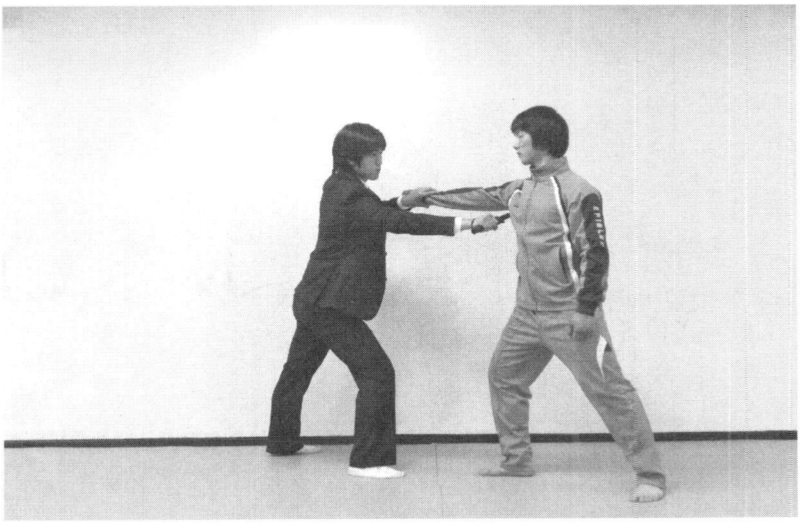

⑤ 잡았던 팔을 내려 삼단봉이 빠지지 않게 고정한 후

⑥ 내회전을 하면서

⑦ 삼단봉 끝을 옆구리에 대고 힘을 준다.

⑧ 상대에게 자극을 주면 상대방은 공중으로 뜨게 되고

⑨ 상대방이 공중회전 낙법을 치는 순간

⑩ 늑골을 공격한 후 제압한 후

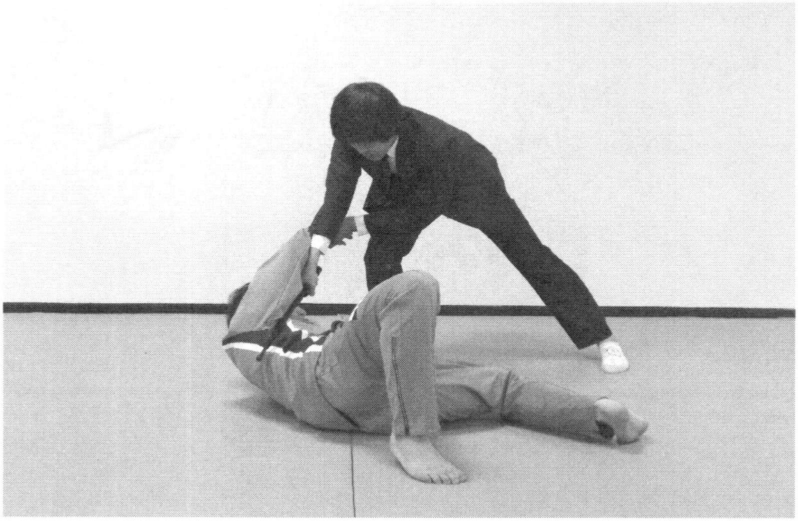

⑪ 재공격에 대비한다.

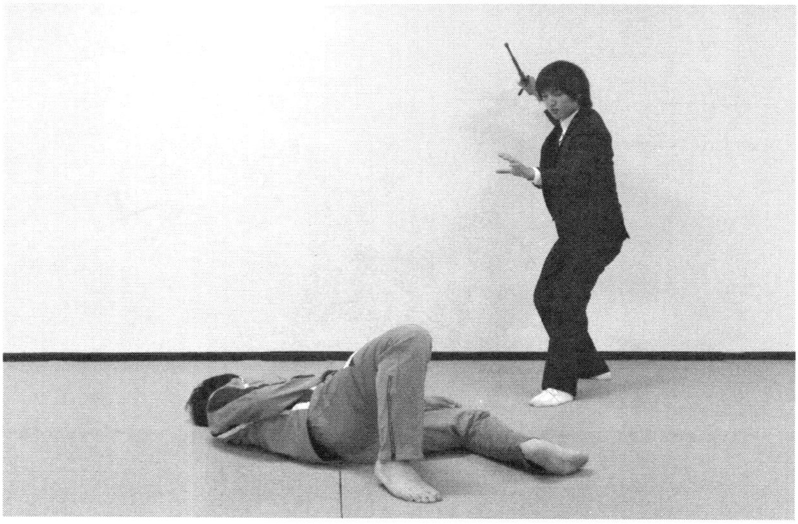

## 2) 상대방이 주먹으로 공격해 올 경우

주먹으로 공격해 올 경우 다리를 공격하는 방법이다.

### ① 상대와 마주 선 자세에서

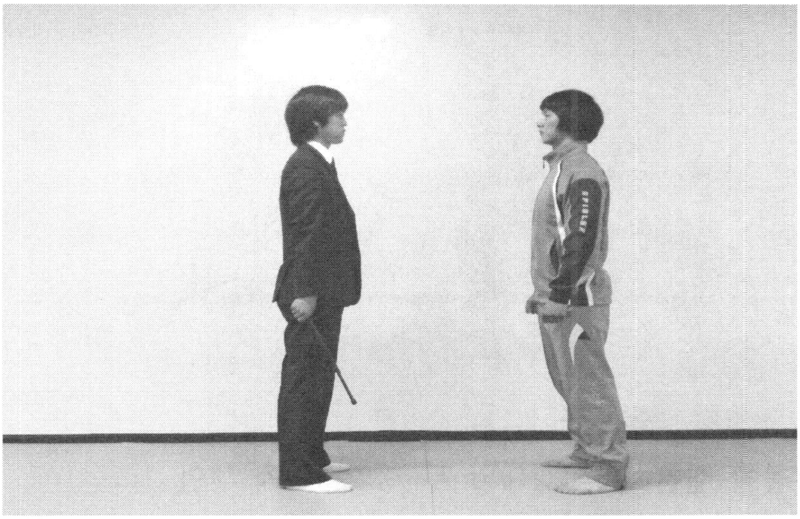

### ② 상대가 주먹으로 얼굴을 공격해 올 경우

③ 한손으로 상대의 주먹을 막고

④ 삼단봉을 잡은 손을 상대의 두 다리사이에 넣어

⑤ 앞다리가 나와 있는 쪽(시계반대방향)으로 회전시켜

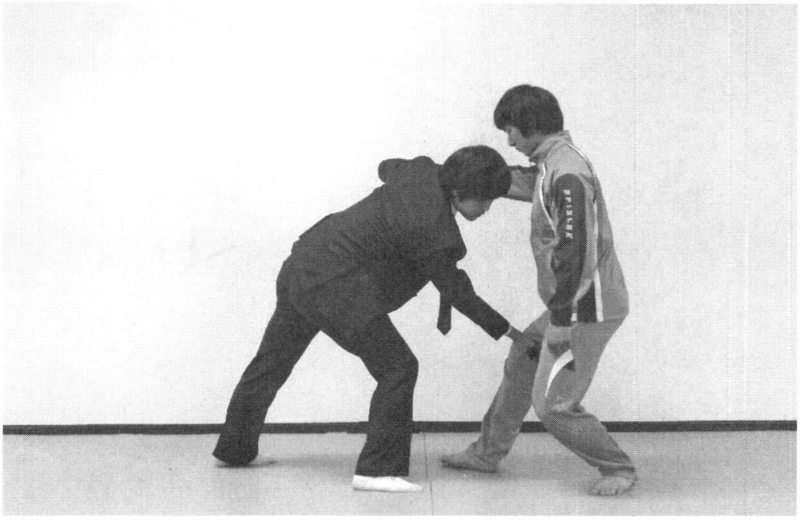

⑥ 제압을 한 후

⑦ 상대방을 넘어뜨린 후 제압한다.

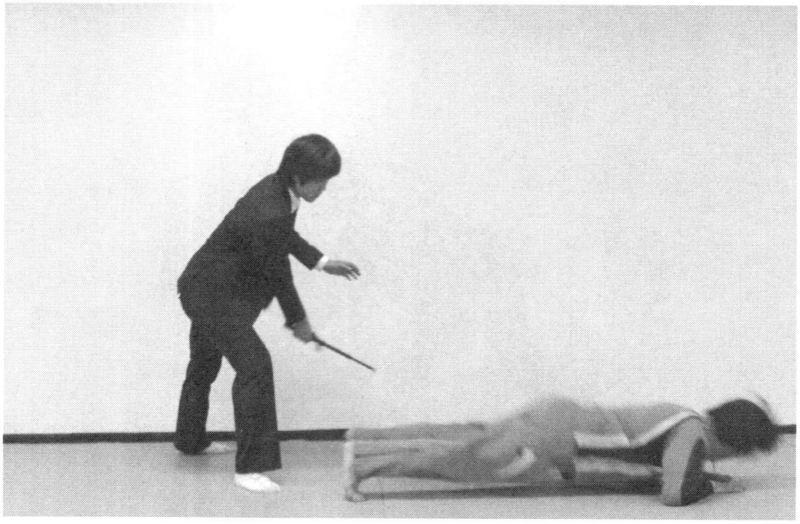

⑧ 상대방이 재공격하지 못하도록 주시한다.

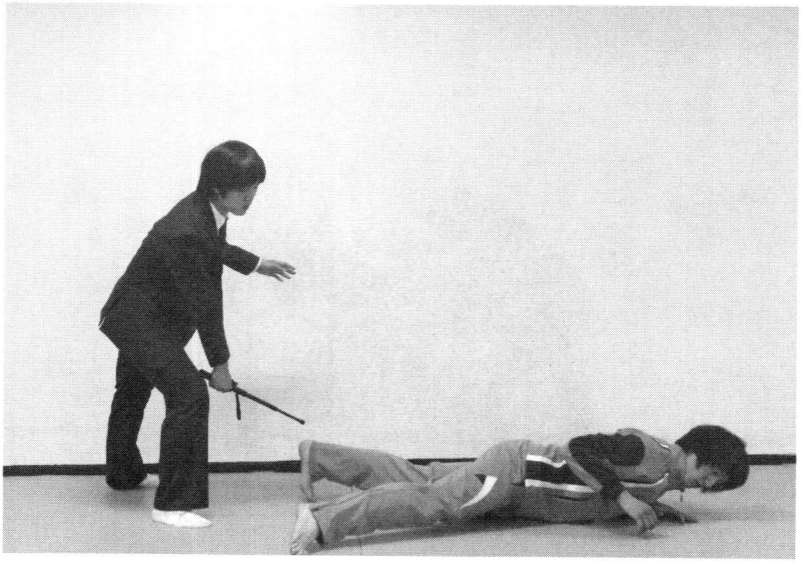

### 3) 상대방이 주먹으로 공격해 올 경우 삼단봉으로 제압하기

상대방이 주먹으로 공격해 올 경우 삼단봉 활용법

**① 상대방과 마주 선 자세에서**

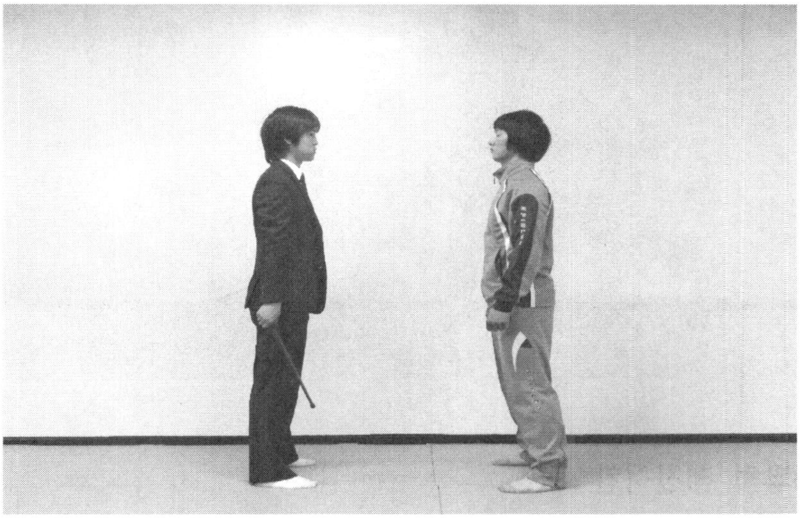

**② 상대방이 주먹으로 공격해 올 경우 삼단봉을 안쪽에서 바깥쪽으로 막고**

③ 삼단봉을 상대방 바깥쪽 주관절에 접촉시킨 후

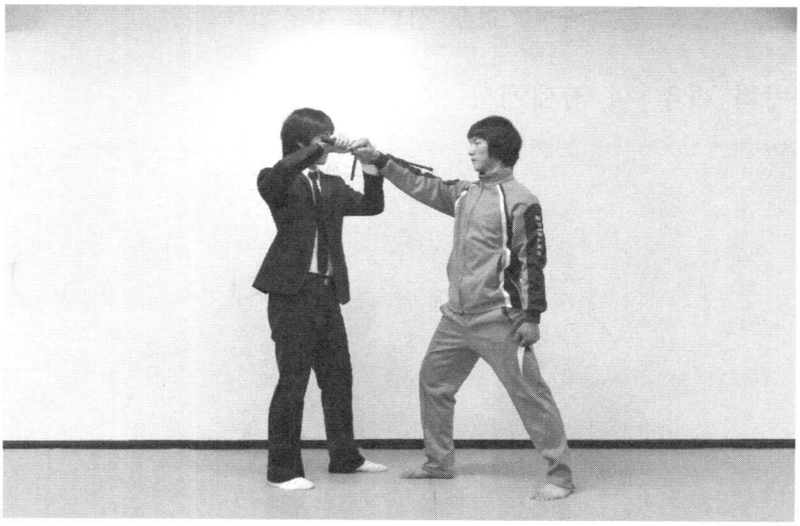

④ 안쪽으로 회전시킨 후

⑤ 주관절이 구부러진 팔 사이로 삼단봉을 넣고

⑥ 삼단봉 끝을 상대의 후상박 부분에 고정시켜

⑦ 아래로 누른 후 압박을 한다.

⑧ 상대방이 재공격을 하지 못하도록 주시한다.

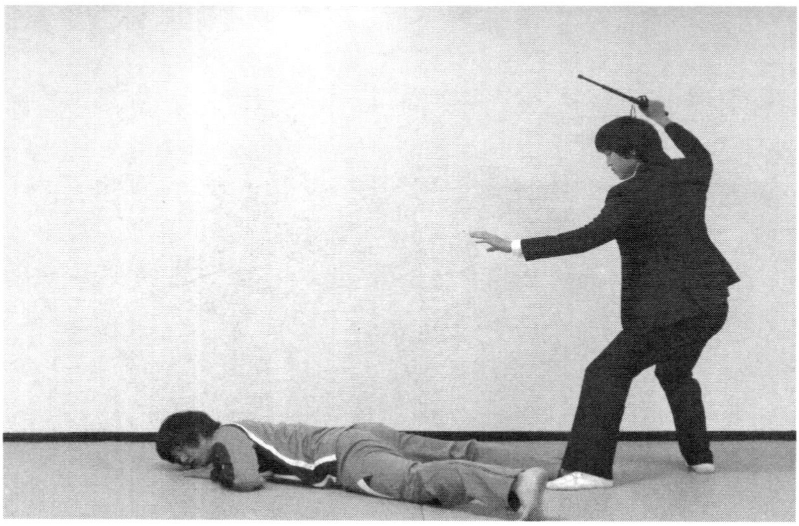

### 4) 상대방이 칼로 공격해 올 경우 삼단봉으로 방어하기

칼 또는 쇠로 된 봉으로 공격해 올 경우 삼단봉으로 방어하는 방법이다.

**① 상대방과 마주 선 자세에서**

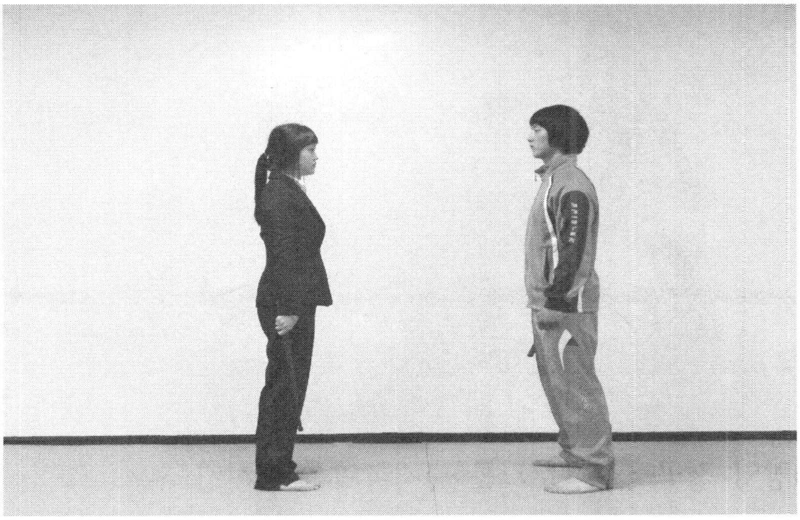

**② 칼로 공격해 올 경우 삼단봉을 작동시켜**

③ 상대의 손목 윗부분을 가격하여

④ 상대방이 잡고 있는 무기를 충격하여 이탈시킨 후

⑤ **제압한다.**

## 5. 상대방이 주먹으로 공격해 올 경우 대처법

### 1) 상대방이 주먹으로 공격해 올 경우 치기법

맨손 대 맨손방법으로 상대의 주먹을 막으면서 손등으로 얼굴을 타격하는 치기법의 일종이다.

**① 상대와 마주 선 자세에서**

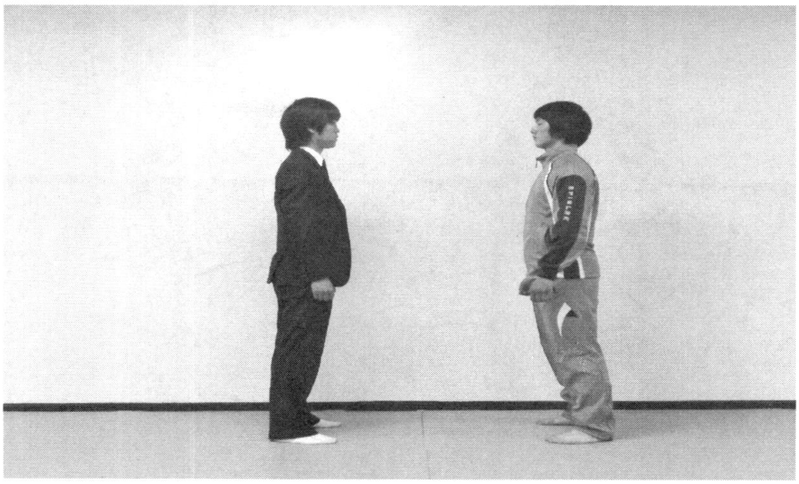

**② 상대가 오른주먹으로 공격해 올 경우 오른발이 1보 전진하면서**

③ 오른손을 들어

④ 상대의 손목부위를 1타 하고

⑤ 다시 왼손으로 상대의 주관절 앞부분을 2타 한 후

⑥ 오른손으로 손등을 꺾어 세워

⑦ 상대의 턱을 올려치면서

⑧ 제압한다.

### 2) 주먹으로 공격해 올 경우 전환 처치법

상대방이 주먹으로 공격해 올 경우 전환법(힘이용법)을 이용하여 제압하는 방법이다.

**① 상대방과 마주 선 상태에서**

**② 주먹으로 공격해 올 경우 한손은 주먹을 막고**

③ 다른 한손으로 목을 감는다.

④ 몸에 가까운 상대의 발을 축으로

⑤ 회전을 하다가 역회전을 하여

⑥ 상대의 손목을 잡았던 손을 놓으면서

⑦ 목의 경동맥을 친 후

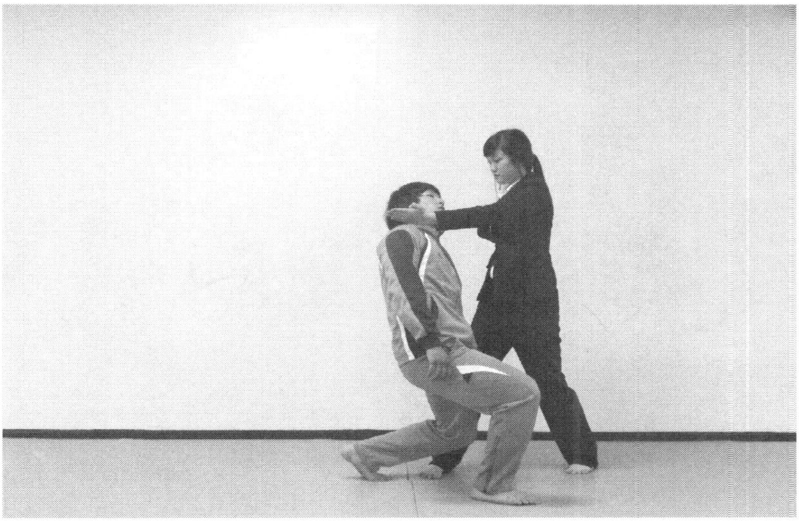

⑧ 상대를 뒤로 밀어

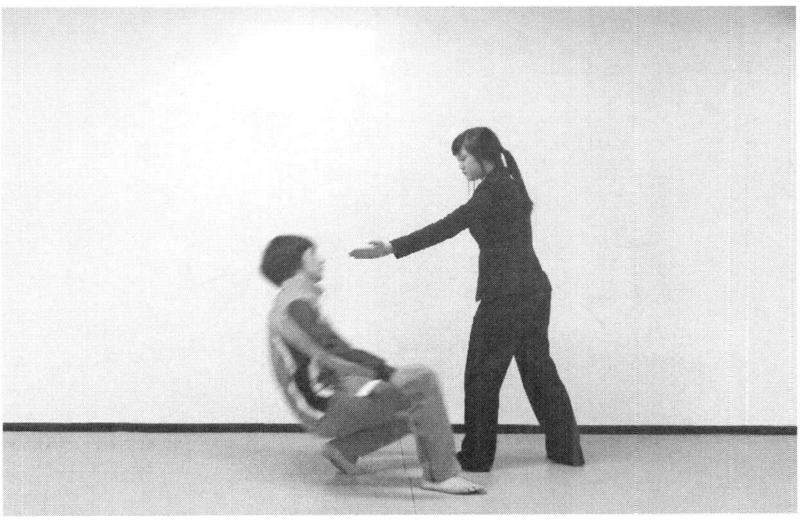

⑨ 제압한다.

### 3) 주먹으로 공격해 올 때 전환 제압법

① 상대방과 마주 선 자세에서

② 상대방의 주먹을 한손으로 막고

③ 막은 손을 바깥쪽으로 회전 하면서

④ 다른 손으로 손목을 잡고

⑤ 다시 반대손으로 주관절에 힘을 가한 후

⑥ 회전을 한 후

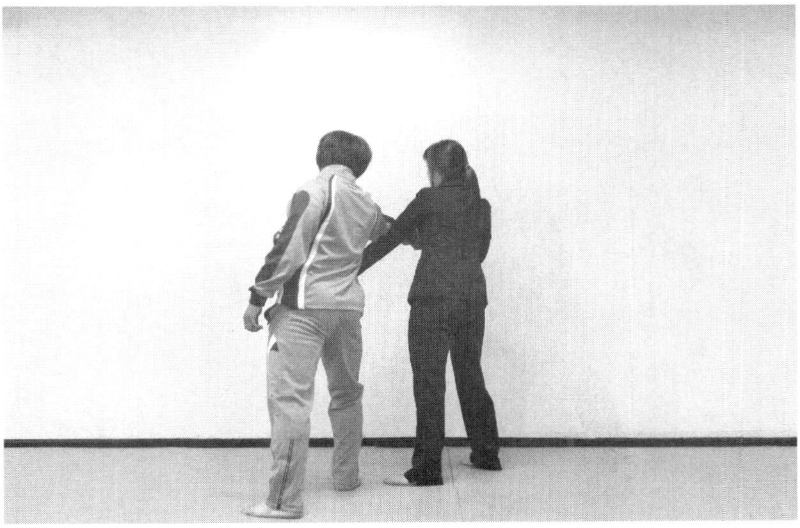

### ⑦ 손목을 바꿔 잡고

### ⑧ 오른발로 상대의 다리에 대고

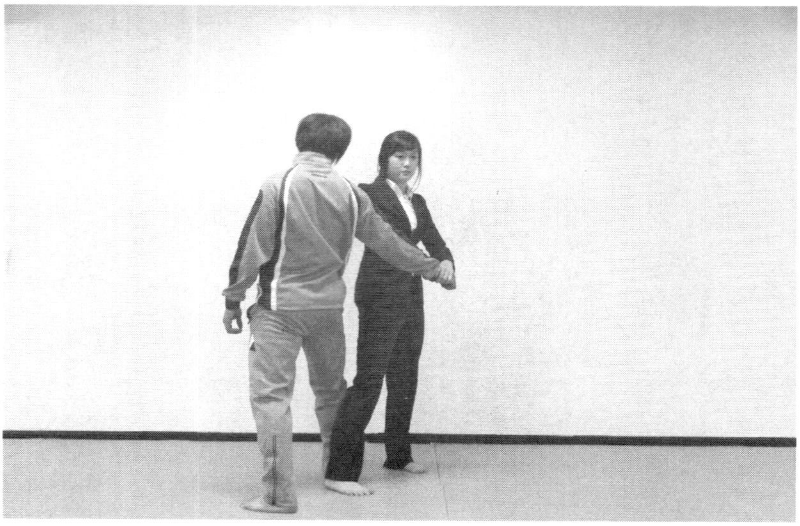

⑨ 어깨에 팔을 대고

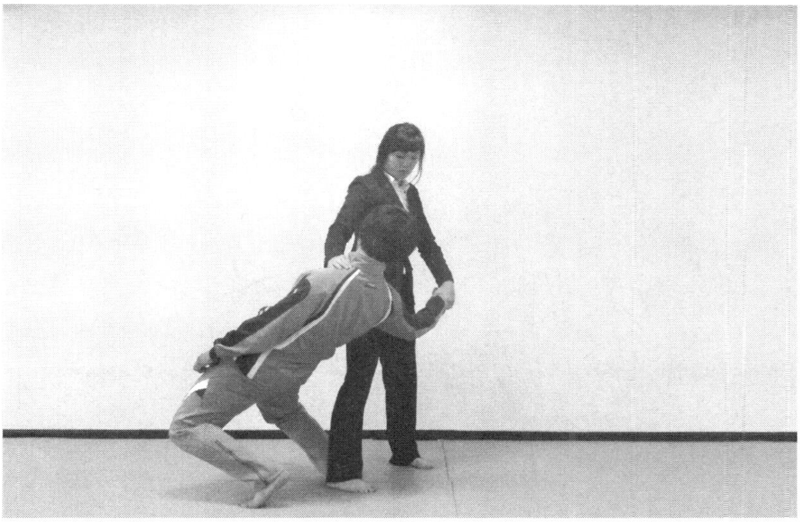

⑩ 뒤쪽으로 밀며

⑪ 쓰러뜨린 후

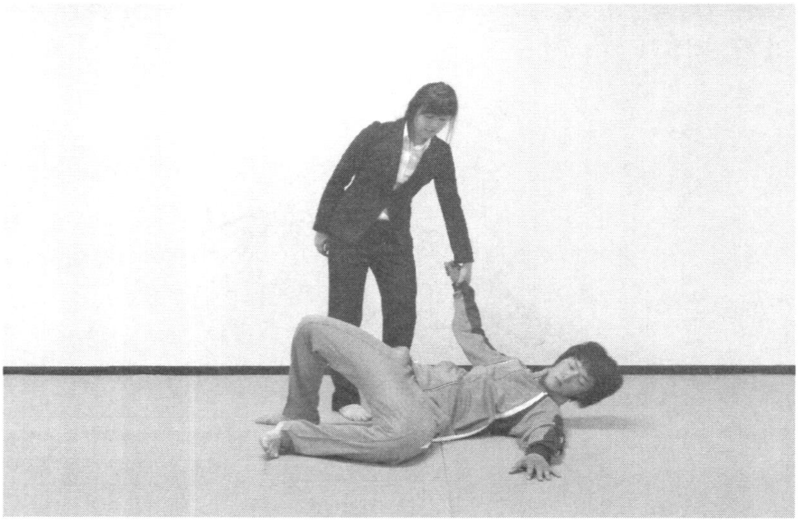

⑫ 제압한다.

## 6. 상대방이 발로 공격해 올 경우 대처법

### 1) <발 차기 기본>

#### (1) 앞차기

① 무릎을 접는다.

② 무릎을 편다.

③ 앞꿈치를 약간 당겨 무릎을 펴서 목표를 공격한다.

## (2) 옆차기

① 옆서기 자세에서

② 무릎을 들고 선 후

③ **접은 다리를 펴면서 찬다.**

### (3) 뒷차기

① 앞서기 자세에서 뒤쪽발이 1보전진하면서 무릎을 접은 후 들어올려

② 다리를 펴면서 중심을 잡는다. 특히 발끝은 날을 세우고 뒷꿈치는 밀고 앞쪽 발가락은 당긴다. 이때 축의 뒷꿈치와 뻗은 다리의 방향이 일치하도록 하며 어깨 뒤쪽으로 시선을 향한다.

### (4) 발등으로 찍어차기

① 무릎을 접어서 접힌 무릎을 펴서 발등과 나란히 뻗는다.

② 무릎을 펴면서 발등을 펴서 높이 뻗는다.

## 2) 발차기 방어법 <옆차기로 공격해 올 경우>

① 상대방과 마주 선 자세에서

② 상대방이 발로 공격해오면

③ 1보전진하여 발목을 팔로 들어올리며

④ 한쪽다리로 상대의 뒷무릎을 겨냥한 후

⑤ 뒷무릎을 정확히 가격한 후

⑥ 제압한다.

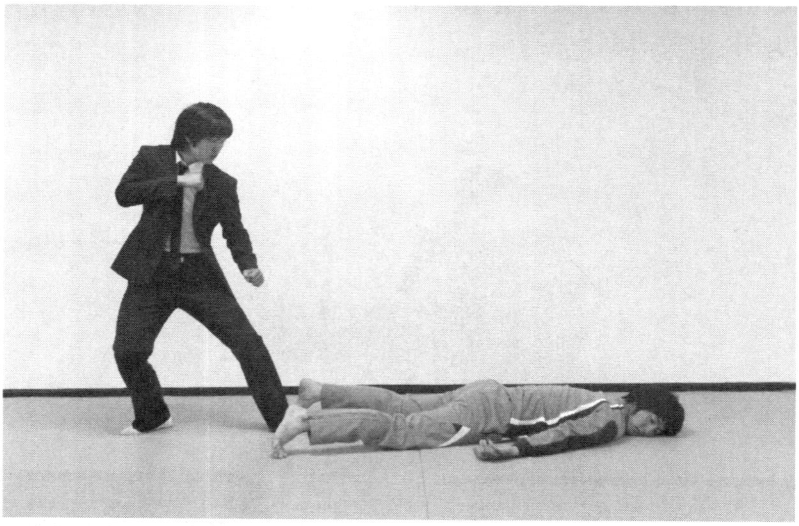

### 3) 상대방이 발로 공격해 올 경우 방어법(앞돌려차기 시)

① 상대방과 마주 선 자세에서

② 상대방이 발등으로 공격해 오면

③ 한손으로 발을 막고 난 후

④ 한쪽팔로 다리를 감고

⑤ 다른 쪽 손으로 상대의 멱살을 잡고

⑥ 시계방향으로 회전하면서 들어 올린 후

⑦ 바닥에 던져 제압한다.

### 4) 상대방이 회축(뒤돌려차기)으로 공격해 올 경우 대처법

① 마주 선 상태에서

② 상대방이 몸을 틀어

③ 회축(뒤돌려차기)으로 공격하려고

④ 발을 뻗으면 후대퇴부와 대둔근 사이를

⑤ 앞발로 정확하게 대고

⑥ 상대방을 찬 후

⑦ 자세를 잡는다.

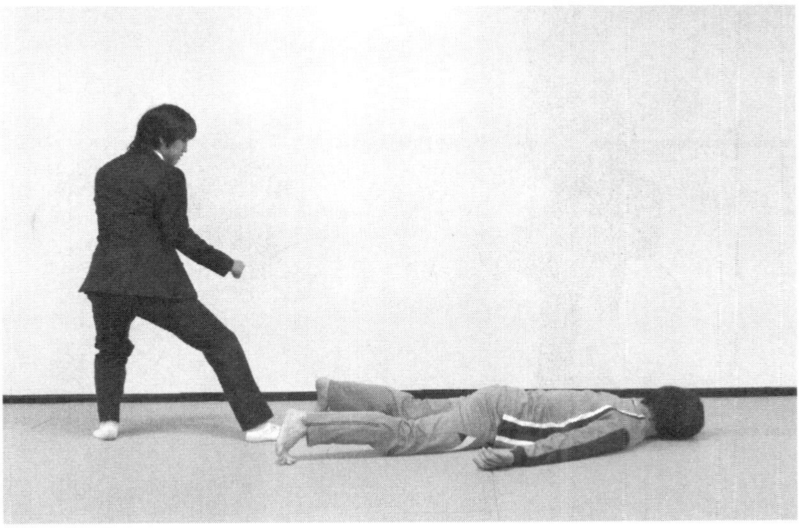

## 7. 상대방이 잡았을 경우 대처법

### 1) 상대방이 손목을 잡아올 경우(손빼기)

상대방이 손목을 잡으면 손빼기를 실시하여 거리를 두고 공격, 방어 계획을 세워야 한다. 상대방이 무기를 잡고 있을 경우는 손빼기와 손목수를 연결하여 제압하는 것이 안전하다.

#### ① 상대방과 마주 선 자세에서

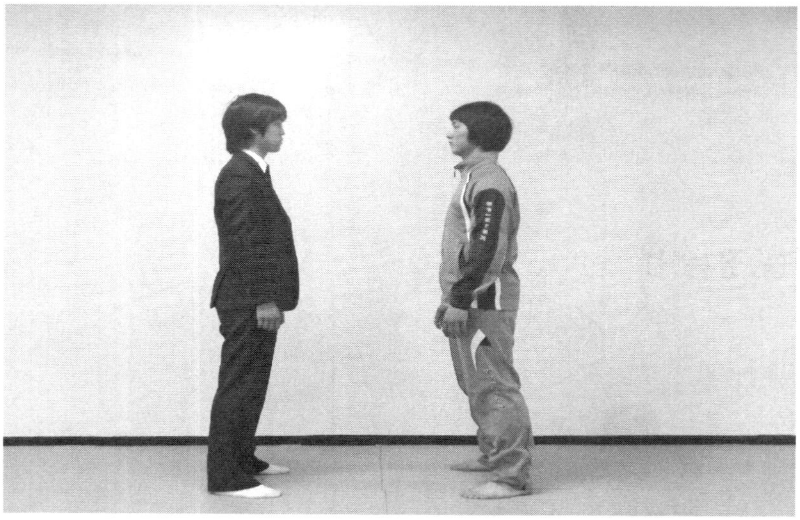

② 한쪽 손을 잡아오면

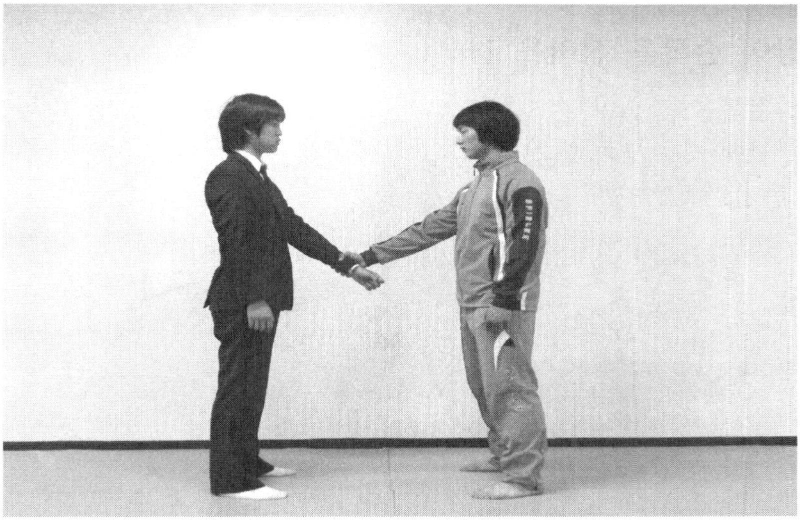

③ 잡힌 손을 어깨 높이 보다 높게 들어

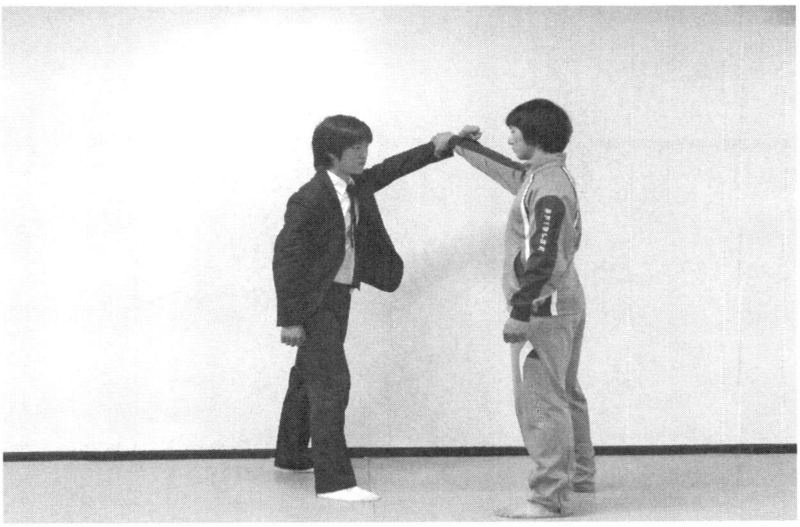

④ 잡힌 손 반대쪽의 발이 1보 전진하면서

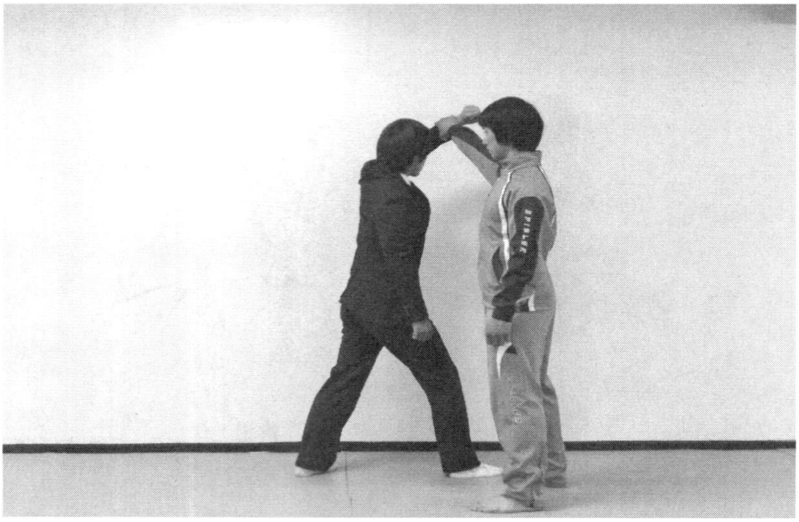

⑤ 회전한 후

⑥ 뒤로 돌아가서

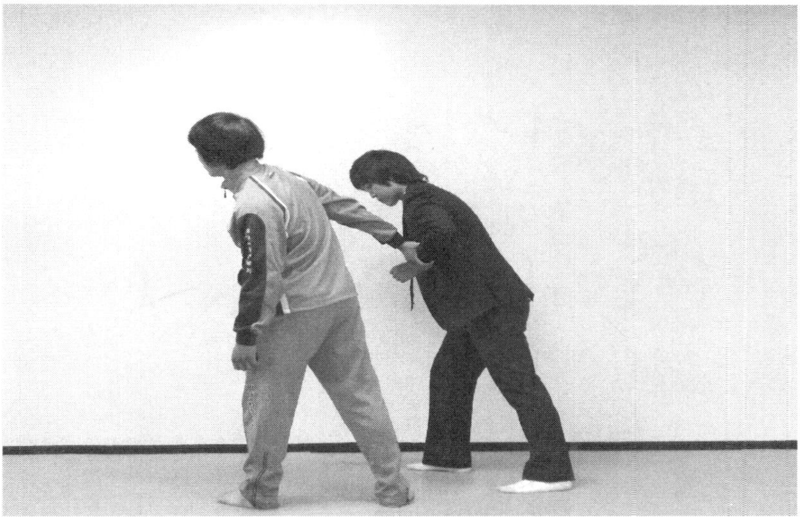

⑦ 잡힌 손을 뺀 후

⑧ 손을 들어

⑨ 상대의 목 뒷부분을 내려친 후

⑩ 확인한 후

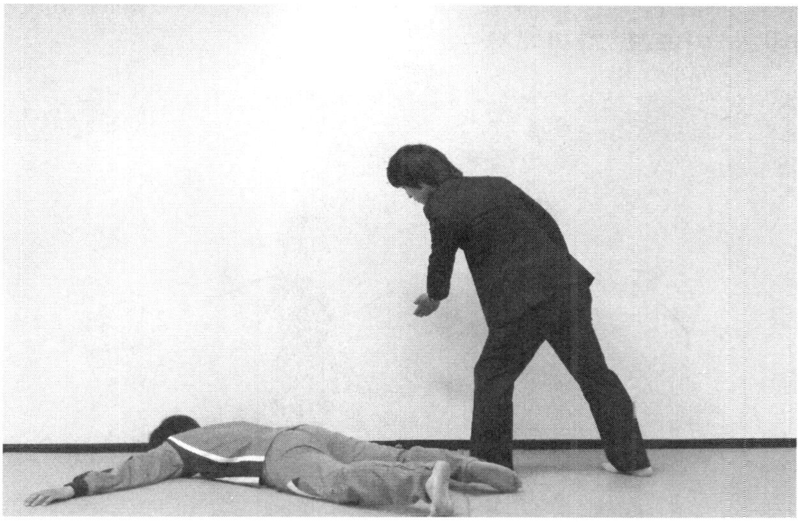

⑪ 자세를 잡는다.

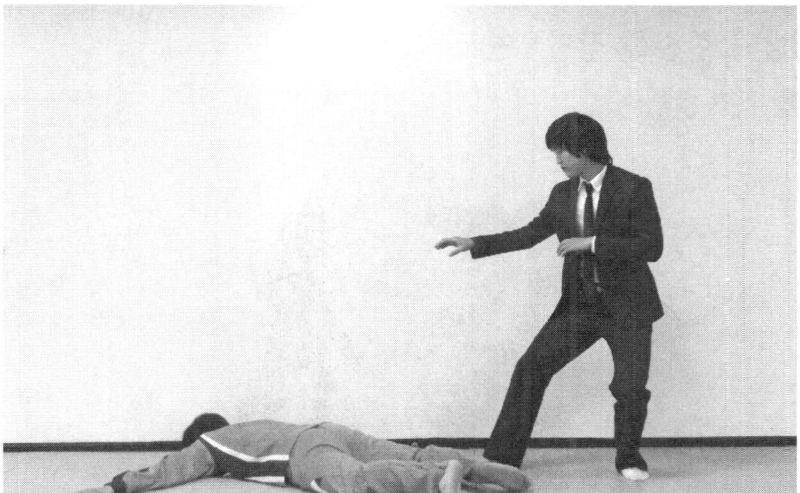

## 2) 손목을 잡아올 경우 제압술(손목꺾기)

### ① 상대방과 마주본 자세에서

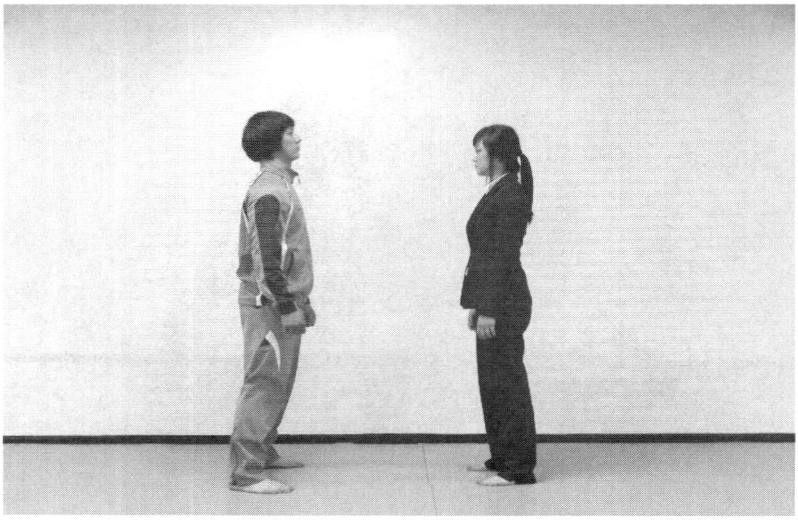

### ② 상대방이 한손을 잡아오면

③ 잡힌 손을 시계반대방향으로 바꿔 잡고 다른 손을 보조로 잡은 후

④ 왼손은 왼쪽방향, 오른손은 오른쪽방향으로 동시에 비틀면서

⑤ 오른손으로 상대의 주관절에 댄 후

⑥ 오른발이 전진하면서 누른다.

⑦ 한번 더 오른발을 축으로 회전하여 주관절에 체중을 실어 누른 후

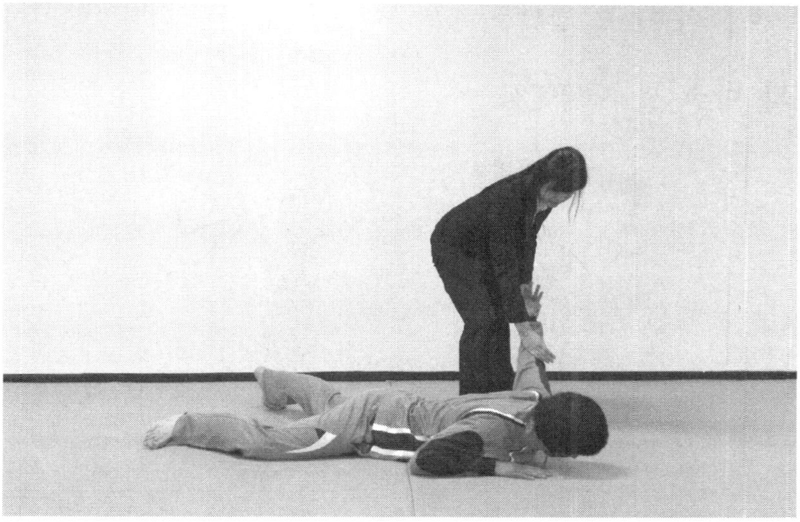

⑧ 제압한다.

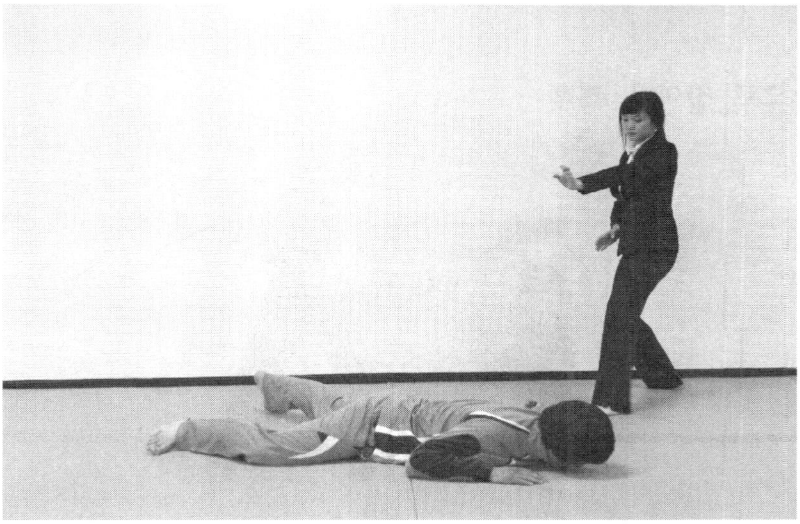

### 3) 상대방이 손목을 잡아올 경우 제압술(엇손으로 잡았을 때)

상대방이 손을 악수하듯 잡았을 경우 처치술이다.

① 상대와 마주 선 자세에서

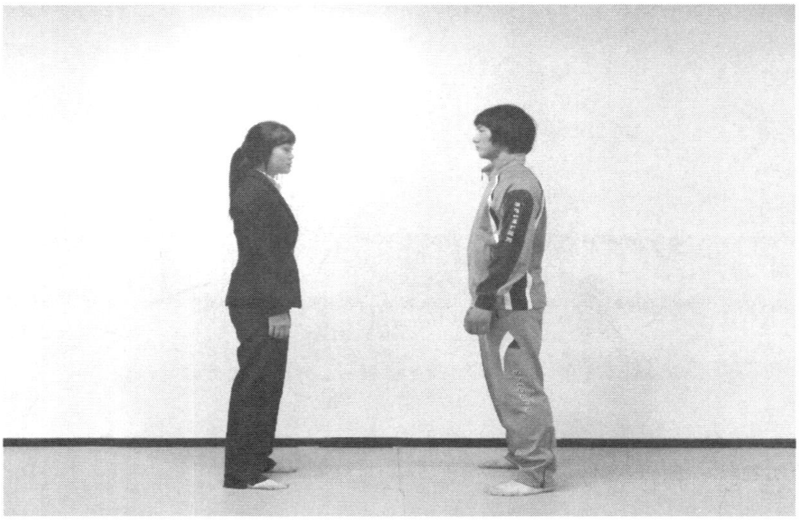

② 엇손으로 잡아올 경우

③ 잡힌 손을 회전시켜 돌려잡은 후

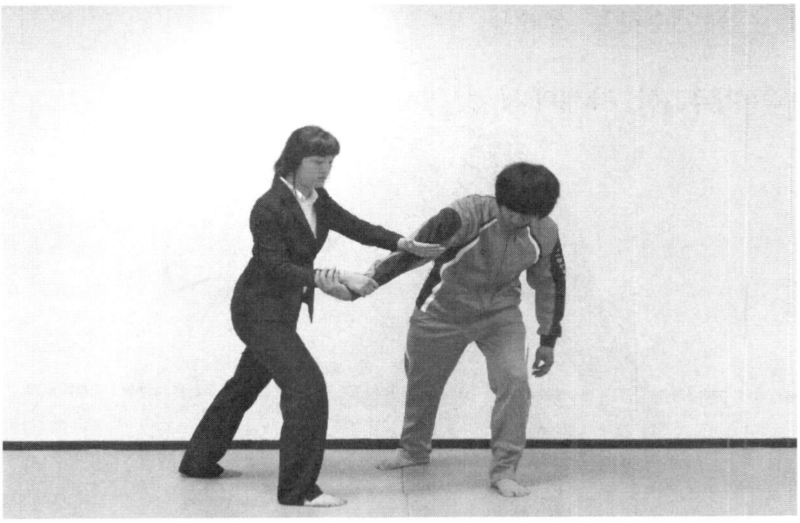

④ 다른 손은 주관절을 누르면서

⑤ 1보 전진하면서 제압한다.

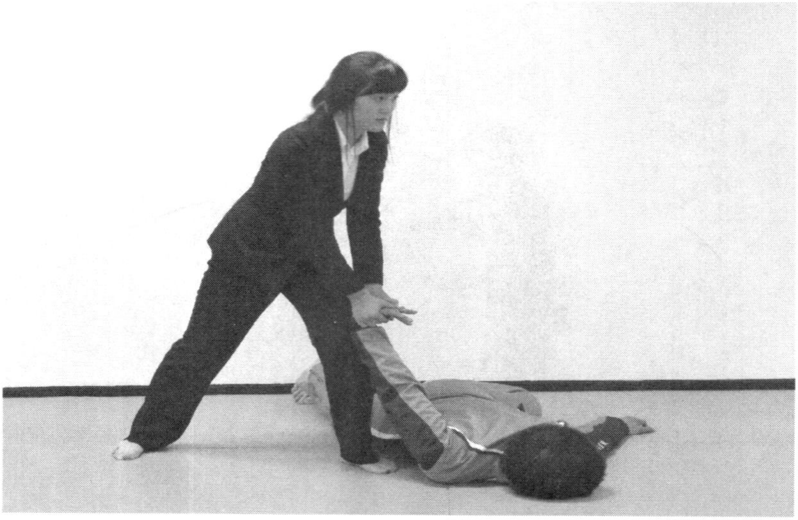

### 4) 상대방이 상박(윗쪽팔)을 잡아올 경우 제압술

상대방이 손목이 아닌 팔 위쪽부분의 옷을 잡았을 경우 처치법이다.

① 상대와 마주선 자세에서

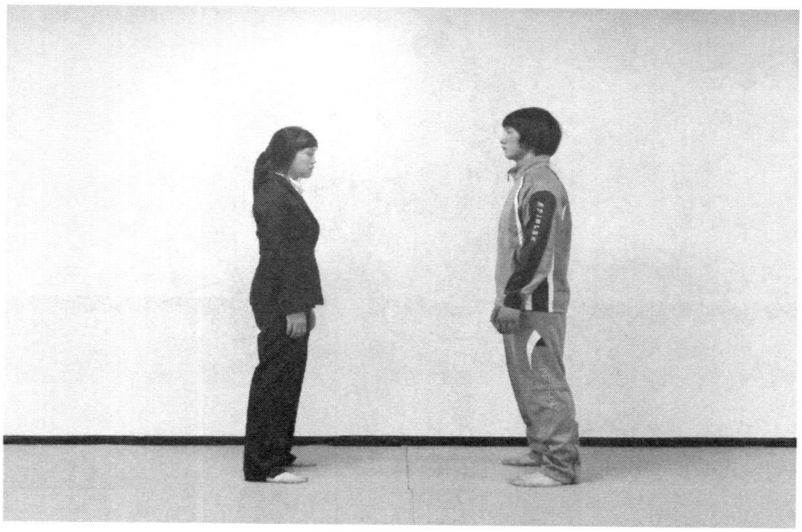

② 한쪽 팔 위쪽을 잡으면

③ 한손은 상대의 주관절부분의 옷을 잡고 당기고

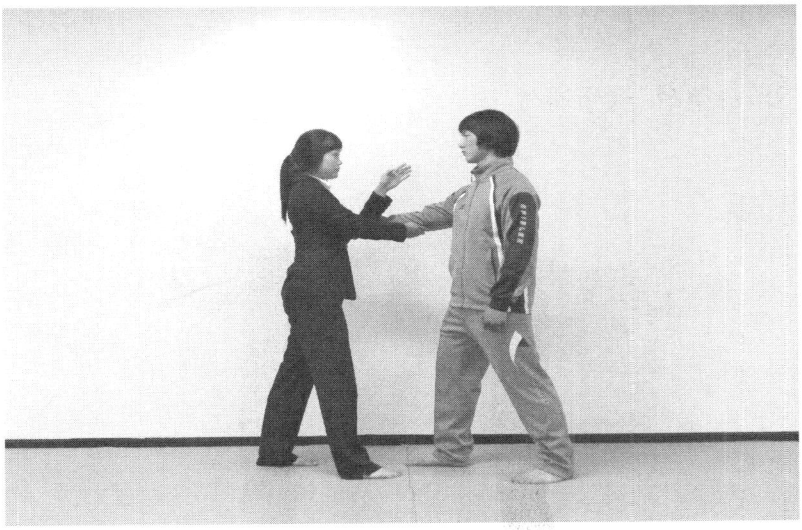

④ 다른 한손은 두 손가락을 펴서 상대의 눈을 찌른 후

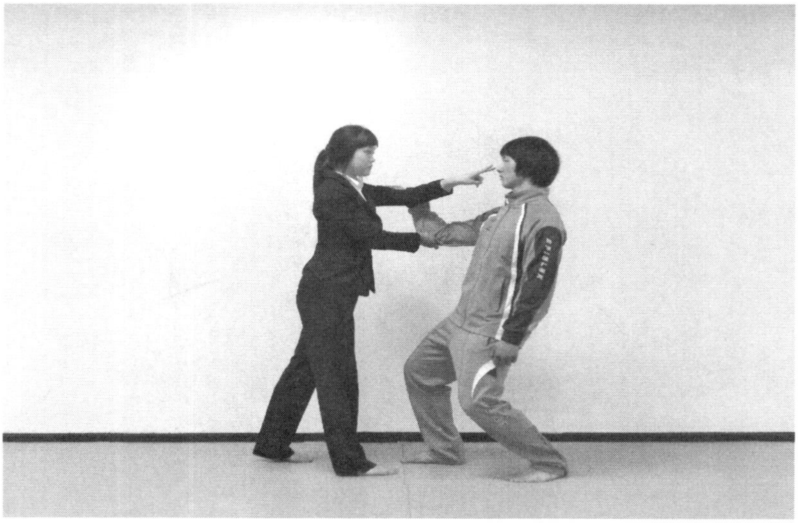

⑤ 빠르게 주관절에 팔을 끼워

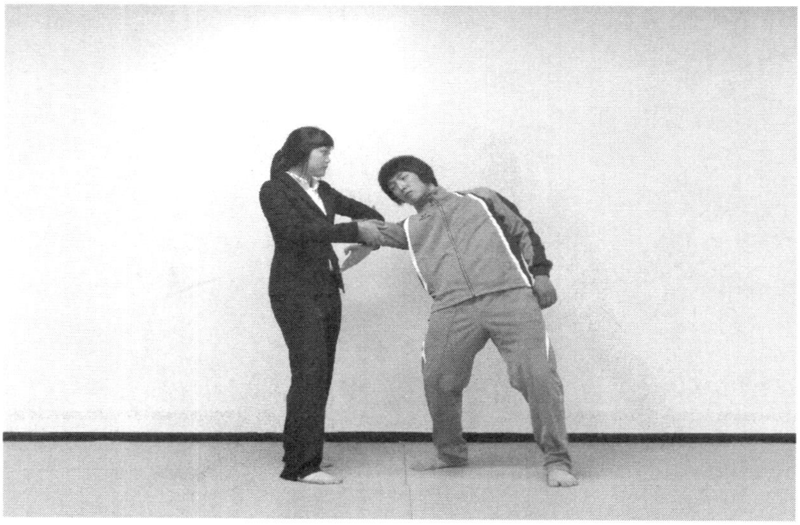

⑥ 아래에서 위쪽으로 회전시켜 뒤로 넘어뜨린 후

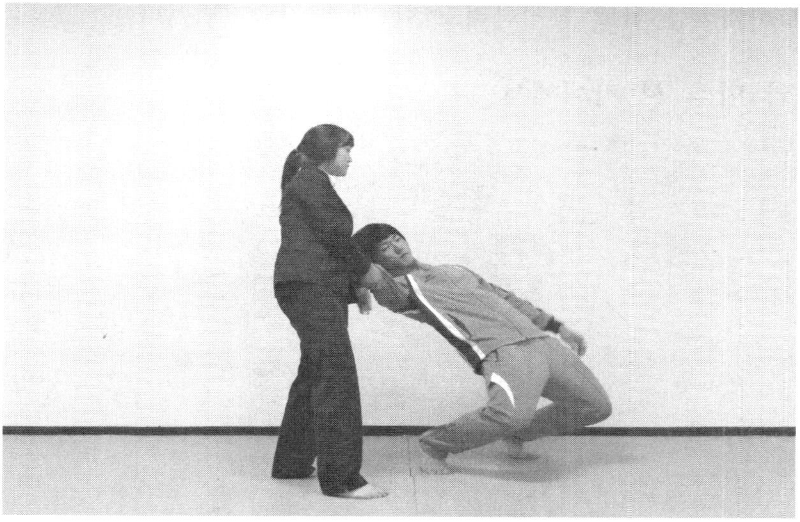

⑦ 제압한다.

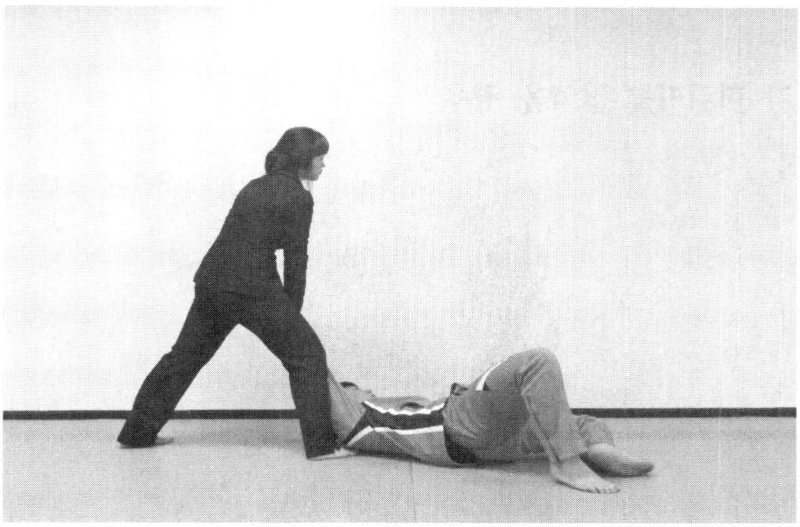

### 5) 상대방이 허리띠를 잡아올 경우 제압술

상대방이 허리띠를 잡고 공격하려고 할 때 대처술기법이다.

#### ① 상대와 마주 선 자세에서

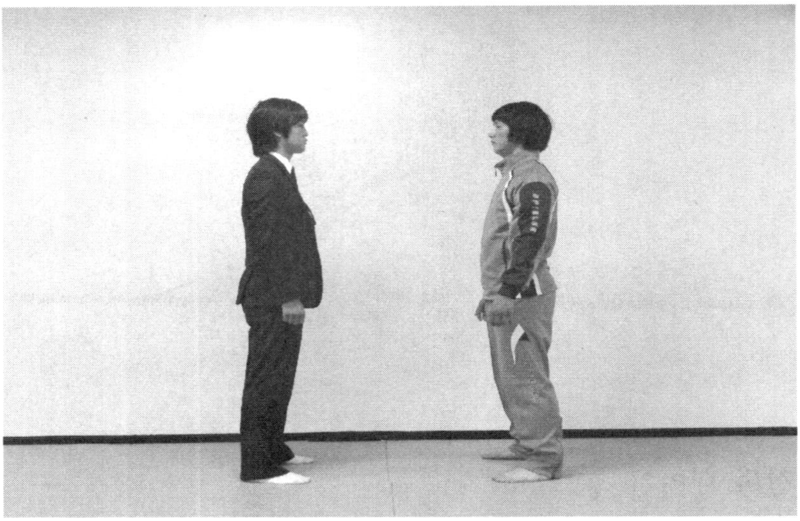

#### ② 상대가 허리띠를 잡아올 경우

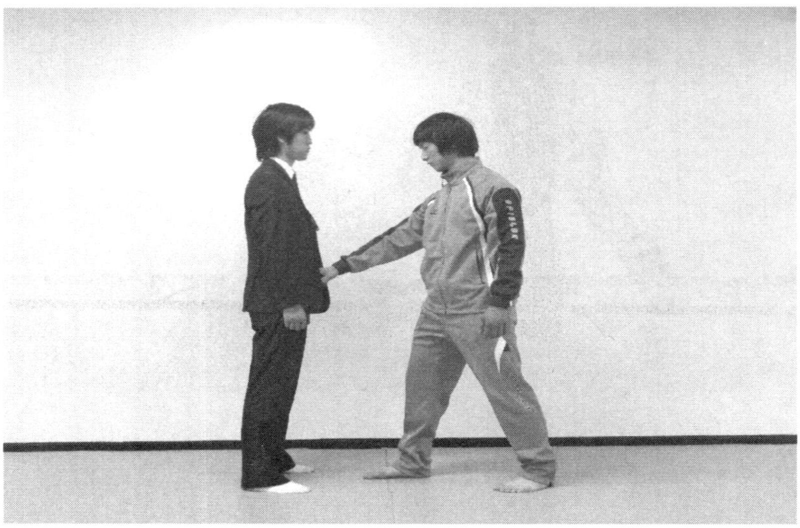

③ 한손을 들어

④ 주관절을 내려친 후

⑤ 상대의 자세가 낮아지면 한손은 머리와 다른 한손은 턱을 잡고

(⑤ 사진확대) 경추를 비틀어

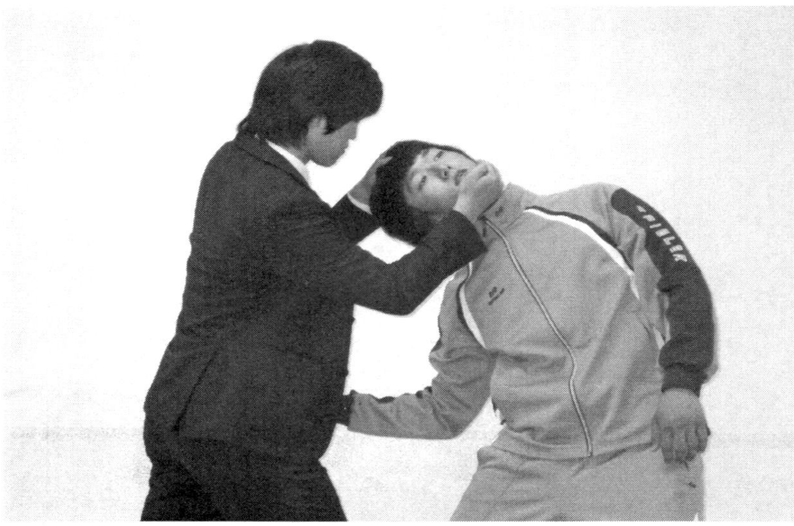

⑥ 시계반대방향으로 회전하면서

⑦ 한발로 다리를 걸어

⑧ 제압한다.

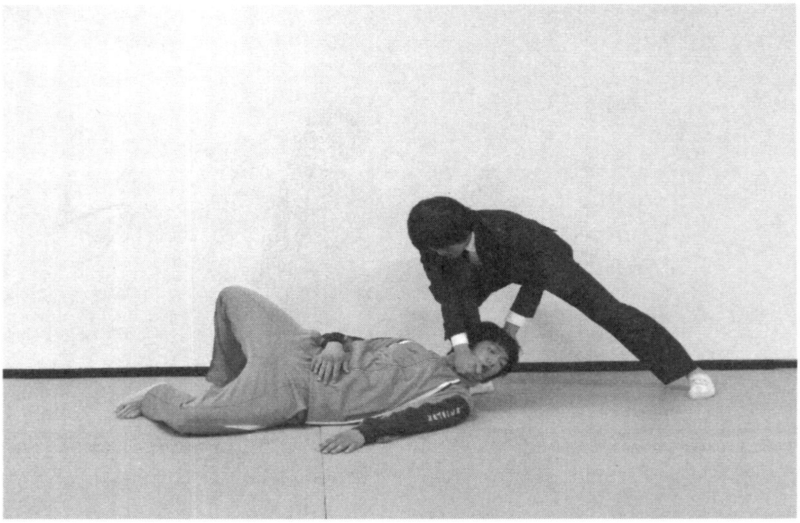

6) 상대방이 멱살을 잡아올 경우 제압술

① 상대방과 마주 선 자세에서

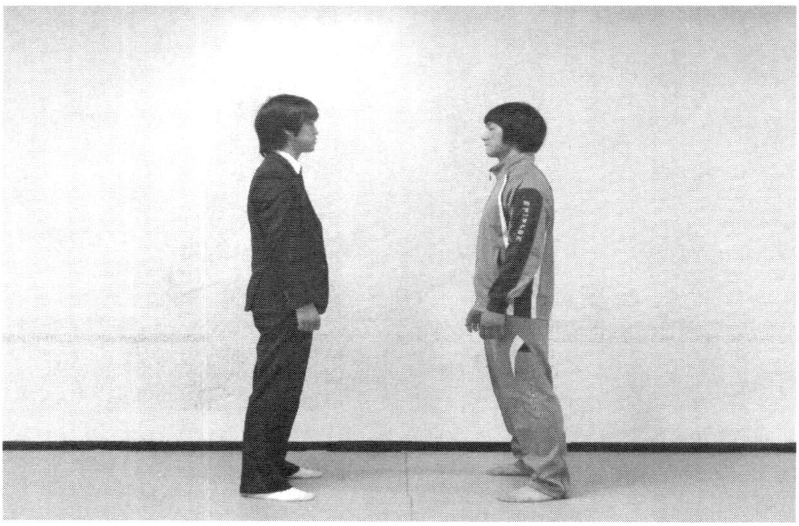

② 상대가 멱살을 잡아오면

③ 한손으로 손과 옷을 동시에 잡고

④ 다른 손은 상대의 주관절 아랫부분을 잡고

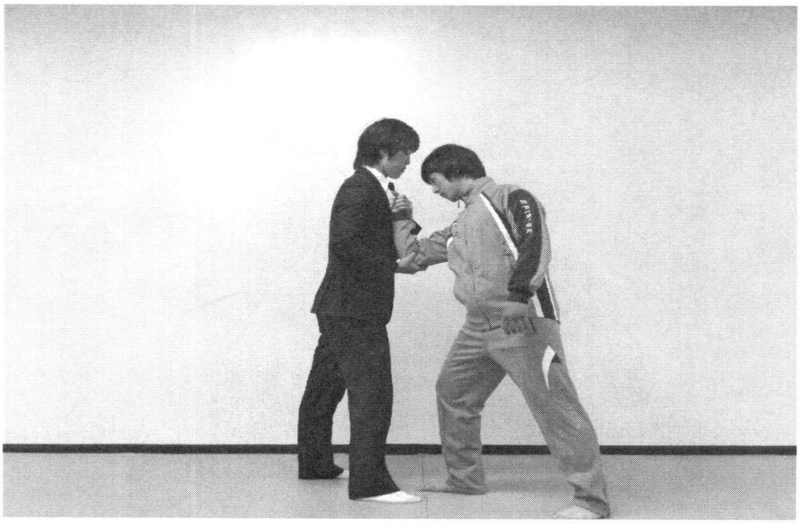

⑤ 뒤로 당기며

⑥ 넘어뜨린 후

⑦ 제압한다.

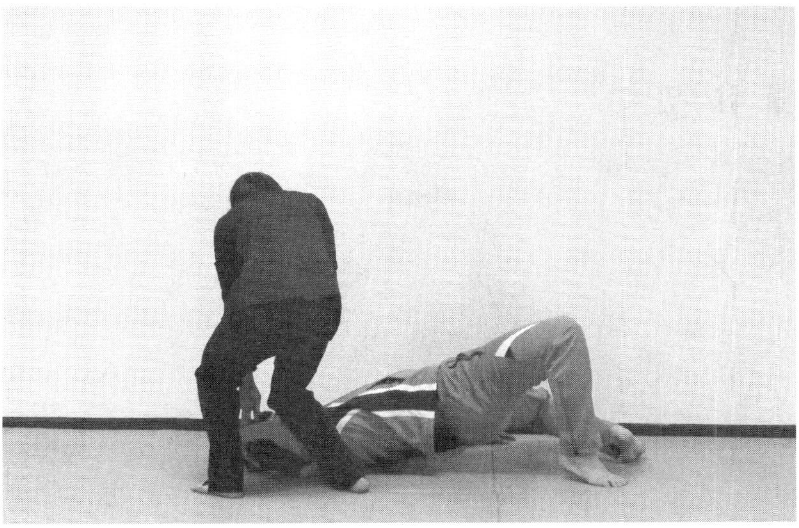

### 7) 상대방이 어깨를 잡아올 경우 제압술

상대방이 어깨를 잡았을 때

**① 상대방과 마주 선 자세에서**

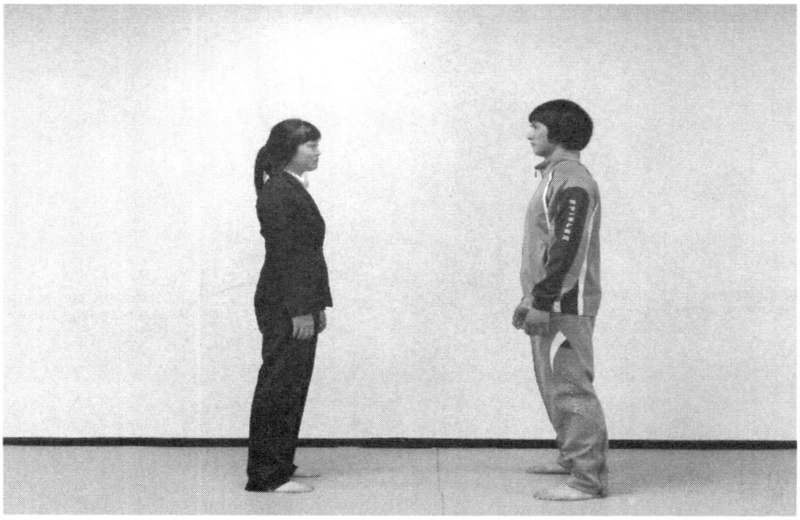

**② 어깨를 잡으면**

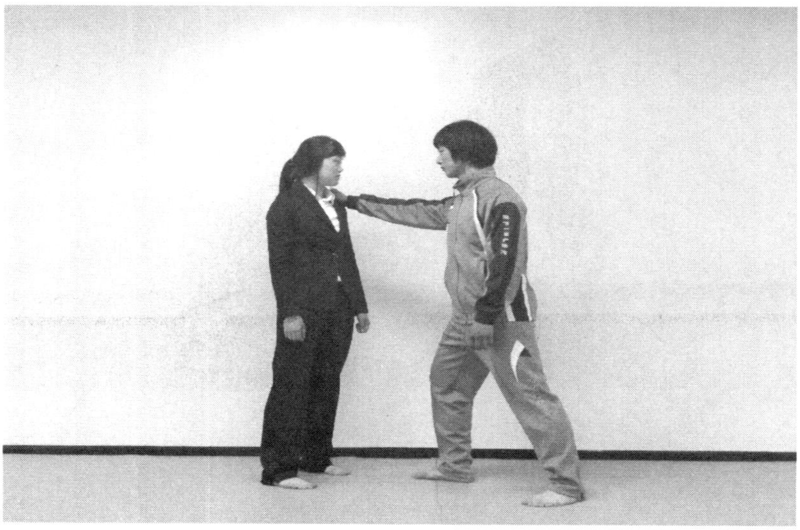

③ 잡힌 어깨 반대쪽의 팔을 들어

④ 주관절을 내리치고

⑤ 왼손으로 잡은 손목을 틀어

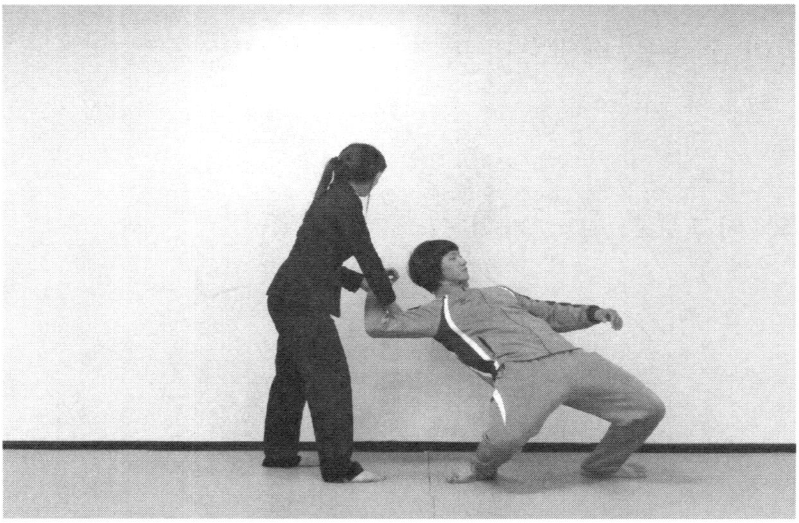

⑥ 뒤로 당겨 제압한다.

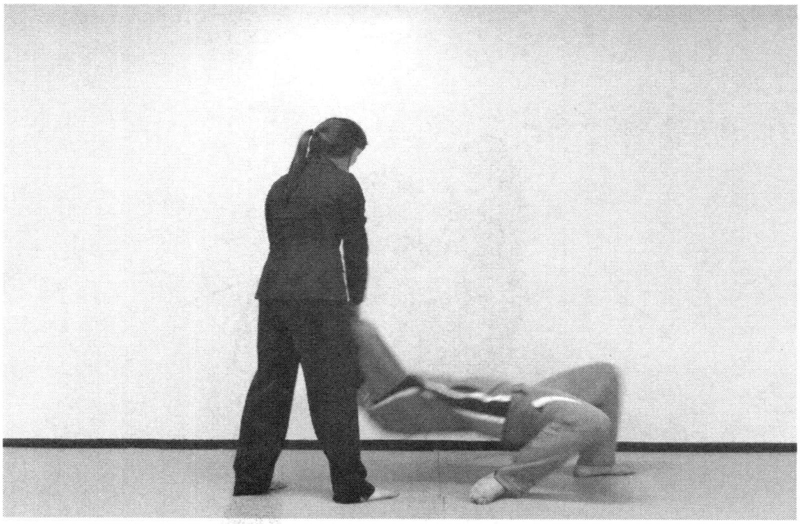

## 8. 상대방이 총기로 위협할 경우

### 1) 상대방이 권총을 빼앗으려고 할 경우 대처법

상대방이 권총을 빼앗으려고 할 경우 뒤로 후퇴하면서 한발을 축으로 회전하면서 방어하는 방법이다.

**① 상대와 마주보고 있는 자세에서**

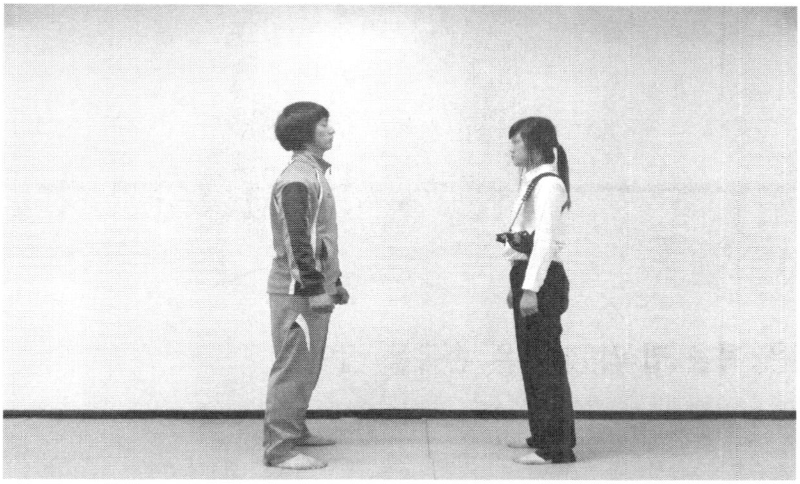

**② 상대가 권총을 빼앗으려고 다가오면**

③ 두 손으로 상대의 손을 막은 후

④ 한손은 목을 잡고, 한손은 손목을 잡아

⑤ 회전을 하면서 손목을 꺾으면

⑥ 상대방은 손목이 꺾이지 않으려고 낙법을 친다.

⑦ 이때 반대로 돌리면 상대방은 치명적인 상해를 입게 된다.

⑧ 상대가 바닥에 떨어지면 손목을 잡고 당기면서 엎드리게 한 후

⑨ 손목을 꺾어 제압한다.

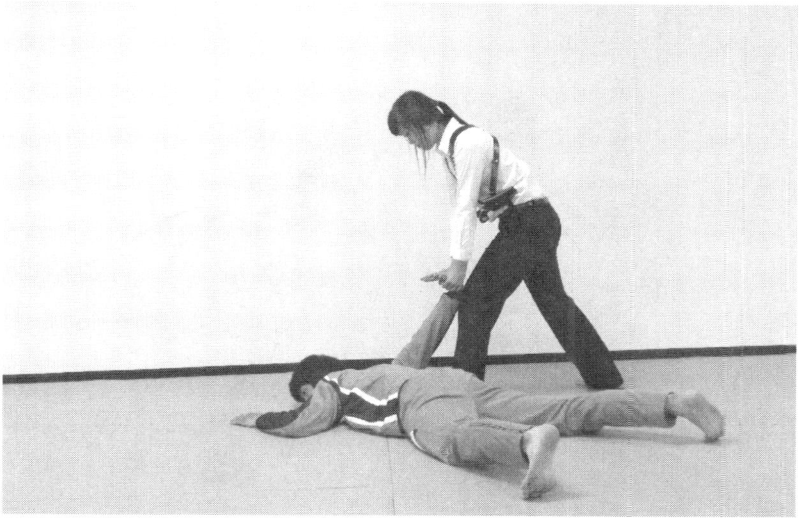

2) 상대방이 권총(가스총)으로 위협해 올 경우 대처법(뒷쪽에서)

① 상대방이 권총으로 뒤에서 위협할 경우

② 한발을 축으로 머리를 돌려 확인한 후

③ 총구를 밀면서 회전준비를 한 후

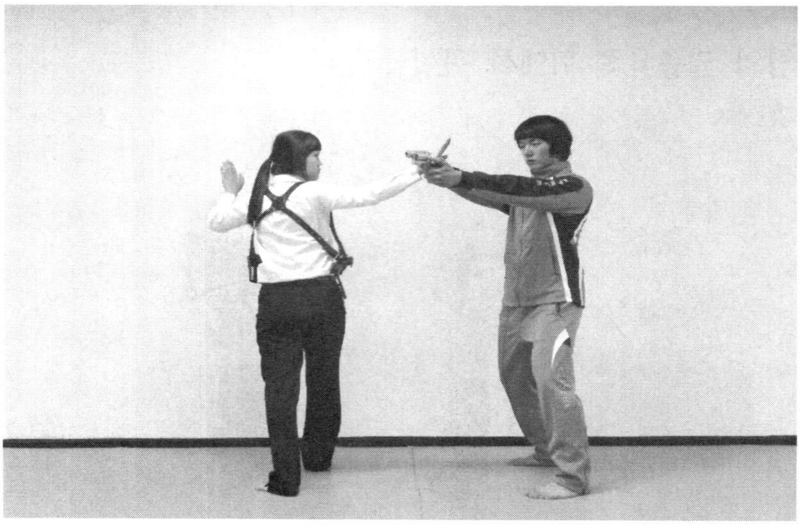

④ 상대의 주관절을 가격한 후

⑤ 다시 두 손으로 손목을 잡고

⑥ 두 팔을 들어 올린 후

⑦ 두 팔 아래로 회전하여

⑧ 뒤쪽으로 이동한 후

⑨ 팔을 들어올려 총을 빼앗은 후

⑩ 권총으로 상대의 등을 가격 후

⑪ 한쪽다리를 밟아

⑫ 뒤로 넘어뜨린 후 제압한다.

⑬ 재공격하지 못하도록 주시한다.

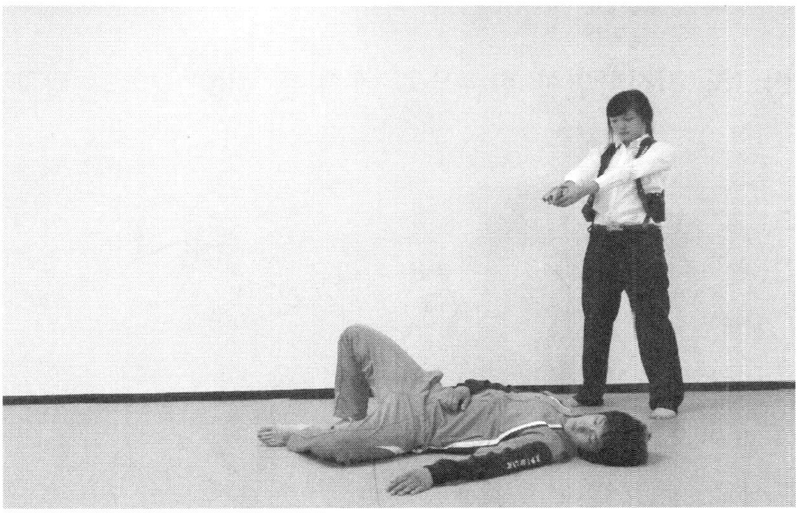

### 3) 상대방이 권총(가스총)으로 위협할 경우 대처법(정면에서)

실수로 상대방에게 권총을 빼앗겨 위험한 상태로 대치되었을 때 상황별 대처법을 익힌다.

#### ① 상대가 권총으로 겨눌 경우

#### ② 한발이 1보 전진하면서 한손으로 권총 든 손을 옆으로 밀고

③ 반대손으로 총구 아래부분을 잡고, 총구를 위로 향하도록 손목을 꺾고

④ 권총을 시계 반대방향으로 회전시키며

⑤ 권총을 빼앗은 후

⑥ 권총으로 상대의 관자놀이 부분을 가격한 후

⑦ 상대의 손목을 꺾어

⑧ 제압한다.

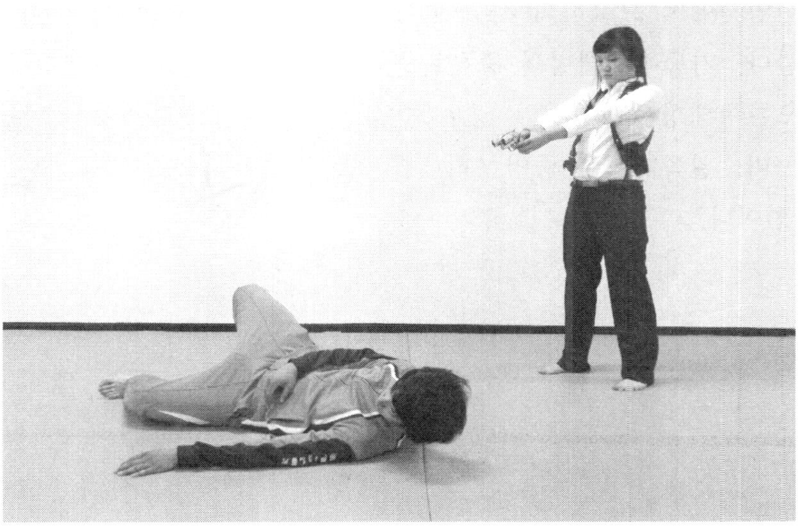

# 9. 차량경호

## 1) 차량경호 대기 시

차량경호의 기본대형은 상황과 위험도에 따라 다양하게 바뀔 수 있다. 하지만 맨앞에서 안내와 방패역할을 하는 선도차와 맨 뒤에서 보호역할을 하는 후미차의 사이에 의뢰인 및 VIP차량이 위치하여 이동하는 것이 가장 기본적인 대형이며 가장 보편화 되어 있는 기동대형이다. 하지만 상황과 의뢰인의 중요도 및 요청에 따라 위치가 변경될 수 있다. 또한 선도차 보다 먼저 움직이는 차량이 있는데, 본 기동대형보다 3~4분 앞질러 주행하면서 도로의 상황 및 주의점을 본대에 보고하는 선 선도차의 운행이 반드시 필요하다. 선도차에 있는 요원들의 임무는 이동경로 확인 및 교통상황, 이동방향, 수상한 차량의 접근과 같은 다양한 정보를 수시로 경호지휘를 맡은 팀장에게 보고를 하여야 한다. VIP차량에 탑승하고 있는 경호팀장은 의뢰인의 승하차시 차량문 통제 및 선도차 요원의 역할까지도 함께 수행하여야 한다. 후구차량에 있는 경호요원은 이동중 후미 및 이동상황을 선임자에게 보고하며 사고에 대비하여 대응조치 등 필요한 지시사항을 수행해야 한다. 기동경호대형의 종류는 진행방향에 따라 오른쪽대형과 왼쪽대형이 있다. 오른쪽대형은 2차선일 경우 중앙분리대를 축으로 2차선으로 이동하는 경우를 말하며, 왼쪽대형은 중앙분리대를 축으로 1차선으로 이동하며 스크린(차단)하는 방법이다.

## 2) 기동경호 대형의 운용

(1) 오른쪽 대형(OFFSET RIGHT)

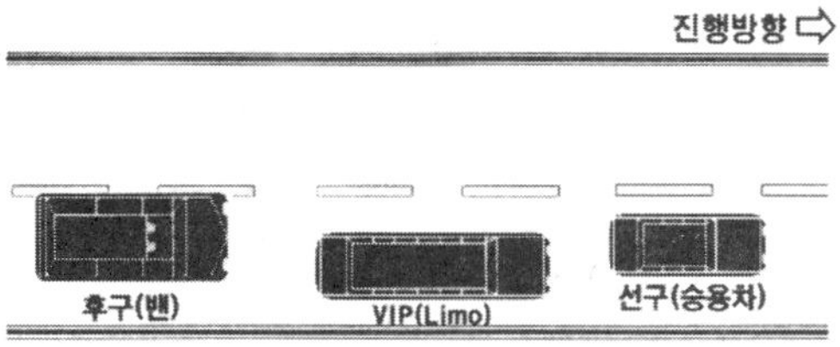


(2) 왼쪽 대형(OFFSET LEFT)

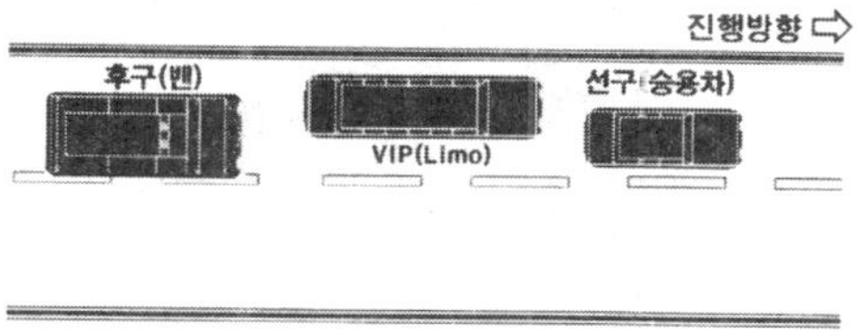


차량의 좌석배치는 VIP(의뢰인)가 조수석 뒷자리에 위치하도록 한다.

또한 차량이동 기본대형은 VIP차량과 선도차량간의 간격이 1배 정도를 두고 후미차와의 간격은 차 길이의 $\frac{1}{2}$배 거리를 유지 한다.

## 1) 차량경호(대기시)

경호원들이 차량만을 경계할 때에도 주위를 잘 살피면서 자주 경계를 철저히 하여야 한다.

## 2) 출발 직전 차량경계

의뢰인이 차량에 탑승 후라도 안전지역까지는 구보로 근접주행경호를 하여야 한다.

의뢰인이 승차직전 차량문을 개방하여 쉽게 탑승토록 해야 한다.

### 3) 승차시 경계

차량 승차시에도 행사장에서 차량까지 동선이 확보되는 것이 원칙이다.

차량이 행사장소를 떠나기 전까지는 동선이 확보되어야 한다.

차량 주변에는 항상 경계근무 요원이 배치되어 있어야 한다.

## 4) 기본 경계 대형

여성으로만 대형을 갖춘 사례

## 5) 중첩 경계 대형

남녀 혼합 중첩 경계 대형 사례

### 6) 행사전 경계 대형

행사전 행사장 입구 주변을 경계하여 입구쪽은 동선이 될 수 있도록 한다.

### 7) 행사중 경계 대형

건물내 행사중일 경우 입구 주변 경계 방법이다.(행사 중에는 통행금지를 실시 하여야 한다.)

### 8) 자율 대형

행사내용에 따라 자율적으로 대형을 갖출 수 있다.(V자 대형)

### 9) 건물 경계

(1열 경계법)

(2열 경계법)

특정 상황시 위해자들이 접근을 할 수 없도록 하는 경계법이다.

인력이 너무 많이 동원되는 단점이 있으나 안전유지를 위해 중요한 행사시 활용한다.

## 10) 동선확보

동선확보는 의뢰인의 안전을 도모하며, 질서 있는 경호활동의 기본으로 의뢰인이 타야 할 차량 경호는 물론이고, 차량 앞까지 안전하게 이동할 수 있도록 경호원을 배치하는 것이 무엇보다 중요하다.

## 11) 근접경호(행사장 이동 시)

동선을 따라 이동을 하더라도 반드시 근접수행 경호원이 있어야 한다.

# 부 록

경비업법
검찰 및 특별사법경찰관리 등의
개인정보 처리에 관한 규정

# 경비업법

[시행 2022. 11. 15.] [법률 제19021호, 2022. 11. 15., 일부개정]

## 제1장 총칙

### 제1조(목적)

이 법은 경비업의 육성 및 발전과 그 체계적 관리에 관하여 필요한 사항을 정함으로써 경비업의 건전한 운영에 이바지함을 목적으로 한다.

### 제2조(정의)

이 법에서 사용하는 용어의 정의는 다음과 같다. 〈개정 2005. 5. 31., 2013. 6. 7.〉

1. "경비업"이라 함은 다음 각목의 1에 해당하는 업무(이하 "경비업무"라 한다)의 전부 또는 일부를 도급받아 행하는 영업을 말한다.
   가. 시설경비업무 : 경비를 필요로 하는 시설 및 장소(이하 "경비대상시설"이라 한다)에서의 도난・화재 그 밖의 혼잡 등으로 인한 위험발생을 방지하는 업무
   나. 호송경비업무 : 운반중에 있는 현금・유가증권・귀금속・상품 그 밖의 물건에 대하여 도난・화재 등 위험발생을 방지하는 업무
   다. 신변보호업무 : 사람의 생명이나 신체에 대한 위해의 발생을 방지하고 그 신변을 보호하는 업무
   라. 기계경비업무 : 경비대상시설에 설치한 기기에 의하여 감지・송신된 정보를 그 경비대상시설외의 장소에 설치한 관제시설의 기기로 수신하여 도난・화재 등 위험발생을 방지하는 업무
   마. 특수경비업무 : 공항(항공기를 포함한다) 등 대통령령이 정하는 국가중요시설(이하 "국가중요시설"이라 한다)의 경비 및 도난・화재 그 밖의 위험발생을 방지하는 업무
2. "경비지도사"라 함은 경비원을 지도・감독 및 교육하는 자를 말하며 일반경비지도사와 기계경비지도사로 구분한다.
3. "경비원"이라 함은 제4조제1항의 규정에 의하여 경비업의 허가를 받은 법인(이하 "경비업자"라 한다)이 채용한 고용인으로서 다음 각목의 1에 해당하는 자를 말한다.
   가. 일반경비원 : 제1호 가목 내지 라목의 경비업무를 수행하는 자

나. 특수경비원 : 제1호 마목의 경비업무를 수행하는 자

4. "무기"라 함은 인명 또는 신체에 위해를 가할 수 있도록 제작된 권총·소총 등을 말한다.

5. "집단민원현장"이란 다음 각 목의 장소를 말한다.

가. 「노동조합 및 노동관계조정법」에 따라 노동관계 당사자가 노동쟁의 조정신청을 한 사업장 또는 쟁의행위가 발생한 사업장

나. 「도시 및 주거환경정비법」에 따른 정비사업과 관련하여 이해대립이 있어 다툼이 있는 장소

다. 특정 시설물의 설치와 관련하여 민원이 있는 장소

라. 주주총회와 관련하여 이해대립이 있어 다툼이 있는 장소

마. 건물·토지 등 부동산 및 동산에 대한 소유권·운영권·관리권·점유권 등 법적 권리에 대한 이해대립이 있어 다툼이 있는 장소

바. 100명 이상의 사람이 모이는 국제·문화·예술·체육 행사장

사. 「행정대집행법」에 따라 대집행을 하는 장소

### 제3조(법인)

경비업은 법인이 아니면 이를 영위할 수 없다.

## 제2장 경비업의 허가 등

### 제4조(경비업의 허가)

① 경비업을 영위하고자 하는 법인은 도급받아 행하고자 하는 경비업무를 특정하여 그 법인의 주사무소의 소재지를 관할하는 시·도경찰청장의 허가를 받아야 한다. 도급받아 행하고자 하는 경비업무를 변경하는 경우에도 또한 같다. 〈개정 2020. 12. 22.〉

② 제1항에 따른 허가를 받으려는 법인은 다음 각 호의 요건을 갖추어야 한다. 〈개정 2013. 6. 7., 2022. 11. 15.〉

1. 대통령령으로 정하는 1억원 이상의 자본금의 보유

2. 다음 각 목의 경비인력 요건

가. 시설경비업무: 경비원 10명 이상 및 경비지도사 1명 이상

나. 시설경비업무 외의 경비업무: 대통령령으로 정하는 경비 인력

3. 제2호의 경비인력을 교육할 수 있는 교육장을 포함하여 대통령령으로 정하는 시설과 장비의 보유
4. 그 밖에 경비업무 수행을 위하여 대통령령으로 정하는 사항

③ 제1항의 규정에 의하여 경비업의 허가를 받은 법인은 다음 각호의 1에 해당하는 때에는 시・도경찰청장에게 신고하여야 한다. 〈개정 2020. 12. 22.〉
1. 영업을 폐업하거나 휴업한 때
2. 법인의 명칭이나 대표자・임원을 변경한 때
3. 법인의 주사무소나 출장소를 신설・이전 또는 폐지한 때
4. 기계경비업무의 수행을 위한 관제시설을 신설・이전 또는 폐지한 때
5. 특수경비업무를 개시하거나 종료한 때
6. 그 밖에 대통령령이 정하는 중요사항을 변경한 때

④ 제1항 및 제3항의 규정에 의한 허가 또는 신고의 절차, 신고의 기한 등 허가 및 신고에 관하여 필요한 사항은 대통령령으로 정한다.

[시행일: 2023. 5. 16.] 제4조

### 제4조의2(허가의 제한)

① 누구든지 제4조제1항에 따른 허가를 받은 경비업체와 동일한 명칭으로 경비업 허가를 받을 수 없다.

② 제19조제1항제2호 및 제7호의 사유로 경비업체의 허가가 취소된 경우 허가가 취소된 날부터 10년이 지나지 아니한 때에는 누구든지 허가가 취소된 경비업체와 동일한 명칭으로 제4조제1항에 따른 허가를 받을 수 없다.

③ 제19조제1항제2호 및 제7호의 사유로 허가가 취소된 법인은 법인명 또는 임원의 변경에도 불구하고 허가가 취소된 날부터 5년이 지나지 아니한 떠에는 제4조제1항에 따른 허가를 받을 수 없다.

[본조신설 2013. 6. 7.]

### 제5조(임원의 결격사유)

다음 각 호의 어느 하나에 해당하는 자는 경비업을 영위하는 법인(제4호에 해당하는 자의 경우에는 특수경비업무를 수행하는 법인을 말하고, 제5호에 해당하는 자의 경우에는 허가취소사유에 해당하는 경비업무와 동종의 경비업무를 수행하는 법인을 말한다)의 임원이 될 수 없다. 〈개정 2008. 2. 29., 2013. 6. 7., 2014. 12. 30., 2021. 1. 12.〉

1. 피성년후견인
2. 파산선고를 받고 복권되지 아니한 자
3. 금고 이상의 형의 선고를 받고 그 형이 실효되지 아니한 자
4. 이 법 또는 「대통령 등의 경호에 관한 법률」에 위반하여 벌금형의 선고를 받고 3년이 지나지 아니한 자
5. 이 법(제19조제1항제2호 및 제7호는 제외한다) 또는 이 법에 의한 명령에 위반하여 허가가 취소된 법인의 허가취소 당시의 임원이었던 자로서 그 취소 후 3년이 지나지 아니한 자
6. 제19조제1항제2호 및 제7호의 사유로 허가가 취소된 법인의 허가취소 당시의 임원이었던 자로서 허가가 취소된 날부터 5년이 지나지 아니한 자

### 제6조(허가의 유효기간 등)

① 제4조제1항의 규정에 의한 경비업 허가의 유효기간은 허가받은 날부터 5년으로 한다.
② 제1항의 규정에 의한 유효기간이 만료된 후 계속하여 경비업을 하고자 하는 법인은 행정안전부령으로 정하는 바에 따라 갱신허가를 받아야 한다. 〈개정 2008. 2. 29., 2013. 3. 23., 2014. 11. 19., 2017. 7. 26.〉

### 제7조(경비업자의 의무)

① 경비업자는 경비대상시설의 소유자 또는 관리자(이하 "시설주"라 한다)의 관리권의 범위안에서 경비업무를 수행하여야 하며, 다른 사람의 자유와 권리를 침해하거나 그의 정당한 활동에 간섭하여서는 아니된다.
② 경비업자는 경비업무를 성실하게 수행하여야 하고, 도급을 의뢰받은 경비업무가 위법 또는 부당한 것일 때에는 이를 거부하여야 한다.
③ 경비업자는 불공정한 계약으로 경비원의 권익을 침해하거나 경비업의 건전한 육성과 발전을 해치는 행위를 하여서는 아니된다.
④ 경비업자의 임・직원이거나 임・직원이었던 자는 다른 법률에 특별한 규정이 있는 경우를 제외하고는 그 직무상 알게 된 비밀을 누설하거나 다른 사람에게 제공하여 이용하도록 하는 등 부당한 목적을 위하여 사용하여서는 아니된다.
⑤ 경비업자는 허가받은 경비업무외의 업무에 경비원을 종사하게 하여서는 아니된다.
⑥ 경비업자는 집단민원현장에 경비원을 배치하는 때에는 경비지도사를 선임하고 그 장소에 배치하여 행정안전부령으로 정하는 바에 따라 경비원을 지도・감독하게 하

여야 한다. 〈신설 2013. 6. 7., 2014. 11. 19., 2017. 7. 26.〉

⑦ 특수경비업무를 수행하는 경비업자(이하 "특수경비업자"라 한다)는 제4조제3항제5호의 규정에 의한 특수경비업무의 개시신고를 하는 때에는 국가중요시설에 대한 특수경비업무의 수행이 중단되는 경우 시설주의 동의를 얻어 다른 특수경비업자중에서 경비업무를 대행할 자(이하 "경비대행업자"라 한다)를 지정하여 허가관청에 신고하여야 한다. 경비대행업자의 지정을 변경하는 경우에도 또한 같다. 〈개정 2013. 6. 7.〉

⑧ 특수경비업자는 국가중요시설에 대한 특수경비업무를 중단하게 되는 경우에는 미리 이를 제7항의 규정에 의한 경비대행업자에게 통보하여야 하며, 경비대행업자는 통보받은 즉시 그 경비업무를 인수하여야 한다. 이 경우 제7항의 규정은 경비대행업자에 대하여 이를 준용한다. 〈개정 2013. 6. 7., 2014. 12. 30.〉

⑨ 특수경비업자는 이 법에 의한 경비업과 경비장비의 제조・설비・판매업, 네트워크를 활용한 정보산업, 시설물 유지관리업 및 경비원 교육업 등 대통령령이 정하는 경비관련업외의 영업을 하여서는 아니된다. 〈개정 2002. 12. 18., 2013. 6. 7.〉

[2002. 12. 18. 법률 제6787호에 의하여 2002. 4. 25. 헌법재판소에서 위헌 결정된 이 조를 개정함.]

[헌법불합치, 2020헌가19, 2023.3.23, 1. 경비업법(2001. 4. 7. 법률 제6467호로 전부개정된 것) 제7조 제5항 중 '시설경비업무'에 관한 부분과 경비업법(2013. 6. 7. 법률 제11872호로 개정된 것) 제19조 제1항 제2호 중 '시설경비업무'에 관한 부분은 헌법에 합치되지 아니한다. 2. 법원 기타 국가기관 및 지방자치단체는 입법자가 개정할 때까지 위 법률조항의 적용을 중지하여야 한다. 3. 입법자는 2024. 12. 31.까지 위 법률조항들을 개정하여야 한다.]

### 제7조의2(경비업무 도급인 등의 의무)

① 누구든지 제4조제1항에 따른 허가를 받지 아니한 자에게 경비업무를 도급하여서는 아니 된다.

② 누구든지 집단민원현장에 경비인력을 20명 이상 배치하려고 할 때에는 그 경비인력을 직접 고용하여서는 아니 되고, 경비업자에게 경비업무를 도급하여야 한다. 다만, 시설주 등이 집단민원현장 발생 3개월 전까지 직접 고용하여 경비업무를 수행하는 피고용인의 경우에는 그러하지 아니하다.

③ 제1항 및 제2항에 따라 경비업무를 도급하는 자는 그 경비업무를 수급한 경비업자

의 경비원 채용 시 무자격자나 부적격자 등을 채용하도록 관여하거나 영향력을 행사해서는 아니 된다. 〈신설 2015. 7. 20.〉

④ 제3항에 따른 무자격자 및 부적격자의 구체적인 범위 등은 대통령령으로 정한다. 〈신설 2015. 7. 20.〉

[본조신설 2013. 6. 7.]

## 제3장 기계경비업무

### 제8조(대응체제)

기계경비업무를 수행하는 경비업자(이하 "기계경비업자"라 한다)는 경비대상시설에 관한 경보를 수신한 때에는 신속하게 그 사실을 확인하는 등 필요한 대응조치를 취하여야 하며, 이를 위한 대응체제를 갖추어야 한다.

### 제9조(오경보의 방지 등)

① 기계경비업자는 경비계약을 체결하는 때에는 오경보를 막기 위하여 계약상대방에게 기기사용요령 및 기계경비운영체계 등에 관하여 설명하여야 하며, 각종 기기가 오작동되지 아니하도록 관리하여야 한다.

② 기계경비업자는 대응조치 등 업무의 원활한 운영과 개선을 위하여 대통령령이 정하는 바에 따라 관련 서류를 작성・비치하여야 한다.

## 제4장 경비지도사 및 경비원

### 제10조(경비지도사 및 경비원의 결격사유)

① 다음 각 호의 어느 하나에 해당하는 자는 경비지도사 또는 일반경비원이 될 수 없다. 〈개정 2013. 6. 7., 2014. 12. 30., 2021. 1. 12.〉

1. 18세 미만인 사람 또는 피성년후견인
2. 파산선고를 받고 복권되지 아니한 자
3. 금고 이상의 실형의 선고를 받고 그 집행이 종료(집행이 종료된 것으로 보는 경우를 포함한다)되거나 집행이 면제된 날부터 5년이 지나지 아니한 자
4. 금고 이상의 형의 집행유예선고를 받고 그 유예기간 중에 있는 자

5. 다음 각 목의 어느 하나에 해당하는 죄를 범하여 벌금형을 선고받은 날부터 10년이 지나지 아니하거나 금고 이상의 형을 선고받고 그 집행이 종료된(종료된 것으로 보는 경우를 포함한다) 날 또는 집행이 유예·면제된 날부터 10년이 지나지 아니한 자
   가. 「형법」 제114조의 죄
   나. 「폭력행위 등 처벌에 관한 법률」 제4조의 죄
   다. 「형법」 제297조, 제297조의2, 제298조부터 제301조까지, 제301조의2, 제302조, 제303조, 제305조, 제305조의2의 죄
   라. 「성폭력범죄의 처벌 등에 관한 특례법」 제3조부터 제11조까지 및 제15조(제3조부터 제9조까지의 미수범만 해당한다)의 죄
   마. 「아동·청소년의 성보호에 관한 법률」 제7조 및 제8조의 죄
   바. 다목부터 마목까지의 죄로서 다른 법률에 따라 가중처벌되는 죄
6. 다음 각 목의 어느 하나에 해당하는 죄를 범하여 벌금형을 선고받은 날부터 5년이 지나지 아니하거나 금고 이상의 형을 선고받고 그 집행이 유예된 날부터 5년이 지나지 아니한 자
   가. 「형법」 제329조부터 제331조까지, 제331조의2 및 제332조부터 제343조까지의 죄
   나. 가목의 죄로서 다른 법률에 따라 가중처벌되는 죄
   다. 삭제 〈2014. 12. 30.〉
   라. 삭제 〈2014. 12. 30.〉
7. 제5호 다목부터 바목까지의 어느 하나에 해당하는 죄를 범하여 치료감호를 선고받고 그 집행이 종료된 날 또는 집행이 면제된 날부터 10년이 지나지 아니한 자 또는 제6호 각 목의 어느 하나에 해당하는 죄를 범하여 치료감호를 선고받고 그 집행이 면제된 날부터 5년이 지나지 아니한 자
8. 이 법이나 이 법에 따른 명령을 위반하여 벌금형을 선고받은 날부터 5년이 지나지 아니하거나 금고 이상의 형을 선고받고 그 집행이 유예된 날부터 5년이 지나지 아니한 자

② 다음 각 호의 어느 하나에 해당하는 자는 특수경비원이 될 수 없다. 〈개정 2008. 2. 29., 2009. 4. 1., 2013. 3. 23., 2013. 6. 7., 2014. 11. 19., 2014. 12. 30., 2017. 7. 26., 2021. 1. 12.〉

1. 18세 미만이거나 60세 이상인 사람 또는 피성년후견인
2. 심신상실자, 알코올 중독자 등 대통령령으로 정하는 정신적 제약이 있는 자

3. 제1항제2호부터 제8호까지의 어느 하나에 해당하는 자
4. 금고 이상의 형의 선고유예를 받고 그 유예기간 중에 있는 자
5. 행정안전부령으로 정하는 신체조건에 미달되는 자

③ 경비업자는 제1항 각호 또는 제2항 각호의 결격사유에 해당하는 자를 경비지도사 또는 경비원으로 채용 또는 근무하게 하여서는 아니된다.

### 제10조의2(특수경비원의 당연 퇴직)

특수경비원이 제10조제2항에 따른 결격사유에 해당하게 될 때에는 당연 퇴직된다. 다만, 제10조제2항제1호는 나이가 60세가 되어 퇴직하는 경우에는 60세가 된 날이 1월부터 6월 사이에 있으면 6월 30일에, 7월부터 12월 사이에 있으면 12월 31일에 각각 당연 퇴직되고, 제10조제2항제3호 중 제10조제1항제2호는 파산선고를 받은 사람으로서 「채무자 회생 및 파산에 관한 법률」에 따라 신청기한 내에 면책신청을 하지 아니하였거나 면책불허가 결정 또는 면책 취소가 확정된 경우만 해당하며, 제10조제2항제4호는 「성폭력범죄의 처벌 등에 관한 특례법」 제2조, 「아동ㆍ청소년의 성보호에 관한 법률」 제2조제2호 및 직무와 관련하여 「형법」 제355조 또는 제356조에 규정된 죄를 범한 사람으로서 금고 이상의 형의 선고유예를 받은 경우만 해당한다.

[본조신설 2022. 11. 15.]

### 제11조(경비지도사의 시험 등)

① 경비지도사는 제10조제1항 각호의 1에 해당하지 아니하는 자로서 경찰청장이 시행하는 경비지도사 시험에 합격하고 행정안전부령으로 정하는 교육을 받은 자이어야 한다. 〈개정 2008. 2. 29., 2013. 3. 23., 2014. 11. 19., 2017. 7. 26.〉

② 경찰청장은 제1항의 규정에 의한 교육을 받은 자에게 행정안전부령으로 정하는 바에 따라 경비지도사자격증을 교부하여야 한다. 〈개정 2008. 2. 29., 2013. 3. 23., 2014. 11. 19., 2017. 7. 26.〉

③ 경비지도사 시험은 매년 1회 이상 시행하며, 시험과목, 시험공고, 시험의 일부가 면제되는 자의 범위 그 밖에 경비지도사 시험에 관하여 필요한 사항은 대통령령으로 정한다. 〈개정 2017. 10. 24.〉

### 제12조(경비지도사의 선임 등)

① 경비업자는 대통령령이 정하는 바에 따라 경비지도사를 선임하여야 한다.

② 제1항의 규정에 의하여 선임된 경비지도사의 직무는 다음과 같다. 〈개정 2013. 6. 7.〉

1. 경비원의 지도·감독·교육에 관한 계획의 수립·실시 및 그 기록의 유지
2. 경비현장에 배치된 경비원에 대한 순회점검 및 감독
3. 경찰기관 및 소방기관과의 연락방법에 대한 지도
4. 집단민원현장에 배치된 경비원에 대한 지도·감독
5. 그 밖에 대통령령이 정하는 직무

③ 선임된 경비지도사는 제2항 각호의 규정에 의한 직무를 대통령령이 정하는 바에 따라 성실하게 수행하여야 한다.

### 제13조(경비원의 교육 등)

① 경비업자는 경비업무를 적정하게 실시하기 위하여 경비원으로 하여금 대통령령으로 정하는 바에 따라 경비원 신임교육 및 직무교육을 받게 하여야 한다. 다만, 경비업자는 대통령령으로 정하는 경력 또는 자격을 갖춘 일반경비원을 신임교육 대상에서 제외할 수 있다. 〈개정 2013. 6. 7., 2016. 1. 26.〉

② 경비원이 되려는 사람은 대통령령으로 정하는 교육기관에서 미리 일반경비원 신임교육을 받을 수 있다. 〈신설 2016. 1. 26.〉

③ 특수경비업자는 대통령령으로 정하는 바에 따라 특수경비원으르 하여금 특수경비원 신임교육과 정기적인 직무교육을 받게 하여야 하고, 특수경비원 신임교육을 받지 아니한 자를 특수경비업무에 종사하게 하여서는 아니 된다. 〈개정 2013. 6. 7., 2016. 1. 26.〉

④ 제3항에 의한 특수경비원의 교육시 관할경찰서 소속 경찰공무원이 교육기관에 입회하여 대통령령이 정하는 바에 따라 지도·감독하여야 한다. 〈개정 2016. 1. 26.〉

### 제14조(특수경비원의 직무 및 무기사용 등)

① 특수경비업자는 특수경비원으로 하여금 배치된 경비구역 안에서 관할 경찰서장 및 공항경찰대장 등 국가중요시설의 경비책임자(이하 "관할 경찰관서장"이라 한다)와 국가중요시설의 시설주의 감독을 받아 시설을 경비하고 도난·화재 그 밖의 위험의 발생을 방지하는 업무를 수행하게 하여야 한다.

② 특수경비원은 국가중요시설에 대한 경비업무 수행중 국가중요시설의 정상적인 운영을 해치는 장해를 일으켜서는 아니된다.

③ 시·도경찰청장은 국가중요시설에 대한 경비업무의 수행을 위하여 필요하다고 인

정하는 때에는 시설주의 신청에 의하여 무기를 구입한다. 이 경우 시설주는 그 무기의 구입대금을 지불하고, 구입한 무기를 국가에 기부채납하여야 한다. 〈개정 2020. 12. 22.〉

④ 시·도경찰청장은 국가중요시설에 대한 경비업무의 수행을 위하여 필요하다고 인정하는 때에는 관할경찰관서장으로 하여금 시설주의 신청에 의하여 시설주로부터 국가에 기부채납된 무기를 대여하게 하고, 시설주는 이를 특수경비원으로 하여금 휴대하게 할 수 있다. 이 경우 특수경비원은 정당한 사유없이 무기를 소지하고 배치된 경비구역을 벗어나서는 아니된다. 〈개정 2020. 12. 22.〉

⑤ 시설주가 제4항의 규정에 의하여 대여받은 무기에 대하여 시설주 및 관할 경찰관서장은 무기의 관리책임을 지고, 관할 경찰관서장은 시설주 및 특수경비원의 무기관리상황을 대통령령이 정하는 바에 따라 지도·감독하여야 한다. 〈개정 2014. 12. 30.〉

⑥ 관할 경찰관서장은 무기의 적정한 관리를 위하여 제4항의 규정에 의하여 무기를 대여받은 시설주에 대하여 필요한 명령을 발할 수 있다. 〈개정 2014. 12. 30.〉

⑦ 시설주로부터 무기의 관리를 위하여 지정받은 책임자(이하 "관리책임자"라 한다)는 다음 각호에 의하여 이를 관리하여야 한다.

1. 무기출납부 및 무기장비운영카드를 비치·기록하여야 한다.
2. 무기는 관리책임자가 직접 지급·회수하여야 한다.

⑧ 특수경비원은 국가중요시설의 경비를 위하여 무기를 사용하지 아니하고는 다른 수단이 없다고 인정되는 때에는 필요한 한도 안에서 무기를 사용할 수 있다. 다만, 다음 각호의 1에 해당하는 때를 제외하고는 사람에게 위해를 끼쳐서는 아니된다.

1. 무기 또는 폭발물을 소지하고 국가중요시설에 침입한 자가 특수경비원으로부터 3회 이상 투기(投棄) 또는 투항(投降)을 요구받고도 이에 불응하면서 계속 항거하는 경우 이를 억제하기 위하여 무기를 사용하지 아니하고는 다른 수단이 없다고 인정되는 때
2. 국가중요시설에 침입한 무장간첩이 특수경비원으로부터 투항(投降)을 요구받고도 이에 불응한 때

⑨ 특수경비원의 무기휴대, 무기종류, 그 사용기준 및 안전검사의 기준 등에 관하여 필요한 사항은 대통령령으로 정한다.

### 제15조(특수경비원의 의무)

① 특수경비원은 직무를 수행함에 있어 시설주·관할 경찰관서장 및 소속상사의 직무상 명령에 복종하여야 한다.

② 특수경비원은 소속상사의 허가 또는 정당한 사유없이 경비구역을 벗어나서는 아니된다.

③ 특수경비원은 파업·태업 그 밖에 경비업무의 정상적인 운영을 저해하는 일체의 쟁의행위를 하여서는 아니된다.

④ 특수경비원이 무기를 휴대하고 경비업무를 수행하는 때에는 다음 각호의 1에 정하는 무기의 안전사용수칙을 지켜야 한다.

1. 특수경비원은 사람을 향하여 권총 또는 소총을 발사하고자 하는 때에는 미리 구두 또는 공포탄에 의한 사격으로 상대방에게 경고하여야 한다. 다만, 다음 각목의 1에 해당하는 경우로서 부득이한 때에는 경고하지 아니할 수 있다.
   가. 특수경비원을 급습하거나 타인의 생명·신체에 대한 중대한 위험을 야기하는 범행이 목전에 실행되고 있는 등 상황이 급박하여 경고할 시간적 여유가 없는 경우
   나. 인질·간첩 또는 테러사건에 있어서 은밀히 작전을 수행하는 경우
2. 특수경비원은 무기를 사용하는 경우에 있어서 범죄와 무관한 다중의 생명·신체에 위해를 가할 우려가 있는 때에는 이를 사용하여서는 아니된다. 다만, 무기를 사용하지 아니하고는 타인 또는 특수경비원의 생명·신체에 대한 중대한 위협을 방지할 수 없다고 인정되는 때에는 필요한 최소한의 범위 안에서 이를 사용할 수 있다.
3. 특수경비원은 총기 또는 폭발물을 가지고 대항하는 경우를 제외하고는 14세 미만의 자 또는 임산부에 대하여는 권총 또는 소총을 발사하여서는 아니된다.

### 제15조의2(경비원 등의 의무)

① 경비원은 직무를 수행함에 있어 타인에게 위력을 과시하거나 물리력을 행사하는 등 경비업무의 범위를 벗어난 행위를 하여서는 아니된다.

② 누구든지 경비원으로 하여금 경비업무의 범위를 벗어난 행위를 하게 하여서는 아니된다.

[본조신설 2005. 8. 4.]

### 제16조(경비원의 복장 등)

① 경비업자는 경찰공무원 또는 군인의 제복과 색상 및 디자인 등이 명확히 구별되는 소속 경비원의 복장을 정하고 이를 확인할 수 있는 사진을 첨부하여 주된 사무소

를 관할하는 시・도경찰청장에게 행정안전부령으로 정하는 바에 따라 신고하여야 한다. 〈개정 2014. 11. 19., 2017. 7. 26., 2020. 12. 22.〉

② 경비업자는 경비업무 수행 시 경비원에게 소속 경비업체를 표시한 이름표를 부착하도록 하고, 제1항에 따라 신고된 동일한 복장을 착용하게 하여야 하며, 복장에 소속 회사를 오인할 수 있는 표시를 하거나 다른 회사의 복장을 착용하게 하여서는 아니 된다. 다만, 집단민원현장이 아닌 곳에서 신변보호업무를 수행하는 경우 또는 경비업무의 성격상 부득이한 사유가 있어 관할 경찰관서장이 허용하는 경우에는 그러하지 아니하다.

③ 시・도경찰청장은 제1항에 따라 제출받은 사진을 검토한 후 경비업자에게 복장 변경 등에 대한 시정명령을 할 수 있다. 〈개정 2020. 12. 22.〉

④ 제3항에 따른 시정명령을 받은 경비업자는 이를 이행하여야 하고, 시・도경찰청장에게 행정안전부령으로 정하는 바에 따라 이행보고를 하여야 한다. 〈개정 2014. 11. 19., 2017. 7. 26., 2020. 12. 22.〉

⑤ 그 밖에 경비원의 복장 등에 필요한 사항은 행정안전부령으로 정한다. 〈개정 2014. 11. 19., 2017. 7. 26.〉

[전문개정 2013. 6. 7.]

### 제16조의2(경비원의 장비 등)

① 경비원이 휴대할 수 있는 장비의 종류는 경적・단봉・분사기 등 행정안전부령으로 정하되, 근무 중에만 이를 휴대할 수 있다. 〈개정 2014. 11. 19., 2017. 7. 26.〉

② 경비업자가 경비원으로 하여금 분사기를 휴대하여 직무를 수행하게 하는 경우에는 「총포・도검・화약류 등 단속법」에 따라 미리 분사기의 소지허가를 받아야 한다.

③ 누구든지 제1항의 장비를 임의로 개조하여 통상의 용법과 달리 사용함으로써 다른 사람의 생명・신체에 위해를 가하여서는 아니 된다.

④ 경비원은 경비업무를 위하여 필요하다고 인정되는 상당한 이유가 있을 때에는 필요한 최소한도에서 제1항의 장비를 사용할 수 있다.

⑤ 그 밖에 경비원의 장비 등에 관하여 필요한 사항은 행정안전부령으로 정한다. 〈개정 2014. 11. 19., 2017. 7. 26.〉

[본조신설 2013. 6. 7.]

### 第16조의3(출동차량 등)

① 경비업자는 출동차량 등의 도색 및 표지를 경찰차량 및 군차량과 명확히 구별될 수 있게 하여야 한다.

② 경비업자는 출동차량 등의 도색 및 표지를 정하고 이를 확인할 수 있는 사진을 첨부하여 주된 사무소를 관할하는 시·도경찰청장에게 행정안전부령으로 정하는 바에 따라 신고하여야 한다. 〈개정 2014. 11. 19., 2017. 7. 26., 2020. 12. 22.〉

③ 시·도경찰청장은 제2항에 따라 제출받은 사진을 검토한 후 경비업자에게 도색 및 표지 변경 등에 대한 시정명령을 할 수 있다. 〈개정 2020. 12. 22.〉

④ 제3항에 따른 시정명령을 받은 경비업자는 이를 이행하여야 하고, 시·도경찰청장에게 행정안전부령으로 정하는 바에 따라 이행보고를 하여야 한다. 〈개정 2014. 11. 19., 2017. 7. 26., 2020. 12. 22.〉

⑤ 그 밖에 출동차량 등에 필요한 사항은 행정안전부령으로 정한다. 〈개정 2014. 11. 19., 2017. 7. 26.〉

[본조신설 2013. 6. 7.]

### 第17조(결격사유 확인을 위한 범죄경력조회 등)

① 경찰청장, 시·도경찰청장 또는 관할 경찰관서장은 직권으로 또는 제2항에 따른 범죄경력조회 요청이 있는 경우에는 경비업자의 임원, 경비지도사 또는 경비원이 제5조제3호·제4호, 제10조제1항제3호부터 제8호까지 또는 같은 조 제2항제3호·제4호에 따른 결격사유에 해당하는지를 확인하기 위하여 「형의 실효 등에 관한 법률」 제6조에 따른 범죄경력조회를 할 수 있다. 〈개정 2020. 12. 22., 2021. 1. 12.〉

② 경비업자는 선출·선임·채용 또는 배치하려는 임원, 경비지도사 또는 경비원이 제5조제3호·제4호, 제10조제1항제3호부터 제8호까지 또는 같은 조 제2항제3호·제4호에 따른 결격사유에 해당하는지를 확인하기 위하여 주된 사무소, 출장소 또는 배치장소를 관할하는 시·도경찰청장 또는 경찰관서장에게 「형의 실효 등에 관한 법률」 제6조에 따른 범죄경력조회를 요청할 수 있다. 〈개정 2020. 12. 22., 2021. 1. 12.〉

③ 제2항에 따른 범죄경력조회 요청을 받은 시·도경찰청장 또는 관할 경찰관서장은 경비업자에게 그 결과를 통보할 때에는 경비업자의 임원, 경비지도사 또는 경비원이 제5조제3호·제4호, 제10조제1항제3호부터 제8호까지 또는 같은 조 제2항제3호·제4호에 따른 결격사유에 해당하는지 여부만을 통보하여야 한다. 〈개정 2020. 12. 22., 2021. 1. 12.〉

④ 시・도경찰청장 또는 관할 경찰관서장은 경비업자의 임원, 경비지도사 또는 경비원이 제5조 각 호, 제10조제1항 각 호 또는 제2항 각 호의 결격사유에 해당하는 사실을 알게 되거나 이 법 또는 이 법에 따른 명령을 위반한 때에는 경비업자에게 그 사실을 통보하여야 한다. 〈개정 2020. 12. 22.〉

[전문개정 2013. 6. 7.]

### 제18조(경비원의 명부와 배치허가 등)

① 경비업자는 행정안전부령으로 정하는 바에 따라 경비원의 명부를 작성・비치하여야 한다. 다만, 집단민원현장에 배치되는 일반경비원의 명부는 그 경비원이 배치되는 장소에도 작성・비치하여야 한다. 〈개정 2008. 2. 29., 2013. 3. 23., 2013. 6. 7., 2014. 11. 19., 2017. 7. 26.〉

② 경비업자가 경비원을 배치하거나 배치를 폐지한 경우에는 행정안전부령으로 정하는 바에 따라 관할 경찰관서장에게 신고하여야 한다. 다만, 다음 제1호의 경우에는 경비원을 배치하기 48시간 전까지 행정안전부령으로 정하는 바에 따라 배치허가를 신청하고, 관할 경찰관서장의 배치허가를 받은 후에 경비원을 배치하여야 하며(제2호 및 제3호의 경우에는 경비원을 배치하기 전까지 신고하여야 한다), 이 경우 관할 경찰관서장은 배치허가를 함에 있어 필요한 조건을 붙일 수 있다. 〈개정 2005. 8. 4., 2008. 2. 29., 2013. 3. 23., 2013. 6. 7., 2014. 11. 19., 2017. 7. 26.〉

1. 제2조제1호가목에 따른 시설경비업무 또는 같은 호 다목에 따른 신변보호업무 중 집단민원현장에 배치된 일반경비원
2. 집단민원현장이 아닌 곳에서 제2조제1호 다목의 규정에 의한 신변보호업무를 수행하는 일반경비원
3. 특수경비원

③ 관할 경찰관서장은 제2항 각 호 외의 부분 단서에 따른 배치허가 신청을 받은 경우 다음 각 호의 사유에 해당하는 때에는 배치허가를 하여서는 아니 된다. 이 경우 관할 경찰관서장은 다음 각 호의 사유를 확인하기 위하여 소속 경찰관으로 하여금 그 배치장소를 방문하여 조사하게 할 수 있다. 〈신설 2013. 6. 7.〉

1. 제15조의2제1항 및 제2항을 위반하여 경비업무의 범위를 벗어난 행위를 할 우려가 있는 경우
2. 경비원 중 제10조제1항 또는 제2항에 해당하는 결격자나 제13조에 따른 신임교육을 받지 아니한 사람이 대통령령으로 정하는 기준 이상으로 포함되어 있는 경우
3. 제24조에 따라 경비원의 복장・장비 등에 대하여 내려진 필요한 명령을 이행하지

아니하는 경우

④ 제2항 각 호 외의 부분 단서에 따른 배치허가 신청을 받은 관할 경찰관서장은 배치되는 경비원 중 제10조제1항 또는 제2항에 해당하는 결격자가 있는 경우에는 그 사람을 제외하고 배치허가를 하여야 한다. 〈신설 2013. 6. 7.〉

⑤ 경비업자는 경비원을 배치하여 경비업무를 수행하게 하는 때에는 행정안전부령으로 정하는 바에 따라 배치된 경비원의 인적사항과 배치일시·배치장소 등 근무상황을 기록하여 보관하여야 한다. 〈신설 2013. 6. 7., 2014. 11. 19., 2017. 7. 26.〉

⑥ 경비업자는 다음 각 호의 어느 하나에 해당하는 죄를 범하여 벌금형을 선고받고 5년이 지나지 아니하거나 금고 이상의 형을 선고받고 그 집행이 유예된 날부터 5년이 지나지 아니한 자를 집단민원현장에 일반경비원으로 배치하여서는 아니 된다. 〈신설 2013. 6. 7., 2016. 1. 6.〉

1. 「형법」 제257조부터 제262조까지, 제264조, 제276조부터 제281조까지의 죄, 제284조의 죄, 제285조의 죄, 제320조의 죄, 제324조제2항의 죄, 제350조의2의 죄, 제351조의 죄(제350조, 제350조의2의 상습범으로 한정한다), 제369조제1항의 죄
2. 「폭력행위 등 처벌에 관한 법률」 제2조 또는 제3조의 죄

⑦ 경비업자는 제1항에 따른 경비원 명부에 없는 자를 경비업무에 종사하게 하여서는 아니 되고, 제2항에 따라 경비원을 배치하는 경우에는 제13조에 따른 신임교육을 이수한 자를 배치하여야 한다. 〈신설 2013. 6. 7.〉

⑧ 관할 경찰관서장은 경비업자가 다음 각 호의 어느 하나에 해당하는 때에는 배치폐지를 명할 수 있다. 〈신설 2013. 6. 7.〉

1. 제2항 각 호 외의 부분 단서를 위반하여 배치허가를 받지 아니하고 경비원을 배치하거나 경비원 명단 및 배치일시·배치장소 등 배치허가 신청의 내용을 거짓으로 한 때
2. 제6항의 결격사유에 해당하는 자를 집단민원현장에 일반경비원으로 배치한 때
3. 제7항을 위반하여 신임교육을 이수하지 아니한 자를 제2항 각 호의 경비원으로 배치한 때
4. 경비업자 또는 경비원이 위력이나 흉기 또는 그 밖의 위험한 물건을 사용하여 집단적 폭력사태를 일으킨 때
5. 경비업자가 제2항 각 호 외의 부분 본문을 위반하여 신고하지 아니하고 일반경비원을 배치한 때

[제목개정 2013. 6. 7.]

# 제5장 행정처분 등

## 제19조(경비업 허가의 취소 등)

① 허가관청은 경비업자가 다음 각 호의 어느 하나에 해당하는 때에는 그 허가를 취소하여야 한다. 〈개정 2002. 12. 18., 2013. 6. 7., 2017. 10. 24.〉

1. 허위 그 밖의 부정한 방법으로 허가를 받은 때
2. 제7조제5항의 규정에 위반하여 허가받은 경비업무외의 업무에 경비원을 종사하게 한 때
3. 제7조제9항의 규정에 위반하여 경비업 및 경비관련업외의 영업을 한 때
4. 정당한 사유없이 허가를 받은 날부터 2년 이내에 경비 도급실적이 없거나 계속하여 1년 이상 휴업한 때
5. 정당한 사유없이 최종 도급계약 종료일의 다음 날부터 2년 이내에 경비 도급실적이 없을 때
6. 영업정지처분을 받고 계속하여 영업을 한 때
7. 제15조의2제2항을 위반하여 소속 경비원으로 하여금 경비업무의 범위를 벗어난 행위를 하게 한 때
8. 제18조제8항에 따른 관할 경찰관서장의 배치폐지 명령에 따르지 아니한 때

② 허가관청은 경비업자가 다음 각 호의 어느 하나에 해당하는 때에는 대통령령으로 정하는 행정처분의 기준에 따라 그 허가를 취소하거나 6개월 이내의 기간을 정하여 영업의 전부 또는 일부에 대하여 영업정지를 명할 수 있다. 〈신설 2013. 6. 7., 2020. 12. 22.〉

1. 제4조제1항 후단을 위반하여 시·도경찰청장의 허가 없이 경비업무를 변경한 때
2. 제7조제2항을 위반하여 도급을 의뢰받은 경비업무가 위법한 것임에도 이를 거부하지 아니한 때
3. 제7조제6항을 위반하여 경비지도사를 집단민원현장에 선임·배치하지 아니한 때
4. 제8조를 위반하여 경비대상 시설에 관한 경보 대응체제를 갖추지 아니한 때
5. 제9조제2항을 위반하여 관련 서류를 작성·비치하지 아니한 때
6. 제10조제3항을 위반하여 결격사유에 해당하는 경비원을 배치하거나 결격사유에 해당하는 경비지도사를 선임·배치한 때
7. 제12조제1항을 위반하여 경비지도사를 선임한 때
8. 제13조를 위반하여 경비원으로 하여금 교육을 받게 하지 아니한 때

9. 제16조에 따른 경비원의 복장 등에 관한 규정을 위반한 때
10. 제16조의2에 따른 경비원의 장비 등에 관한 규정을 위반한 때
11. 제16조의3에 따른 경비원의 출동차량 등에 관한 규정을 위반한 때
12. 제18조제1항 단서를 위반하여 집단민원현장에 일반경비원 명부를 작성·비치하지 아니한 때
13. 제18조제2항 각 호 외의 부분 단서를 위반하여 배치허가를 받지 아니하고 경비원을 배치하거나 경비원 명단 및 배치일시·배치장소 등 배치허가 신청의 내용을 거짓으로 한 때
14. 제18조제6항을 위반하여 결격사유에 해당하는 일반경비원을 집단민원현장에 배치한 때
15. 제24조에 따른 감독상 명령에 따르지 아니한 때
16. 제26조를 위반하여 손해를 배상하지 아니한 때

③ 허가관청은 제1항 및 제2항에 의하여 허가취소 또는 영업정지처분을 하는 때에는 경비업자가 허가받은 경비업무중 허가취소 또는 영업정지사유에 해당되는 경비업무에 한하여 처분을 하여야 한다. 다만, 제1항제2호 및 제7호에 해당하여 허가취소를 하는 때에는 그러하지 아니하다. 〈개정 2013. 6. 7.〉

[2002. 12. 18. 법률 제6787호에 의하여 2002. 4. 25. 헌법재판소에서 위헌 결정된 이 조를 개정함.]

[헌법불합치, 2020헌가19, 2023.3.23, 1. 경비업법(2001. 4. 7. 법률 제6467호로 전부개정된 것) 제7조 제5항 중 '시설경비업무'에 관한 부분과 경비업법(2013. 6. 7. 법률 제11872호로 개정된 것) 제19조 제1항 제2호 중 '시설경비업무'에 관한 부분은 헌법에 합치되지 아니한다. 2. 법원 기타 국가기관 및 지방자치단체는 입법자가 개정할 때까지 위 법률조항의 적용을 중지하여야 한다. 3. 입법자는 2024. 12. 31.까지 위 법률조항들을 개정하여야 한다.]

### 제20조(경비지도사자격의 취소 등)

① 경찰청장은 경비지도사가 다음 각호의 1에 해당하는 때에는 그 자격을 취소하여야 한다. 〈개정 2014. 12. 30.〉

1. 제10조제1항 각호의 결격사유에 해당하게 된 때
2. 허위 그 밖의 부정한 방법으로 경비지도사자격증을 교부받은 때
3. 경비지도사자격증을 다른 사람에게 빌려주거나 양도한 때

4. 자격정지 기간 중에 경비지도사로 선임되어 활동한 때

② 경찰청장은 경비지도사가 다음 각호의 1에 해당하는 때에는 대통령령이 정하는 바에 따라 1년의 범위 내에서 그 자격을 정지시킬 수 있다. 〈개정 2020. 12. 22.〉

1. 제12조제3항의 규정에 위반하여 직무를 성실하게 수행하지 아니한 때
2. 제24조의 규정에 의한 경찰청장 또는 시・도경찰청장의 명령을 위반한 때

③ 경찰청장은 제1항의 규정에 의하여 경비지도사의 자격을 취소한 때에는 경비지도사자격증을 회수하여야 하고, 제2항의 규정에 의하여 경비지도사의 자격을 정지한 때에는 그 정지기간 동안 경비지도사자격증을 회수하여 보관하여야 한다.

### 제21조(청문)

경찰청장 또는 시・도경찰청장은 다음 각호의 1에 해당하는 처분을 하고자 하는 경우에는 청문을 실시하여야 한다. 〈개정 2020. 12. 22.〉

1. 제19조의 규정에 의한 경비업 허가의 취소 또는 영업정지
2. 제20조제1항 또는 제2항의 규정에 의한 경비지도사자격의 취소 또는 정지

## 제6장 경비협회

### 제22조(경비협회)

① 경비업자는 경비업무의 건전한 발전과 경비원의 자질향상 및 교육훈련 등을 위하여 대통령령이 정하는 바에 따라 경비협회를 설립할 수 있다.

② 경비협회는 법인으로 한다.

③ 경비협회의 업무는 다음과 같다.

1. 경비업무의 연구
2. 경비원 교육・훈련 및 그 연구
3. 경비원의 후생・복지에 관한 사항
4. 경비진단에 관한 사항
5. 그 밖에 경비업무의 건전한 운영과 육성에 관하여 필요한 사항

④ 경비협회에 관하여 이 법에 특별한 규정이 있는 것을 제외하고는 민법중 사단법인에 관한 규정을 준용한다.

### 제23조(공제사업)

① 경비협회는 다음 각 호의 공제사업을 할 수 있다. 〈개정 2015. 7. 20.〉

1. 제26조에 따른 경비업자의 손해배상책임을 보장하기 위한 사업
2. 경비업자가 경비업을 운영할 때 필요한 입찰보증, 계약보증(이행보증을 포함한다), 하도급보증을 위한 사업
3. 경비원의 복지향상과 업무상 재해로 인한 손실을 보상하는 사업
4. 경비업무와 관련한 연구 및 경비원 교육・훈련에 관한 사업

② 경비협회는 제1항의 규정에 의한 공제사업을 하고자 하는 때에는 공제규정을 제정하여야 한다.

③ 제2항의 공제규정에는 공제사업의 범위, 공제계약의 내용, 공제금, 공제료 및 공제금에 충당하기 위한 책임준비금 등 공제사업의 운영에 관하여 필요한 사항을 정하여야 한다.

④ 경찰청장은 제1항에 따른 공제사업의 건전한 육성과 가입자의 보호를 위하여 공제사업의 감독에 관한 기준을 정할 수 있다. 〈신설 2015. 7. 20.〉

⑤ 경찰청장은 제2항에 따른 공제규정을 승인하거나 제4항에 따라 공제사업의 감독에 관한 기준을 정하는 경우에는 미리 금융위원회와 협의하여야 한다. 〈신설 2015. 7. 20.〉

⑥ 경찰청장은 제1항에 따른 공제사업에 대하여 「금융위원회의 설치 등에 관한 법률」에 따른 금융감독원의 원장에게 검사를 요청할 수 있다. 〈신설 2015. 7. 20.〉

## 제7장 보칙

### 제24조(감독)

① 경찰청장 또는 시・도경찰청장은 경비업무의 적정한 수행을 위하여 경비업자 및 경비지도사를 지도・감독하며 필요한 명령을 할 수 있다. 〈개정 2020. 12. 22.〉

② 시・도경찰청장 또는 관할 경찰관서장은 소속 경찰공무원으로 하여금 관할구역안에 있는 경비업자의 주사무소 및 출장소와 경비원배치장소에 출입하여 근무상황 및 교육훈련상황 등을 감독하며 필요한 명령을 하게 할 수 있다. 이 경우 출입하는 경찰공무원은 그 권한을 표시하는 증표를 관계인에게 내보여야 한다. 〈개정 2020. 12. 22.〉

③ 시・도경찰청장 또는 관할 경찰관서장은 경비업자 또는 배치된 경비원이 이 법이나 이 법에 따른 명령, 「폭력행위 등 처벌에 관한 법률」을 위반하는 행위를 하는

경우 그 위반행위의 중지를 명할 수 있다. 〈신설 2013. 6. 7., 2020. 12. 22.〉

④ 시·도경찰청장 또는 관할 경찰관서장은 경비업무 장소가 집단민원현장으로 판단되는 경우에는 그 때부터 48시간 이내에 경비업자에게 경비원 배치 허가를 받을 것을 고지하여야 한다. 〈신설 2015. 7. 20., 2020. 12. 22.〉

### 第25조(보안지도·점검 등)

시·도경찰청장은 대통령령이 정하는 바에 따라 특수경비업자에 대하여 보안지도·점검을 실시하여야 하고, 필요한 경우 관계기관에 보안측정을 요청하여야 한다. 〈개정 2020. 12. 22.〉

### 第26조(손해배상 등)

① 경비업자는 경비원이 업무수행중 고의 또는 과실로 경비대상에 손해가 발생하는 것을 방지하지 못한 때에는 그 손해를 배상하여야 한다.

② 경비업자는 경비원이 업무수행중 고의 또는 과실로 제3자에게 손해를 입힌 경우에는 이를 배상하여야 한다.

### 第27조(위임 및 위탁)

① 이 법에 의한 경찰청장의 권한은 대통령령이 정하는 바에 따라 그 일부를 시·도경찰청장에게 위임할 수 있다. 〈개정 2020. 12. 22.〉

② 경찰청장은 제11조의 규정에 의한 경비지도사의 시험 및 교육에 관한 업무를 대통령령이 정하는 바에 따라 관계전문기관 또는 단체에 위탁할 수 있다.

### 第27조의2(수수료)

이 법에 따른 경비업의 허가를 받거나 허가증을 재교부 받고자 하는 자는 대통령령이 정하는 바에 따라 수수료를 납부하여야 한다.

[본조신설 2005. 5. 31.]

### 第27조의3(벌칙 적용에서 공무원 의제)

제27조제2항에 따라 위탁받은 업무에 종사하는 관계전문기관 또는 단체의 임직원은 「형법」 제129조부터 제132조까지의 규정을 적용할 때에는 공무원으로 본다.

[본조신설 2019. 4. 16.]

# 제8장 벌칙

## 제28조(벌칙)

① 제14조제2항의 규정에 위반하여 국가중요시설의 정상적인 운영을 해치는 장해를 일으킨 특수경비원은 5년 이하의 징역 또는 5천만원 이하의 벌금에 처한다. 〈개정 2017. 10. 24.〉

② 다음 각 호의 어느 하나에 해당하는 자는 3년 이하의 징역 또는 3천만원 이하의 벌금에 처한다. 〈개정 2005. 8. 4., 2013. 6. 7., 2015. 7. 20.〉

1. 제4조제1항의 규정에 의한 허가를 받지 아니하고 경비업을 영위한 자
2. 제7조제4항의 규정에 위반하여 직무상 알게 된 비밀을 누설하거나 부당한 목적을 위하여 사용한 자
3. 제7조제8항의 규정에 위반하여 경비업무의 중단을 통보하지 아니하거나 경비업무를 즉시 인수하지 아니한 특수경비업자 또는 경비대행업자
4. 집단민원현장에 경비원을 배치하면서 제7조의2제1항을 위반하여 제4조제1항에 따른 허가를 받지 아니한 자에게 경비업무를 도급한 자
5. 제7조의2제2항을 위반하여 집단민원현장에 20명 이상의 경비인력을 배치하면서 그 경비인력을 직접 고용한 자
6. 제7조의2제3항을 위반하여 경비업자의 경비원 채용 시 무자격자나 부적격자 등을 채용하도록 관여하거나 영향력을 행사한 도급인
7. 과실로 인하여 제14조제2항의 규정에 위반하여 국가중요시설의 정상적인 운영을 해치는 장해를 일으킨 특수경비원
8. 특수경비원으로서 경비구역 안에서 시설물의 절도, 손괴, 위험물의 폭발 등의 사유로 인한 위급사태가 발생한 때에 제15조제1항 또는 제2항의 규정에 위반한 자
9. 제15조의2제2항의 규정을 위반하여 경비원에게 경비업무의 범위를 벗어난 행위를 하게 한 자

③ 제14조제4항 후단의 규정에 위반하여 정당한 사유없이 무기를 소지하고 배치된 경비구역을 벗어난 특수경비원은 2년 이하의 징역 또는 2천만원 이하의 벌금에 처한다.

④ 다음 각 호의 어느 하나에 해당하는 자는 1년 이하의 징역 또는 1천만원 이하의 벌금에 처한다. 〈개정 2005. 8. 4., 2013. 6. 7., 2020. 12. 22.〉

1. 제14조제7항의 규정에 위반한 관리책임자
2. 제15조제3항의 규정에 위반하여 쟁의행위를 한 특수경비원

3. 제15조의2제1항을 위반하여 경비업무의 범위를 벗어난 행위를 한 경비원
4. 제16조의2제1항에서 정한 장비 외에 흉기 또는 그 밖의 위험한 물건을 휴대하고 경비업무를 수행한 경비원 또는 경비원에게 이를 휴대하고 경비업무를 수행하게 한 자
5. 제18조제8항을 위반하여 경찰관서장의 배치폐지 명령을 따르지 아니한 자
6. 제24조제3항에 따른 시·도경찰청장 또는 관할 경찰관서장의 중지명령에 따르지 아니한 자

⑤ 삭제 〈2013. 6. 7.〉

### 제29조(형의 가중처벌)

① 특수경비원이 무기를 휴대하고 경비업무를 수행중에 제14조제8항의 규정 및 제15조제4항의 규정에 의한 무기의 안전수칙을 위반하여 「형법」 제258조의2제1항(제257조제1항의 죄로 한정한다)·제2항(제258조제1항·제2항의 죄로 한정한다), 제259조제1항, 제260조제1항, 제262조, 제268조, 제276조제1항, 제277조제1항, 제281조제1항, 제283조제1항, 제324조제2항, 제350조의2 및 제366조의 죄를 범한 때에는 그 죄에 정한 형의 2분의 1까지 가중처벌한다. 〈개정 2013. 6. 7., 2016. 1. 6.〉

② 경비원이 경비업무 수행 중에 제16조의2제1항에서 정한 장비 외에 흉기 또는 그 밖의 위험한 물건을 휴대하고 「형법」 제258조의2제1항(제257조제1항의 죄로 한정한다)·제2항(제258조제1항·제2항의 죄로 한정한다), 제259조제1항, 제261조, 제262조, 제268조, 제276조제1항, 제277조제1항, 제281조제1항, 제283조제1항, 제324조제2항, 제350조의2 및 제366조의 죄를 범한 때에는 그 죄에 정한 형의 2분의 1까지 가중처벌한다. 〈신설 2013. 6. 7., 2016. 1. 6.〉

### 제30조(양벌규정)

법인의 대표자나 법인 또는 개인의 대리인, 사용인, 그 밖의 종업원이 그 법인 또는 개인의 업무에 관하여 제28조의 위반행위를 하면 그 행위자를 벌하는 외에 그 법인 또는 개인에게도 해당 조문의 벌금형을 과(科)한다. 다만, 법인 또는 개인이 그 위반행위를 방지하기 위하여 해당 업무에 관하여 상당한 주의와 감독을 게을리하지 아니한 경우에는 그러하지 아니하다.

[전문개정 2008. 12. 26.]

### 제31조(과태료)

① 다음 각 호의 어느 하나에 해당하는 경비업자에게는 3천만원 이하의 과태료를 부과한다. 〈신설 2013. 6. 7.〉

1. 제16조제1항을 위반하여 경비원의 복장에 관한 신고를 하지 아니하고 집단민원현장에 경비원을 배치한 자
2. 제16조제2항을 위반하여 이름표를 부착하게 하지 아니하거나, 신고된 동일 복장을 착용하게 하지 아니하고 집단민원현장에 경비원을 배치한 자
3. 제18조제1항 단서를 위반하여 집단민원현장에 일반경비원을 배치하면서 경비원의 명부를 배치장소에 작성·비치하지 아니한 자
4. 제18조제2항 각 호 외의 부분 단서를 위반하여 배치허가를 받지 아니하고 경비원을 배치하거나 경비원 명단 및 배치일시·배치장소 등 배치허가 신청의 내용을 거짓으로 한 자
5. 제18조제7항을 위반하여 제13조에 따른 신임교육을 이수하지 아니한 자를 제18조제2항 각 호의 경비원으로 배치한 자

② 다음 각 호의 어느 하나에 해당하는 경비업자 또는 시설주에게는 500만원 이하의 과태료를 부과한다. 〈개정 2013. 6. 7.〉

1. 제4조제3항 또는 제18조제2항의 규정에 위반하여 신고를 하지 아니한 자
2. 제7조제7항의 규정에 위반하여 경비대행업자 지정신고를 하지 아니한 자
3. 제9조제1항의 규정에 위반하여 설명의무를 이행하지 아니한 자
4. 제12조제1항의 규정에 위반하여 경비지도사를 선임하지 아니한 자
5. 제14조제6항의 규정에 의한 감독상 필요한 명령을 정당한 이유없이 이행하지 아니한 자
6. 제10조제3항을 위반하여 결격사유에 해당하는 경비원을 배치하거나 결격사유에 해당하는 경비지도사를 선임·배치한 자
7. 제16조제1항의 복장 등에 관한 신고규정을 위반하여 신고를 하지 아니한 자
8. 제16조제2항을 위반하여 이름표를 부착하게 하지 아니하거나, 신고된 동일 복장을 착용하게 하지 아니하고 경비원을 경비업무에 배치한 자
9. 제18조제1항 본문을 위반하여 명부를 작성·비치하지 아니한 자
10. 제18조제5항을 위반하여 경비원의 근무상황을 기록하여 보관하지 아니한 자

③ 제1항 및 제2항의 규정에 의한 과태료는 대통령령이 정하는 바에 의하여 시·도경찰청장 또는 경찰관서장이 부과·징수한다. 〈개정 2013. 6. 7., 2020. 12. 22.〉

④ 삭제 〈2013. 6. 7.〉
⑤ 삭제 〈2013. 6. 7.〉

## 부칙 <제19021호, 2022. 11. 15.>

### 제1조(시행일)

이 법은 공포 후 6개월이 경과한 날부터 시행한다. 다만, 제10조의2의 개정규정은 공포한 날부터 시행한다.

### 제2조(특수경비원의 당연 퇴직에 관한 적용례)

제10조의2의 개정규정은 이 법 시행 이후 60세가 되거나, 이 법 시행 이후 파산선고를 받거나, 이 법 시행 이후의 행위로 형의 선고유예를 받은 사람부터 적용한다.

# 검찰 및 특별사법경찰관리 등의 개인정보 처리에 관한 규정

[시행 2022. 7. 5.] [대통령령 제32770호, 2022. 7. 5., 일부개정]

**제1조(목적)**

이 영은 검찰 및 「형사소송법」 제245조의10에 따른 특별사법경찰관리 등이 그 직무를 수행하기 위하여 필요한 경우 「개인정보 보호법」 제23조, 제24조 및 제24조의2에 따른 개인정보를 처리할 수 있는 근거를 규정함을 목적으로 한다. 〈개정 2022. 7. 5.〉

**제2조(검사 등의 민감정보 등의 처리)**

검사 및 검찰청 소속 직원은 다음 각 호의 업무를 수행하기 위하여 불가피한 경우 「개인정보 보호법」(이하 "법"이라 한다) 제23조에 따른 민감정보, 법 제24조에 따른 고유식별정보, 법 제24조의2에 따른 주민등록번호, 그 밖의 개인정보가 포함된 자료를 처리할 수 있다.

1. 「형사소송법」에 따른 범인・범죄사실 및 그 증거에 대한 수사, 공소의 제기 및 그 유지
2. 「형사소송법」에 따른 범죄 수사에 관한 사법경찰관리 및 특별사법경찰관리에 대한 지휘
3. 「형사소송법」에 따른 확정된 재판의 집행・지휘 및 감독
4. 「국가를 당사자로 하는 소송에 관한 법률」에 따른 국가를 당사자나 참가인으로 하는 소송 및 행정소송의 수행 또는 그 수행에 관한 지휘・감독
5. 「가정폭력범죄의 처벌 등에 관한 특례법」, 「가정폭력방지 및 피해자보호 등에 관한 법률」, 「성매매방지 및 피해자보호 등에 관한 법률」, 「성매매알선 등 행위의 처벌에 관한 법률」, 「성폭력범죄의 처벌 등에 관한 특례법」, 「아동복지법」, 「아동・청소년의 성보호에 관한 법률」, 「아동학대범죄의 처벌 등에 관한 특례법」, 「소년법」, 「보호관찰 등에 관한 법률」, 「범죄피해자 보호법」, 「범죄피해자보호기금법」, 「특정범죄신고자 등 보호법」, 「특정강력범죄의 처벌에 관한 특례법」, 「장애인복지법」, 「발달장애인 권리보장 및 지원에 관한 법률」, 「노인복지법」, 「출입국관리법」, 「소송촉진 등에 관한 특례법」, 「형의 집행 및 수용자의 처우에 관한 법률」

등에 따른 임시조치, 응급조치, 범죄 행위자로부터의 피해자 격리, 피해자 등 사건관계인의 보호・지원, 가정보호・소년보호・아동보호 등 보호 사건의 처리 및 형사조정 등에 관한 업무

6. 「디엔에이신원확인정보의 이용 및 보호에 관한 법률」에 따른 디엔에이감식시료의 채취, 디엔에이신원확인정보의 수록, 디엔에이감식시료채취영장의 청구, 디엔에이신원확인정보의 수록・관리, 검색・회보, 삭제, 디엔에이감식시료의 폐기 등 디엔에이신원확인정보의 수집・이용 및 보호에 관한 업무
7. 「형사보상 및 명예회복에 관한 법률」에 따른 형사보상 및 명예회복에 관한 업무
8. 검찰 내부전산망 등 검찰전산통신시스템 운영・관리에 관한 업무
9. 검사, 검찰청 소속 직원의 임용, 상훈, 징계, 인사 관련 제증명 신청・발급, 관계기관 또는 단체에 사실 또는 자료의 조회, 검찰공무원이 아닌 자의 파견・임용 등 인사 관련 사무
10. 「검찰청법」 제4조제1항제6호에 따른 다른 법령에 따라 검사의 권한에 속하는 사항에 관한 업무
11. 「검찰청법」 제46조부터 제49조까지의 규정에 따른 검찰청 소속 직원의 직무에 속하는 사항에 관한 업무
12. 제1호부터 제11호까지의 업무를 수행하기 위하여 부수적으로 필요한 사무

### 제3조(특별사법경찰관리의 민감정보 등의 처리)

「사법경찰관리의 직무를 수행할 자와 그 직무범위에 관한 법률」에 따라 사법경찰관리의 직무를 수행하는 사람은 「형사소송법」 제245조의10에 따라 범죄수사 및 이에 필요한 업무를 수행하기 위하여 불가피한 경우 법 제23조에 따른 민감정보, 법 제24조에 따른 고유식별정보, 법 제24조의2에 따른 주민등록번호 및 그 밖의 개인정보가 포함된 자료를 처리할 수 있다. 〈개정 2022. 7. 5.〉

### 제4조(검찰공무원이 아닌 사람에 의한 민감정보 등의 처리)

「형사소송법」에 따른 전문수사자문위원, 형집행정지 심의위원회의 위원 등 검찰공무원이 아닌 사람으로서 법령에 따라 제2조 각 호의 업무를 수행하는 사람은 그 업무를 수행하기 위하여 불가피한 경우 법 제23조에 따른 민감정보, 법 제24조에 따른 고유식별정보, 법 제24조의2에 따른 주민등록번호 및 그 밖의 개인정보가 포함된 자료를 처리할 수 있다.

## 부칙 <제32770호, 2022. 7. 5.>

이 영은 공포한 날부터 시행한다.

# 참고문헌


| | | |
|---|---|---|
| 1. 실전경호실무 | 이기세 외 6인 | 대경북스 |
| 2. 경호입문 | 이기세 외 9인 | 대경북스 |
| 3. 경호무도 | 이기세 외 3인 | 진영사 |

# 저자약력

## 이기세(李基世)

고려대학교 교육대학원졸업(교육학 석사)
시립인천대학교 일반대학원졸업(체육학 박사)
순천향대학교 대학원 졸업(경찰학 박사)
전) 인천대학교 대학 및 대학원 강사
전) 초당대학교 대학 및 대학원 강사
전) 우석대학교 경호비서학과 교수
전) 중국요녕중의대학 객좌교수
전) 인천공무원 연수원 강사
전) 경찰종합학교 강사
전) 경찰교육원 외래교수
전) 주) 경비원연합회자문교수
전) 사단법인 대한경호지도자협회 자문위원장
전) 경비신문편집위원
전) 평택경찰서 집회, 시위 자문위원
전) 국제대학교 예술체육학부 학부장
현)대한 가라테협회 대학회장
현) 인천광역시 사격연맹 이사
현) 사단법인 평생교육기구 자문교수
현) 대한합기도 총연맹 대학협회장
현) 바른자세헬스케어진흥원 자문교수
현) 국제대학교 경호보안학과 학과장
국제대학교 레저스포츠과 학과장
국제대학교 체육진흥센터장

〈저서〉
경호입문, 경호실무, All in 경호학, 실전경호무도(합기도편)
호신술과 경호무도, 레이저사격 외 다수

## 장동수(張東洙)

인천대학교 대학원 체육학 석사
인천대학교 대학원 체육학 박사

전) 인천전문대학 외래교수
전) 국제대학교 외래교수
현) 인천대학교 평생교육원 초빙교수
현) 인천광역시 사격연맹 전무(사무국장)

〈저서〉
경호원이 되기 위한 경호입문
마음챙김 치료와 재활여가 레크리에이션
근피로 해소를 위한 스포츠 맛사지
활정술(바른 체형을 위한 최초! 최고! 최선!의 자극운동법)
경호무도
레이저사격

## 신원(申袁)

인천대학교 교육대학원 교육학 석사
인천대학교 일반대학원 체육학 박사
태권도 공인 5단, 합기도 공인 5단
전) 한국여가레크리에이션 학회 사무국장 및 이사
전) 시립 인천전문대학 겸임교수
전) 가천의과대, 상명대, 대림대학 외래강사
전) 인천대학교 교육대학원 외래강사
전) 인천대, 인하대, 숭실대, 초당대 외래강사
현) 대한경호지도자협회 이사
현) 경남대학교 스포츠과학과 교수

〈저서〉
실전 경호무도(합기도편)
경호입문

## 양덕열(梁德烈)

용인대학교 태권도학과 졸업
용인대학교 대학원 석사 취득
용인대학교 대학원 박사 취득
전) 국회의원태권도연맹 교육위원회 부위원장
전) 용인대학교 평생교육원 경호무도 외래교수
전) 명지대학교 미래교육원 경찰행정 초빙교수
전) 국기원 기술심의회 지도위원
전) 호남대학교 태권도경호학과 조교수
현) 연성대학교 경찰경호보안과 출강교수
현) 서울금천경찰서 경미범죄심사위원회 위원
현) 서울강동경찰서 경찰관 무도교관
현) 서울관악경찰서 경찰관 무도교관
현) 대한민국 합기도중앙협회 경찰무예위원장

〈저서〉
경호학

**김승봉(金承奉)**

용인대학교 무도대학 태권도학과 졸업
동신대학교 체육학 석사
경찰경호무도협회 경호의전위원장
청암대학교 경찰군사학과 교수

GLOBAL CULTURE & TOURISM

# 글로벌 문화와 관광

정대봉 · 정 환 · 이소윤 지음

대 왕 사

GLOBAL CULTURE & TOURISM

# 글로벌 문화와 관 광

# 머리말

IT기술의 발달과 통신 및 교통기술의 발달로 우리가 사는 이 넓은 세상은 마치 조그마한 지구촌이 되었다. 마음만 먹으면 하루 만에 내가 있는 곳에서 지구 반대편으로 갈 수도 있다. 아침에 출발해서 이웃나라에서 사람을 만나 점심을 먹고 당일 날 다시 집으로 오는 이런 세상이다. 최근 대기업의 해외 출장이 대폭 감소했다는 이야기를 전해 들었다. 물론, 코로나로 인한 여파가 아직 있겠지만 그보다 직접 대면으로 만나서 회의를 하기 보단 영상을 통한 실시간 회의가 가능해지고 다양한 기능이 개발됨에 따라 먼 나라와도 이제 실시간으로 회의 및 커뮤니케이션이 가능한 세상이 되어 굳이 출장의 필요를 느끼지 못하거나 상당부분 감소요인이 된 것으로 보인다. 최근 언론과 다양한 소식통을 통해 들려오는 이야기로 해외여행이 폭발적인 증가세를 보인다고 한다. 이는 코로나로 인해 복수 소비심리가 작용했다고 생각하는 사람도 있겠지만, 정보의 홍수 속에서 다양한 접촉을 통해 해외여행에 대한 관심이 증가하고 여가시간의 증대와 삶의 여유가 생김에 따른 당연한 소비 패턴의 한 부분이라고 할 수 있다.

4차 산업혁명시대에 1인 미디어 또는 SNS 활동을 통해 나의 생활이 공개되고, 또한 남과 비교되는 삶 속에 있다. 이러한 소비자의 심리도 해외여행을 증가시키는 한 요소라고 할 수 있다.

이러한 세상의 변화 속에서 우리는 이 책을 통해 지구상의 각 지역에서 피어나는 다채로운 문화의 아름다움과 복잡성을 탐험하고, 여행과 관광이 어떻게 이러한 다양성을 만나며, 새로운 경험과 인상을 불러일으키는지 살펴보고자 한다. 문화는 우리의 아이덴티티를 형성하고, 관광은 세계를 더 넓은 시각에서 바라볼 수 있는 기회를 제공한다.

이 책은 지식을 공유하고 상호 이해를 촉진하는 도구로서의 역할을 톡톡히 수행하길 바라고, 세계 각지의 사람들과 문화를 존중하며 서로에게 더욱 가까워지는 일에 이 책이 도움이 되기를 기대한다.

마지막으로 이 책을 통해 여행하고자 하는 곳의 문화를 더 깊이 이해하고, 다양성을 경험하는 데 영감을 받기를 바란다. '여행'이라는 행위는 새로운 지식과 경험을 풍부하게 만들어 주는 여정이며, 우리 모두는 함께 이 여정을 떠날 수 있음에 기쁨을 느낀다.

이 책의 구성은 글로벌한 세상 속에서 세계의 문화와 관광에 대한 이해가 절실히 필요한바, 관광을 전공으로 하는 관광학도들에게 세상을 바라보는 가장 효율적인 지침서가 되기를 바라는 마음으로 총 6장으로 구성하였다.

1장은 문화에 대해 이해하는 장으로, 전 세계 문화의 개념과 구성요소 및 문화관광에 대한 이야기로 구성하였으며, 2장은 아시아의 문화와 관광, 3장은 남태평양의 문화와 관광, 4장은 유럽의 문화와 관광, 5장은 아메리카 대륙의 문화와 관광, 6장은 아프리카의 문화와 관광에 대한 내용으로 구성하였다.

이 책을 준비하면서 필자와 동일하게 관광산업 및 연관된 트렌드에 대해 공부하고자 노력하며 관련 자료들을 찾아보는 독자들이 이 책을 통해 좀 더 쉽고 빠르게 관련 자료들을 보고 이해하는 데 도움이 되었으면 하는 바람이다. 그러기 위해 가장 최근의 통계 자료와 연구 자료를 수록하는 데 중점적으로 노력하였다. 시간에 쫓기어 다소 부족한 내용이 있을 수 있는 점을 죄송스럽게 생각하면서 앞으로 미흡한 부분은 수정・보완해나갈 것을 약속드린다.

끝으로 관광학을 접했을 때부터 지금까지 가르침을 주신 필자의 멘토인 인천재능대학교 호텔관광과 정환 교수님과 제주관광대학교 호텔관광과 이소윤 교수님께 존경을 표하며, 함께 집필하면서 다시 한번 많이 배우고 성장할 기회를 주셔서 감사하다는 말씀을 올린다.

최근 출판계의 어려움에도 불구하고 이 책의 출판에 힘써주신 도서출판 대왕사 박성진 사장께 감사의 말씀과 이 책을 교정하기까지 짧은 시간에 너무 많은 고생을 하신 대왕사 이재길 부장과 주진구 부장께 감사의 말씀을 올린다.

2024년 3월

정대봉 저자

## 차례

## 5장 아메리카 문화와 관광 이해하기 [293]



## 6장 아프리카 문화와 관광 이해하기 [333]

# 1장

# 문화에 대하여

# 1.

# 문화 이해하기

문화(文化)는 일반적으로 한 사회의 주요한 행동양식이나 상징체계를 말하는 것이다(위키백과사전). 원래 '문화'는 라틴어인 'Cultura'에서 유래한 것인데, 이것은 경작을 일컫는 말이었다. 이후 이는 인간 행동 양식, 그리고 그것에 대한 의미와 중요성을 가리키는 말이 되었다.

흔히, 우리가 '문화'라고 하면 문화생활, 문화계, 문화시설, 글로벌 문화, 문화유산, 대중문화, 고급 문화, 한국문화, 서양문화 등과 같이 다양한 단어와 함께 묶여 보다 복합적 의미로 사용되기도 한다. 이처럼 문화에는 좁고 넓은 의미가 다양하게 사용되고 있다.

## 1) 문화의 개념 이해하기

문화의 개념은 크게 두 가지로 나누어 발전되어 왔다. 하나는 총체론적 개념의 문화이고, 다른 하나는 관념론적 개념의 문화이다.

첫째, 총체론적 개념의 문화는 "인간집단의 생활양식 총체"를 의미하는 것으로, 인간의 지식이나 가치관 및 느낌과 규범 등 상징적이고 제도적인 것뿐만 아니라 의・식・주의 기술, 수단, 도구, 언어 등과 같은 관습적 행위와 그런 행위의 산물들까지 모두 포함하는 것으로 문화의 기능성을 강조하고 있다.

둘째, 관념론적 개념의 문화는 "사람의 행위나 구체적인 사물 그 자체가 아니라 사람들의 마음속에 있는 모델로서, 그 구체적인 현상으로부터 추출된 하나의 추상"으로 도구, 행동, 제도 등을 포함하지 않고 인간을 행동으로 이르게 하는 기준・표준・규칙으로 문화를 하나의 관념적 영역으로 구분 짓는다.

이처럼 문화는 여러 인류학자들에 의해 다양하게 해석되어 왔다. 오랫동안 문화에 대한 인류학자들의 해석은 다양하게 발전되어 왔지만, 일반적으로 문화는 특정한 지역 또는 집단에서 공유되는 생각·행동·관습·예술·신앙·언어 등을 포괄한다. 인류학적 시각에서 문화는 인간의 본성적인 특징으로 간주되며, 문화는 인간의 사회적 행동과 관련이 매우 깊다.

문화에 대한 인류학적 연구는 특정 문화나 사회집단의 특징을 이해하는 것에 초점을 두고, 이를 위해 언어·교육·성별·종교·경제·정치·식생활·예술 등 다양한 측면에서 조사된다. 인류학자들은 문화를 이해하기 위해 직접적인 경험과 참여를 통해 연구를 수행하는 현장연구를 중요시하며, 이를 통해 인간의 생활과 사고방식을 이해하고 문화적 차이와 유사성을 밝혀 왔다. 지금까지의 문화에 대한 학자별 정의를 요약하면 다음과 같다.

| 학자 | 정의 |
|---|---|
| 에드워드 버너 테일러 (Edward Burnett Tylor) | "문화는 인간이 자신의 경험을 통해 습득한 지식, 믿음, 예술, 윤리적 기준, 법, 관습 등의 전체 집합체이다." |
| 클리프트드 게어트 (Clifford Geertz) | "문화는 인간이 사회적으로 의미를 부여하고 해석하는 방식이며, 이를 통해 사회적 행위, 기호, 인식 및 태도를 이해할 수 있다." |
| 레비 스트로스 (Claude Lévi-Strauss) | "문화는 인간의 생각과 행동, 신념과 가치, 민족성과 개인성, 그리고 역사와 현실이 모두 혼재된 집합체이다." |
| 마샬 사암 (Marshall Sahlins) | "문화는 인간의 생산성, 상호의존성, 정체성, 정치, 경제 및 기호체계를 포함하는 복잡한 전체체이다." |
| 클라우스 이벨 (Klaus Ewe) | "문화는 인간이 자신의 생활을 조직하는 데 사용하는 색인과 규칙 집합체이다." |

이러한 학자들의 정의는 문화에 대한 인식과 이해를 높이는 데 큰 역할을 한다.

## 2) 문화의 특성 이해하기

문화는 인류의 생활과 사고를 구성하는 중요한 요소 중 하나로서, 문화의 특성에는 다음과 같은 것들이 있다.

첫째, 문화는 공동체에서 공유된다. 문화는 특정 지역·민족·종교·집단 등에서 공유되는 것으로, 개인의 경험과 특성에 의해서 형성되지는 않는다.

둘째, 문화는 가변적이다. 문화는 시간과 공간에 따라 변화하며, 새로운 요소가 도입되거나, 기존의 요소가 사라짐으로써 변화한다.

셋째, 문화는 유기적이다. 문화는 다른 문화와 서로 연결되어 유기적인 전체를 이룬다. 문화의 한 요소가 다른 요소에 영향을 주며, 이들 요소는 서로 뒤섞이면서 복잡한 구조를 이루게 된다.

넷째, 문화는 상징적이다. 문화는 상징과 기호를 사용하여, 인간의 사고와 행동을 구성한다. 상징과 기호는 문화적 의미를 전달하며, 인간의 사회적 상호작용과 인식을 형성한다.

다섯째, 문화는 학습에 의해 전달된다. 문화는 개인이 태어나면서 갖고 있는 것이 아니라, 학습을 통해 습득된다. 문화는 언어・교육・경험 등을 통해 전달되며, 이를 통해 인간은 자신의 문화적인 특성을 형성하게 된다.

여섯째, 문화는 다양하다. 문화는 지리적・역사적・인적・지적・경제적 등의 다양한 요소에 의해 형성된다. 따라서 서로 다른 문화들은 다양한 특성을 가지며, 서로 다른 문화 간에는 문화적 차이가 존재한다.

### 3) 문화의 구성요소 이해하기

문화는 일반적으로 다음과 같은 구성요소들로 이루어져 있다.

**기호체계**: 언어, 문자, 숫자 등의 기호를 사용하는 체계로, 인간의 의사소통과 사고에 중요한 역할을 한다.

**예술과 문학**: 문학・음악・미술 등의 예술과 문화는 문화적 의미와 가치를 전달하며, 문화적 표현과 창조를 통해 인간의 정서와 생각을 표현한다.

**기술과 생활양식**: 문화는 기술과 생활양식을 형성하며, 이를 통해 인간은 환경에 대한 대처 방식과 생활의 질을 향상시킨다.

**종교와 신화**: 종교와 신화는 인간의 정신적인 욕구를 충족시키고, 문화적 가치와 신념을 형성한다. 종교와 신화는 문화적 역사와 전통의 연속성을 유지하는 역할을 한다.

**인식과 사고**: 문화는 인간의 인식과 사고에 영향을 미치며, 문화적 지식과 체계를 형성한

다. 인식과 사고는 인간의 행동과 행동의 의미를 결정하는 데 중요한 역할을 한다.

**사회적 기구와 제도**: 문화는 사회적 기구와 제도를 형성하며, 인간의 행동과 상호작용에 영향을 미친다. 사회적 기구와 제도는 문화적 지식과 행동의 표준을 제시하고, 사회 질서를 유지하는 역할을 한다.

이러한 구성요소들은 서로 유기적으로 연결되어 문화를 이루며, 문화는 다양한 측면에서 인간의 삶과 문제해결에 중요한 역할을 한다.

## 2.

# 관광과 문화에 대하여

문화는 우리가 학습하고 있는 관광과 밀접한 관계이다. 우리가 흔히 "관광을 한다"함은 그 나라의 다양한 문화를 경험하는 행위라고 해도 과언이 아닐 것이다. 앞에서 언급한 바와 같이 문화는 그 나라의 역사이며, 그 나라 국민들의 생활상을 엿볼 수 있는 것이다. 따라서 관광을 함에 있어 그 나라의 역사와 우리와 다른 그 나라만의 삶의 방식을 보고 배우는 것은 관광의 중요한 부분이라고 할 수 있다. 지금부터 관광과 문화와의 관련된 내용을 살펴보자.

### 1) 문화권 알아보기

세계의 문화권은 지리적 · 역사적 · 문화적 배경에 따라 구분된다. 다음은 대표적인 세계 문화권에 대한 설명이다.

#### (1) 아시아 문화권

**동아시아 문화권**: 중국 · 일본 · 한국 등이 속하는 문화권으로, 중국 문화의 영향을 크게 받았다. 가족 중심의 공동체 의식이 강하며, 공손하고 예의 바른 문화적 특징이 있다.

**남아시아 문화권**: 인도 · 파키스탄 · 방글라데시 등이 속하는 문화권으로, 힌두교와 이슬람 종교의 영향을 받았다. 예술과 문학, 종교적 전통 등이 풍부한 문화적 특징이 있다.

**동남아시아 문화권**: 베트남 · 태국 · 인도네시아 · 말레이시아 등이 속하는 문화권으로, 인도-중국 문화권과 이슬람 문화권 사이에 위치한다. 이슬람 문화와 한문화의 영향을 받으며, 다양한 종교와 문화적 특징을 지니고 있다.

**서남아시아 문화권**: 이란・이스라엘・터키・사우디아라비아 등이 속하는 문화권으로, 이슬람 종교와 아랍 문화가 중요한 역할을 한다.

이 외에도 중앙아시아, 시베리아 등 다양한 지역에서 독특한 문화권이 형성되어 있다.

### (2) 북미 문화권

**미국 문화권**: 미국의 문화가 주도적인 문화권으로, 대중문화 산업과 기술혁신 등의 영향력이 강하다. 개인주의, 경쟁, 성취 등이 강조되는 문화적 특징이 있다.

**캐나다 문화권**: 영국과 프랑스의 영향을 받은 다문화적인 문화권으로, 다양한 문화적 요소가 융합되어 있다. 자연환경과 환경보호, 평등과 다문화주의 등이 중요한 가치이다.

**멕시코 문화권**: 스페인 문화와 아메리카 원주민 문화가 혼합된 문화권으로, 가족 중심의 문화가 강조된다. 춤・음악・음식 등의 문화적 특징이 있다.

이 외에도 카리브 해, 중앙아메리카 등 다양한 지역에서 다채로운 문화가 존재한다.

### (3) 오세아니아 문화권

오세아니아는 대양주(oceania)라고도 불리며, 오스트레일리아와 뉴질랜드를 비롯하여 태평양의 다양한 섬들로 이루어진 지역이다. 이 지역은 매우 다양한 문화적・언어적・지리적・역사적 특징을 가지고 있으며, 다양한 문화권이 존재한다. 오세아니아의 대표적인 문화권은 다음과 같다.

**오스트레일리아 문화권**: 오스트레일리아는 유럽, 아시아, 태평양 지역의 영향을 받은 복합적인 문화를 가지고 있다. 이 지역에서는 영어가 주요 언어로 사용되며, 유럽식 음식・스포츠・예술・영화 등이 인기 있다.

**뉴질랜드 문화권**: 뉴질랜드는 마오리인과 유럽인이 공존하는 다문화적인 사회이다. 뉴질랜드의 문화는 마오리 문화와 유럽식 문화의 요소가 혼합되어 있으며, 매우 다양한 예술과 음악・음식・스포츠가 있다.

**마이크로네시아 문화권**: 마이크로네시아는 태평양 지역의 섬들로 이루어진 지역으로, 다양한 언어와 문화를 가지고 있다. 이 지역에서는 팔라우어・추크어 등 다양한 언어가 사용되며, 지역 특유의 춤・음악・조개공예 등이 유명하다.

**멜라네시아 문화권**: 멜라네시아는 오세아니아 북동쪽에 위치한 지역으로 파푸아뉴기니, 솔로몬 제도, 바누아투 등의 나라를 포함한다. 이 지역에서는 다양한 부족 문화와 미술・음악・춤 등이 발달하였으며, 멜라네시안 타투가 유명하다.

**폴리네시아 문화권**: 폴리네시아는 오세아니아 중심부에 위치한 지역으로 사모아, 통가, 쿡 제도, 프랑스령 폴리네시아 등을 포함한다. 이 지역에서는 다양한 섬나라들이 각자 독특한 문화와 언어를 가진 것으로 유명하다.

### (4) 기타 문화권

**서유럽 문화권**: 유럽 서부 지역에 위치한 나라들을 중심으로 형성된 문화권으로, 그리스 로마 문화와 기독교 문화의 영향을 크게 받았다. 대표적으로 영국, 프랑스, 독일, 스페인 등이 속한다.

**아프리카 문화권**: 아프리카 대륙 내에 형성된 문화권으로, 지리적・역사적・언어적으로 다양한 문화적 특징을 지니고 있다. 산업화가 덜 발달하고, 전통적인 생활양식과 종교적 신앙이 중요한 역할을 한다.

**남미 문화권**: 남아메리카 지역의 나라들을 중심으로 형성된 문화권으로, 스페인어와 포르투갈어를 사용하며, 기독교 문화와 원주민 문화의 영향을 받았다. 춤과 음악, 예술적 창조성이 뛰어나며, 열정적이고 활기찬 문화적 특징이 있다.

이상으로 살펴 본 세계 문화권은 인간의 역사와 문화에 대한 깊은 이해를 제공하며, 서로 다른 문화권 간의 대화와 교류를 촉진하는 역할을 한다. 이러한 교류를 통해 다른 문화를 이해하고 존중하는 태도를 배울 수 있으며, 이를 통해 세계 평화와 상호 이해를 증진시키는 데 기여할 수 있다. 또한 세계 문화권은 지구촌에서 다양한 문화들이 공존하고 상호작용하는 방식을 이해하는 데 도움을 준다.

### 2) 문화관광의 개념 이해하기

문화관광은 여행자가 다양한 문화적 경험과 교류를 위해 국내나 해외로 여행을 떠나는 것을 의미한다. 이는 순수한 관광 목적으로 여행을 떠나는 것뿐만 아니라 문화체험, 문화교류, 문화학습, 문화예술 감상 등의 목적을 가진 여행을 포함한다.

문화관광은 여러 가지 형태가 있을 수 있다. 대표적인 예로는 역사 유적지나 문화재를 방문하여 역사와 문화를 배우는 것, 전통적인 예술이나 공연을 감상하는 것, 지역 특산물과 음식을 맛보는 것 등이 있다. 이러한 경험들은 여행자들이 새로운 문화적 지식과 경험을 얻을 수 있도록 도와주며, 동시에 지역 경제와 문화 발전에도 기여한다.

문화관광은 지역사회와의 상호 작용을 촉진하여 지역사회의 발전과 지속가능한 관광 산업 발전에도 긍정적인 영향을 미친다. 또한 문화관광은 다양한 문화 간의 교류와 이해를 촉진하며, 국제 교류와 평화를 도모하는 데에도 중요한 역할을 한다.

문화관광 관련 사례로는 다음과 같은 것들이 있다.

**이탈리아의 로마 시내 관광**: 로마 시내는 유럽에서 가장 오래된 도시 중 하나이며, 다양한 문화유산과 역사적인 건축물이 있는 관광지이다. 로마 시내 관광은 국내외 관광객들에게 매우 인기가 있으며, 로마 파노라마 투어, 콜로세움 입장, 로마 포럼 투어 등 다양한 문화체험 프로그램을 제공한다.

**일본의 교토 여행**: 교토는 일본의 역사와 문화가 깊이 뿌리박힌 곳으로 유네스코 세계문화유산에 등재되어 있다. 교토 여행은 일본 전통 문화를 체험할 수 있는 여행으로 유명하며, 차 문화 체험, 금연 등 다양한 문화체험을 제공한다.

**한국의 경주 여행**: 경주는 고려와 신라 시대의 유산이 많이 남아 있는 지역으로, 석굴암·불국사·미륵사지 등의 유명한 문화재가 위치해 있다. 경주 여행은 고대 신라 문화를 체험할 수 있는 다양한 문화관광 코스를 제공하며, 국내외에서 많은 관광객들이 방문한다.

**프랑스의 파리 시내 관광**: 파리는 유럽에서 가장 많은 관광객들이 방문하는 도시 중 하나이다. 에펠탑, 루브르 박물관, 성당 등의 유명한 문화재를 감상할 수 있으며, 다양한 문화적 체험과 감상을 제공한다.

이 외에도 세계 각지에서 다양한 문화관광 코스와 프로그램이 제공되고 있으며, 지역별로 다양한 문화적인 특성을 가지고 있다.

### 3) 문화관광의 특성 이해하기

문화관광의 특성은 다음과 같다.

**문화적 특성**: 문화관광은 문화적인 특성을 갖는다. 관광객은 지역 문화와 예술을 감상하고, 전통적인 음식・옷・건축 등을 경험하며, 지역의 문화적 가치와 역사를 배우는 등 다양한 문화적 경험을 할 수 있다.

**교류와 상호작용**: 문화관광은 관광객과 지역 주민 간의 상호작용과 교류를 촉진한다. 관광객은 현지인과 교류하고, 지역 문화를 이해하며, 다양한 문화적 경험을 할 수 있다.

**다양성**: 문화관광은 지역마다 다양한 문화적 특성을 가지고 있다. 지역별로 역사, 문화, 미술, 음악, 예술 등의 다양한 문화적 유산이 존재한다.

**지속가능성**: 문화관광은 지속가능한 발전을 추구해야 한다. 지역 문화유산의 보존과 관리, 지역 주민의 참여와 지원 등을 통해 문화관광이 지역 경제와 지속가능한 발전을 도모할 수 있다.

**가치**: 문화관광은 문화적 가치를 중시한다. 문화적 가치를 강조하는 문화관광은 지역 경제를 활성화시키는 동시에 지역문화를 보존하고, 관광객에게 유익한 경험을 제공한다.

**국제적 차원**: 문화관광은 국제적인 차원을 가지고 있다. 다양한 문화권 간의 교류와 이해를 촉진하며, 국제적인 평화와 협력을 추구하는 데 중요한 역할을 한다.

# 2장

# 아시아 문화와 관광 이해하기

아시아는 역사와 전통, 문화적인 다양성으로 유명한 대륙 중 하나이다. 아시아에서는 다양한 문화관광 코스와 프로그램이 제공되고 있으며, 지역마다 다양한 문화적인 특성을 가지고 있다. 아시아 문화관광의 대표적인 특성은 다음과 같다.

- **역사적인 유산:** 아시아 지역은 다양한 역사적인 유산을 가지고 있다. 그 중에는 대왕릉, 만리장성, 숭경사, 타지마할 등이 있다. 이러한 역사적인 유산을 보면서 역사와 문화를 이해하고 체험할 수 있다.

- **전통적인 문화:** 아시아 지역에는 다양한 전통 문화가 있다. 이러한 전통 문화를 체험하면서, 그 문화를 살아가는 사람들의 삶과 가치관을 이해할 수 있다. 전통적인 음악, 무용, 공예, 농업, 언어 등을 체험할 수 있다.

- **종교적인 문화:** 아시아는 다양한 종교적인 문화가 있는 지역이다. 그 중에서도 인도・중국・일본・태국 등은 불교・힌두교・이슬람교・기독교・도교 등 다양한 종교적인 문화를 가지고 있다. 이러한 종교적인 문화를 체험하면서, 그 나라의 문화와 역사를 이해할 수 있다.

- **자연환경:** 아시아는 다양한 자연환경을 가지고 있다. 예를 들어, 인도의 강들, 중국의 산들, 태국의 해변 등은 아름다운 경관으로 유명하다. 이러한 자연환경을 배경으로 한 문화관광 프로그램도 인기가 있다.

- **먹거리와 전통음식:** 아시아 지역은 다양한 맛과 요리를 가지고 있다. 인도의 카렐라 음식, 중국의 주요 음식, 일본의 스시와 라멘, 태국의 푸드투어 등의 먹거리 체험 프로그램도 인기가 있다.

이러한 다양한 문화관광 프로그램을 통해 아시아 지역의 문화와 역사, 그리고 사람들의 삶과 가치관을 체험하면서 이해할 수 있다.

# 1.

# 대한민국의 문화와 관광

대한민국은 독특한 문화와 관광 자원을 가진 나라로, 세계 각국에서 많은 관광객들이 방문하는 인기 있는 여행지 중 하나이다. 대한민국의 문화와 관광에 대해 자세히 알아보자.

**문화적인 다양성**: 대한민국은 다양한 문화를 가지고 있다. 한국의 전통음식인 김치, 불고기, 떡볶이, 비빔밥 등은 전 세계적으로 유명하다. 한국의 민속문화인 향교, 탈춤, 판소리 등도 많은 관심을 받고 있다. 또한 한류 열풍으로 인해 한국의 음악, 드라마, 영화 등이 전 세계적으로 인기를 끌고 있다.

**역사적인 유산**: 대한민국에는 다양한 역사적인 유산이 있다. 경복궁・창덕궁・덕수궁・종묘 등의 조선왕조 시대의 유적들, 경주 석굴암・안압지・불국사 등의 고려시대 유적들이 대표적이다. 또한 DMZ(한반도 비무장지대)는 세계에서 가장 위험한 지대 중 하나로 알려져 있으며, 많은 관광객들이 방문한다.

**풍부한 자연경관**: 대한민국은 다양하고 아름다운 자연경관을 가지고 있다. 제주도의 화산암초, 설악산의 계절별 산행, 남해의 바다와 해안선, 한강과 낙동강의 물빛 등은 관광객들에게 인기 있는 관광지 중 하나이다.

**현대적인 도시**: 대한민국에는 현대적인 도시도 많이 있다. 수도인 서울은 전 세계적으로 유명한 도시로, 청계천・한강・남산 등의 명소가 있다. 부산은 대한민국에서 가장 큰 항구도시로, 해운대 해수욕장과 국제시장 등 많은 관광지가 있다. 또한 제주도와 여수 등도 관광객들에게 인기 있는 지역이다.

## 1) 대한민국의 개요

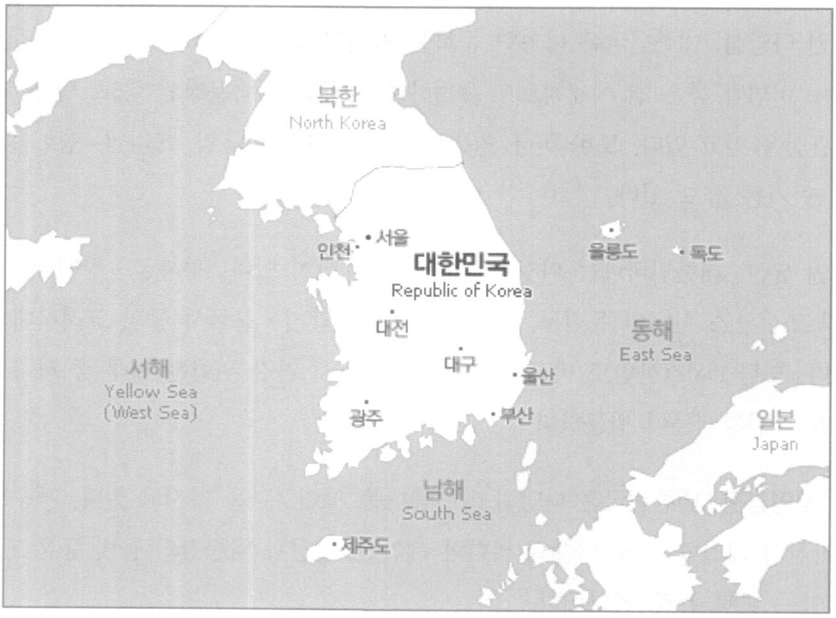


**학습목표**

대한민국의 개요, 문화, 핵심 관광지, 주요 관광상품과 대한민국 관광의 현주소를 파악하여 대한민국을 전문적으로 이해하고 설명할 수 있다.

| 국명: 대한민국(Republic of Korea, ROK) | | | |
|---|---|---|---|
| 수도 | 서울특별시 | 면적 | 약 1,004만 ha(세계 109위) |
| 언어 | 한국어 | 기후 | 겨울: 대륙성 기후<br>여름: 해양성 기후 |
| 민족 | 한민족(단일민족) | 인구 | 5,150만 명(2024년 통계청 기준) |
| 1인당 GDP | 33,147달러<br>(2024년 IMF 기준 세계 31위) | 종교 | 불교: 22%, 개신교: 21%<br>천주교: 7%, 무교: 50% |
| 한국과의 시차 | 0 | 화폐와 환율 | 원(KRW), ₩ |
| 주요 도시 | 서울, 부산, 대구, 인천, 광주, 제주 | | |
| 국가관광 경쟁력 | 세계 15위(WEF, 2021년 기준) | | |

## 2) 대한민국의 문화

대한민국은 오랜 역사와 전통을 가진 나라로, 독특하고 다양한 문화를 지니고 있다.

**음식 문화**: 대한민국은 매콤하고 감칠맛 있는 음식으로 유명하다. 대표적인 음식으로는 김치 · 불고기 · 된장찌개 · 비빔밥 등이 있으며, 이 외에도 지방 특산물을 이용한 지역별 음식도 다양하게 존재한다.

**음악과 무용**: 대한민국은 전통적인 음악과 무용을 보존하고 있으며, 또한 K-pop과 K-댄스 등 현대적인 음악과 무용도 세계적인 인기를 얻고 있다.

**옷차림과 예술**: 한복은 대한민국의 전통 의상으로, 현대에 이르러서도 많은 사람들이 특별한 행사나 축제 등에서 한복을 입는다. 대한민국은 또한 판소리, 탈춤, 민화 등의 전통 예술도 보존하고 있다.

**종교와 문화재**: 대한민국은 불교와 기독교가 함께 발전하고 있는 나라이다. 불교 사찰과 기독교 교회는 대한민국 문화의 중요한 부분이며, 이 외에도 대한민국은 많은 역사적인 문화재를 보유하고 있다. 대표적인 문화재로는 경복궁 · 창덕궁 · 불국사 등이 있으며, 이들은 세계문화유산으로 지정되어 있다.

**한글**: 한글은 대한민국에서 발명된 문자로, 전 세계에서 유일하게 한 번에 창제된 완성형 문자이다. 한글은 대한민국의 문화적인 아이덴티티를 대표하는 중요한 부분이다.

### 3) 대한민국의 음식

대한민국에는 다양한 전통 음식들이 있으며, 이는 지역별로도 차이가 있다. 하지만 대표적인 음식으로는 다음과 같은 것들이 있다.

**김치**: 김치는 대한민국에서 가장 대표적인 음식 중 하나이다. 배추・무・오이 등을 굵은 소금에 절이고, 고춧가루・마늘・생강・고추 등으로 만들어진 소스로 양념한 음식이다. 매콤하면서도 고소하고 건강에 좋은 음식으로 알려져 있다.

**불고기**: 불고기는 소고기를 소금・설탕・간장 등으로 양념한 후 구이나 볶음으로 만들어지는 음식이다. 달콤하고 고소한 맛이 특징이며, 대표적인 한식 메뉴 중 하나이다.

**된장찌개**: 된장찌개는 된장과 물에 각종 야채와 돼지고기, 두부 등을 넣고 끓여서 만든 찌개이다. 대표적인 한식 중 하나로, 집에서도 쉽게 만들 수 있어서 인기가 많다.

**비빔밥**: 비빔밥은 밥 위에 채소・고기・계란 등을 올려 양념장과 함께 비벼 먹는 음식이다. 건강하면서도 맛있는 대표적인 한식 메뉴 중 하나이다.

**냉면**: 냉면은 냉수에 밀가루를 반죽해 얇게 만든 면발을 끓인 후 찬 물에 담가 식힌 음식이다. 냉면은 여름철에 시원하게 먹기 좋은 음식으로 유명하다.

**칼국수**: 칼국수는 면발을 넓게 펴서 만든 면발에 칼집을 내어 끓인 후 국물과 함께 먹는 음식이다. 대표적으로 닭칼국수와 소고기칼국수가 있다.

**한정식**: 한정식은 밥・국・반찬 등이 모두 한 번에 제공되는 전통적인 식사 스타일이다. 다양한 반찬들이 고급스러운 트레이 위에 담겨져 제공되며, 한국 전통음식을 대표하는 대표적인 식사 스타일 중 하나이다.

**삼계탕**: 삼계탕은 닭고기와 약재를 함께 끓여 만든 육수를 먹는 전통 음식이다. 기운이

없거나 몸이 피곤할 때 먹으면 좋다는 전통이 있으며, 여름철에는 냉면과 함께 시원하게 즐기기도 한다.

**김치찌개**: 김치찌개는 김치와 돼지고기, 두부 등을 넣고 끓여 만든 국물요리이다. 김치의 매운 맛이 일품이며, 한국 가정에서 가장 많이 먹는 국물요리 중 하나이다.

### 4) 대한민국의 주요 관광지

대한민국에는 다양한 관광지가 있어 많은 관광객들이 방문하는 곳이다. 이 중에서 대표적인 관광지의 특징은 다음과 같다.

**역사와 문화**: 한국은 역사와 문화의 유산이 매우 풍부하다. 경복궁, 창덕궁, 덕수궁 등과 같은 궁궐부터 선사시대 유적지인 경주, 경기도의 고양, 숭례문과 같은 문화재까지 다양한 역사와 문화 관광지가 있다.

**자연경관**: 한국은 자연경관이 아름답다. 제주도의 해안선, 남해안의 바위산 등은 특히 유명하다. 또한 설악산, 지리산, 태백산 등 산악지역도 관광객들의 인기를 끌고 있다.

**음식 문화**: 한국 음식은 매우 특색 있는 맛과 향이 있어 전 세계에서 사랑받고 있다. 한국에서는 김치, 불고기, 떡볶이, 비빔밥 등 다양한 대표 음식들이 있다. 이러한 음식들은 한국의 전통적인 문화를 체험하고 싶어 하는 외국인관광객들에게도 인기가 높다.

**쇼핑**: 한국에서는 쇼핑도 매우 즐길 수 있는 활동 중 하나이다. 서울의 명동과 강남, 부산 등 대도시에는 대형 백화점과 쇼핑몰이 많아서 쇼핑을 즐길 수 있다. 또한 화장품과 패션의 트렌드를 이끄는 한국의 브랜드들도 인기가 높다.

**놀이공원**: 한국에는 유명한 놀이공원들도 있다. 에버랜드, 롯데월드, 서울랜드 등의 놀이공원은 대형 롤러코스터와 같은 스릴 넘치는 놀이기구를 포함해 다양한 액티비티를 즐길 수 있다.

이러한 대한민국의 관광지들은 다양한 분야에서 다양한 경험을 할 수 있도록 많은 선택지를 제공한다.

### (1) 서울의 주요 관광지

서울은 지리적으로 한반도의 거의 중앙에 위치하며, 대한민국의 수도로서 정치·경제·문화·교통의 중심지이다. 서울이라는 말은 원래 수도(首都)라는 뜻을 가진 말이었지만, 현재는 대한민국의 수도를 가리키는 고유 명사가 되었다. 조선왕조 이후 600년의 수도로서 한국의 문화유산이 집중되어 있는 민족문화·예술의 중심지인 서울은 여러 고궁과 성곽을 비롯해 발 닿는 곳마다 사적지이며, 유서 깊은 유적들이 산재해 있다. 이처럼 서울은 고대와 현대가 서로 어울려 공존하면서 전통을 계승·발전해가고 있으며, 도시와 자연관광을 겸해 즐길 수 있는 큰 자원권(資源圈)을 형성하고 있다.

#### 가) 인사동길

과거 전통만이 강조되던 곳에서 오늘날 전통과 현대가 공존하는 감각적인 공간으로 변신하면서 오늘날 가장 많은 외국인관광객이 찾는 거리 중 하나이며, 스타벅스의 간판마저 한글로 바꿔버릴 만큼 그 전통이 깊숙이 뿌리 내린 동네이기도 하다. 이곳에서 꼭 둘러봐야 할 명소로는 젊은 감각의 전통 문화 쇼핑 공간인 '쌈지길,' 국내 유일의 목조각상 전문 사립 박물관인 '목인박물관,' 사진 전문 갤러리인 '갤러리룩스,' 추억의 물건들이 전시되어 있는 '토토의 오래된 물건,' 전통 한옥 미술 전시관과 다원, 아틀리에를 갖추고 있는 '경인미술관' 등을 꼽을 수 있다.

#### 나) 명동

명동은 최근 각 브랜드들이 명동 상권에 주요 매장을 공격적으로 오픈하면서 과거의 명성을 되찾고 있다. 일본·중국 등 외국인관광객들에게 익숙한 롯데백화점은 본점과 명품관인 에비뉴엘이 모두 명동 초입에 있다. 뿐만 아니라 신발·옷에서 액세서리까지 대중적인 가격대의 매장들이 밀집되어 있어 쇼핑을 즐기기에 부담이 없다. 가장 인기 있는 쇼핑 매장은 단연 뷰티 매장으로 외국인 여심을 사로잡은 더페이스샵, 에뛰드하우스 이 외에도 스킨푸드, 미샤, 아리따움, 한스킨, 바닐라코 등의 매장이 화장품 쇼핑 명당으로 손꼽힌다.

### 다) 동대문 쇼핑타운

외국인관광객이 가장 선호하는 쇼핑 1번지! 동대문 쇼핑타운은 서울 최고의 쇼핑 거리로, 도매와 소매를 아우르는 대형 상가들이 줄지어 자리한다. 동대문운동장 옆에 위치한 신평화 패션타운, 동대문 종합시장 등은 도매를 중심으로 하는 반면 롯데피트인, 밀레오레, 두산타워, 굿모닝시티, 현대시티아울렛, 프레야타운 등은 소매를 중심으로 한다. 또한 동대문 쇼핑타운에는 계절별 쇼핑 축제가 열리는데 야외 패션쇼, 패션 콘서트, 시민 모델 선발대회 등의 행사가 열린다.

### (2) 제주도의 주요 관광지

제주도는 여러 가지 특징적인 화산지형과 지질을 가지고 있어 화산의 보고(寶庫)라고 일컬어지고 있으며, 수려한 경치, 온난한 기후, 남국적인 식생·경관, 독특한 문화와 풍속 등 관광자원이 풍부한 곳이다. 또한 육지와의 해상 및 항공교통이 편리하여 우리나라 제1의 관광지로 알려져 있으며, 국제적인 관광지로도 각광을 받고 있다.

주요 관광자원으로는 성산일출, 천지연·정방·천제연 등의 폭포, 용두암·외돌개 등의 기암, 만장굴·협재굴 등 용암동굴, 비자림·동백군락지 등의 수림, 산방산·성산일출봉·산굼부리 등 360여 개의 기생화산, 협재·표선 등 10여 개의 해수욕장 등 그 어떠한 지역보다 무궁무진한 관광자원을 보유하고 있다.

### (3) 부산의 주요 관광지

부산은 대한민국에서 대표적인 관광도시 중 하나로, 다양하고 매력적인 관광지가 있다. 부산의 주요 관광지로는 부산을 대표하는 대표적인 해수욕장 중 하나로 깨끗한 모래사장과 파도가 일렁이는 해안 경관, 그리고 다양한 레스토랑과 카페가 위치해 있어서 이국적인 분위기를 느낄 수 있는 해운대 해수욕장과 해안의 편백나무와 깨끗한 모래사장이 아름다운 곳으로 알려져 있고, 여름철에는 해수욕과 더불어 해양 레포츠를 즐길 수 있는 광안리 해수욕장, 부산의 대표적인 랜드마크 중 하나인 부산 타워는 부산 시내의 높은 언덕 위에 위치하고 있어 타워 맨 위에서는 부산 시내와 해안선을 조망할 수 있어서 많은 관광객들이 찾는 곳으로 유명하다.

또한 부산에서 가장 큰 전통시장 중 하나인 부산 국제시장은 다양한 음식과 물건을 살

수 있는 곳이다. 해동용궁사는 부산에서 가장 유명한 사찰 중 하나이다. 사찰 내부에는 불상과 기념품 가게 등이 있어서 한국의 불교문화를 체험할 수 있는 곳이다. 오륙도는 부산에서 가장 아름다운 자연경관 중 하나로, 오륙도 케이블카를 이용하 부산 시내를 바라볼 수 있다. 이 외에도 부산에는 다양한 관광지가 많이 있으며, 부산의 다양한 매력을 느낄 수 있다.

## (4) 강원도의 주요 관광지

강원도의 80%가 산이고 농사를 지을 수 있는 땅이 10% 정도여서, 옛날부터 사람들이 많이 살기 힘든 지역이었다. 영동 지방은 산지가 많아서 논농사보다는 밭농사를 주로 짓는데,

옥수수와 감자는 생산량이 남한에서 가장 많다. 그러나 무엇보다 강원도를 유명하게 만든 것은 관광자원이다. 설악산 · 오대산 · 태백산은 남한에서도 아름답기로 손꼽히는 산이고, 동해안에는 하얀 모래밭과 푸른 바닷물이 어우러진 해수욕장, 겨울철 눈이 많이 내리는 평창 지역에는 이름난 스키장이 많다. 봄, 여름, 가을, 겨울 사계절 내내 관광과 레저를 즐길 수 있는 곳이 강원도이다.

### 5) 대한민국 관광의 현재와 미래

대한민국은 다양한 관광상품을 제공하고 있으며, 다음은 그 중 대표적 테마상품이다.

#### (1) 한국의 전통문화 체험

한국은 오랜 역사와 전통문화를 자랑하고 있어 관광객들은 다양한 전통문화 체험을 할 수 있다. 예를 들어, 전통한복 입기, 차 전문점에서 차 맛보기, 전통 음식 만들기, 전통공예 체험 등이 있다.

#### (2) 한국의 자연경관 감상

한국은 아름다운 자연경관을 가지고 있어 관광객들은 다양한 자연 관광상품을 즐길 수 있다. 예를 들어, 계곡에서 수영하기, 등산하기, 해외 여행객들에게 인기 있는 녹차밭 구경하기, 돌고래나 고래 관찰하기 등이 있다.

#### (3) 한국의 음식 체험

한국은 매우 다양한 음식을 제공하고 있어 관광객들은 한국 음식 체험을 할 수 있다. 예를 들어, 불고기나 비빔밥 만들기, 전통 술집에서 막걸리나 소주 마시기, 전통시장에서 현지 식자재 쇼핑하기 등이 있다.

### (4) 한국의 테마파크 체험

한국에는 다양한 테마파크가 있어 관광객들은 테마파크 체험을 즐길 수 있다. 예를 들어, 에버랜드나 롯데월드 등 대규모 테마파크뿐만 아니라, 작은 규모의 테마파크도 많이 있다.

### (5) 한국의 스파 체험

한국은 전통적인 스파 문화를 가지고 있어 관광객들은 스파를 체험할 수 있다. 예를 들어, 찜질방이나 스파 리조트에서 스파 즐기기, 미네랄 온천수에서 목욕하기 등이 있다.

이 외에도 대한민국은 매력적인 관광상품이 많이 있다. 여행자들은 자신에게 맞는 관광상품을 선택해서 즐길 수 있다. 대한민국의 미래 관광 산업은 다양한 분야에서 주목받고 있다. 예를 들어, 지속가능한 생태관광, 전통문화 체험, 음식 및 음식문화 체험, K-pop 및 드라마 관련 콘텐츠 체험, 테마파크 및 레저 등 다양한 관광상품이 성장할 것으로 기대된다. 또한 인공지능, 가상현실 및 증강현실 등의 기술을 활용한 첨단 체험드 제공될 것이다. 이와 같은 대한민국의 관광산업은 지역 발전에도 큰 역할을 할 것으로 기대된다. 지역 고유의 자연, 문화, 역사, 전통산업 등을 바탕으로 한 지역 관광산업의 발전은 지역 내 일자리 창출 및 지역경제 활성화 등에 기여할 수 있을 것이다. 총체적으로, 대한민국의 관광산업은 지속적인 발전이 예상되고 있으며, 관광산업의 지속가능성과 다양성을 확보하면서 글로벌 경쟁력을 높여 나갈 것으로 기대된다.

## 6) 대한민국 관광의 현주소

대한민국의 관광지표를 살펴보면 외국인관광객수 2,519,000명, 관광수입액 US$10,527 millions, 관광산업 GDP US$10,768 millions, 관광산업 비중 0.7%, 관광산업 일자리 310,000개로 1.2%를 차지하고 있다. 해외지출 대비 국내지출은 67.9%로 국내지출이 높았다. 이는 코로나로 인한 영향으로 해석되고 있다.

세계경제포럼(WEF)이 발표한 2021년 대한민국 관광경쟁력은 세계 15로, 세부적으로는 ICT 준비 5위, 문화적 자원 8위, 비여가 자원 10위, 건강과 위생 10위, 지상해상 교통 인프라 11위로 상대적으로 높은 상위권을 보였으나, 안전과 치안 16위, 관광객서비스인프라 29위, 국제개방성 31위로 중위권을 보였으며, 비즈니스 환경 41위, 인적자원과 노동시장 37위, 관광 우선순위 66위, 자연적 자원 70위, 환경의 지속성 63위로 상대적으로 낮은 순위를 나타냈다.

이처럼 대한민국의 관광경쟁력은 이전 조사(2019년)보다 4계단 순위가 올라갔지만, 인적자원과 노동시장과 환경의 지속성에 대한 개선의 과제를 남겼으며, ICT 준비와 건강과 위생 및 지상해상교통 인프라 등은 강점으로 드러났다.

# 2. 중국의 문화와 관광

중국의 문화와 관광은 매우 다양하며, 다양한 지역적 차이와 역사적 · 문화적 배경을 가지고 있다. 역사적으로 중국은 세계에서 가장 오래된 문명 중 하나이다. 중국의 관광지 중 가장 유명한 것 중 하나는 만리장성이다. 만리장성은 중국의 역사적 유산 중 하나로, 베이징 근처의 긴 성(城)벽으로 둘러싸인 영역으로, 13,000마일 이상에 이르는 거대한 구조물이다. 그 외에도 장시각, 서안계곡, 이우, 신주 등 중국의 다양한 관광지가 있다.

특히 중국 문학은 매우 오래된 역사를 가지고 있으며, 역사적인 소설 · 시 · 연극 등 다양한 장르가 있다. 중국의 미술은 도자기 · 서예 · 회화 등 다양한 형태로 표현된다. 중국의 전통 음식은 세계적으로 유명하며 광둥성 요리, 양장피, 자장면 등 다양한 요리를 즐길 수 있다. 마지막으로 중국은 전통적인 축제와 기념일을 많이 가지고 있는 나라이다. 중국의 가장 중요한 축제 중 하나는 춘제(春節)로, 이것은 새해를 기념하는 축제이다. 그 외에도 중국의 중요한 축제로는 단오(端午), 중추절(中秋節) 등이 있다.

## 1) 중국의 개요

자료: 외교부 해외안전여행, 2024년 1월 11일 현재.

**[대사관 연락처]**

- 주소: 中國 北京市 朝陽區 亮馬橋 第三使館區 東方東路 20號(郵政編碼 100600)
  (No.20 DongfangdongLu Chaoyang District, Beijing China)
- 대표번호(근무시간 중): (86) 10-8531-0700
- 긴급 연락처(사건사고 등 긴급상황 발생 시, 24시간): (86) 186-1173-0089
- E-mail: chinawebmasterl@mofa.go.kr

**학습목표**

중국의 개요, 문화, 핵심 관광지, 주요 관광상품과 중국 관광의 현주소를 파악하여 중국을 전문적으로 이해하고 설명할 수 있다.

| 국명: 중국(People's Republic of China) | | | |
|---|---|---|---|
| 수도 | 베이징(北京) | 면적 | 약 9억 6천만 ha(세계 4위) |
| 언어 | 보통화<br>(북경어에 기초) | 기후 | 한대, 아열대, 건조 |
| 민족 | • 한족(91.1%) 및 55개 소수민족(8.9%)<br>• 조선족: 170만여 명(소수민족의 1.4%) | 인구 | 14억 2,517만 명<br>(2024년 통계청 기준) |
| 1인당 GDP | 12,541달러<br>(2024년 IMF 기준 세계 71위) | 종교 | 도교, 불교, 이슬람교, 기독교 |
| 한국과의 시차 | −1 | 화폐와 환율 | 위안(CNY)<br>(1위안=188원, 2023년 2월 기준) |
| 주요 도시 | 북경, 상해, 소주, 항주, 심천, 광저우, 서안 | | |
| 국가관광 경쟁력 | 세계 12위(WEF, 2021년 기준) | | |

## 2) 중국의 문화

중국의 전통문화는 중화민국, 홍콩, 마카오나 중국계 싱가포르인들의 전통문화이기도 하며, 이들도 중화권인 만큼 같은 문화를 공유한다.

### (1) 음식 문화

중국에서는 의식주라는 말 대신 식의주(食衣住)라는 말이 쓰일 정도로 음식을 중요하게 여긴다. 일반적으로 중국의 4대 요리로 북경요리, 광동요리, 상해요리, 사천요리를 꼽는다.

#### 가) 북경요리

북경은 역사와 문화의 중심지였기 때문에 궁중요리와 같은 고급요리가 발달되었다. 궁중요리의 대표격인 '만한전석(만주족과 한족의 요리를 총집결하였다는 의미)'은 적게는 30가지 많게는 160여 가지에 이른다.

북경오리(자료: 나무위키)

#### 나) 광둥요리

딤섬(자료: 나무위키)

중국 요리 중 세계적으로 가장 많이 알려져 있는 요리이며, 16세기 이래 외국 선교사와 상인들의 왕래가 빈번하였기 때문에 전통요리에 서양 요리법이 결합된 독특한 특성이 있다.

#### 다) 상해요리

동파육(자료: 나무위키)

상해요리는 '난징요리' 혹은 '장쑤요리'라고도 하며, 양저우, 쑤저우 지역의 요리를 포함한다. 해산물을 재료로 하는 음식이 많고, 주로 달고 기름기가 많은 것이 특징이다.

#### 라) 사천요리

마파두부(자료: 나무위키)

중국의 사천(스촨) 지역은 예로부터 곡창지대로 유명하였으며, 사계절 각종 재료가 풍부해 야생 동식물이나 채소류, 민물고기를 주재료로 한 요리가 많고, 특히 음식이 매운 요리로 유명하다.

### (2) 차(茶) 문화

중국인들은 차의 근원지답게 차를 많이 마시기로 유명하다. 특히 베이징의 경우에는 물에 석회질이 녹아 나오고 흙냄새가 강하게 나는 경우가 많아서, 대개 물을 끓여서 차를 달여 마신다. 중국은 다음과 같이 지역별로 차를 즐기는 방식이 다양하다.

#### 가) 베이징

차를 마시면서 공연을 보는 경우가 많다. 주로 경극이나 음악공연, 재담 등을 보면서 차를 마신다.

#### 나) 쑤저우

정원이나 풍경을 감상하면서 차를 마신다. 중국 내 명승지나 공원에서 이런 모습을 자주 볼 수 있다.

#### 다) 꽝저우

차관과 식당이 결합되어 있다. 당송시대에 상인들이 상담을 목적으로 만들었는데, 현재는 시민들의 일상생활이 되었다. 간단한 식사를 같이 하는데 종업원이 수레를 밀고 다니면 손님들이 음식을 선택해서 집는 방식이다. 홍콩도 이 문화권에 속한다.

#### 라) 사천(쓰촨)

이곳의 차관은 오락과 휴식의 기능도 하고 있다. 사람들은 여기서 차를 마시면서 호박씨를 까먹거나, 신문을 보고 장기를 두며, 하루 종일 수다를 떤다. 한번 입장하면 하루 종일 있어도 돈을 안 받는다.

### (3) 생활문화

#### 가) 전통의상 '치파오'

한국에는 한복, 일본에는 기모노가 있듯이 중국에는 '치파오'가 있다. 치파오는 청나라를 건국한 만주족들이 입던 긴 옷인 '창파오(長袍)'에서 유래 되었다. 치파오의 가장 큰 특징은 '옆트임'을 들 수 있는데, 이는 말(馬)을 쉽게 타기 위해서였다. 그리고 본래의 형태는 발목을 넘는 길이의 옷이었지만, 점점 서양의 의상에 영향을 받게 되면서 화려하고 복잡한 형태의 치파오에서 간결하고 우아한 디자인으로 변해왔다. 1920년대 말에는 기장이 길고 옆트임이 허벅지까지 올라오며 과감해진 치파오가, 1940년대에는 실용성이 강조되며 종아리까지 올라간 짧은 치파오, 그리고 1960년대에는 민소매 형식의 치파오까지 등장하기도 하였다.

치파오(자료: 나무위키)

### 나) 중국의 춘절

춘절은 중국의 가장 성대한 명절이다. 중국도 우리나라의 명절과 같이 가족들과 둘러앉아 음식을 먹고 서로에게 덕담을 하며 선물을 주고받기도 한다. 다만, 우리나라와 달리 중국은 면적이 넓어 고향까지의 이동시간을 고려해 보통 1달까지 휴일을 즐긴다. 각 지역별로 지역의 특색에 맞는 음식을 즐기며 춘절을 보낸다.

### 다) 전통극 '경극'

경극은 북경(베이징)에서 육성된 연극이라는 의미이며, 경극은 분장이 매우 화려하지만 무대배경과 소품들은 단조롭게 이루어진다. '베이징 오페라(Peking opera)'라고도 불리는 경극은 창(唱, 노래), 염(念, 대사), 주(做, 동작), 타(打, 무술동작)의 4가지가 종합된 공연 예술이다. 중국 전역에서 폭넓게 공연되고 있지만, 특히 베이징과 천진 그리고 상해가 경극의 중심으로 볼 수 있다. 역사와 정치이야기뿐만 아니라 사회와 일상생활에 관한 이야기 또한 담고 있어 많은 사람들에게 폭넓게 사랑받고 있는 고전극이다.

## 3) 중국의 핵심 관광지

### (1) 북경(Beijing)

중국의 천년고도(千年古都)라 불릴 만큼 도시 전체가 박물관이자 유적지인 도시이다. 중화인민공화국의 수도이며, 상하이 시에 이어 두 번째로 큰 도시이다. 허베이성으로 둘러싸여 있으며, 동쪽으로는 톈진 시와 경계를 접한다. 행정구역 면적은 16,410km$^2$로 매우 넓고, 인구는 약 2,189만 명이다. 다음과 같은 다양한 유적과 유물들이 남아 있다.

### 가) 자금성(고궁박물관)

현존하는 왕궁 건축물 가운데 가장 큰 규모의 세계문화유산으로 북경여행의 상징과 같은 곳이다.

자금성(자료: 하나투어)

#### 나) 천단 공원

명・청 시대에 황제가 하늘과 땅, 그리고 해와 달에게 제사를 지내던 곳으로, 잘 정돈된 오래된 나무숲을 걸으며 다양한 활동을 즐기는 중국인의 모습을 볼 수 있다.

#### 다) 천안문

커다란 마오쩌둥의 초상화가 걸린 붉은 벽돌의 건축물로 자금성의 남쪽, 톈안먼 광장의 북쪽에 있다. 중화인민공화국의 국장에 들어가 있을 정도로 국가를 대표하는 상징물이며, 가장 유명한 랜드마크들 중 하나이기도 하다.

#### 라) 만리장성

만리장성은 흉노족 등의 유목 민족의 침입을 막기 위해 중국의 고대 진나라(시황제) 때 기존의 성곽을 잇고 부족한 부분은 새롭게 축조하여 만든 거대한 성곽이다. 1987년에 유네스코의 세계문화유산에 등재되었다.

만리장성(자료: 하나투어)

#### 마) 용경협

중국 베이징 북부에 있는 협곡의 이름이다. 계곡의 모양이 마치 '용'과 같다고 하여 용경협이라는 이름이 붙었다. 1973년 중화인민공화국 장쩌민 주석이 용경협을 둘러본 뒤 특별 지시를 내려 계곡에 댐을 짓고 인공 호수를 만든 뒤 배를 띄워 관광을 할 수 있도록 했다. 깎은 듯한 기암절벽에서 번지점프를 즐길 수도 있다. 겨울에는 영하 20도까지 온도가 떨어지며 빙등축제가 열린다.

### (2) 상해(Shanghai)

상해는 중화인민공화국의 4개 직할시 중 하나이다. 상해는 양쯔강 등쪽 하류에 위치하고 있으며, 황푸강이 도시를 관통하여 흐른다. 2021년 기준으로 2,489만 명이 거주하고 있는 상하이는 중화인민공화국에서 인구수가 가장 많은 도시로 39,300,000명이 상하이 대도시권에 거주하고 있고, 중국 본토에서 국내총생산이 가장 높은 도시이다.

### 가) 와이탄

와이탄과 동방명주탑(자료: 하나투어)

와이탄은 아편전쟁으로 강제 개항된 역사의 현장으로 와이탄에서 바라보는 야경은 상해여행의 하이라이트라고 할 수 있다. 황푸 강을 끼고 강 서쪽에 자리 잡은 와이탄은 1.7km 걸쳐 상하이의 주요 건물과 야경을 가장 잘 조명할 수 있는 포인트로 사람들의 사진에 가장 많이 남는 장소이기도 하다.

### 나) 동방명주탑

동방명주탑은 상하이에 있는 TV탑이다. 정식 명칭은 동방명주 TV탑으로, 황푸 강변 푸둥 신구의 루자쭈이에 위치하고 있다. 반대쪽은 와이탄이다. 동방명주탑은 467m로 1991년 7월 30일에 착공하여 1994년 10월 1일에 완공되었다.

### 다) 예원

400년 전 명나라 관료 반윤단이 아버지의 안락한 노후를 위해 20여 년에 걸쳐 만든 곳으로 완공이 되었을 때 그의 부모는 이 세상 사람이 아니었다. 그 자신도 몇 년 살지도 못하고 병으로 죽게 되었지만, 건립 이후 한 상인이 매입을 하여 1760년까지 방치되어 있다가 1842년 아편전쟁이 일어나자 영국군이 이곳을 5일간 점령했다고 한다.

### 라) 상해임시정부

1926년부터 1932년까지 대한민국의 임시정부청사로 사용되었던 곳으로 항일운동의 대표 기구 역할을 한 임시정부 청사이다.

### 마) 상해 디즈니랜드

상하이 디즈니랜드는 미국 엔터테인먼트업체 월트 디즈니와 중국 상하이 선디(申迪)그룹이 지분 43%대 57%로 지난 2011년부터 총 55억 달러(6조 400억 원)를 투자해 만들었고, 2016년 6월 16일에 개장하였다. 전 세계에서 여섯 번째이자 아시아에서 도쿄, 홍콩에 이어 세 번째 디즈니랜드다. 상하이 푸둥(浦東)의 중간 촨사(川沙) 신도시에 위치한 상하이 디즈니리조트는 3.9km$^2$ 면적을 차지해 아시아 최대 테마파크로 꼽힌다.

### (3) 항저우(Hángzhōu)

항저우는 장강 삼각주 지역에 자리 잡고 있는 중화인민공화국 저장성의 성도이다. 상하이에서 180km 가량 떨어져 있으며, 고속열차로 약 1시간 거리에 있다.

#### 가) 서호

중국 저장성 항저우 시 시가구역 서쪽에 면한 호수로 중국 국가단위 풍경구 명승구와 세계적인 명성을 가진 담수호이다. 서호는 3개의 제방으로 분리되어 있는데, 각각 소제(苏堤), 백제(白堤), 양공제(杨公堤)로 나뉘어 있다. 서호는 그 옛날 중국 미인인 서기의 이름을 따서 지어졌다고 한다.

#### 나) 송성

중국의 성공적인 관광지 개발의 모델로 평가되며, 단지 건물만 복원한데 그치지 않고, 남송 때의 각종 문화, 복식이나 의상 등과 풍습 등을 재현한 항주의 대표적인 테마파크라고 할 수 있다. 판관 포청천, 방랍의 난이 배경이 되는 수호전 등 낮에도 프로그램이 잘 구성되어 있고, 밤에도 송성가무쇼로 알려진 송성천년의 정을 공연하여 여러 가지 테마 구성이 조화롭게 구성되어 있다.

송성 가무쇼(자료: 하나투어)

### (4) 서안(西安)

시안은 '서쪽의 수도'라는 뜻이다. 서쪽에서 중국으로 진출해 온 진나라가 시안과 낙양 쪽을 수도로 하면서 중국의 수도가 되었다. 시안(Xian)은 고대에 장안(長安)으로도 불렸고, 견융·돌궐 등의 숱한 침략을 받았다.

#### 가) 병마용

병마용갱(兵馬俑坑)은 중국 산시성 시안시 린퉁구에 있는 진시황릉에서 1km가량 떨어진 유적지로 흙을 구워 만든 수많은 병사, 말 등 모형이 있는 갱도다. 1974년 농민이 우물을 파다가 우연히 발견해 지금까지 4개 갱도를 발견했다.

병용은 키가 184cm에서 197cm로 큰 편이며, 장군을 병사보다 크게 만들었다. 병마용은 전사, 전차, 말, 장교, 곡예사, 역사, 악사 등 다양한 사람과 사물을 표현하고 있다. 발굴한 4개 갱도 중 3곳에 모두 8천여 점의 병사와 130개의 전차, 520점의 말이 있다고 추정하며, 아직도 발굴하지 않은 상당수가 흙 속에 묻혀 있다.

병마용갱(자료: 하나투어)

#### 나) 시안 성벽

1378년 명태조 주원장 때 완공된 성벽으로, 중국에서 가장 크고 가장 잘 보존된 성벽이다.

#### 다) 화산

화산(옛날에는 '서악,' 아칭 '태화산')은 섬서성 위남시 화음시에 위치하고 국가 5A급 관광지, 국가 중점 풍경 명승지, 전국 중점 문물 보호 단위로 중국의 유명한 오악 중 하나이다.

### (5) 장가계(Zhāngjiājiè)

장가계는 중국의 후난성의 지급시이다. 면적은 9,516km$^2$, 인구는 165만 명(2007년)이다. 우링 산맥의 중앙에 있으며, 중국에서 가장 중요시하는 여행 도시 중의 하나이다. 1982년 9월 장가계는 중국 제1호 국가삼림공원이 되었으며, 1988년 8월에는 무릉원(우링위안)이 국가 40여 곳의 중요 풍경 명승구로 지정되었다. '장자제 국가삼림공원,' '삭계욕풍경구,' '천자산 풍경구'를 3대 풍경구로 지정하고, '무릉원 자연 풍경구'와 더불어 세계자연유산으로 등록되었다. 2009년 개봉영화인 아바타의 촬영지로도 잘 알려져 있다.

장가계 전경(자료: 하나투어)

### (6) 곤명(Kūnmíng)

중화인민공화국 윈난성의 성도이다. 인구는 640만 명 이상으로 추정되며, 이는 홍콩과 비슷한 수치이다. 이 도시는 거대한 호수 뎬츠호의 북쪽에 위치하고 있다. 1년 내내 온화한 기후로 인하여 '봄의 도시'라고 불리기도 한다. 이곳은 석림으로 유명한 윈난스린(雲南石林)이 대표 관광지이다.

### 4) 중국의 주요 관광상품

#### (1) 북경 / 만리장성(4일, ₩349,000~)

✣ 주요 일정: 인천 / 북경, 이화원(1) – 만리장성, 북경 서커스, 더 플레이스(1) – 천안문, 경산공원, 전문대가(1) – 북경 / 인천

✣ 이용 항공: 중국국제항공

✣ 이용 호텔: 4성급(라마다 바이 윈덤 베이징 에어포트)

#### (2) 상해 / 항주 / 주가각(4일, ₩349,000~)

✣ 주요 일정: 인천 / 상해, 임시정부청사, 신천지, 티엔즈팡(1) – 주가각, 방생교, 북대가, 서호 유람, 화항공원, 청하방 옛 거리(1) – 항주 / 상해, 상해 엑스포 박물관, 상해 옛 거리, 남경로(1) – 상해 / 인천

✣ 이용 항공: 중화항공

✣ 이용 호텔: 4성급

#### (3) 서안(5일, ₩579,000~)

✣ 주요 일정: 인천 / 서안, 실크로드 시작점, 서안성벽, 회족거리, 종루, 고루(1) – 화청지, 진시황 병마용갱, 진시황릉(1) – 대안탑 북광장, 진2세 묘, 홍성사, 남호공원(1) – 홍경궁 공원, 소안탑, 와룡사(1) – 서안 / 인천

✣ 이용 항공: 대한항공

✣ 이용 호텔: 4성급

#### (4) 장가계(5일, ₩349,000~)

✣ 주요 일정: 인천 / 장가계, 토가풍정원(1) – 장가계 천문산(1) – 천하제일교, 미혼대, 빽

룽다방, 백룡 엘리베이터, 황금성 식당, 천자산 자연보호구(1) – 십리화랑, 금편계곡(1) – 사석화 박물관, 장가계 / 인천

- 이용 항공: 에어서울
- 이용 호텔: 4성급

### (5) 곤명(4일, ₩849,000~)

- 주요 일정: 인천 / 곤명(1) – 석림, 구향동굴(1) – 서산 용문 석굴, 원통사, 운남 육군강무당, 대관루(1) – 곤명 / 인천
- 이용 항공: 동방항공
- 이용 호텔: 4성급(중황호텔급)

## 5) 중국 관광의 현주소

중국의 관광지표를 살펴보면 외국인관광객수 65,700,000명, 관광수입액 US$14,233 millions, 관광산업 GDP US$157,865 millions, 관광산업 비중 1.1%, 관광산업 일자리 22,799,000개로 3.0%를 차지하고 있다. 해외지출 대비 국내지출은 88%로 국내지출이 높았다. 이는 코로나로 인한 영향으로 판단된다.

세계경제포럼(WEF)이 발표한 2021년 중국 관광경쟁력은 세계 12위이며, 세부지표는 문화적 자원 2위, 비여가자원 4위, 자연적 자원 5위, 항공운송 인프라 6위로 상위권을 유지하고 있지만, 비즈니스 환경 27위, 안전과 치안 28위, 인적자원과 노동시장 26위, ICT 준비 28위, 지상・해상 교통 인프라 22위로 중위권을 유지하였으며, 건강과 위생 53위, 관광우선순위 84위, 국제개방성 61위, 관광객서비스인프라 73위, 환경의 지속성 84위, 사회경제적 회복력과 조건 70위로 상대적으로 낮은 하위권을 보였다.

중국의 관광경쟁력은 우상향 지표를 보이고 있지만, 건강과 위생, 국제개방성 및 관광객서비스인프라와 환경의 지속성에 대해서는 개선의 여지를 남겼으며, 풍부한 문화적 자원과 자연자원 및 항공운송 인프라 등은 강점으로 평가된다.

# 3.

## 일본의 문화와 관광

일본은 미국, 영국, 프랑스 등과 더불어 세계에서 손꼽히는 문화 강국 중 하나이다. 큰 범주에서 보면 동아시아 문화와 궤를 같이하지만, 독자적인 색채가 비교적 짙다. 적극적으로 서양 문물을 받아들인 나라임에도 예로부터 내려온 전통적 문화를 잘 유지하고 있다. 전통과 서구의 문화가 섞여 일본만의 독특한 분위기를 풍기는 현대 문화가 형성되었다.

일본의 가장 큰 특징은 '섬나라'라는 특수한 지리이다. 역사적으로 일본은 어느 정도 여유롭게 자신들만의 세계관을 구축하면서 외부 세계를 방관자적인 시선으로 관망할 수 있었다. 일본은 초기 국가 단계에 불과했던 서기 4~7세기에 이미 야마토가 일본 열도 전역의 소국들과 연맹 왕국, 부족들을 흡수해서 규슈 남부(하야토), 도호쿠 중부 이북(에미시), 오키나와(류큐)를 제외한 나머지 지역을 자국의 판도 안에 집어넣어 통일 국가를 구축했을 정도로 비교적 낮은 문명 수준에 비해 넓은 강역을 확보했다.

전통적으로 초강대국으로 존재해왔던 중국 대륙의 한자 기반의 문화는 주변 국가에 영향을 끼쳤으며, 일본 또한 예외가 아니었다. 초기에는 중국 대륙에서 한반도로부터의 도래인을 통해, 나중에는 수 및 당과의 직접적인 문화 교류를 통해 중국 발상의 수많은 문화적 요소들이 일본으로 건너오게 되었다.

일본에는 포르투갈 선교사나 네덜란드 상인과의 교류가 존재하였으나, 에도 막부 이래로는 일본 전체적으로는 흑선의 내항 및 메이지 시대가 되기까지 비교적 오랜 기간 동안 쇄국을 유지해 왔다. 메이지 유신 이후부터 현대에 이르기까지는 구미로부터의 영향을 받아오며, 여러 가지 형태의 독자적 일본 문화를 이루었다.

## 1) 일본의 개요

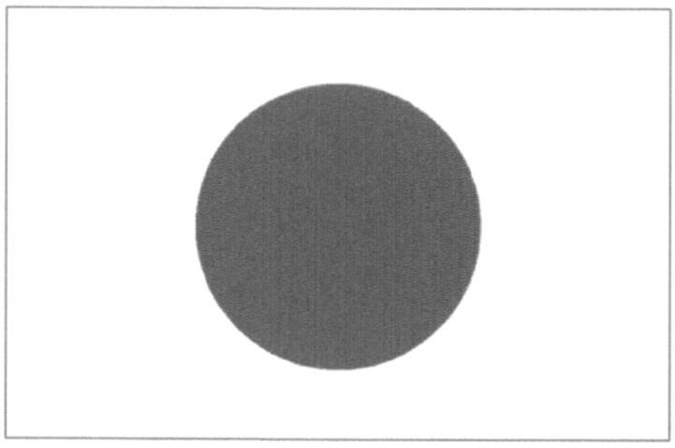

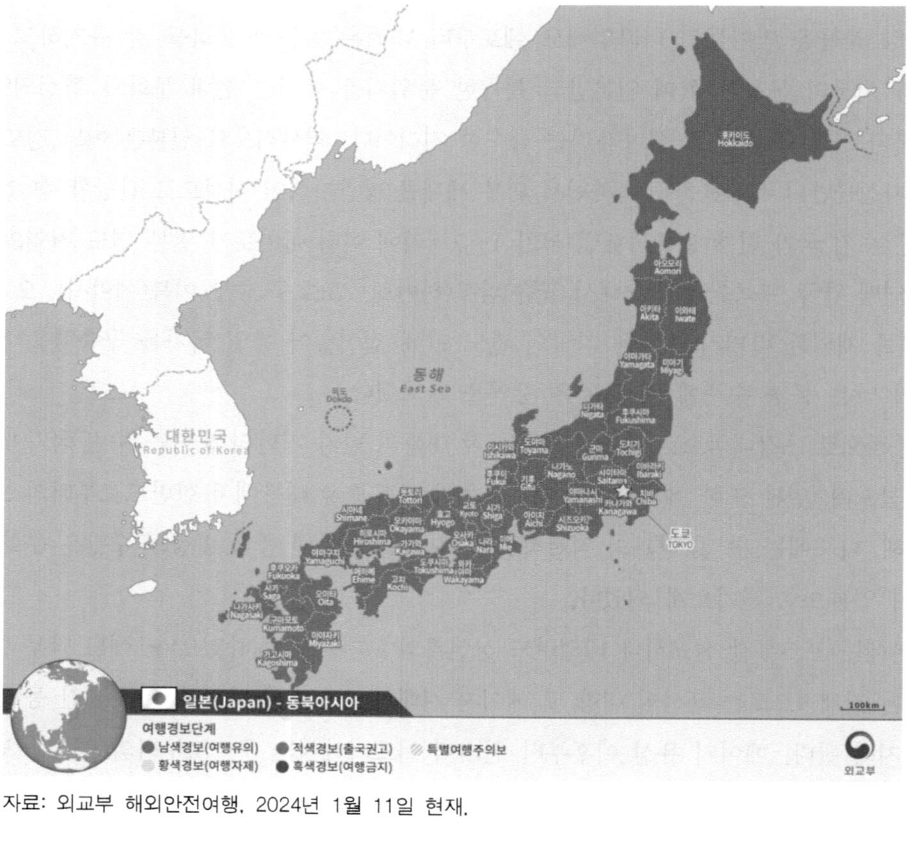

자료: 외교부 해외안전여행, 2024년 1월 11일 현재.

**[대사관 연락처]**

- 주소: 106-0047 東京都港区南麻布1-2-5
- 주소(영사부): 106-0047 東京都港区南麻布1-7-32
  ※ 대사관과 영사부 위치가 다르므로 주의 필요
- 대표번호(근무시간 중): (81) 3-3455-2601~3
- 긴급 연락처(사건사고 등 긴급상황 발생 시, 24시간): (81) 70-2153-5454

**학습목표**

일본의 개요, 문화, 핵심 관광지, 주요 관광상품과 일본 관광의 현주소를 파악하여 일본을 전문적으로 이해하고 설명할 수 있다.

| 국명: 일본국(JAPAN) | | | |
|---|---|---|---|
| 수도 | 도쿄(東京) | 면적 | 약 3,779만 ha(세계 62위) |
| 언어 | 일본어(Japanese) | 기후 | 온대 몬순기후(한국과 동일) |
| 민족 | 대화족(大和族: 야마토족) 99% 이상, 기타 재일교포, 아이누족 등 1% 미만 | 인구 | 약 1억 2,263만 명 (2024년, 통계청 기준) |
| 1인당 GDP | 33,949달러 (2024년 IMF 기준 세계 30위) | 종교 | 신도(神道: Shintoism), 불교(Buddhism), 기독교(Christianity) |
| 한국과의 시차 | 0 | 화폐와 환율 | 엔(円, YEN) (1엔=9.07원, 2023년 12월 기준) |
| 주요 도시 | 동경, 오사카, 후쿠오카, 삿포로, 나고야 | | |
| 국가관광 경쟁력 | 세계 1위(WEF, 2021년 기준) | | |

## 2) 일본의 문화

일본 전통문화의 가장 큰 특징은 섬나라라는 특수한 지리적 환경이다. 이로 인해 일본은 어느 정도 여유롭게 자신들만의 세계관을 구축하면서 외부 세계를 방관자적인 시선으로 관망할 수 있었다.

### (1) 음식 문화

일본 요리는 좁은 의미에서는 나라 시대 때부터 이어진 일본 고유의 방식을 사용한 일본산 재료를 사용한 요리를 일컫지만, 더 넓은 의미에서는 중국 요리를 비롯한 다른 문화권에서 들어온 요리 중 일본인들의 입맛 및 풍토에 맞게 변형된 요리도 포함된다. 메이지 유신 이후 근대 및 현대 시기에는 스파게티, 피자, 햄버거와 같은 서양 요리를 일본식으로 재해석한 요리도 많았다.

현대에는 일본인이 먹는 식사 중에서 다른 나라의 요리로서의 성격이 강한 것을 제외한 나머지를 '일본 요리'라고 부르는 경우가 많다. 예를 들어, 규동이나 니쿠자가는 양념으로 간장이랑 국, 미림 등 일본 특유의 조미료를 사용한 것이므로 일본 요리로 여겨진다. 2013년에는 유네스코 문화유산으로 아시아 요리로서는 최초로 등재되기도 하였다.

#### 가) 가이세키

일본의 정찬 요리 중 하나인 가이세키 요리다. 일본의 코스 요리라고 할 수 있으며, 실제로는 코스요리답게 한 상차림으로 나오지 않고 하나씩 순서대로 나온다.

가이세키 요리(자료: 나무위키)

#### 나) 라멘

일본어 '라멘(ラーメン)'은 '납면'을 뜻하는 중국어 '라몐(拉麵)'에서 유래했다. 보통은 가타가나로 표기하지만, 한자로 '拉麺,' '老麺,' '柳麺'처럼 표기하기도 하며, 히라가나로 'らーめん,' 'らあめん'처럼 표기하기도 한다. 한국어 '납면,' '라면'과는 동원어 관계이다. 다른 동원어로 중앙아시아 국수 요리 이름인 '라그만(лагман)'이 있다.

#### 다) 스시

스시(일본어: 寿司) 또는 초밥(醋-)은 일본의 대표적 밥 요리이다. 쌀밥에 날생선 등의 해산물이나 달걀 등을 조합한 음식으로, 전통적으로 와사비와 함께 먹는다. 손으로 쥐어 만든 스메시(초를 친 밥)에 생선 등을 얹어 만든 니기리즈시가 대표적이지만, 그 외에도 여러 가지 형태가 있다. 일본의 대표적 국민 음식 중 하나로 여겨진다.

### 라) 규동

규동(일본어: 牛丼) 또는 규메시(일본어: 牛飯)는 소고기에 양파와 함께 달게 끓인 재료를 그릇에 담은 밥위에 올려 먹는 일본의 덮밥 요리이다. 붉은색 생강, 7가지 맛의 고춧가루, 날달걀 등을 기호에 따라서 넣는 경우도 많다.

### 마) 덴푸라

덴푸라(일본어: 天ぷら)는 일본식 튀김 요리이다. 해산물이나 채소 등에 밀가루 튀김옷을 입혀 기름에 튀겨 내는 음식으로, 16세기 후반 경 포르투갈 선교사에 의해 전해진 서양 요리의 영향을 받아 만들어졌다. 에도 막부가 식용유 증산을 주도한 후 튀김요리가 널리 보급되면서 현대에 들어서는 일본의 국민 음식 가운데 하나로 자리 잡게 되었다.

### 바) 오코노미야키

오코노미야키(일본어: お好み焼き)는 일본식 전으로 양배추, 달걀, 밀가루 등으로 반죽하고 겉에는 삼겹살을 3장 정도 붙여서 지진다. 양면이 구워진 후에는 가쓰오부시와 특유의 오코노미야키 소스, 마요네즈 등을 위에 뿌려서 먹는다.

### 사) 스키야키

스키야끼(일본어: 鋤焼, すきやき)는 얇게 저민 고기나 채소 등을 얕은 냄비에 굽거나 삶은 요리를 말한다. 양념 국물을 넣어 달고 짭짤한 맛을 내는 요리를 스키야키풍(일본어: すき焼き風)이라고 부르기도 하고, 규우나베(일본어: 牛鍋)라고도 한다. 일반적인 스키야끼는 얇게 썬 소고기에 파, 양파, 쑥갓, 표고버섯, 팽이버섯, 청경채, 미나리, 두부, 곤약 등의 재료를 첨가한다.

## (2) 음주 문화

일반적으로 일본어권에서 '사케'는 일본에서 전통적으로 제조된 미주뿐만 아니라 위스키, 와인, 샴페인 등 다른 지역 및 국가의 술을 가리킨다. 일본에서는 일본의 전통 술은 '니혼슈(일본어: 日本酒)'라고 부르며 '와슈(일본어: 和酒)'라고 부르기도 한다. 미주이기는 하지만, 중국의 황주나 한국의 청주와는 다르게 일본의 니혼슈는 제조 방식이 맥주와 거의 유사하다. 니혼슈 외에도 쇼추(일본어: 焼酎), 아와모리, 일반 사케보다 설탕이 더 많이 들어가는 미림, 시로자케, 미림에 쇼추를 추가한 혼나오시 등도 모두 일본의 전통 술이다.

#### 가) 미즈와리

미즈와리(일본어: 水割り)는 일본에서 주류를 마시는 인기 있는 방법이다. 일반적으로 증류주 1, 냉수 2, 얼음을 섞어 만든다. 이 관행은 일본의 쇼추(소주)를 마시는 전통에서 유래했지만 위스키를 마실 때에도 매우 인기 있는 방법이다.

#### 나) 노미호다이와 타베호다이

일본어로 '호다이'는 '마음껏 ~함'이라는 의미로 노미호다이는 음주류 무제한, 타베호다이는 음식 무제한의 의미로 보통 시간 단위로 끊어서 판매한다.

### (3) 생활문화

#### 가) 체육

일본의 전통 씨름인 스모(일본어: 相撲, すもう)는 고대 일본 신화시대부터 전해지는 운동으로 일본 신화에서는 신들끼리 이러한 형태의 씨름으로 승부를 겨루었다는 이야기가 전해진다. 이러한 스모는 고대 이후 단순히 체육으로서만이 아니라 농업 생활의 길흉(吉凶)을 점치고 신과 소통을 한다는 종교적 목적에서 치러졌다. 그러다가 6세기 이후에는 종교적인 행사에서 유희를 목적으로 하는 체육활동으로 변모하였다.

유도는 고대 일본에서 전해져 온 무술 중 하나로, 19세기 이후 가노 진고로를 중심으로 1882년 강도관을 설립하여 체계적인 연구와 지도가 이루어졌다. 여기서 전통적인 고대 무술이었던 유술, 즉 유도의 근대화 발전의 기초가 닦아졌다. 20세기 이후에는 남자 중학교 연령 이상의 체육 교육에 본격적으로 보급되어 유도의 대중화가 이루어졌다. 이러한 유도는 대한민국을 비롯하여 여러 나라에 전파되었다.

#### 나) 연극과 영화

일본 연극은 오랜 역사 속에서 주변의 여러 나라로 영향을 받으며 발달하였고, 메이지 시대 이후에는 서양식 연극이 도입되었으며, 이외에 라쿠고나 고단과 같은 대중을 대상으로 한 만담(漫談) 문화도 유명하다. 한편 영화는 1897년에 1899년 최초로 첫 실사영화가 제작되었다. 오늘날의 일본 영화는 1950년대 이후 대외적으로 주목을 끌기 시작했으며, 제작 편수에서는 미국과 인도의 뒤를 잇고 있다. 다이쇼 시대 이후 닛카쓰와 쇼치쿠 등 전문 영화사들이 설립되면서 일본에서 영화가 본격적으로 산업화되었다.

### 다) 온천

노천온천(자료: 하나투어)

일본의 온천은 일본어로 "온센"(일본어: 温泉)이라 불린다. 일본은 화산 활동이 많은 나라로서, 전국에 수천 개의 온천이 있다. 온천은 전통적으로 목욕 및 일본의 관광에 중요한 역할을 한다. 온천은 부상 치유 효과가 뛰어나 사슴, 학, 원숭이 같은 동물들이 다쳤을 때 온천욕을 했다고 전해진다. 일본의 나가노에 자리 잡은 지고쿠다니 야생 원숭이 공원에서는 지금도 원숭이가 온천욕 하는 모습을 볼 수 있다. 일본 온천 관광지로는 큐슈의 벳부, 유후인, 가고시마와 북해도의 노보리베츠, 시코쿠의 도고온천, 그리고 본토의 아리마 온천 등이 유명하다.

## 3) 일본의 핵심 관광지

### (1) 도쿄

도쿄는 일본의 가장 큰 섬인 혼슈의 간토 지방에 속하는 도쿄만에 위치하고 있다. 가장 가까운 공항은 하네다 공항으로, 공식 명칭은 '도쿄 국제공항'이다. 그리고 일본 최대 규모의 국제공항인 나리타 공항, 하라주쿠 및 시부야 지역의 트렌디한 쇼핑가부터 긴자의 명품 플래그십 스토어까지 그 종류도 무척 다양하다.

신주쿠는 활기 넘치는 업무 지구로서 환하게 불이 켜진 고층빌딩들, 그리고 작은 선술집들이 들어찬 독특한 분위기의 좁은 골목들이 뒤섞여 있다. 아사쿠사는 도쿄 번화가 중에서도 중심에 해당하는 위치이며, 옛 사원과 전통 상점들이 자리하고 있다. 또한 도쿄는 단일 도시로 세계에서 가장 많은 수의 '미슐랭 스타' 레스토랑들이 있을 정도로 미식의 천국이라 할 수 있으며, 맛있고 저렴한 라멘 전문점들이 수백 곳에 달한다.

### (2) 닛코

닛코는 경치가 아름답고 성산이 여러 곳 있어, 8세기 이후 종교 활동이 활발하게 진행되었다. 특히 유명한 신사와 사찰이 많은데, 일본을 대표하기에도 손색이 없는 명소이며 유네스코 세계문화유산으로 등재된 곳도 있다. 주변을 둘러싼 국립공원은 하이킹을 즐기기 위해 많은 사람들이 방문한다.

### (3) 하코네

하코네 마을은 가나가와현 서부에 위치한 후지하코네이즈 국립공원의 일부이다. 하코네는 일본 국내는 물론 해외에서도 최고 수준의 천연 온천이 넘쳐나는 리조트 타운으로 유명하며, 후지산 전망이 가장 아름다운 곳으로도 유명하다. 이 지방을 대표하는 가장 아름다운 전망은 아시노코호 남동쪽 기슭에서 바라본 후지산 풍경이다. 유람선 투어로 호수 곳곳을 둘러보고, 경관을 즐기는 투어가 유명하다.

하코네 국립공원(자료: 하나투어)

### (4) 후쿠오카

후쿠오카는 일본에서 세 번째 큰 도시로 규슈의 심장부이자 여유로운 항구 도시이다. 이곳은 일본에서 가장 빠르게 성장하고 있는 도시이며, 아시아 대륙과 가까워 예로부터 문화교류가 활발히 이루어져 왔다. 이 도시는 가운데 나카스섬을 사이에 두고 하카타와 텐진, 두 부분으로 크게 나뉘어져 있다. 예전에는 동쪽의 하카타는 상업도시였고, 텐진을 포함한 서쪽 후쿠오카는 성도였다. 1889년 두 도시가 합쳐지면서 후쿠오카라는 현대적인 도시로 변모했다.

### (5) 가고시마

일본 본토의 남쪽 끝에 있는 가고시마현은 만과 쾌적한 기후 덕분에 "동양의 나폴리"라 불린다. 가고시마현은 지질학적 활동이 활발한 지역이며, 기리시마산과 사쿠라지마산 등의 커다란 화산이 있다. 이러한 화산 덕분에 이 지역에는 전통식 목욕탕부터 해변에서 즐기는 모래 목욕까지, 다양한 형태의 훌륭한 온천 시설이 매우 많다.

### (6) 오사카

오사카는 도쿄에서 신칸센을 타면 금방 도착하지만, 수도인 도쿄와는 사뭇 다른 느낌의 도시이다. 고속열차에서 내리는 순간 흥겨운 밤놀이 문화와 맛있는 음식, 직설적이지만 친근한 주민들을 만날 수 있는 전혀 새로운 세상이 펼쳐진다. 오사카에는 쇼핑 명소를 비롯한 현대 명물도 물론 많지만, 오랜 역사를 엿볼 수 있는 관광지도 많다. 가장 대표적인 예가 오사카성이다. 오사카성은 일본 역사에 대해 좀 더 심층적으로 알아볼 수 있는 배움의 현장으로서도 좋은 곳이지만, 특히 4월 벚꽃 철이면 경내가 매우 아름다워 그 경관으로도 매우 유명하다.

오사카 도톤보리(자료: 하나투어)

### (7) 나라

아름다운 불교 사원, 장관을 이루는 신토 신사와 훌륭한 고쿄 유적이 있는 나라 시는 최고의 역사 명소이다. 나라 시 인근의 이카루가 지역에는 세계에서 가장 오래된 목조 건물인 호류지 사원이 있다. 또한 홋키지 사원이 있으며, 이곳은 멋진 삼층탑이 유명하다. 둘 다 유네스코 세계문화유산 유적지로 등재되어 있다.

### (8) 교토

교토는 1천 년 이상 일본의 수도이자 천황의 거처였다. 그리고 지금은 일본 최고의 관광명소들을 품은 보금자리로 거듭났다. 교토의 대표 명소인 고쇼와 니조성 등은 도시 중심부에 위치해 있어 도심 중심부만 몇 시간 거닐면 대표 유적들을 대부분 돌아볼 수 있다.

### (9) 북해도(홋카이도)

홋카이도에는 일 년 내내 다양한 즐길 거리가 있다. 여름철 온화한 날씨에는 호수, 강, 산에서 하이킹, 산악자전거, 카누, 래프팅을 즐길 수 있다. 자연 서식지에서는 야생 동물과 조류를 관찰하고 그림 같은 풍경 속 화산 온천에서 온천욕을 즐길 수 있다. 겨울에는 섬의 리조트들에서 세계적인 수준의 스키를 즐길 수도 있다. 스노슈잉, 개썰매, 스노모빌 등의 또 다른 겨울 스포츠도 즐길 수 있고, 일본에서 가장 큰 축제 중 하나인 삿포로 눈 축제도 개최된다.

#### (10) 디즈니랜드와 디즈니씨

도쿄 디즈니랜드(자료: 하나투어)

도쿄 디즈니랜드와 디즈니씨는 디즈니의 다른 어떤 테마파크보다도 한 단계 높은 수준을 자랑한다. 이곳에는 오직 일본 디즈니 시설에서만 접할 수 있는 놀이기구와 체험 프로그램이 있다. 도쿄 디즈니랜드는 어드벤처랜드, 웨스턴랜드, 판타지랜드, 투모로우랜드, 크리터 컨트리, 미키의 툰타운, 마지막으로 월드 바자의 일곱 개 지역으로 나뉘어 있다. 이것은 오직 도쿄 디즈니랜드에서만 볼 수 있는 독창적인 구성이다.

#### (11) 유니버설 스튜디오 재팬

유니버설 스튜디오의 가장 인기 있는 어트랙션은 단연 해리포터이다. 해리포터 영화의 세계를 압도적 스케일로 재현한 장대한 에어리어가 마법으로 더욱 가득해 진다. 과거 5년 연속 세계 최고의 영예에 빛난 어트랙션에서 마법의 모험을 즐기기도 하고, 마법세계의 상점이 늘어선 '그 세계'에서 직접 마법을 걸거나, 엄청난 마법과 만날 수도 있다.

### 4) 일본의 주요 관광상품

#### (1) 도쿄 / 하코네 / 가마쿠라(4일, ₩1,299,000~)

- 주요 일정: 인천 / 나리타, 아사쿠사, 나카미세도리, 오다이바(1) – 오와쿠다니 계곡, 하코네 로프웨이, 하코네 해적선(1) – 에노시마, 신주쿠(1) – 시즈오카 / 인천
- 이용 항공: 에어프레미아

✣ 이용 호텔: 4성급(신주쿠 워싱턴 호텔)

### (2) 오사카 / 교토(4일, ₩899,000~)

✣ 주요 일정: 인천 / 간사이, 기온, 하나미코지(1) – 금각사, 노노미야 신사, 도게츠교(1) – 유니버설 스튜디오 제팬(1) – 간사이 / 인천

✣ 이용 항공: 에어부산

✣ 이용 호텔: 4성급(교토 야마시나 호텔 / 호텔 플라자 오사카)

### (3) 규슈(4일, ₩799,000~)

✣ 주요 일정: 인천 / 후쿠오카, 마크이즈 후쿠오카(1) – 모도치 해변, 후쿠오카 타워, 고쿠라성, 관문대교(1) – 벳부 지옥온천, 유노하나 유황재배지, 유후인 온천(1) – 다자이후 덴만구, 후쿠오카 / 인천

✣ 이용 항공: 이스타항공

✣ 이용 호텔: 5성급(힐튼 후쿠오카 씨 호크)

### (4) 홋카이도(4일, ₩1,099,000~)

✣ 주요 일정: 인천 / 삿포로(1) – 오오도리 공원, 홋카이도 시계탑, 오타루 운하, 기타이치 가라스 공방거리(1) – 도야 호수, 쇼와신잔, 사이로 전망대, 노보리베츠 지옥계곡(1) – 노보리베츠 다테 지다이무라, 치토세 / 인천

✣ 이용 항공: 에어부산

✣ 이용 호텔: 5성급(프리미어 호텔 쓰바키 삿포로 / 호텔 마호로바)

## 5) 일본 관광의 현주소

일본의 관광지표를 살펴보면 외국인관광객수 4,116,000명, 관광수입액 US$10,700 millions, 관광산업 GDP US$76,067 millions, 관광산업 비중 1.5%, 관광산업 일자리 1,744,000개로 2.6%를 차지하고 있다. 해외지출 대비 국내지출은 94.6%로 국내지출이 더욱 높다. 이는 코

로나로 인한 영향으로 판단된다.

세계경제포럼(WEF)이 발표한 2021년 일본 관광경쟁력은 세계 1위이며, 세부지표는 건강과 위생 9위, 항공운송 인프라 4위, 지상・해상 교통 인프라 6위, 문화적 자원 4위, 비여가 자원 3위로 상위권을 보였고, 비즈니스 환경 15위, 안전과 치안 15위, ICT 준비 29위, 관광객서비스인프라 28위, 자연적 자원 12위, 사회경제적 회복력과 조건 11위로 중위권을 유지하였으며, 인적자원과 노동시장 31위, 관광우선순위 42위, 국제개방성 39위, 가격경쟁력 96위, 환경의 지속성 38위로 하위권을 보였다.

일본의 관광경쟁력은 세계 1위의 저력을 보이고 있지만, 코로나19로 인한 일시적인 현상일 수 있어 지속적인 관리가 필요해 보인다. 특히 관광우선순위와 가격경쟁력과 환경의 지속성에 대한 부분은 개선이 필요해 보이며, 상대적으로 위생과 교통인프라, 문화적 자원은 강점으로 나타났다.

# 4.

## 대만의 문화와 관광

고대부터 이어져 온 대만은 오스트로네시아어족 원주민들의 섬이었다. 명·청대 들어 점차 한족이 이주하여 살기 시작하였다. 대만의 역사는 크게 16세기 이전 시기(선사시대 포함), 네덜란드 점령 시기, 정씨왕국 시기, 청나라 시기, 일본 제국의 식민통치 시기, 중화민국 시기(제2차 세계대전 이후 대만)로 나뉜다.

대만의 기후는 온난습윤 기후로, 섬 전체의 연평균 기온은 23°C로 온난하다. 여름은 5월부터 9월까지로 평균 기온은 28°C이나, 겨울은 12월부터 2월까지로 짧고 매우 따뜻하여 북부에서도 평균 기온은 10°C를 넘는다. 높고 험한 타이완 산맥과 계절풍은 대만의 기후에 결정적인 영향을 주고 있다.

대만의 가장 중요한 천연자원은 따뜻한 기후로 생성된 비옥한 풍토이며, 광물자원으로는 석탄, 대리석, 유황, 석유, 천연가스 등이 산출된다.

역사적으로 대만은 제2차 세계대전이 종료된 1945년에 연합국을 통해서 중화민국에 반환되었다. 이때에는 동중국해의 작은 섬에 불과했으나, 국공 내전에서 중국 공산당에게 밀린 중국 국민당이 1949년 난징 시의 국민정부를 타이베이 시로 전격 이전하면서, 대만은 중화민국의 중심지로 변모하여 새 시대를 맞이하게 되었다. 그러나 중화인민공화국은 하나의 중국 원칙에 따라 1945년의 반환 결정은 곧 자국에게 소급된다며 23번째 성(省)으로 규정하고, 대만에 대한 일체의 영유권을 주장해오고 있다. 하지만, 대만 특별행정구로도 영유권을 주장하고 있다.

## 1) 대만의 개요

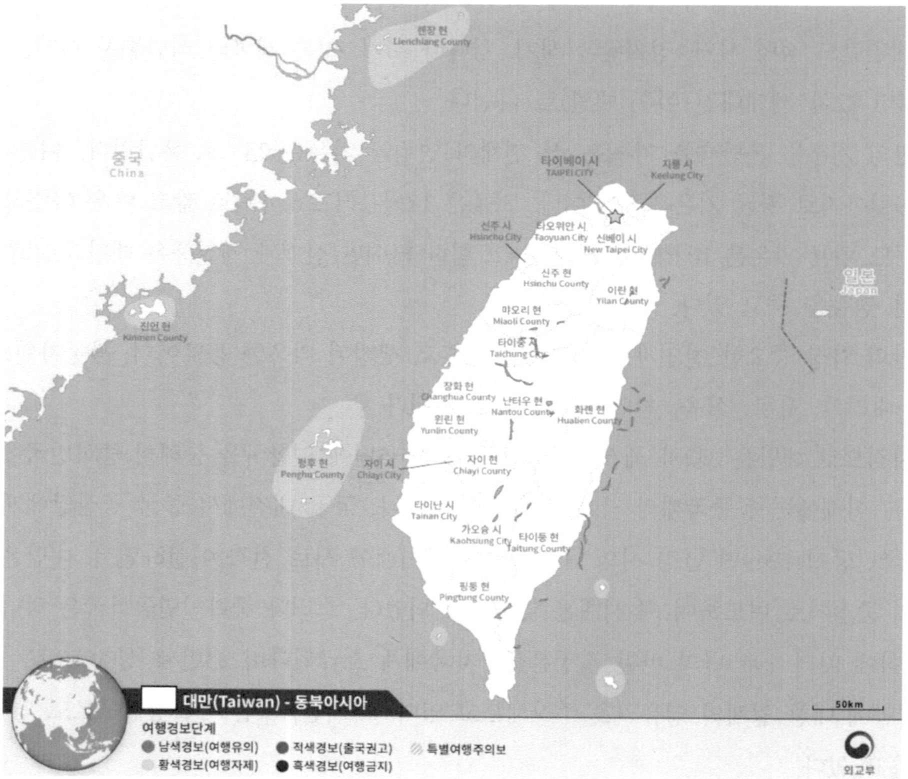

자료: 외교부 해외안전여행, 2024년 1월 11일 현재.

**[대표부 연락처]**

- 주소: 臺北市基隆路1段333號1506室(郵政編碼 11012) Rm 1506, No.333, Keelung Rd., Sec.1, Taipei, Taiwan
- 대표번호(근무시간 중): (886) 2-2758-8320
- 긴급 연락처(업무시간 외): (886) 912-069-230
- 이메일: taipei@mofa.go.kr

**학습목표**

대만의 개요, 문화, 핵심 관광지, 주요 관광상품과 대만 관광의 현주소를 파악하여 대만을 전문적으로 이해하고 설명할 수 있다.

| 국명: 대만(Taiwan) | | | |
|---|---|---|---|
| 수도 | 타이베이 | 면적 | 약 359만 6천 ha(세계 137위) |
| 언어 | 중국어(만다린), 타이완어 | 기후 | 남부의 해간가는 열대기후를 보이는 반면, 북부와 중부는 아열대 기후 |
| 민족 | 한족(96.4%), 원주민(2.5%), 이민자(1.1%) | 인구 | 약 2,395만 명 (2024년, 통계청 기준) |
| 1인당 GDP | 32,339달러 (2024년 IMF 기준 세계 35위) | 종교 | 불교, 기독교, 천주교, 도교 |
| 한국과의 시차 | -1 | 화폐와 환율 | 신 타이완 달러(TWD, NT$) |
| 주요 도시 | 타이베이, 가오슝, 타이중 | | |
| 국가관광 경쟁력 | 세계 37위(WEF, 2019년 기준) | | |

## 2) 대만의 문화

대만의 문화는 대만의 지리적 위치와 종족 구성에 따라 중국 대륙의 한(漢) 문화를 중심으로 대만 토착민 문화, 일본 문화, 유럽 문화 등의 영향이 서로 만난 문화이다.

### (1) 음식 문화

대만의 식문화는 기본적으로 중국 각지에서 이주해온 중국인들의 식문화가 종합적으로 반영되어 있다. 외성인들은 중국 본토에서도 높으신 분들, 엘리트가 많았기에 대만인들은 중국 요리가 대만에서 더 잘 이어지고 있다고 자부하고 있기도 하다. 거기다가 일본의 지배를 받았기 때문에 일본 요리의 영향도 받았고, 빙수를 비롯한 디저트 류가 발달했다. 식재료가 중국산인 것은 생각보다 오래된 일이다. 대만이 남방에 위치하여 2기작이 가능한 날씨이다 보니 좁은 국토에도 기본 식자재는 자급할 수 있지만, 자급이 불가능한 중국 북부산 식재료는 홍콩을 통해 수입해오는 방식으로 해결했다. 당시에는 중국이 외환수급 목적으로 식재료들을 홍콩으로 수출했기 때문에 가능했던 일이었다.

#### 가) 우육면

중국 요리로, 이름 그대로 소고기면 음식이다. 한국에선 비교적 생소한 편이지만 중화권에선 아주 대중적인 면 요리이다. 소고기를 핵심 베이스로 삼는 우육면은 탁한 뼛국물이 아니므로 담백하고 깔끔한 맛을 낸다. 면으로는 주로 손으로 치댄 라멘을 넣지만 수공면이나 기계로 뽑은 면을 넣기도 한다.

#### 나) 취두부

취두부(중국어: 臭豆腐)는 두부를 소금에 절여 오랫동안 삭힌 중국 요리로, 썩은 두부라 불린다. 유래 처우더우푸(臭豆腐)는 소금에 절인 두부를 발효시켜 석회 속에 넣어 보존한 식품으로 향이 아주 강하다. 냄새가 고약한 취두부도 유명한데, 야시장에서는 어김없이 볼 수 있기 때문에 처음 여행 오는 사람들은 취두부 냄새 때문에 어려움을 겪는다.

취두부(자료: 대만관광청)

#### 다) 펑리수

특색 있는 디저트의 예로 펑리수(鳳梨酥)가 유명하다. 파인애플(鳳梨)을 넣은 과자로 관광객에게 인기가 높다. 다만 가게에 따라 진짜 파인애플이 들어가지 않고 동과 베이스에

파인애플 '향'만 첨가된 잼을 넣어서 만든 것도 있으므로 평이 괜찮은 것을 확인해보고 먹어야 한다. 최근에는 대만 여행객들이 증가함에 따라 버블티, 우롱차, 대만식 카스텔라와 함께 대만산 간식류로 각광받고 있으며, 서울 등 대도시에서도 쉽게 구할 수 있다. 누가크래커도 관광객들 사이에서 인기가 꽤 높다.

펑리수(자료: 대만관광청)

#### 라) 빈랑

빈랑이라는 나무열매를 평소에 씹고 다니는 사람들을 많이 볼 수 있다. 습관성이 있는 이 열매는 일종의 씹는 담배로 각성효과가 있어, 주로 운전기사나 노동자들이 씹고 다닌다. 다만 피 같은 벽돌색 침이 줄줄 나오는 부작용이 있다. 빈랑은 중독성이 있어 권장되지 않으며, 구강질환의 원인까지 되는 발암물질이라 건강에도 좋지 않아, 대만 정부에서도 빈랑을 씹지 말자는 캠페인을 계속 벌여오고 있다.

### (2) 외세 문화의 영향

#### 가) 중국 문화의 영향

전근대에는 대만에 이주한 푸젠, 광동 지역의 주민, 객가의 영향을 강하게 받았고, 이들과 원주민들의 문화가 교류하면서 본토와는 또 다른 모습으로 변화했다. 1949년 국민당 정부가 피난을 온 후 대만에 자리를 잡게 되자, 중국 각지 외성인들과 국외에 있는 화교들이 대거 유입되기 시작했다. 이때부터 표준중국어가 공용어로 지정되기 시작했고, 중국 각지의 전통문화가 유입되기 시작했다. 당시 국립고궁박물원에는 중국 황실과 귀족들이 이용한 유물・미술품들이, 국립대만도서관에는 중국사에서 매우 중요한 고서들이 유입되었다.

중국 각지의 요리가 유입되면서 대만 내에서 기존의 대만 요리 외에도 복건요리, 광동요리, 산동요리, 사천요리, 강소요리, 안휘요리, 절강요리, 호남요리, 북경요리, 상해요리를 맛볼 수 있었고 만한전석, 중국 궁중요리나 귀족요리, 주류 문화 역시 문화대혁명으로부터 보존될 수 있었다.

중국 고전 문학, 중국 내 경극・한시 등 중국 문학, 유교, 도교, 대승불교, 중국 신화, 전통 악기 등 중국 전역의 미술, 문학, 음악, 종교 및 철학 문화 역시 대만에 이식되면서 문화대혁명으로부터 자유롭고 잘 보존되었다. 그리고 문화대혁명, 천안문 6・4항쟁 등 중국의 역사 역시 대만 쪽에서 더 잘 보존되었다.

중국의 전통 건축 양식이 도입되면서 명나라를 그대로 옮겨 놓은 타이완의 건축물은 기본이고 자금성을 본 뜬 충렬사, 국가음악청, 국가희극원과 국부기념관, 중정기념당, 국립고궁박물원 등이 건설되었다.

#### 나) 일본 문화의 영향

일치시기를 거치면서 일본 문화가 유입되었다. 대만은 당시 독자적 민족의식이 희박했었고, 2・28사건 때문에 일본에 대한 평가가 나쁘지 않은 축에 속한다. 물론 국민당과 외성인, 객가, 화교, 대만 원주민들은 제2차 세계대전 등으로 인해 반일감정이 심하였고, 일본 제국이 물러서고 난 뒤에는 반일감정이 고조된 적이 있었다. 당시 일본 문화에 대한 수입규제 조치를 취한 적도 있었고, 학부모들이 일본 만화를 선정적이고 폭력적이며 비현실주의적인 묘사가 많다고 불매운동을 벌인 역사가 있다. 그렇지만 일본과 교류가 많았던 터라 일본 애니메이션, 일본 드라마, 일본 영화의 인기가 많았고, 온천 문화도 비슷하다보니 대만에도 료칸과 비슷한 호텔이 많다.

#### 다) 미국 문화의 영향

제2차 세계대전이 끝나고 미군이 대만에 주둔하기 시작하면서 미국 문화의 영향을 강하게 받았다. 당시 중국계 미국인, 대만계 미국인들의 유입과 이들과의 교류 역시 미국 문화 전파에 큰 영향을 미쳤다. 대만의 영어는 미국식 영어를 기준으로 하고 있으며, 더치페이 문화, 연령에 대한 관대한 문화, 성소수자에 대한 개방적인 태도, 다양한 문화를 수용하는 태도 역시 미국 문화로부터 강하게 영향을 받은 것이다.

### (3) 생활문화

#### 가) 체육

야구는 대만의 국기라 할 만큼 명실상부 대만 최고의 인기 스포츠다. 1999년 새로 제정된 대만 달러 500달러에 원주민 학생들로 구성되어 전국대회를 제패한 리틀야구팀을 도안의 상징으로 삼은 것만 봐도 그 인기의 수준을 짐작할 수 있다. 다른 웬만한 모든 구기 종목들은 중국에 반도 따라가지 못하지만, 야구만큼은 아주 완벽히 확실하게 실력으로 중국을 압도한다.

한편, 일본과 오랜 기간 전쟁을 치르고 대만에 밀려난 장제스와 국민당 정부의 눈에 야구는 그저 일본의 스포츠였을 뿐이다. 정부는 일본 색채를 지우기 위해 축구와 농구를 적극 장려하였다. 1950～1960년대에는 세계구급은 아니지만 그래도 나름대로 아시아의 축구 강호였다. 그리고 2011년 1월 대만의 22세 여자골퍼 청야니가 15주 연속 세계랭킹 1위를 지키던 신지애를 제치고 LPGA 여자골프 세계랭킹 1위를 차지해 한 때 골프의 인기가 최고였던 시기도 있었다.

### 나) 대중문화

1950～1960년대 홍콩 영화의 영향을 지대하게 받았고, 홍콩과 합작 영화를 제작하는 경우도 많았다. 그래도 홍콩과의 합작이 마이너스 효과를 낸 것만은 아니라서 1960～1980년대까지는 무협물 중심으로 홍콩과 유사한 수준의 힘이 있었다. 배우진도 탄탄하여, 홍콩 영화 전성기 시절에도 대만 출신 배우들이 많은 활약을 하며 이름을 날렸다. 엄청난 인기를 구가한 임청하 · 왕조현을 필두로 오천련 · 임지영 · 진덕용 · 초은준 · 오기륭 · 양채니 · 가정문 · 엽천문 등의 인지도 높은 배우들이 많았다.

한편, 과거 대만 드라마는 홍콩과 더불어 1960～1970년대부터 아시아 지역을 중심으로 많은 인기를 끌었다. 1990년 초반까지 중국 드라마로 국내에 알려진 작품 상당수가 대만에서 제작된 것들이었다. 영화와 마찬가지로 홍콩의 영향을 많이 받았으며, 많은 배우들이 홍콩을 오가며 활동했다. 특히 대만의 무협 드라마는 상당한 수준으로, 수작이라 불릴만한 시리즈들을 많이 만들었다. '신백낭자전기,' '의천도룡기,' '소오강호' 등이 유명하고, 국내에서는 '판관 포청천'이 굉장한 인기를 누리기도 하였다.

## 3) 대만의 핵심 관광지

### (1) 스린 야시장

스린 야시장(자료: 대만관광청)

타이베이 시내에서 가장 큰 야시장으로 100년이 넘는 역사를 가지고 있다. 타이베이 여행에서 빼놓으면 안 되는 명소로 주말 저녁이면 엄청난 인파가 몰리지만 이 또한 하나의 재미이다. 대만의 먹거리는 다 맛볼 수 있을 정도로 먹거리가 다양하고 저렴한 가격으로 기념품을 구매할 곳도 많다.

### (2) 중정기념당

본래 중국의 섬이었던 대만은 청일전쟁 이후 일본의 식민지 시절을 겪고 1945년 일본으로부터 독립한 후, 1949년 장제스에 의해 지금 대만(중화민국 대만)이 설립됐다. 중정기념당은 이런 대만의 역사를 대표하는 장소로, 대만의 초대 총통인 장제스를 기리고 있다. 중정기념당으로 올라가는 89개의 계단은 장제스가 서거할 때 나이인 89세를 의미하며, 내부에는 거대한 장제스 동상이 있다.

### (3) 타이베이101

타이베이101(자료: 대만관광청)

타이베이101의 정식 명칭은 타이베이 금융센터이며, 2009년까지는 세계에서 가장 높은 빌딩이었다. 대만의 건축가 리쭈위엔(李祖原)이 설계한 건물로 외관을 보고 있으면 하늘로 뻗어 나가는 대나무 위에 꽃잎이 포개진 형상이 보인다고 한다. 건물 외관의 8개 마디는 중화권에서 부, 번영, 성장, 발전 등을 의미하는 숫자 8을 의미하여 8개 층씩 총 8단으로 구성된 것이라 한다. 5층부터 89층에 있는 전망대까지 초고속 엘리베이터가 있는데 불과 37초 만에 도착한다. 사방이 유리로 된 전망대에서는 시내를 360도 파노라마로 감상할 수 있으며, 날씨가 좋은 날에는 비상계단을 통해 연결되는 91층을 개방해 야외에서 타이베이 전경을 조망할 수 있다.

### (4) 지우펀

최근 5년 여행자에게 인기 있는 10대 명소로 선정된 '지우펀'은 국내외 관광객들에게 편리한 교통을 제공하며, 대만에서 가장 유명한 관광지 중 하나이다. 기산가, 치아자키로드, 최초의 생태 박물관, 황금 박물관 등 볼거리가 많은 곳이다.

### (5) 예류 지질공원

예류 해양국립공원(자료: 대만관광청)

예류 지질공원은 침식과 풍화 작용을 거쳐 자연적으로 형성된 기암들이 늘어서 있다. 기이한 모양의 바위들은 비현실적으로 느껴질 정도이며, 가장 대표적인 바위는 여왕머리바위(queen's head)이다. 여왕머리바위는 고대 이집트의 왕비 네페르티티의 두상을 닮아 이러한 이름이 붙여졌다. 여왕머리바위나 촛대바위와 같이 대표적인 바위들은 이를 형상화한 캐릭터들도 있다.

## 4) 대만의 주요 관광상품

### (1) 대만 / 예류 / 화련 / 지우펀(4일, ₩599,000~)

- 주요 일정: 인천 / 타이베이, 예류 해상 국립공원, 스펀 천등 날리기, 지우펀(1) – 장춘사, 태로각 협곡, 자모교 자모정, 치싱탄 해변(1) – 국립고궁박물관, 서문정, 라오허제 야시장(1) – 타이베이 / 인천
- 이용 항공: 진에어
- 이용 호텔: 4성급(추토 플라자 호텔)
- 주요 판매여행사: 하나투어

### (2) 타이중(4일, ₩899,000~)

- 주요 일정: 인천 / 타이중, 펑지아 야시장(1) – 일월담, 구족 문화촌, 고미습지(1) – 무지개 마을, 온천 체험(1) – 춘수당 버블티 만들기, 궁원안과(일출 베이커리), 타이중 / 인천
- 이용 항공: 티웨이항공
- 이용 호텔: 4성급(푸신호텔 타이중)

### (3) 가오슝 / 타이난(4일, ₩799,000~)

- ✣ 주요 일정: 인천 / 가오슝, 아이허(1) – 관자령 온천, 안평고보, 안평수옥, 덕기양행(1) – 불광산, 타구 영국 영사관, 서자만, 육합야시장(1) – 연지담 풍경구, 용호탑, 춘추각, 보얼예술특구, 가오슝 / 인천
- ✣ 이용 항공: 티웨이항공
- ✣ 이용 호텔: 4성급(시티 스위트 – 가오슝 체나이)

## 5) 대만 관광의 현주소

대만의 관광 수치는 외국인관광객수 약 1천만 명, 관광수입액은 $12,315 million, 1인당 평균 수입액 US$1,146 관광산업 GDP US$10,699 million, 관광산업비중 1.8%, 관광산업 일자리 289,900개로 2.5%를 차지하고 있다.

세계관광포럼(WEF)이 발표한 2019년 관광경쟁력은 세계 37위이며, 세부지표는 지상해상교통인프라 16위, 인적자원과 노동시장 18위, 안전과 치안 26위, ICT 준비 34위, 문화적 자원과 비즈니스 여행 36위, 항공교통인프라 40위로 중위권을 보였고, 건강과 위생 43위, 환경지속성 45위, 관광객서비스인프라 48위, 국제개방성 60위, 관광우선순위 75위, 가격경쟁력 78위, 자연적 자원 87위는 하위권에 머물렀다.

대만의 1인당 GDP와 국제적 위상을 고려해볼 때 건강과 위생, 환경지속성, 관광객서비스인프라의 개선이 시급해 보인다.

# 5.

# 태국의 문화와 관광

태국의 문화는 동남아시아 지역 중 현재의 태국을 중심으로 일부 지역에 퍼져 있는 문화를 의미한다. 그 중 고전 무용은 콘・라콘・라밤 등 세 종류가 있는데, 수많은 장식품을 사용한 화려한 의상과 우아한 춤동작이 특징이며, 태국의 음식은 네 가지 기본 맛으로 단맛・매운맛・신맛・짠맛이 어우러져 있으며, 대표적인 예로는 똠얌꿍이 있다.

태국은 불교의 색채를 가진 나라이자 사원의 나라이다. 소승불교는 1997년까지 태국의 국교였다. 그러나 종교적 다양성을 인정하기 위해 국교를 해제했다. 주민의 95% 이상이 불교 신자이나, 국교가 해제된 이후 다양한 종교를 인정하는 분위기이다. 그러나 아직까지는 달력, 풍습 등에도 불교적인 것이 많다. 실제로 태국의 불교는 서서히 발전하여 동물숭배나 조상숭배로부터 기원된 지역 종교들을 포섭하였다. 국왕을 비롯하여 남자라면 일생에 적어도 한번은 절에 들어가 삭발하며 3개월 정도의 수도과정을 지내고 오는 것이 의무적이다.

태국의 승려들은 어느 나라에서보다도 사회적 지위가 높다. 태국에는 아름다운 왕궁과 많은 사원들이 많은데, 차크리 왕조의 수호사원으로서 에메랄드 사원과 수코타이 중심부에 있는 최대 사원인 왓 마하탓, 유서 깊은 절 왓 아룬 등 3만 여개에 달하는 크고 작은 사원은 아름답기로 유명하다.

한편, 태국은 왕실에 대한 믿음과 존경이 대단한 나라이다. 거리는 물론 식당이나 가정집에도 국왕의 사진이 걸려 있다. 따라서 왕실을 모욕하는 말이나 행동은 절대 금기사항이다. 사진을 훼손하거나 돈을 밟는 등의 행동은 화를 자초하게 된다. 극장에서 국왕 찬가가 연주될 때는 외국인도 현지인과 마찬가지로 서 있어야 하며, 기립해 예의를 표하는 것이 좋다. 이슬람교는 제2의 세력이며, 로마 가톨릭과 개신교 종파들도 소수 존재한다. 개신교의 경우 태국 기독교연맹, 태국 침례교연맹 등의 교단들을 갖고 있다. 태국은 불고 국가이지만, 헌법에서 종교의 자유를 존중하고 있으며, 모든 종교는 태국 종교청의 지도를 받는다.

## 1) 태국의 개요

자료: 외교부 해외안전여행, 2024년 1월 11일 현재.

**[대사관 연락처]**

- 주소: 23 Thiam-Ruammit Road, Ratchadapisek, Huay-Kwang, Bangkok 10310, Thailand
- 대표번호(근무시간 중): (66) 2-481-6000
- 긴급 연락처(사건사고 등 긴급상황 발생 시, 24시간): (66) 81-914-5803
- 이메일: koembth@mofa.go.kr, koembth0404@mofa.go.kr

**학습목표**

태국의 개요, 문화, 핵심 관광지, 주요 관광상품과 태국 관광의 현주소를 파악하여 태국을 전문적으로 이해하고 설명할 수 있다.

| 국명: 타이(Thailand) | | | |
|---|---|---|---|
| 수도 | 방콕(Bangkok) | 면적 | 약 5,131만 ha(세계 51위) |
| 언어 | 타이어 | 기후 | 지역 대부분 열대 사바나기후 |
| 민족 | 순수 태국계(75%), 중국계(14%), 말레이계(3%) | 인구 | 약 7,183만 명 (2024년, 통계청 기준) |
| 1인당 GDP | 7,297달러 (2024년 IMF 기준 세계 90위) | 종교 | 불교 95%, 이슬림4%, 기독교 1% |
| 한국과의 시차 | -2 | 화폐와 환율 | 태국 밧(THB, ฿) |
| 주요 도시 | 방콕, 파타야, 푸껫, 후아힌, 코사무이, 치앙마이 | | |
| 국가관광 경쟁력 | 세계 36위(WEF, 2021년 기준) | | |

## 2) 태국의 문화

종교적으로는 상좌부 불교 신자가 93~95% 이상으로 절대 다수다. 생활에서나 문화적으로 불교가 삶에 배어 있다. 거리에 나가면 아침마다 시주를 받으러 다니는 승려들을 많이 볼 수 있다. 절을 중심으로 젊은이들의 만남 장소나 공동체 모임도 많이 가진다. 태국의 남자들은 성인식 차원에서 몇 주에서 몇 달간 머리를 깎고 절에 들어가 불공을 드리는 것이 문화적인 통과의례다.

### (1) 음식 문화

태국의 음식은 다섯 가지 기본적인 맛인 단맛, 향이 강한 맛, 신맛, 쓴맛, 짠맛이 어우러져 있다. 태국 음식에 보통 쓰이는 재료로는 마늘, 고추, 라임 주스, 코코넛, 캐슈 열매, 레몬그라스, 생선 소스 등이 있다. 주식은 쌀, 특히 다양한 재스민 쌀(홈 말리 쌀이라고도 함)이며 거의 매 끼니에 포함된다. 태국은 세계 최대의 쌀 수출국이며 태국 사람들은 1년에 100킬로그램(도정미 기준)의 쌀을 소비한다.

#### 가) 카우팟

볶음밥으로, 단순히 스트리트푸드나 관광객용으로 분류되는 음식이 아니라 일상의 음식이다. 태국에선 식사를 직접 만드는 경우는 드물고, 자주 볶음밥을 택한다. 편의점에서 가장 싼 25밧(약 800원)에 접할 수 있다. 중국요리와 마찬가지로 땅콩기름을 쓰기 때문에 비만 문제를 해결할 방법은 없으나, 특유의 고소함으로 중독성이 높다. 주재료에 따라 카우팟+(재료) 식으로 주문하면 된다. 무(돼지고기), 꿍(새우), 냄(소시지), 느야(소고기) 등이 있다(예시: 카우팟+무=돼지고기 볶음밥).

#### 나) 쏨땀

파파야 샐러드이다. 아주 매운 버전도 있고 적당히 매운 버전도 있다. 실제로는 과일 껍질 따위로 만든 김치 같은 느낌도 든다. 태국의 한국식 식당에 가면 파파야로 무채 나물을 내어 주는데, 쏨땀의 식감을 느낄 수 있다. 기본적 쏨땀 맛이 궁금하다면, 땀 타이가 무난하다.

쏨땀(자료: 나무위키)

#### 다) 팟타이

국수와 고기 등에 각종 소스를 얹은 뒤 숙주 등을 곁들어 볶아낸 요리이며, 팟타이는 태국 왕실에 의해 개발된 메뉴로, 제법 고급스런 분위기가 있다. 팟타이는 어느 정도 수준 있는 식당에서 먹는 편이 좋다. 재료가 다양하고, 또 높은 수준의 변화가 가능하기 때문에 시각적으로도 훌륭한 걸 접할 수 있다.

### 라) 똠얌꿍

매운 맛의 국 요리로, 가장 대중적인 것으로는 '꿍'을 넣은 똠얌꿍이 있다. 대중적인 음식이라 통조림이나 팩에 넣은 페이스트도 있으며, 심지어 똠얌꿍맛 피자나 햄버거, 인스턴트 라면도 있다. 다소 매운 맛과 상당한 신맛이 특징으로 처음 먹는 사람들에게 다소 이질적으로 느껴질 수 있지만, 그래도 외국인들이 많은 식당에서 주는 것들은 먹어볼만 하다. 호불호가 갈리지만 입에 맞는 사람은 찾아서 먹으러 다닐 정도로 매력적인 요리이다. 똠얌꿍의 신맛에 거부감이 드는 사람들은 '똠얌빠' 같이 새우 대신 생선을 넣은 메뉴가 적절하다. 잘 찾아보면 똠얌 참치 통조림도 구할 수 있는데, 이게 향도 매우 풍부하고 어느 음식과도 잘 어울린다.

똠얌꿍(자료: 나무위키)

### 마) 수끼

태국식 어묵 전골요리로, 최근에는 샤브샤브나 훠궈와 같은 현대적 형태로 유행하고 있다. 원래는 냄비에 야채와 고기(또는 해산물), 국수 등을 넣고 끓여낸 음식으로 약간 강한 향신료와 신맛을 느낄 수 있다. 유명한 음식점으로는 프랜차이즈 체인점인 MK수끼가 있다. 사족으로 가끔씩 종업원들이 MK수끼의 테마송에 맞추어서 춤을 추는 퍼포먼스를 한다. 노점에서는 특이한 담갈색의 화로로 수끼를 제공하기도 한다.

## (2) 전통문화

불교의 영향으로 기독교의 십계명처럼 태국 상좌부 불교의 5계를 일상적으로 지킨다(살생하지 말라, 도둑질하지 말라, 간음하지 말라, 거짓말하지 말라, 술과 마약을 삼가라). 그러나 도덕적으로 교육을 잘 받지 못한 시골 사람도 많고, 가축을 도축하는 등 어쩔 수 없는 경우를 합리화하려고 각종 변명을 붙일 때가 많다.

"빨리 빨리"와 같이 성질 급한 한국 사람과는 정반대로 짜이옌(냉정한 마음)을 도덕 기준의 매우 중요한 요소로 받아들인다. 이러한 영향으로 한국사람 입장에서는 태국인은 일상대화조차 설명과 토론이 매우 길고 지루하며, 상황 판단이나 실행이 느릿느릿하다고 여겨진다. 또한 태국인들은 타인과의 정면충돌이나 갈등을 회피하려는 경향이 강한데, 한국과 중국은 그렇다고 쳐도 일본에 비해서도 훨씬 그 정도가 세다. 시간 약속에 한 시간도 늦는 경우가 많은데, 이는 악명 높은 태국 교통망도 한 몫 한다.

이슬람권 국가만큼은 아니지만 주류 규제가 엄격하다. 불교가 음주와 육식에 대해 그리 관대한 종교가 아니라서 그렇다. 물론 태국의 상좌부 불교 특성 때문에 육식은 자유이다. 승려들은 일해서 음식을 사먹지 않고, 요리를 할 수 없으며 매일 새벽에 돌아다니며 보시를 받아 정오가 되기 전에 식사를 한다. 상좌부 불교의 계율에는 승려가 정오 이후에 식사를 할 수 없고, 시주받은 음식을 남길 수 없다는 규정이 있어 이를 준수하기 때문이다. 하지만 음주는 매우 엄격하다.

태국은 초등학생부터 대학생까지 교복을 입는다. 태국에 가서 중・고등학생들 옷차림을 보면 죄다 치맛자락이 무릎 아래까지 내려오는 펑퍼짐한 치마를 입으며, 머리도 짧은 단발이다. 남학생들도 전부 머리를 짧게 깎는다. 현재의 한국 중고생보다 훨씬 보수적인 차림새라고 할 수 있는데, 한국의 1980년대 교복 자율화 이전 시기와 유사하다. 전반적으로 태국 사회가 한국보다 보수적이라고 평가된다.

### (3) 생활문화

#### 가) 축제

코끼리는 태국인에게 가장 사랑받는 가축 중의 하나로, 산림지대에서는 무거운 티크 원목을 운반하는 중요한 일꾼이다. 매년 11월이면 유명한 코끼리몰이 축제가 열려 다양한 코끼리 묘기를 펼친다. 논농사를 시작하기 전인 4월에도 태국에서 가장 큰 축제가 송클라에서 개최된다. 추수를 기다리는 7월부터 10월까지는 승려가 사원에서 수행하는 우안거(雨安居)가 행해진다. 젊은 남녀가 일시적으로 출가하는 시기이기도 하다.

#### 나) 스포츠

축구가 무에 타이를 대신하여 인기를 얻고 있으며, 이제는 태국에서 가장 인기 있는 스포츠이다. 무어이 타이(무에타이, 태국식 권투)는 태국의 국가적인 스포츠이다. 태국 사람들은 그냥 “무어이”라고 부르는 격투기이다. 과거에, 무어이는 궁정 병사들이 전장에서 무장해제되었을 때를 대비하기 위해서 배웠다. 병사들이 제대한 뒤 그들 상당수는 불교 승려가 되었고 사찰에 머물렀다. 태국 사람들의 삶은 불교, 사찰과 가깝게 관련되어 있는데 태국 사람들은 자녀들을 사찰에 보내 승려 교육을 시키기도 한다. 무어이는 사찰 교과목 중 하나이다.

#### 다) 어른에 대한 존경

이러한 부분은 대한민국과 비슷하다. 조상에 대한 존경은 태국의 정신적 관습의 중요한 한 부분이다. 태국 사람들은 환대하는 마음과 관대한 마음을 가졌으나 강한 사회적 계급의식도 있다. 태국 문화에서 어른 공경은 중요한 요소이다. 연장자가 가족 대소사를 결정하거나 의례를 주관한다. 태국의 전통 인사법인 "와이"는 두 사람 중 젊은 사람이 먼저 하는데, 이는 손바닥끼리 서로 닿도록 두 손을 모은 다음, 손가락 끝은 위로 향하게 하고 얼굴이 손에 닿도록 머리를 숙여서 하는 인사이다. 이 인사를 할 때는 남자는 "사왓디 크랍," 여자는 "사왓디 카"라는 인사말을 함께 한다. 그러면 연장자가 같은 방법으로 답례한다. 이러한 와이는 타인에 대한 존경과 경의의 마음을 표시하는 것인데, 이는 인도 문화권의 나마스테와 비슷하다.

#### 라) 금기사항

다른 사람의 머리에 손을 대거나 발로 어딘가를 가리키는 것은 금기사항이다. 머리는 신체에서 가장 신성한 것으로, 발은 가장 더러운 것으로 생각하기 때문이다. 다른 아시아권 문화들과 마찬가지로 태국의 문화도 서구화의 영향을 받고 있으며, 전통적인 금기사항의 일부는 시간이 흐르면서 서서히 사라져가고 있다.

## 3) 태국의 핵심 관광지

### (1) 방콕

세계 배낭여행의 중심지이자 인구 천만 명이 넘는 대도시로 태국의 정치・경제・문화의 중심지다. 220년 동안 수도를 이어오고 있는 방콕은 현지 지명인 '끄룽텝(Krung Thep)'의 뜻을 빌려 천사의 도시라 불리기도 한다.

방콕의 원래 이름은 '끄룽텝 마하나콘 보원 라따나꼬씬 마한따라 아유타야 마하딜록 뽑

녑빠랏 랏차타니 부리롬 우돔랏차니웻 마하싸탄 아몬삐만 아와딴싸티 싸카타띠띠야 위쓰누 깜쁘라쌋.' 세계에서 가장 긴 도시 이름으로 기네스북에도 올랐다. 방콕이라 불리는 건 톤부리 시대 지역을 의미하는 방꺽이 서양에 알려져 지금까지 쓰이기 때문이다.

방콕(자료: 태국관광청)

1782년 짝크리(Chakri) 왕조의 초대왕 라마 1세에 의해 태국의 수도로서 세워졌으며, 방콕은 국가의 보고로, 정신・문화・정치・상업・교육・외교상의 중심 도시다. 방콕은 1,500 평방킬로미터가 넘는 지역으로 인구 1/10이 방콕에 거주하고 있다. 시간과 마음의 여유만 있다면 방콕은 한 번쯤 가볼만한 도시다.

세계에서 가장 안전한 도시 중 하나이며, 화려한 사원・궁전・시간을 잃어버린 동양의 베니스인 짜오프라야 강의 전경, 수상가옥, 전통 민속춤, 화려한 쇼, 수많은 쇼핑센터 등 거리거리마다 즐거움이 가득한 곳이다.

### (2) 파타야

방콕에서 147km, 차로 2시간 정도 거리에 자리한 파타야는 태국 동부 최고의 휴양지이자 매년 수많은 외국인관광객들이 찾는 세계적인 휴양지이다. '아시아 휴양지의 여왕(Queen of Asia's Resorts)'이라는 파타야의 별명은 결코 쉽게 얻어진 것이 아니다. 휴양지가 갖춰야 할 모든 것을 실제로 갖추고 있기에 이러한 명성이 가능했던 것이다. 푸른 언덕 너머로 숲이 둘러싸고 있고, 섬이 드문드문 보이는 해안선이 있는 파타야에는 매일 이른 아침부터 관광객들의 발길이 끊이지 않는다. 20년 전만 해도 파타야는 작고 한산한 어촌 마을에 불과했다. 파타야가 변화되기 시작한 건 베트남전쟁 이후로, 이때부터 파타야는 휴양지의 명성을 쌓기 시작했다.

### (3) 푸껫

안다만의 진주로 불리는 푸껫은 태국에서 가장 큰 섬이자 태국을 대표하는 관광지다. 방콕에서 862km 떨어져 있으며 비행기로 1시간 20분, 육로로 약 14시간의 거리에 있다. 1980년대부터 개발됐고, 1992년 내륙과 연륙되는 다리가 놓이면서 섬 아닌 섬이 되었다. 세계적인 휴양지답게 푸껫에는 아름다운 해안선과 고운 백사장, 석회암 절벽, 우거진 숲이 자리했다. 주요 해변은 빠똥, 까론, 까따 등이 있다. 해변마다 고급 리조트와 주변 시설들이 들어서 있어 휴식과 여흥을 함께 즐기기에는 최상의 조건을 갖추고 있다.

푸껫(자료: 태국관광청)

### (4) 치앙마이

방콕에서 북쪽으로 700km 정도 떨어져 있으며, 20,107km$^2$ 이상의 면적을 보유한 지역이다. 태국에서는 방콕에 이어 두 번째로 큰 도시로 때 묻지 않은 아름다운 자연과 고유의 문화가 조화를 이뤄 흔히 '북방의 장미'라 불린다. 풍부한 문화유산과 화려한 축제, 뛰어난 수공예품, 다양한 여행 코스, 인근 지역에 살고 있는 고산족들의 다채로운 생활상 등은 여행자들의 발길을 치앙마이로 이끈다. 태초의 모습을 그대로 간직한 국립공원을 비롯해 수많은 산과 정글 등지에서도 여행자들은 다양한 경험을 즐길 수 있다.

### (5) 코사무이

동서 21km, 남북 25km, 면적 247km$^2$인 코사무이는 푸껫, 코창에 이어 태국에서 세 번째로 큰 섬이다. 섬 중앙에 635m 높이의 산을 기준으로 30여 개의 크고 작은 산들이 숲을 이루고, 섬 둘레에는 고운 백사장과 에메랄드빛을 띠는 해변이 자리했다. 여행자들이 가장 많이 찾는 해변은 차웽으로 파타야나 푸껫의 빠똥 비치에 버금갈 정도로 번화하다. 차웽보다는 규모가 작지만 개발이 잘 돼 있는 라마이나 때 묻지 않은 매남, 보풋 등 해변도 인기다. 1년 중 가장 좋은 날씨를 보이는 4~8월은 싸무이를 여행하기 가장 좋은 시기다. 날씨에 관계없이 7~8월, 12~2월은 숙소를 구하기 힘들 정도로 여행자들이 몰린다.

코사무이(자료: 태국관광청)

#### (6) 끄라비

태국을 대표하는 사진으로 간혹 암벽 등반 사진을 보게 된다. 여태껏 만나왔던 태국과는 사뭇 다른 분위기를 보이는 사진의 배경은 바로 끄라비다. 한때 끄라비는 여행자들 사이에서 꼬 피피로 가는 경유지 정도로 인식됐다. 하지만 지금은 석회암 절벽과 어우러진 이국적인 해변을 만끽하기 위해 각국의 여행자들이 끄라비로 모여들고 있다.

### 4) 태국의 주요 관광상품

#### (1) 방콕(5일, ₩499,000~)

- 주요 일정: 인천 / 방콕(1) – 왓 사켓, 왓 포, 새벽사원, 수상가옥, 딸랏노이 골목투어, 죠드 페어 야시장(1) – 타이 쿠킹스쿨, 칼립소 쇼(1) – 무앙보란, 아이콘시암(1) – 방콕 / 인천
- 이용 항공: 제주항공
- 이용 호텔: 5성급(센타라 그랜드 호텔)
- 주요 판매여행사: 하나투어

#### (2) 방콕 / 파타야(5일 ₩599,000~)

- 주요 일정: 인천 / 방콕(1) – 왓 사켓, 새벽사원, 수상가옥(1) – 파타야 요트투어, 황금절벽사원, 파타야 수상시장(1) – 진리의 성전, 아시아티크(1) – 방콕 / 인천
- 이용 항공: 제주항공
- 이용 호텔: 4성급(방콕 그래프 호텔 / 만다린 이스트빌 파타야)

#### (3) 푸껫(5일, ₩799,000~)

- 주요 일정: 인천 / 푸껫(1) – 팡아만 국립공원, 제임스 본드 섬, 팡아만 씨카누, 이슬람 해선식, 스파 체험(1) – 산호섬, 발마사지, 야시장(1) – 푸껫타운, 렘 프롬텝 뷰포인트, 센트럴 페스티발 푸껫(1) – 푸껫 / 인천

✣ 이용 항공: 제주항공

✣ 이용 호텔: 5성급(오션프런트 비치 리조트)

### (4) 치앙마이 / 치앙라이(5일, ₩549,000~)

✣ 주요 일정: 인천 / 치앙마이(1) – 퀸 시리킷 보타닉가든, 코끼리 먹이주기 체험, 난& 나비공원, 백색사원(1) – 청색사원, 왓 훼이 쁠라깡 사원, 싱하 파크, 매카짠 온천(1) – 왓 프라탓 도이수텝, 왓 수안 독, 싼캄팽 민예마을(1) – 치앙마이 / 인천

✣ 이용 항공: 진에어

✣ 이용 호텔: 5성급(머큐어 치앙마이)

## 5) 태국 관광의 현주소

태국의 관광지표를 살펴보면 외국인관광객수 약 6,702,000명, 관광수입액 US$14,197 million, 관광산업 GDP US$18,393 million, 관광산업 비중 3.7%, 관광산업 일자리 4,051,000개로 10.8%를 차지하고 있다. 해외지출 대비 국내지출은 56.9%로 국내지출이 약간 높았다.

세계경제포럼(WEF)이 발표한 2021년 태국 관광경쟁력은 세계 36위이며, 세부지표는 항공운송 인프라 13위, 자연적 자원 14위, 비여가 자원 16위로 상대적 상위에 랭크되었고, 비즈니스 환경 58위, 인적자원과 노동시장 53위, ICT 준비 50위, 가격경쟁력 39위, 국제개방성 57위, 관광객서비스인프라 32위, 지상・해상 교통 인프라 48위, 문화적 자원 32위, 사회경제적 회복력과 조건 55위로 중위권을 보였으며, 환경의 지속성 97위, 관광우선순위 88위, 건강과 위생 74위, 안전과 치안 92위로 하위권에 머물렀다.

관광대국인 태국의 관광 미래를 위해 환경과 위생 그리고 안전을 위한 치안에 좀 더 노력해서 개선해야 할 것으로 보인다.

## 6. 베트남의 문화와 관광

베트남은 오랜 그리고 역동적 역사를 지니고 있어, 다양한 예술의 양태를 보인다. 1925년까지 베트남의 예술은 주로 불탑, 사원 또는 마을 공동체를 위한 봉헌의 의미로 이루어졌다. 이 시기 프랑스 식민정부는 하노이에 예술고등학교를 설립하였고, 칠기 작품과 실크 회화가 소개되면서 베트남 전통에 대한 관심이 부각되었지만, 학습과정은 주로 전통적인 서구의 장르와 유형을 따랐다.

1945년 혁명이 일어나고 북베트남에서는 예술을 제국주의나 부르주아의 이해보다 민족과 국가에 봉사하는 애국적 의미를 추구해야 한다고 예술가들은 판단하고, 자신들의 작품이 혁명을 증진시키는데 중요한 역할을 한다는 사실을 인식하였다. 사회주의적 사실주의가 베트남 현대 예술의 기초가 되었는데, 모든 작품의 주제에 중심 요소가 되었다. 예술작품들은 노동자・농민・군인들을 묘사하고, 외형에 그들의 삶을 반영하였다. 예술작품의 우수성은 전문 비평가가 아니라 일반인들의 반응이 근거가 되었다. 사회 속에서 예술의 역할이라는 새로운 관계가 나타났고, 예술은 공적인 사상을 반영함으로써 문맹퇴치, 토지개혁, 산업화를 위한 캠페인에 공헌하였다.

미국과의 전쟁 기간에도 예술가들은 애국적 사업에 깊이 관여하였다. 중국이나 특히 소련식 예술 표현의 영향을 받아 전쟁에 참가하는 사람들을 영웅으로 찬양하는 선전 포스터를 제작하였으며, 서구의 형식을 거부하였다. 1973년 전쟁에 승리하고 수립된 민주공화국에선 예술의 형식에 대한 구속이 다소 느슨해졌고, 특히 남부에서는 예술가들에게 자신의 개성을 개발하고 탐구하도록 장려하기도 하였다. 통일 후에는 전 지역의 예술가들이 보다 자유로운 형식과 색채, 선의 추상적 요소들을 드러내고 탐구하게 되었다. 이전의 구상주의 예술세계에서 벗어나 과감한 실험과 역동성이라는 오늘날 베트남 예술의 특징을 얻게 되었다.

## 1) 베트남의 개요

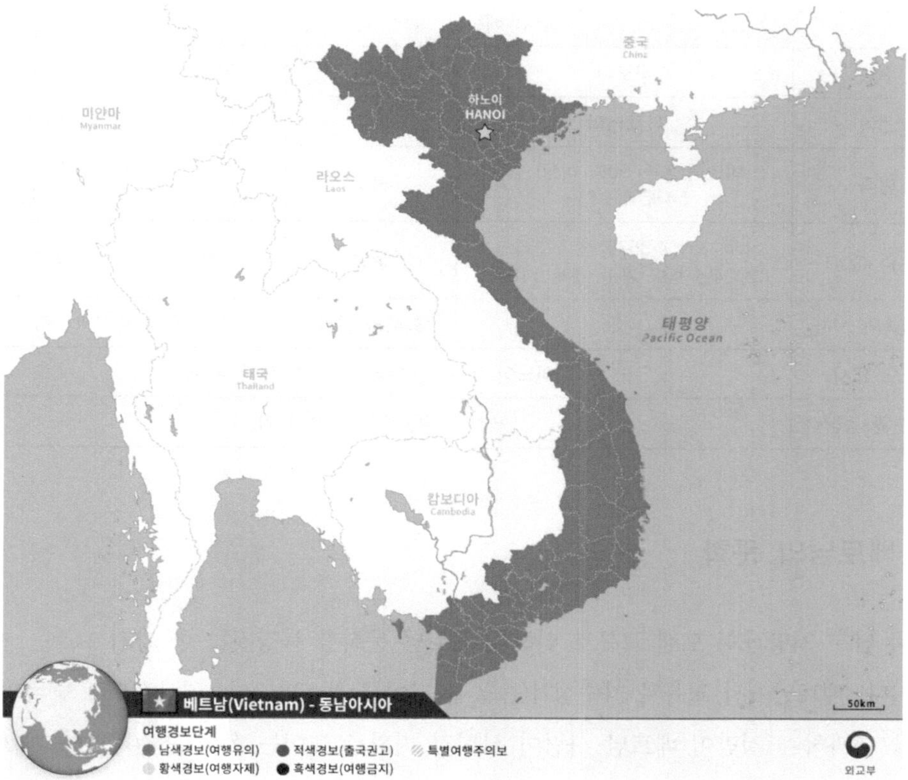


자료: 외교부 해외안전여행, 2024년 1월 11일 현재.

**[대사관 연락처]**

- 주소: SQ4, Do Nhuan, Khu Ngaoi Giao Doan, Xuan Tao, Bac Tu Liem, Hanoi, Vietnam
- 대표번호(근무시간 중): (84) 24-3771-0404
- 긴급 연락처(사건사고 등 긴급상황 발생 시, 24시간): (84) 90-402-6126
- E-mail: korembviet@mofa.go.kr

**학습목표**

베트남의 개요, 문화, 핵심 관광지, 주요 관광상품과 베트남 관광의 현주소를 파악하여 베트남을 전문적으로 이해하고 설명할 수 있다.

| 국명: 베트남(Vietnam) | | | |
|---|---|---|---|
| 수도 | 하노이 | 면적 | 약 3,313만 ha(세계 66위) |
| 언어 | 베트남어 | 기후 | 지역 대부분 열대 사바나기후 |
| 민족 | 비엣족(낑족 90% 이상) 등 54개 소수민족 | 인구 | 약 9,949만 명 (2024년, 통계청 기준) |
| 1인당 GDP | 4,357달러 (2024년 IMF 기준 세계 118위) | 종교 | 불교 12%, 가톨릭 7% |
| 한국과의 시차 | −2 | 화폐와 환율 | 베트남 동(VND, ₫) |
| 주요 도시 | 하노이, 호치민, 다낭, 나트랑, 달랏, 후에 | | |
| 국가관광 경쟁력 | 세계 52위(WEF, 2021년 기준) | | |

## 2) 베트남의 문화

중국 남부 지방과의 오랜 교류로 인하여 베트남 문화를 특징짓는 한 가지 요소는 재정적 책임이다. 베트남에서 교육과 자수성가는 높은 가치를 부여받는다. 역사적으로 중국의 과거 시험을 통과하는 것만이 베트남 사람이 사회적 지위를 높이는 유일한 길이었다. 베트남이 오늘날의 영역으로 통합된 것은 근대의 일로, 그 전에는 유교 및 한(漢) 문화의 영향을 받은 북부와 베트남의 주 종족인 킨족 외에 인종적으로 말레이계에 속하는 참파가 있었던 중부문화권, 그리고 크메르 제국의 영역에 속했던 남부 등으로 나뉘어 있으며, 이 북부・중부・남부의 차이는 언어와 풍속 및 문화 등 모든 영역에 걸쳐 존재한다. 중국의 유교 영향을 많이 받았음에도, 베트남에서는 윗사람과 아랫사람이라는 상하 개념은 없고, 서로 스스럼없이 대한다.

### (1) 음식 문화

베트남 요리는 태국 및 중국 요리와 함께 아시아의 3대 요리로 평가된다. 베트남 요리는 비옥한 토지에서 자란 풍부한 식재료로 500여 가지에 이르는 다양한 요리를 만들어낸다. 쌀과 국수가 주를 이루며, 아침과 간식으로 바게트를 이용한 샌드위치인 반미(바인)를 즐긴다.

베트남식 요리에는 많은 채소, 허브, 레몬그라스, 라임, 카피르라임 등의 향신료들을 사용한다. 베트남 전 지역에서 가장 강조되는 점은 신선한 채소를 신선한 허브와 함께 깊은 맛을 내는 향신료와 함께 내오는 것이다. 또한 베트남인들은 불교식 채식을 먹기도 한다.

베트남에서 가장 널리 쓰이는 고기는 돼지고기, 소고기, 참새우, 다양한 물고기, 닭고기 등이다. 오리고기는 많이 먹지 않는다. 주 요리의 재료는 대개 쌀과 간장, 생선 소스 등이다. 대체적으로 음식의 맛은 달거나 맵거나 시거나 감칠맛이 나며 향채 풀로 인한 민트향과 바질향이 나기도 한다. 유명한 음식은 베트남 쌀국수이며, 고수를 넣어 먹기도 한다.

#### 가) 쌀국수

퍼보(Phở bò)는 흔히 떠올리는 베트남 쌀국수이다. 소고기 국물에 담근 국수로, 식민지 시절 이주한 프랑스인들이 본국에서 먹던 소고기가 들어간 프랑스 요리의 일종인 포토푀를 만들어 먹었다. 그런데 포토푀는 대개 건더기만 건져 먹는다. 그래서 베트남인들이 그 먹고 남은 국물이 아까워 말아먹었던 것이 시초인 나름 비참한 유래를 가진 음식이다.

#### 나) 분짜

라임과 느억맘으로 새콤달콤하게 간을 맞춘 소스에 숯불에 구운 돼지고기와 함께 담가먹는 면요리로, 한국인의 입장에서는 냉면에 구운 고기를 얹어먹는 느낌이 난다. 하노이 전통 음식으로 타 지방에서는 보기 힘들다. 그러나 한국에선 베트남 요리집에서 생각보다 은근 자주 보인다.

분짜(자료: 나무위키)

#### 다) 껌장

껌장(cơm rang)은 베트남 볶음밥으로 중국의 볶음밥 차오판, 태국의 볶음밥 요리인 카오팟과 매우 유사하다.

#### 라) 바인

바인(bánh)은 곡물가루 따위로 찌거나 부쳐서 만든 빵이나 케이크의 통칭으로, 호치민 시 같은 남부 지방에서는 어말의 '-nh'이 '-n'으로 발음되기 때문에 '반'으로 발음하기도 한다.

### (2) 전통문화

베트남은 모계 중심 사회라 여자의 생활력이 강하고 가정에 헌신적인 것으로 유명하다. 베트남은 농업사회지만, 오랜 전쟁으로 남성 대부분이 전쟁터에 나가 여자 중심 사회가 되었다. 베트남 가정은 어머니 중심으로 일을 처리하며 가정을 운영한다. 촌락사회에서는 주부를 '안주인'이라 부르며 여성의 지위를 존중한다. 베트남의 소수민족인 에데족은 결혼할 때 신부 집에서 사위를 데려오려고, 시댁에 지참금을 지불하는 풍습이 있다.

#### 가) 수상인형극

베트남 전통 인형극으로 기원전 12세기부터 시작되었다. 수상인형극은 왕의 장수를 축원하거나 위업을 기리기 위해 처음 상연되었다. 나무로 만든 인형들이 물 위에서 움직이며 인형극이 펼쳐진다. 베트남 전통악기 연주, 노래, 인형극이 어우러진 베트남의 대표 볼거리 중 하나다.

#### 나) 아오자이

베트남의 민속의상인데, 현재는 여성이 입는 긴 옷을 가리킨다. '아오'는 '윗도리'를 뜻하며, '자이'는 '길다'를 의미한다. 이름처럼 아오자이는 윗도리가 긴 옷으로, 허리 부분이 잘록하게 들어가고 허리 밑으로 윗도리가 길게 늘어지는 것이 특징이다. 남성용 아오자이는 남성이 결혼이나 전

아오자이(자료: 나무위키)

통의식을 치를 때 입는다.

아오자이는 18세기 청나라에서 들여온 치파오가 기원인데, 베트남의 더운 날씨 때문에 얇은 천으로 만들게 되었다. 현재의 아오자이처럼 몸매를 드러내는 디자인은 프랑스 식민지 시대에 개량된 것이다. 몸에 꼭 맞게 입는 아오자이 때문에 베트남 여성 대부분이 날씬한 몸매를 유지한다. 흰색이나 베이지색 등 밝은 색은 주로 젊은 여성이 입으며, 검은색이나 진한 색 아오자이는 나이 많은 여성들이 입는다.

#### (3) 대중문화

베트남의 대중문화는 경제발전과 함께 가정에 TV가 보급되면서 발전하였다. 개혁개방 이후 부족한 문화 콘텐츠는 외래문화가 유입되면서 채워졌고, 한국 드라마 역시 그 중 하나이다. 베트남의 대중문화 콘텐츠 시장은 계속 확대되고 있다. 출판・만화・음악・게임・영화・애니메이션・방송・캐릭터 등 전반적으로 모든 분야의 콘텐츠가 고르게 성장하고 있으며, 특히 게임・방송・지식정보에서 두각을 드러내고 있다.

### 3) 베트남의 핵심 관광지

#### (1) 하노이

하노이는 기원전 3000년경부터 사람들이 정착하여 살던 흔적이 발견되었다. 꼬 로아 성채는 기원전 200년경으로 추정되는 최초 주거지로 평가받고 있다. 하노이가 베트남 중심 도시로 주목받기 시작한 건 지리적 위치 덕분이었다. 7세기 무렵 당 나라가 지배하던 중국은 남중국해와 활발한 교역 관계를 유지했는데 하노이가 원난과 남중국해를 연결하는 교역로에 위치해 있어, 주요 거점도시로 성장할 수 있었다.

하노이는 베트남의 첫 번째 리 왕조에 의해 '떠오르는 용'이라는 뜻의 탕롱으로 불리며, 베트남의 수도가 되었다. 마지막 왕조인 구엔 왕조가 집권한 1802년까지 베트남의 수도이자 정치행정 중심지로 남게 되었다. 이후 1902년 프랑스가 침략하여 지배하던 시절에도 프랑스령 인도차이나의 수도였으며, 1940～1945년 일본점령기에도 행정중심지 역할을 수행했다. 1945년 9월 2일 베트남 민주공화국이 하노이에서 독립 선언을 한 후 하노이는 베트남 민주공화국의 수도가 되었다. 1975년 남베트남의 붕괴 이후 북베트남이 세력을 확장하여

하노이 전경(자료: 베트남관광청)

1976년 7월 2일 베트남 사회주의공화국이 수립되면서 하노이가 수도로 정해졌다.

### (2) 호치민

과거 사이공으로 불리던 호치민시는 메콩삼각주의 중심에 위치하며 베트남에서 하노이 다음으로 중요한 제2의 도시로 상업의 중심지일 뿐 아니라 과학・기술・산업의 중심이자 핵심 관광 지역이기도 하다. 이곳에는 많은 강・하천・운하들이 흐르고 있으며, 주요 강으로는 사이공 강이 있다.

1862년 건설된 사이공 항구는 30,000톤의 선박까지도 수용할 수 있어 내륙에 위치한 강 항구로서는 유리한 조건을 갖추고 있다. 17세기 후반 중국 국경지대에서 남하해온 베트남인에 의하여 개척이 시작되었다. 당기는 작은 촌락으로 습지가 많았으나 프랑스인들이 점령한 후 이곳에 배수시설을 설치하여 전형적인 식민도시로 만들었다.

1908년 시로 승격된 뒤부터 급속히 발전하였으며, 프랑스풍의 관청을 비롯하여 많은 건물이 건축되었다. 또 남부 메콩캉 삼각주의 쌀, 북서부의 고무 수출을 위해 항구를 축조했다. 1954년 베트남이 남북으로 갈라지면서 남베트남의 수도가 되었으며 인구도 증가했다.

### (3) 다낭

남중국해에 면한 주요항구 도시로 오래전부터 동서무역의 국제무역항으로 발전했고 베트남 중부지역의 최대 상업도시다. 서쪽으로는 쯔엉 썬 산맥을 경계로 라오스와 인접하고 있다. 북쪽으로는 트어 티엔-후에와 남쪽으로는 꽝남성과 접하고 있는 이 지역은 동해에 둘러 싸여 150킬로미터에 달하는 해변을 보유하고 있다.

다낭 해변(자료: 베트남관광청)

### (4) 나트랑

중국 베트남 카인호아성에 속한 해변도시다. 베트남을 남북으로 가로지르는 고속도로를 따라 위치하며 하노이에서 1,278km 호치민에서 448km 떨어져 있다. 도도해와 산, 모래사장으로 둘러싸인 냐짱에서는 일년내내 깊고 푸르며 따뜻한 바닷물을 만날 수 있어 매력적인 휴양지로 인기가 높다. 베트남 남부의 주요 어업기지이며 예토부터 알려진 군사기지다. 오랜 역사를 지닌 도시로 1862년 프랑스인에게 점령당하기 전에는 베트남 왕국에 속해 있었다. 프랑스 식민지 시대에 파스퇴르연구소가 설치되어 열대성 질병을 연구하였다. 해안연구소가 세워져 남중국해의 어업에 대한 자료를 수집했다.

### (5) 달랏

럼동성의 성도 달랏은 호치민에서 북동쪽으로 약 308km 떨어진 곳에 위치한다. 해발 1,500m의 이 도시는 프랑스 옛 도시의 모습을 간직하고 있다. 알렉산드로 예르생 박사의 제안에 따라 1897년에 휴양지로 개발되었다. 달랏은 풍부한 자원과 흐 쑤언 흐엉, 탄 토, 자 티엔 소나무 숲으로 둘러싸인 뚜옌럼 등의 인공호수로 유명하다. 또한 이곳의 달랏 화훼정원도 빼놓을 수 없는 볼거리다.

### (6) 하롱베이

베트남 북부에 있는 만이다. 1,969개의 크고 작은 섬 및 석회암 기둥 등을 포함하고 있는 만으로 유네스코 세계자연유산으로 등록된 명승지다. 중국과의 국경 근처에 있는 넓이

1,553$km^2$에 이르는 만이다. 베트남 제1의 경승지로 1962년 베트남의 역사・문화・과학 보존지역으로 지정되었다. 그 중 하롱베이의 중심지역은 1994년 그 아름다운 경관으로 유네스코 세계유산목록 가운데 자연공원으로 등록되었다.

하롱베이 전경(자료: 베트남관광청)

### (7) 호이안

다낭에서 남쪽으로 약 30km 떨어진 부글라강 어귀의 남중국해 연안에 위치한다. 옛날에는 파이포라고 하였다. 호이안은 16세기 중엽 이래 인도, 포르투갈, 프랑스, 중국, 일본 등 여러 나라의 상선이 기항하여 무역도시로 번성하였다. 당시에 거래된 물품으로는 도자기가 주류를 이루었으며 일본인 마을이 생겨날 정도로 일본과 교역이 잦았다.

호이안(자료: 베트남관광청)

### 4) 베트남의 주요 관광상품

#### (1) 하노이 / 하롱베이(5일, ₩549,000~)

- 주요 일정: 인천 / 하노이 – 반미, 비쉐 버블티, 코코넛 아이스크림, 하노이 예술거리, 롱비엔 기차역, 세라믹 벽화도로(1) – 탕롱황궁 지하벙커, 까이잠 재래시장, 하롱베이 카페(1) – 하롱베이 데이 크루즈, 승솟 동굴, 항루원(원숭이섬), 키스 바위, 티톱 섬(1) – 호치민 관저, 한기둥 사원, 바딘 광장, 호안끼엠 호수, 호안끼엠 구시가지 – 하노이 / 인천
- 이용 항공: 비엣젯항공
- 이용 호텔: 5성급(하노이 대우 호텔 / 하얏트 리젠시 웨스트 하노이)

#### (2) 호치민(5일, ₩599,000~)

- 주요 일정: 인천 / 호치민(1) – 메콩강, 쩡크선 관광, 유니콘 섬, 호치민 빈트랑 사원(1) – 호치민 여행자 거리, 떤딘 성당, 더 카페 아파트먼트(1) – 호치민 구찌터널 – 호치민 / 인천
- 이용 항공: 제주항공
- 이용 호텔: 4성급(비사이 사이공 호텔)

#### (3) 다낭 / 후에(5일, ₩599,000~)

- 주요 일정: 인천 / 다낭(1) – 하이반 고갯길, 후에 왕궁, 후에 전동카, 티엔무 파고다, 카이딘 왕릉(1) – 바나힐 테마파크, 투본강 투어, 내원교, 광조 회관, 턴키의 집, 풍흥의 집(1) – 다낭 대성당, 미케비치, 손짜 – 다낭 / 인천
- 이용 항공: 제주항공
- 이용 호텔: 5성급(윈덤 다낭 골든 베이)

### (4) 나트랑 / 판랑 / 달랏(4일, ₩549,000~)

✣ 주요 일정: 인천 / 나트랑 – 포나가 사원, 롱손사, 나트랑 대성당(1) – 쭝선 사원, 416 광장, 판랑 사막(1) – 달랏, 랑비엔 고원, 항응아 크레이지 하우스, 바오다이 황제의 여름 별장, 달랏 기차역(1) – 다딴라 폭포, 다딴라 계곡 레일바이크 – 달랏 / 인천

✣ 이용 항공: 비엣젯항공

✣ 이용 호텔: 4성급(그린비치 호텔 나트랑)

## 5) 베트남 관광의 현주소

베트남의 관광지표를 살펴보면 외국인관광객수 약 3,837,000명, 관광수입액 US$2,500 million, 관광산업 GDP US$8,235 million, 관광산업 비중 2.4%, 관광산업 일자리 2,394,000개로 4.5%를 차지하고 있다. 해외지출 대비 국내지출은 68.0%로 국내지출이 높았다.

세계경제포럼(WEF)이 발표한 2021년 베트남 관광경쟁력은 세계 52위이며, 세부지표는 가격경쟁력 15위, 항공운송 인프라 27위, 자연적 자원 24위, 문화적 자원 25위, 비여가 자원 29위로 상대적 상위권에 올랐고, 안전과 치안 33위, 비즈니스 환경 42위, 인적자원과 노동시장 49위, ICT 준비 54위, 지상・해상 교통 인프라 50위로 중위권에 올랐으며, 건강과 위생 73위, 관광우선순위 87위, 국제개방성 69위, 관광객서비스인프라 86위, 환경의 지속성 94위, 사회경제적 회복력과 조건 61위로 하위권에 머물렀다.

베트남의 관광산업 개선을 위해 환경의 지속성과 관광객서비스인프라에 더 많은 노력으로 개선해야 할 것으로 보인다.

# 7.

# 필리핀의 문화와 관광

메트로 마닐라의 대표 문화적 명소는 주로 로마가톨릭교회 종교시설들, 식민지 성곽도시 인트라무로스, 복합쇼핑몰, 국가기념공간 등이 있다. 마닐라 시에 위치한 마닐라 대성당은 필리핀의 주교좌 성당이며, 퀴아포 성당(Quiapo Church)은 '블랙 나자렌(Black Nazarene)' 이란 성물(聖物)이 있는 곳으로, 필리핀 국민과 관광객들이 자주 찾는 곳이다. 돌로 지어진 성곽도시 인트라무로스는 식민 유산이지만 마닐라의 대표적인 관광명소이기도 하다.

현대적 문화 영화관, 전시관, 미술관 등은 대체로 대형 복합 쇼핑몰에 위치하는 경우가 많다. 독립영웅인 호세 리살이 처형된 장소는 인트라무로스와 인접해 있으며, 현재는 리잘 공원(Rizal Park)이 조성되어 있다. 국외 인사와 국빈 방문 시 이 곳에서 헌화가 이루어진다. 최근 시민들의 여가에 대한 욕구가 증대됨에 따라 마닐라만(Manila Bay)에 긴 보행로가 설치되었다.

마닐라에서는 대규모 축제와 이벤트가 자주 펼쳐진다. 그 중 블랙 나자렌 축제(Feast of Black Nazarine)는 필리핀에서 연중 가장 먼저 시작되는 종교관련 축제이다. 퀴아포 성당에 안치된 검은 예수상이 1년에 한 번 밖으로 나와 마닐라시의 주요 지점을 이동하는 행사이다. 기적의 상징으로 여겨지기 때문에, 성물을 만져보려는 사람들이 대거 운집하여 퍼레이드는 2일 이상 걸리는 경우도 있다. 약 100만 명이 넘는 가톨릭 신도들이 운집한다. 음력설은 중국인들의 최대 명절이다. 대표적인 차이나타운 비논도에서 용과 사자 도형을 쓴 대규모 거리공연이 개최된다.

## 1) 필리핀의 개요

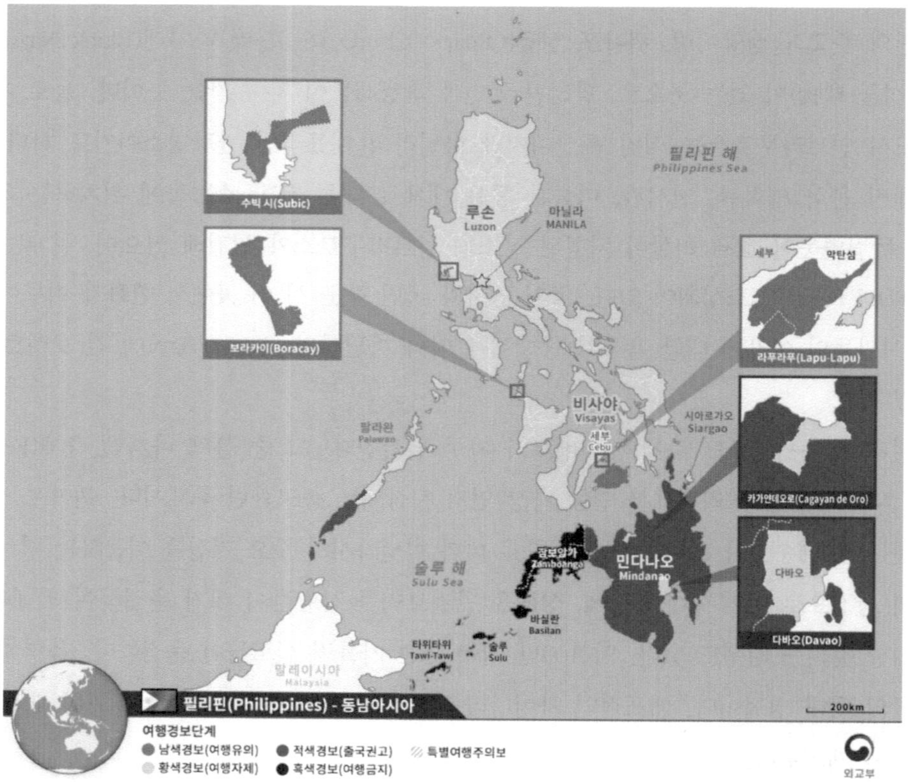


자료: 외교부 해외안전여행, 2024년 1월 11일 현재.

**[대사관 연락처]**

- 주소: 122 Upper Mchinley Road, Mckinley Town Center, Fort Bonifacio Taguig City, 1634 Philippines
- 대표번호(근무시간 중): (63) 2-8856-9210
- 긴급 연락처(사건사고 등 긴급상황 발생 시, 24시간): (63) 917-880-3907
- E-mail: ph04@mofa.go.kr

**학습목표**

필리핀의 개요, 문화, 핵심 관광지, 주요 관광상품과 필리핀 관광의 현주소를 파악하여 필리핀을 전문적으로 이해하고 설명할 수 있다.

| 국명: 필리핀(Philippines) | | | |
|---|---|---|---|
| 수도 | 마닐라 | 면적 | 약 3,000만 ha(세계 72위) |
| 언어 | 타갈로그어, 영어 | 기후 | 열대 계절풍 기후 |
| 민족 | 말레이계가 주종, 네그리토 / 인도네시안 / 중국 / 메스티조 / 모로 등 여러 종족 간 혼혈 | 인구 | 약 1억 1,910만 명 (2024년, 통계청 기준) |
| 1인당 GDP | 3,859달러 (2024년 IMF 기준 세계 123위) | 종교 | 가톨릭 83% |
| 한국과의 시차 | -1 | 화폐와 환율 | 필리핀 페소(PHP, ₱) |
| 주요 도시 | 마닐라, 세부, 보라카이, 보홀, 클락 | | |
| 국가관광 경쟁력 | 세계 75위(WEF, 2021년 기준) | | |

## 2) 필리핀의 문화

필리핀의 문화는 동서양의 문화가 결합되어 있다. 필리핀의 정체성은 주로 식민지 이전 문화, 식민지 영향, 그리고 외국 무역상들이 혼합되고 점차적으로 함께 발전하면서 생겨났다.

식민지 이전 필리핀은 그들 자신의 왕, 족장, 라칸, 라자, 다투스, 술탄에 의해 통치되는 국가, 섬, 부족의 분할된 집합이었다. 모든 국가는 그들만의 정체성을 가지고 있고 일부는 심지어 지금의 필리핀을 제외한 더 큰 제국의 일부이다. 예를 들어, 마닐라는 한때 브루나이 이슬람 술탄국의 일부였고, 술루 군도 역시 힌두교 마자파히트의 일부였다. 이 섬들에서 식민지 통치는 스페인 제국 하에서 통합된 동남아시아 국가들의 집합체인 필리핀의 시작을 알렸다.

중국의 영향력은 동남아시아 전역에서 특히 명나라와 다른 초기 왕조들에 의해 9세기 초부터 느껴져 왔다. 토착, 식민지 및 외부 영향의 혼합은 그 나라의 역사적 예술과 전통에서 매우 뚜렷하다.

스페인 제국은 뉴스페인 총독제를 통해 16세기에서 19세기 사이에 그 섬들을 정복했고, 기독교가 그 군도 전체에 퍼지고 지배하게 되었으며, 토착민들의 종교와 믿음에 영향을 주었다. 이후 필리핀은 거의 50년 동안 미국의 영토가 되었다. 미국으로부터의 영향은 영어, 미디어 및 현대 문화와 현대 필리핀의 의복 등에서 뚜렷이 나타난다.

## (1) 음식 문화

필리핀 사람들은 주요 인디언의 영향을 받은 다양한 음식을 요리하는데, 중국인들은 토착 재료에 영향을 미쳤다. 16세기 스페인 식민지 개척자와 수도사들은 고추, 토마토, 옥수수, 감자, 마늘과 양파를 넣고 볶는 방법과 같은 아메리카 대륙의 요리법을 전해주었다. 쌀은 필리핀 식단의 주요 음식이며, 보통 다른 요리와 함께 먹는다. 필리핀 사람들은 숟가락을 포크나 나이프와 함께 사용한다. 어떤 사람들은, 특히 비공식적인 장소에서는 손으로 음식을 먹기도 하지만, 해산물을 먹을 때는 젓가락을 사용한다.

### 가) 시식(Sisig)

필리핀식 볶음 요리이다. 보통 'Sisig'이라고 하면 돼지고기(baboy)를 의미하나, 닭고기로 만들어 더욱 담백한 Sisig Manok(시식 마녹), 감칠맛이 엄청난 Sisig Bangus(시식 방우스) 등의 베리에이션도 있다. 돼지고기로 만들 때의 전통 조리법은 머릿고기와 간을 잘게 썰어서 바고옹, 깔라만시와 고추, 샬롯 등을 함께 넣어 볶아서 만드는 것이다. 볶을 때 넣는 기름뿐만 아니라 풍미를 더하기 위해 마가린과 마요네즈 등도 많이 넣기도 한다.

### 나) 돼지 통구이

레촌 바보이(lechón baboy). 기름기를 빼고 껍질을 매우 바삭하게 조리하는 것이 특징이다. 레촌은 통째로 구운 고기를 뜻하며, 닭을 통째로 구운 레촌 마녹(lechon manok)도 많이 먹는다.

#### 다) 산미구엘 맥주

맥주는 San Miguel 회사 제품이 굉장히 유명하다. 기본 제품으로는 Pilsen(약칭 SMB), 한국인에게 가장 알려진 Light(약칭 SML), 그리고 현지 남성들이 마시는 레드 홀스(red horse, 별칭 stallion: 적토마) 등이 있다. 레드 홀스는 6.9% 정도인데, 한국의 소주와 맥주를 섞은 소맥과 유사한 맛이다.

#### 라) 감바스

새우와 마늘을 주재료로 한 철판요리로, 원래 스페인 요리이지만 필리핀식은 좀 더 달콤한 것이 특징이다. 보통은 잔새우를 손질하여 약간의 채소를 더해 양념하여 만들지만, 커다란 새우를 사용하기도 한다.

### (2) 전통문화

오랜 식민 통치 역사와 무역 상인들의 왕래로 서구 문화의 영향이 상당히 많이 남아 있다. 특히 약 330년에 걸친 스페인의 통치로 라틴 문화의 속성이 곳곳에서 나타나는데, 이는 필리핀이 여타 아시아 문화권과 구별되는 큰 특징이다. 낙천적이고 현실의 삶을 즐기기를 좋아하는 국민성, 인구의 절대 다수를 차지하는 로마 가톨릭 교회의 신앙심이 문화 전반을 지탱한다. 각종 축제 때마다 볼 수 있는 화려하게 장식한 종교 성상과 열정적인 종교 의식을 예로 들 수 있다. 근대에는 스페인에 이어 약 40년간 미국의 통치를 받아 현재도 영어를 공용어로 사용하고 있으며, 일상생활에서 미국식 쇼핑몰, 펍, 레스토랑과 미국 음악, 드라마 등 서구 문화를 자연스럽게 즐긴다.

필리핀의 문화는 다양성 그 자체다. 예로부터 태국인 · 말레이인 · 중국인 · 일본인 · 류큐인 등 다양한 이민족이 오갔고, 필리핀 내에서도 많은 민족이 살아 다양한 문화가 공존했다. 고대에는 인도와 인도네시아, 중세에는 중국과 아라비아 반도, 페르시아로부터 영향을 많이 받았으며, 근세에는 스페인의 영향을 받고 근대엔 미국의 영향을 지대하게 받았다. 하지만 그 중에서 스페인과 미국의 영향이 상대적으로 두드러진다. 필리핀이라는 국명부터 스페인 국왕인 펠리페 2세에서 나온 이름이고, 필리핀인의 인명도 대부분 스페인식이며, 공휴일도 기독교 축일이고, 문자도 고유 문자나 아랍 문자를 개량한 문자가 아닌 로마자다.

#### 가) 종교

321년이나 종교적으로 엄격한 가톨릭 국가 스페인의 식민지배를 받아서인지 인구의 약 80%가 가톨릭 신자다. 영국이나 프랑스, 네덜란드 등의 지배를 받은 다른 동남아시아 국가들이 여전히 불교나 힌두교, 이슬람 다수 국가로 남은 것과는 상당히 대조적이다.

#### 나) 사회문제

필리핀은 1970년대에서부터 1990년대에 이르는 기간 동안 인도네시아나 말레이시아, 태국과 같은 극적인 경제성장 과정에 함께하지 못했고, 또한 족벌들이 경제체제를 독과점하는 현상이 이어지면서 중산층의 비중이 두터워지지 못했다. 결국 빈민층이 2,000만 명에 달하는 결과로 이어져 치안은 썩 좋지가 않다.

### (3) 대중문화

필리핀인의 음악에 대한 사랑은 어디에서나 볼 수 있는 라이브 카페와 많은 밴드의 숫자에서 짐작할 수 있다. 공용어인 영어 자체가 국민 대부분에게 낯설지 않기 때문에 어른과 아이, 부모와 자식이 함께 팝 음악을 즐기는 모습을 볼 수 있다. 그래서인지 필리핀인들은 어려서부터 음악적 재능이 탁월한 것으로도 잘 알려져 있다. 가장 대표적인 장르는 OPM (Original Pinoy Music)이라 불리는 대중음악이다. 1970~1990년대 중반 메이저 아티스트들을 중심으로 붐을 일으킨 감미로운 발라드풍의 음악이 뿌리이며, 지금은 록, 포크, 뉴에이지, 부족 음악을 혼합한 퓨전 음악까지 다양한 음악적 장르가 발전했다. 가사도 장르에 따라 두 가지 언어를 자유자재로 노래하는데, 타갈로그어와 영어로 랩을 하는 피노이 랩 (pinoy eap)과 국제적으로도 인기를 끌었던 피노이 록(pinoy rock)이 가장 대표적이다.

## 3) 필리핀의 핵심 관광지

### (1) 마닐라(Manila)

필리핀의 수도이자 가장 발달된 도시 마닐라. 2019년 5월 기준 인천－마닐라 구간을 운항하는 직항 항공편이 매일 10편 이상 운항되고 있다. 공항에서 그랩 택시, 쿠폰 택시, 미터 택시, 픽업 서비스 등을 이용하여 호텔로 이동할 수 있다.

마닐라의 대표 여행 명소로는 필리핀 속 작은 스페인을 경험할 수 있는 '성벽 도시' 인트라무로스가 있다. 인트라무로스 내부에는 필리핀에서 가장 오래된 성당인 성 어거스틴 성당과 마닐라를 대표하는 마닐라 대성당, 필리핀 상류층의 삶을 엿볼 수 있는 카사 마닐라 박물관, 군사적 요충지에 세워진 포트 산티아고 등 역사적인 가치가 있는 다양한 여행 명소들이 있다. 이 외에도 필리핀에서 가장 큰 쇼핑몰인 몰 오브 아시아와 필리핀에서 가장 핫한 곳으로 손꼽히는 마카티, 보니파시오 지역 그리고 근교 여행으로 많이 가는 세계에서 가장 작은 활화산인 따가이따이 지역의 따알 화산, 라구나 지역의 온천 등 다양한 즐길 거리가 있다.

### (2) 세부(Cebu)

세부는 아름다운 바다에서 즐기는 스릴 넘치는 워터 액티비티와 맛있는 음식, 역사적인 가치가 있는 헤리티지 투어 스팟 등 다양한 즐길거리가 있는 매력적인 여행지이다. 2019년 5월 기준 인천－세부 막탄섬 구간을 운항하는 직항 항공편이 매일 10편 이상 운항되고 있다. 세부－막탄 공항은 막탄 중심에 위치해 있어 1시간 내로 주요 리조트와 호텔로 이동이 가능하다.

세부의 대표 여행 명소로는 세계 3대 캐녀닝 스팟으로 유명한 카와산이 있다. 카와산 협곡을 따라 흐르는 에메랄드 빛 물에 몸을 맡기고 워터 슬라이드와 절벽 다이빙 등 스릴 넘치는 캐녀닝을 즐길 수 있다. 또한 보홀에서 막탄 섬 남쪽 끝자락에 위치한 한적한 어촌마을인 오슬롭에서 몸통 길이 최대 18m, 몸무게 약 15톤에 달하는 고래상어를 가까이에서 보고 함께 수영도 할 수 있다. 대규모 정어리 떼와 다양한 모양의 산호 그리고 형형색색의 열대어를 볼 수 있는 모알보알 등 필리핀의 유명한 다이빙 포인트들도 있다. 이 외에도 역사적인 명소인 포트 산 페드로, 마젤란의 십자가, 산토 니뇨 성당 등 다양한 시티투어 명소들이 있다. 마지막으로 세부에서 놓쳐서는 안 될 필리핀식 아기돼지 통구이, 레촌이 있다. 겉은 바삭하며 안은 부드럽고 촉촉한 레촌은 세부에서 꼭 한 번 먹어봐야 할 음식이다.

### (3) 보라카이(Boracay)

지난 2018년 6개월간의 환경복원을 마치고 재개장한 필리핀 최고의 휴양지이다. 보라카이는 매년 많은 관광객들이 화이트 비치에서 다양한 워터 액티비티를 즐기고 멋진 선셋을 보기 위해 방문하고 있다. 화이트 비치는 트립어드바이저 2019 트래블러스 초이스에서 '아시아 최고 해변' 9위에 선정될 만큼 매우 아름다운 비치이다.

보라카이 화이트 비치
(자료: 필리핀관광청)

2019년 5월 기준 인천－칼리보 구간을 운항하는 직항 항공편이 매일 7편 이상 운항되고 있다. 칼리보 공항에 도착한 후에는 마부하이 마리타임(Mabuhay Maritime)에서 운항하는 페리를 타거나 사우스웨스트(Southwest) 벤 또는 픽업 서비스 등을 이용하여 보라카이 섬으로 이동해야 한다. 이동에는 약 2시간 이상이 소요된다.

보라카이의 대표 여행 명소로는 눈부시게 아름다운 화이트 비치와 푸카 쉘 껍데기가 잘게 부서져서 만들어진 반짝이는 백사장이 특징인 푸카 쉘 비치, 보라카이의 전경을 한눈에 볼 수 있는 루호산 전망대, 각종 레스토랑과 상점이 들어서 있는 보라카이 최고의 번화가 디 몰 등이 있다.

### (4) 보홀(Bohol)

7,107개의 섬으로 이루어진 섬나라 필리핀에서 10번째로 큰 섬이 보홀이다. 보홀은 세부와 함께 필리핀의 대표 여행지로 손꼽히는 곳 중 하나이다. 2023년 12월 기준 인천－보홀 팔라우 섬 구간을 운항하는 직항 항공편이 있어 편리하게 이동할 수 있다.

보홀 초콜릿 힐(자료: 필리핀관광청)

보홀의 대표 여행 명소로는 키세스 초콜릿 모양의 언덕 1,200여 개가 장관을 이루는 초콜릿 힐, 뛰어난 수중 환경을 자랑하는 다이버의 성지 발리카삭 아일랜드, 유명 이온음료 CF에 낙원처럼 등장한 맑고 깨끗한 섬 버진 아일랜드, 강 주변의 울창한 열대우림으로 인하여 보홀의 아마존이라 불리는 로복강 등이 있다. 또한 보홀에서만 서식한다는 세계에서 가장 작은 영장류인 안경원숭이 타르시어를 보는 것도 놓쳐서는 안 될 중요한 여행 포인트이다.

### (5) 클락(Clark) / 수빅(Subic)

클락과 수빅은 2019년 5월 기준 인천-클락 구간을 운항하는 직항 항공편이 매일 3편 이상 운항되고 있다. 클락 공항은 클락 중심에 위치해 있어 30분 내로 주요 리조트와 호텔로 이동이 가능하다. 기본적으로 클락에는 가성비 좋은 골프장이 많아 골프여행을 많이 오지만, 다양한 여행 명소가 있어서 가족여행으로도 추천되는 여행지이다.

클락과 수빅의 대표 여행 명소로는 아시아 최대 규모의 워터 파크인 아쿠아 플래닛과 튜브형 놀이기구가 있는 놀이공원인 인플래터블 아일랜드 그리고 필리핀 북부 삼발레스 산맥 중부에 있는 1,745m 높이의 활화산 피나투보가 있다.

## 4) 필리핀의 주요 관광상품

### (1) 마닐라 / 히든밸리 / 팍상한 폭포(5일, ₩799,000~)

- 주요 일정: 인천 / 마닐라(1) - 팍상한 폭포투어, 마닐라 베이(1) - 푸닝온천, 히든밸리, 열대과일시장, 오카다 호텔 분수쇼(1) - 마닐라 시내투어, SM몰 오브 아시아 - 마닐라 / 인천
- 이용 항공: 제주항공
- 이용 호텔: 5성급(더 마닐라 호텔 / 다이아몬드 호텔 필리핀)

### (2) 세부(5일, ₩599,000~)

- 주요 일정: 인천 / 세부(1) - 다이빙 강습, 전신 마사지(1) - 전일 자유시간(1) - 막탄 쉬라인 공원, 막탄 성당 - 세부 / 인천
- 이용 항공: 진에어
- 이용 호텔: 4성급(소노그란데 호텔 & 리조트)

### (3) 보라카이(5일, ₩599,000~)

✣ 주요 일정: 인천 / 보라카이(1) – 디몰 낭만투어(1) – 전일 자유시간(1) – 전일 자유시간 – 보라카이 / 인천
✣ 이용 항공: 에어서울
✣ 이용 호텔: 4성급(파라다이스 가든 리조트)

### (4) 보홀(5일, ₩649,000~)

✣ 주요 일정: 인천 / 보홀(1) – 전일 리조트 자유시간(1) – 보홀 아일랜드 호핑투어, 알로나 비치(1) – 보홀 국립박물관, 바클레욘 성당, 혈맹 기념비 – 보홀 / 인천
✣ 이용 항공: 에어부산
✣ 이용 호텔: 5성급(비 그랜드 리조트 보홀)

## 5) 필리핀 관광의 현주소

필리핀의 관광지표를 살펴보면 외국인관광객수 약 1,483,000명, 관광수입액 US$2,009 million, 관광산업 GDP US$29,781 million, 관광산업 비중 8.2%, 관광산업 일자리 4,509,000개로 11.5%를 차지하고 있다. 해외지출 대비 국내지출은 94.2%로 국내지출이 압도적으로 높았다.

세계경제포럼(WEF)이 발표한 2021년 필리핀 관광경쟁력은 세계 75위이며, 세부지표는 가격경쟁력 28위, 자연적 자원 22위로 상위권에 랭크되었고, 항공운송 인프라 40위, 비여가 자원 41위, 인적자원과 노동시장 63위, 문화적 자원 62위, 사회경제적 회복력과 조건 69위로 중위권, 그리고 안전과 치안 103위, 비즈니스 환경 93위, 건강과 위생 92위, ICT 준비 84위, 지상·해상 교통 인프라 88위, 관광우선순위 78위, 국제개방성 71위, 관광객서비스인프라 85위, 환경의 지속성 95위 등이 하위권으로 나타났다.

필리핀 관광산업 개선을 위해서는 치안과 위생에 특별히 집중해야 할 것으로 보이며, 관광객서비스인프라와 ICT 준비 또한 개선해야 한다.

# 8.

## 인도네시아의 문화와 관광

'인도네시아'라는 단어는 그리스어 '인도스('Ινδός)'와 '네소스(νῆσος)'를 합친 단어이고, '인도양의 섬들'이라는 뜻이다. 어원은 18세기 현대 인도네시아를 형성하기 이전부터 있었다. 1850년에 영국 민족학자 조지 윈드소르 얼이 처음으로 '인두네시아'와 '말레이유네시안'이라는 단어를 만들었고, 이 단어를 이용하여 말레이 반도에 사는 사람들을 부르기 시작했다. 이후 그의 학생이었던 제임스 리처드슨 로간이 '인도네시아'를 '인도 군도'와 동일한 뜻으로 사용하기 시작하였다. 그러나 네덜란드인들은 이 단어의 사용을 꺼려했고, 말레이 반도나 네덜란드령 동인도라는 명칭을 선호하였다.

현재 인도네시아 인구 대부분인 오스트로네시아족은 동남아시아를 거쳐 인도네시아 섬들에 대략 기원전 2000년 즈음에 정착했다. 정착 후 점차 동쪽으로 거주지를 넓혔다. 농사짓기에 이상적인 동남아 기후로 기원전 8세기부터 벼를 재배하였다. 기원후 1세기경에는 해양무역도 활발하여 중국과 인도 왕국들과도 교류를 맺었다. 이후 무역은 인도네시아 역사의 주요 산업이 되었다.

인도네시아에서 이슬람교의 전파는 13세기 수마트라 북부지역이 시작점이었다. 다른 섬들도 점차 무역상들을 통하여 점진적으로 이슬람을 믿기 시작하였고, 16세기 후반에 자마섬과 세마라섬을 중심으로 이슬람교가 최대 신앙으로 떠올랐다. 이슬람교는 토착종교・문화 등과 뒤섞이며 자리 잡게 되었고, 특히 인도네시아 자마섬에는 고유 이슬람에서는 볼 수 없었던 신기한 규율들이 생겨났다.

## 1) 인도네시아의 개요

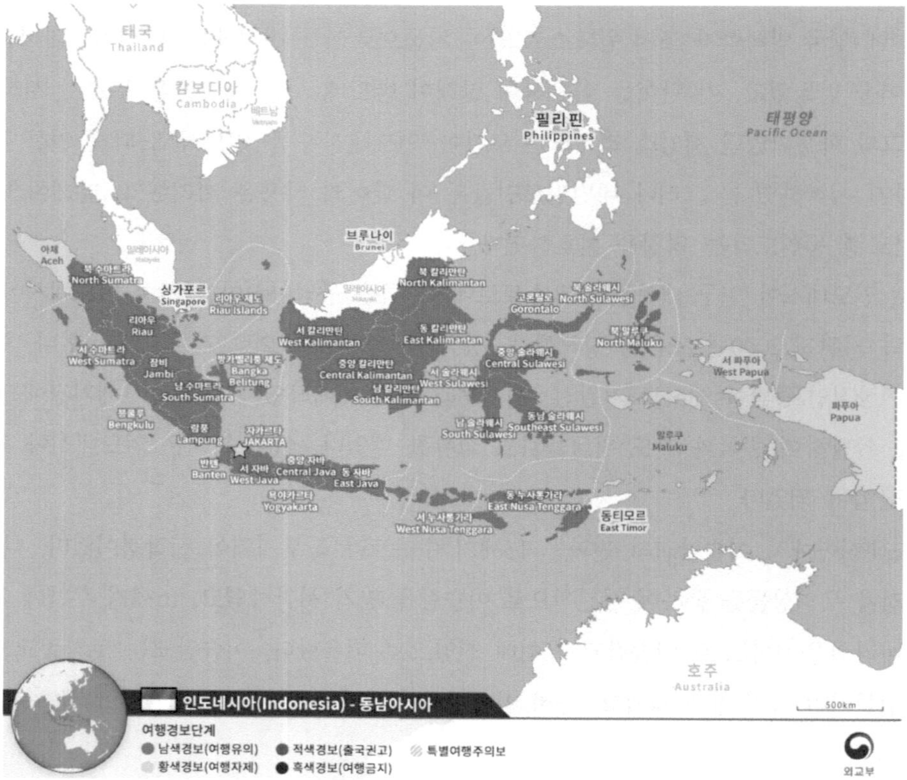


자료: 외교부 해외안전여행, 2024년 1월 11일 현재.

**[대사관 연락처]**

- 주소: Jalan Jenderal Gatot Subroto Kav. 57 Jakarta 12950, Indonesia
- 대표번호(근무시간 중): (62) 21-2967-2580
- 긴급 연락처(사건사고 등 긴급상황 발생 시, 24시간): (62) 811-852-445
- E-mail: koremb_in@mofa.go.kr

**학습목표**

인도네시아의 개요, 문화, 핵심 관광지, 주요 관광상품과 인도네시아 관광의 현주소를 파악하여 인도네시아를 전문적으로 이해하고 설명할 수 있다.

| 국명: 인도네시아(Indonesia) | | | |
|---|---|---|---|
| 수도 | 자카르타 | 면적 | 약 1억 9,169만 ha(세계 14위) |
| 언어 | 인도네시아어 | 기후 | 열대성 기후 |
| 민족 | 자바족(45%), 순다족(13.6%) 등 300여 종족 | 인구 | 약 2억 7,979만 명 (2024년, 통계청 기준) |
| 1인당 GDP | 5,108달러 (2024년 IMF 기준 세계 111위) | 종교 | 이슬람 87%, 기독교 7%, 가톨릭 3% |
| 한국과의 시차 | -2 | 화폐와 환율 | 인도네시아 루피아(IDR, Rp) |
| 주요 도시 | 자카르타, 발리 | | |
| 국가관광 경쟁력 | 세계 32위(WEF, 2021년 기준) | | |

## 2) 인도네시아의 문화

이 나라는 섬이 약 1만 8천여 개이며, 동남으로 멀리 뻗어 있는 국토로 인해 각 섬마다 독특한 고유문화를 유지하고 있다. 인도네시아의 문화는 2천년이 넘는 시간 동안 발전을 거듭해 왔으며, 인도와 중국, 중동과 유럽, 그리고 가장 주되게는 오스트로네시아인들의 영향을 많이 받았다.

현재 인도네시아는 문화·민족·다언어 사회이며, 프랑스의 지배 탓에 본래의 토착문화뿐만 아니라 여러 다문화가 공존하고 있다. 인도네시아는 현재 10개에 달하는 유네스코 무형세계문화유산을 보유하고 있기도 하다.

### (1) 음식 문화

인도네시아의 음식은 세계에서 가장 다양하고, 자극적이며, 원색적인 요리로 손꼽힌다. 많은 지방 특색 요리들이 존재하며, 중국과 유럽, 중동과 인도 음식의 영향을 크게 받아 매우 다양한 식문화를 발전시켜 왔다. 주식은 쌀이고, 여러 고기와 야채 반찬들과 함께 그릇 위에 제공된다.

#### 가) 코코넛 밀크

코코넛 밀크(coconut milk)는 잘 익은 코코넛의 과육(果肉)으로부터 얻은 달콤하고 유백색(milky-white)을 띠는 음식 재료이다. 코코넛 과육을 짜서 얻은 즙을 이용해 여러 가지 음식을 만든다. 코코넛 밀크의 이러한 특성은 기름 성분과 설탕 성분을 보유하고 있는 데에서 비롯한다. 말레이시아와 브루나이, 인도네시아에서는 코코넛 밀크를 '산탄,' 필리핀에서는 '가타'라 부른다. 코코넛 밀크는 코코넛 안에 차 있는 자연적으로 생성된 코코넛 주스와 혼동해서는 안 된다.

#### 나) 나시고랭

나시고랭(자료: 나무위키)

나시고랭(말레이어 · 인도네시아어: nasi goreng)은 인도네시아, 말레이시아, 브루나이, 싱가포르 등의 동남아시아 지역의 볶음밥이다. 인도네시아의 국민 음식 가운데 하나로 여겨지며, CNN에서 진행한 인기투표에서 세계에서 가장 맛있는 음식 2위로 선정된 바 있다. 덥고 습한 기후 특성상 밥이 일찍 쉬는 것을 막기 위한 보존식으로 등장하였으며, 미리 음식을 한 상 차려놓는 식문화를 반영하여 만들어졌다.

#### 다) 사테

사테(자료: 나무위키)

사테(말레이어 · 인도네시아어: sate, 자와어: saté)는 인도네시아, 말레이시아, 브루나이, 싱가포르를 비롯한 동남아시아 지역에서 먹는 고기 꼬치구이이다. 대표적인 자바

요리이며, 인도네시아와 말레이시아의 국민 음식 가운데 하나로 여겨진다. 태국과 필리핀 등 주변 지역 및 인도네시아를 식민지로 지배했던 네덜란드와 네덜란드의 식민지배를 받았던 수리남, 말레이계 이민자가 많은 스리랑카 등에서도 즐겨 먹는다.

#### 라) 소토

소토(인도네시아어: soto)는 인도네시아의 국이다. 인도네시아의 국민 음식 가운데 하나로 여겨진다. 인접한 말레이시아, 브루나이, 싱가포르 및 인도네시아를 식민 지배했던 네덜란드와 네덜란드의 식민 지배를 받았던 수리남에서도 즐겨 먹는다.

### (2) 전통문화

다양한 종족과 언어, 종교가 공존하는 인도네시아는 지역별로 상이한 문화와 전통을 유지하고 있다. 욕야카르타, 솔로, 마두라, 발리는 전통 염색기법인 바틱(Batik)으로 유명하다. 화학염료가 아닌 풀이나 나무뿌리, 껍질, 잎에서 추출한 자연색채를 사용해 기하학적 문양이나 자연물을 묘사한 문양이 주를 이룬다. 그림자를 이용한 고전 예술 공연인 와양(wayang)은 자바에서 인기가 높다. 약 11세기부터 시작되어 900년 넘게 대중적인 인기를 얻은 전통 예술 양식으로서 유네스코 세계무형문화재에 등재되었다.

인구의 약 87%를 차지하고 있는 이슬람교가 인도네시아 사회와 생활문화의 저변을 이루고 있다. 비교적 개방된 이슬람 사회로 여성의 사회 참여가 보장되어 있으며, 다문화 국가의 특성상 합의에 의한 의사결정, 상부상조 정신, 조화를 중요한 가치로 여긴다.

한편, 인도 문화의 유입과 원주민 문화의 융합으로 힌두교와 신비주의 색채가 문화 각층에 퍼져 있다. 특히 발리의 공연예술에서 그 특징이 단적으로 나타난다. 15~16세기경에 시작된 발리 춤은 가믈란(gamelan) 연주의 리듬에 맞추어 힌두교 신들을 상징하는 포즈를 허리와 손, 손가락의 섬세한 움직임으로 표현하는 것으로 극 전반에 인간과 신, 자연이 합일하는 조령숭배 정신이 깔려 있다. 본래 종교의식으로 행하던 춤이었는데, 현재는 관광객을 대상으로 1시간~2시간 동안 단축된 공연을 선보이고 있다.

#### 가) 종교

인도네시아는 국교가 따로 없고, 헌법 29조에 의해 6개 종교(이슬람, 개신교, 로마 가톨릭, 힌두교, 불교, 유교)의 신앙의 자유를 보장한다. 다만, 주의할 점은 무신론자는 공산주의자로 간주되기 때문에, 사실 여부는 차치하고서라도 신분증에 반드시 신앙이 명시되어야 한다. 물론 21세기 들어 이것이 전근대적인 발상이란 비판도 나오고 있지만, 현재에도 유지되고 있다. 엄밀히 말해 인도네시아에는 종교 선택의 자유는 있지만 종교 유무의 자유는 없는 셈이다.

#### 나) 스포츠

가장 인기 있는 스포츠는 배드민턴과 축구이다. 특히, 인도네시아가 딴 6개의 올림픽 금메달은 모두 배드민턴에서 획득한 것으로써, 인도네시아의 국기(國技)로 지정되어 있다. 프로 스포츠로는 축구와 농구 리그가 있으며, 리가 슈퍼 인도네시아라고 불리는 축구리그는 많은 인기를 끌고 있다. 그 밖에 수마트라 지방에서 예로부터 널리 행해진 전통종목 세팍타크로도 저변이 넓으며, 아시안 게임과 동남아시아 경기 대회의 정식 종목으로 지정되어 있다. 또한 소프트볼이나 야구도 도입되는 추세이다.

### (3) 대중문화

정보부를 동원하여 국내 미디어를 통제하고 외국 미디어를 엄격하게 차단하던 수하르토가 퇴진한 직후부터 언론의 자유는 크게 증가하였다. 여러 국내 회사들과 지방 방송사들이 국영 TVRI와 경쟁하고 있다. TVRI는 1962년부터 1989년까지 국내 방송시장을 독점하였다. 21세기 초에 통신술이 발전함에 따라 모든 마을들에 방송 케이블이 설치되었고, 모든 사람들이 최소 11개의 채널을 시청할 수 있게 되었다. 개인 라디오 방송국들이 사람들에게 여가거리를 제공하며, 외국 언론들에서 들여온 정보를 이용하여 해외의 소식들도 함께 전한다. 참고로, 신문사의 수는 1998년 이후에 급격히 증가하였다.

대부분의 인도네시아 원주민들은 구전으로 자신들의 전통을 전해왔고, 이로써 자신들의 문화를 계승하고 발전시킬 수 있었다. 현대 인도네시아 문학은 대부분 수마트라 지역에서 유래되었으며, 독립 이후에는 지방들마다 각각 고유한 문학 양식을 발전시켰다. 대중 문학을 위해 설립된 국영 출판사인 '발라이 푸스타카'는 1917년에 설립되었으며, 국내 문학의 발전을 위해 크게 기여하였다. 많은 학자들이 1950년대와 1960년대를 인도네시아 문학의 황금기로 본다. 인도네시아의 문학은 현대 인도네시아의 정치적·사회적 지형 때문에 급변하였으며, 특히 1940년대의 독립과 1960년대 중반의 대대적인 반공산 대학살의 영향을 많이 받았다.

### 3) 인도네시아의 핵심 관광지

#### (1) 자카르타

자카르타는 인도네시아 공화국의 도시이다. 자카르타는 거대하며 곳곳으로 뻗어나가는 대도시로 인도네시아 전 지역을 아우르는 다양한 민족으로 이루어진 천만 이상의 인구가 거주하는 곳이다. 낮에는 도시에서 일하는 통근자들이 밀물처럼 몰려오고, 저녁에는 썰물처럼 빠진다. 자바 섬의 북서쪽에 위치한 자카르타 주는 수년 동안 급속도로 확장되어 많은 마을을 흡수하는 과정에 있다. 실제 자카르타는 '캄퐁'으로 알려진 마을들의 복합체이며, 오늘날 많은 도로와 고속도로를 통해 이동이 가능하다.

자카르타에서는 큰 도로도 수많은 차와 오토바이들로 인해 작은 길이 되곤 한다. 많은 교외지역을 바탕으로 자카르타는 큰 대도시로 성장하게 되었다. 자카르타는 국가 정부와 주정부뿐만 아니라, 인도네시아의 정치적 중심지이기도 하다. 게다가 자카르타는 인도네시아의 국가 재정과 무역의 허브이다. 자카르타는 인구가 밀집된 전역에 걸쳐 24시간 다양한 활동을 선보이는 역동적 도시이다. 자카르타는 중부, 북부, 서부, 동부, 그리고 남부 자카르타 다섯 곳으로 나뉘며, '자보데타벡'은 자카르타-보고르-데폭-땅그랑-버카시로 도시 주변의 대도시들로 이루어진 '그레이트 자카르타'이다.

#### (2) 발리

신의 땅으로 알려진 발리는 평화로움과 고요함을 풍기는 울창한 계단식 논과 어렴풋이 보이는 화산의 순수한 자연적 아름다움을 선사하며, 서퍼들의 천국으로도 유명하다. 발리는 다채로운 의식, 예술, 공예품, 고급 해변 리조트와 즐거운 야간활동을 비롯해 드라마틱한 춤까지 다양하게 관광객을 매료시킨다. 또한 어디에서나 정교하게 조각된 사원을 볼 수 있다.

발리의 상징적인 기념품으로는 맛있는 간식부터 음료, 발리 테눈과 같은 아름다운 수공예품들까지 다양하다. 대부분의 성급 호텔은 해변 근처에 위치하고 있다. 그 중 몇몇은 심지어 개인 해변을 가지고 있어 독립적으로 특권을 누릴 수 있다. 이러한 곳은 쿠타, 사누르, 스미냑과 같은 유명장소에서 쉽게 찾을 수 있다.

발리 스미냑 해변
(자료: 인도네시아관광청)

### (3) 빈탄

싱가포르 또는 조호르바루에서 페리로 이동이 가능하고, 바탐 섬 근방에 위치한 빈탄은 리아우 주에서 가장 큰 섬이자 신선한 해안의 공기와 함께 세계적인 골프 클래스, 고급 리조트들이 다양하게 자리하고 있는 완벽한 지역이다. 탄중 피낭은 리아우 주 도심의 남서연안에 위치해 있으며, 현지인 활동의 중심지일뿐만 아니라 수많은 역사명소가 자리하고 있다. 이에는 공항 근방에 위치하여 'Vihara Avalokitesvara'로 알려진 '마리트리아 사원' 또는 대나무 기둥의 특이한 마을인 '셍가랑'이 속한다.

도심에서 멀리 떨어진 연안에 위치한 퍼넹앗 섬은 한때 조호르–리아우 왕국의 자리였으며, 19세기 말레이 세계의 문화적 도심이 된 곳이다. 군주의 왕궁 재건한 이곳은 자바와 네덜란드 건축이 흥미로운 융화를 이룬다. 이곳에는 또한 왕가의 무덤, 요새, '머스지드 라야 술탄 리아우 퍼넹앗'이라는 거대한 모스크 이슬람 사원이 있다.

## 4) 인도네시아의 주요 관광상품

### (1) 싱가포르 / 빈탄(5일, ₩1,199,000~)

- 주요 일정: 인천 / 싱가포르(1) – 화이트 섬, 라고이베이(1) – 빈탄 전일 자유시간(1) – 머라이언 파크, 슈퍼트리쇼 – 싱가포르 / 인천
- 이용 항공: 티웨이항공
- 이용 호텔: 5성급(오키드 호텔 / 니르와나 가든 리조트)

### (2) 싱가포르 / 바탐(5일, ₩1,199,000~)

- 주요 일정: 인천 / 싱가포르(1) – 싱가포르 보타닉 가든, 머라이언 파크, 에스플러네이드, 차이나타운, 원주민 마을(1) – 바탐 라노 아일랜드 전일 자유시간(1) – 싱가포르 가든스 바이더 베이, 슈퍼트리 전망대, 아랍 스트리트, 하지 래인 – 싱가포르 / 인천
- 이용 항공: 티웨이항공
- 이용 호텔: 5성급(오키드 호텔 / Best Western Premier Panbil)

### (3) 발리 허니문(6일, ₩2,848,000~)

- 주요 일정: 인천 / 발리(1) – 발리 스파, 발리 나이트 투어(1) – 발리 스파(1) – 허니문 스냅 촬영, 발리 스파(1) – 발리 디스커버리 투어, 쇼핑 및 발리 스파 – 발리 / 인천
- 이용 항공: 대한항공
- 이용 호텔: 5성급(포시즌스 리조트 발리 앳 짐바란베이)

## 5) 인도네시아 관광의 현주소

인도네시아의 관광지표를 살펴보면 외국인관광객수 약 1,545,000명, 관광수입액 US$3,311 million, 관광산업 GDP US$9,856 million, 관광산업 비중 0.9%, 관광산업 일자리 3,905,000개로 약 3.0%를 차지하고 있다. 해외지출 대비 국내지출은 78.4%로 국내지출이 더 높게 나타났다.

세계경제포럼(WEF)이 발표한 2021년 인도네시아 관광경쟁력은 세계 32위이며, 세부지표는 관광우선순위 3위, 가격경쟁력 20위, 항공운송 인프라 23위, 자연적 자원 8위, 문화적 자원 16위로 상위권에 올랐고, 비즈니스 환경 33위, 지상・해상 교통 인프라 34위, 비여가 자원 38위, 인적자원과 노동시장 42위, 안전과 치안 58위, 국제개방성 56위로 중위권으로 평가받았으며, 건강과 위생 82위, ICT 준비 68위, 관광객서비스인프라 91위, 환경의 지속성 69위, 사회경제적 회복력과 조건 80위 등이 하위권으로 나타나 인도네시아 관광산업 개선을 위해 개선되어야 할 부분으로 나타났다.

# 9.

## 말레이시아의 문화와 관광

말레이시아(말레이어: Malaysia)는 동남아시아에 있는 연방제 입헌군주국이다. 말레이시아는 13개의 주와 3개의 연방 직할구로 구성되어 있고, 남중국해로 나뉜 말레이 반도 지역과 보르네오섬 지역으로 구성되어 있다. 태국 · 인도네시아 · 브루나이와 국경을 맞대고 있고, 해상 국경은 싱가포르와 베트남, 필리핀과 맞대고 있다. 수도는 쿠알라룸푸르이지만, 연방정부는 푸트라자야에 있다. 그리고 다리를 통해 싱가포르와 연결된다.

말레이시아는 독립 이후 아시아에서 최고의 경제적인 기록을 가지고 있는데, 거의 50년 동안의 GDP 성장률이 평균 6.5%라는 것이다. 말레이시아의 경제는 전통적으로 천연 자원에 거의 의존하고 있었으나, 최근에는 과학 · 관광 · 무역 · 의료관광 등의 산업이 성장하고 있다.

말레이시아는 입헌군주국이며, 국가 원수인 군주(국왕)는 9개 주에 있는 술탄에 의하여 5년에 한 번씩(단, 궐위가 있을 경우에는 예외) 호선으로 선출한다. 군주의 칭호는 양디-퍼르투안 아공이며, 지금의 군주는 파항주의 술탄 압둘라이다. 정부의 장은 수상이다. 현 정부체제는 웨스트민스터 체제에 가깝고, 법체계는 영국 법에 기초한다.

말레이시아는 민족과 문화가 다양하고 그 다양성이 정치에도 큰 영향을 미친다. 국교는 이슬람교이지만, 헌법상 종교의 자유는 인정되고 있다. 말레이시아에는 유라시아 본토의 최남단 지역인 탄중피아이가 있고, 적도 근처에 위치하고 있어 열대기후 국가이다. 다양한 동식물군이 있어 생물 다양성이 큰 국가이다. ASEAN, 이슬람 회의기구의 창립멤버이며, APEC, 영국연방, 비동맹 운동의 회원국이다.

## 1) 말레이시아의 개요

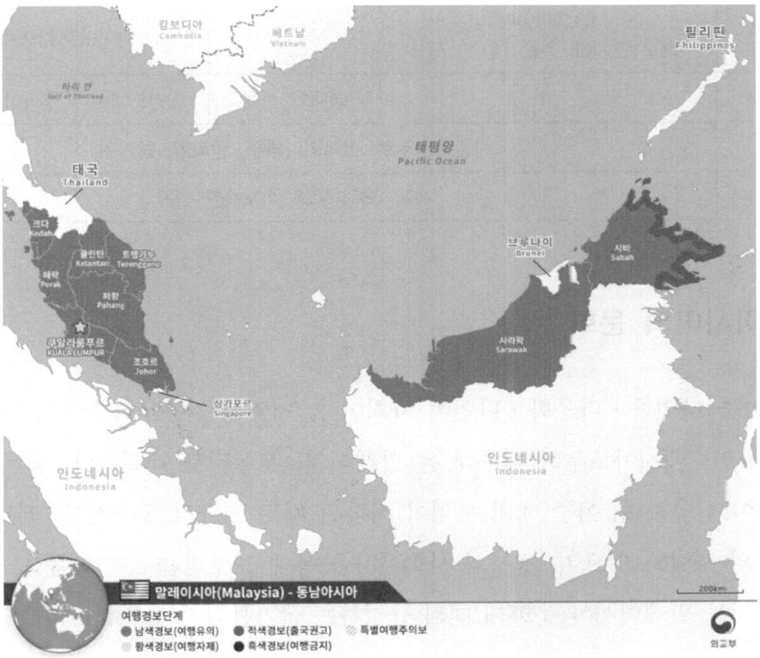


자료: 외교부 해외안전여행, 2024년 1월 11일 현재.

**[대사관 연락처]**

- 주소: No. 9 & 11, Jalan Nipah, Off Jalan Ampang, 55000 Kuala Lumpur, Malaysia
- 대표번호(근무시간 중): (60) 3-4251-2336
- 긴급 연락처(사건사고 등 긴급상황 발생 시, 24시간): (60) 17-623-8343
- 이메일: korem-my@mofa.go.kr

**학습목표**

말레이시아의 개요, 문화, 핵심 관광지, 주요 관광상품과 말레이시아 관광의 현주소를 파악하여 말레이시아를 전문적으로 이해하고 설명할 수 있다.

| 국명: 말레이시아(Malaysia) | | | |
|---|---|---|---|
| 수도 | 쿠알라룸푸르 | 면적 | 약 3,304만 ha(세계 67위) |
| 언어 | 말레이어 | 기후 | 열대성 기후 |
| 민족 | 말레이계(69.64%), 중국계(23.2%), 인도계(6.7%), 외국인 및 기타(0.7%) | 인구 | 약 3,467만 명 (2024년, 통계청 기준) |
| 1인당 GDP | 13,034달러 (2024년 IMF 기준 세계 67위) | 종교 | 이슬람교(국교) |
| 한국과의 시차 | -1 | 화폐와 환율 | 인도네시아 루피아(IDR, Rp) |
| 주요 도시 | 쿠알라룸푸르, 코타키나발루, 말라카, 랑카위 | | |
| 국가관광 경쟁력 | 세계 38위(WEF, 2021년 기준) | | |

## 2) 말레이시아의 문화

말레이시아는 다민족 · 다문화 · 다언어 사회이다. 지역의 전통문화는 원주민들에게서 내려오며, 후에 인도네시아로부터 이주해 온 말레이인들로부터도 내려온다. 중국 및 인도 문화의 영향력이 상당하며, 이는 해외 무역이 시작된 때로 거슬러 올라간다. 페르시아 · 아랍 · 영국 문화의 영향도 있으며, 정부의 사회계약을 통해 보호받는 소수민족 문화들도 있다.

1971년 정부는 말레이시아 문화에 대해 규정하는 국가문화정책(National Cultural Policy)을 제정했다. 이 정책에 따르면 말레이시아의 문화는 말레이시아 원주민 문화에 기반 해야 된다고 하며, 타 문화에서 유입된 적절한 부분을 포함하고 이슬람교가 일부 역할을 해야 한다고 명시되어 있다. 또한 말레이어를 다른 언어보다 더 많이 홍보하고 있다. 이러한 정부의 조정은 문화의 자유가 침해당하는 걸 느낀 일부 비말레이인들 사이에서 불만을 일으켰다. 중국인 협회와 인도인 협회는 비민주적인 문화정책을 비난하는 제안서를 제출했다.

말레이시아와 이웃 나라인 인도네시아 사이에는 종종 문화 분쟁이 일어나곤 한다. 공통적으로 두 나라 다 비슷한 문화유산을 갖고 있고, 여러 전통과 물품들을 공유한다. 그럼에도 불구하고, 요리에서 말레이시아의 국가(國歌)에 이르기까지 다양한 분쟁이 일어난다. 인도네시아에서는 자신들의 문화유산을 지키려는 의식이 매우 강하다.

### (1) 음식 문화

말레이시아의 요리는 인종만큼이나 다양하다. 주로 주변국이나 주민들의 조상국 영향을 크게 받았다. 주로 말레이 · 중국 · 인도 · 태국 · 자바 · 수마트라 지역의 영향을 크게 받았으며, 과거 향료무역의 영향 또한 크다. 말레이시아의 요리는 싱가포르나 브루나이 등과 비슷하며, 필리핀 요리와 흡사한 부분도 있다. 지역마다 다양한 요리가 있으며, 전통과 다른 것들도 많다. 때로는 그 원천의 문화와 관계없는 음식을 제공하는 경우도 있는데, 예를 들어, 말레이시아 내 중국 음식점들은 종종 말레이 음식들을 서빙하기도 한다. 한 문화를 바탕으로 하는 요리가 다른 문화의 방식으로 요리되기도 하며, 이는 각 요리의 기원을 거슬러 올라가 그들만의 독특한 방법이 있음을 보여준다.

쌀은 주식으로 다양한 요리에 사용된다. 향료나 양념은 종종 사용되지만, 실제 매운맛을 내는 편은 아니다. 면 요리는 말레이시아에서 가장 인기 있는 음식 중 하나이며, 면의 종류 또한 다양하다.

말레이시아의 대표적인 면은 꿰띠아오(kway teow), 미(mee), 미훈(meehoon) 등인데, 이 중 꿰띠아오와 미훈은 쌀로 만들며, 미는 밀로 만든다. 미는 한편으로는 스파게티 면과 유사하나, 비교적 기름기가 많다. 이뿐 아니라 라면 면발과 유사한 것도 있는데, 이는 투아란면(tuaran mee)이며 사바 주에서 주로 즐겨먹는 면이다. 한국인들이 먹는 당면류도 있는데, 대개 유리면(glass noodle)으로 부른다. 당면처럼 투명하지만, 명반이 첨가되어 있으며, 면이 불게 되는 경우 잘 들러붙는다. 비프숩(beef soup)이나 용타우푸(yong tau fu) 등 국물국수 요리부터 고렝(goreng)으로 불리는 볶음 국수 요리까지 그 종류가 매우 다양하다. 말레이시아의 면요리는 외국인들 사이에서도 매우 인기이다.

### (2) 전통문화

말레이시아에서는 다양한 민족들이 몇 세대에 걸쳐 함께 살아 왔다. 이들은 서로의 문화에 영향을 미치며, 융화와 변화를 통해 진정한 말레이시아 문화를 형성했다. 말레이시아 인구는 대부분 말레이계 · 중국계 · 인도계로 구성되어 있으며, 사바 주와 사라왁 주에는 독특한 문화와 유산을 간직한 원주민들이 살고 있다. 현재 말레이시아 최대 규모의 민족은 말레이인이며, 전체 인구의 50% 이상을 차지한다.

말레이시아에서 '말레이'라는 말은 이슬람교와 말레이 전통을 따르고, 말레이어로 말하며, 말레이인을 조상으로 하는 사람들을 지칭한다. 이들은 1,400년대에 이르러 힌두교와 소승불교에서 이슬람교로 개종하기 시작했는데, 이는 말라카 왕립 재판소의 판결에 크게 영향을 받은 것이다.

말레이인은 온화한 성품과 풍부한 예술성을 갖춘 것으로 유명하다. 중국계 말레이시아인은 전체 인구의 약 25%로, 두 번째로 큰 비중을 차지하고 있다. 대부분 19세기에 이민 온 중국인들의 후손으로, 모든 일에 근면하며 날카로운 비즈니스 감각을 지닌 것으로 유명하다. 중국계 말레이시아인들을 대부분 만다린(북경어)을 할 줄 안다. 하지만 지역에 따라 쓰는 방언이 다르다. 페낭 섬이랑 남쪽의 조호 주에서는 호키엔, 수도 쿠알라 룸푸르에는 광동어, 코타키나발루에서는 하카를 쓴다.

말레이시아의 춤은 말레이시아 문화의 여러 요소에 강하게 널리 영향을 받았다. 대표적 촛불춤(candle dance)은 말레이시아에서 가장 아름다운 예술 형태라고 할 수 있다. 조그만 쟁반에 받쳐진 촛불을 각 손에 들고 춤을 추는데, 무용수의 동작으로 우아한 곡선과 호가 그려진다. 조겟(joget)이라는 빠른 템포의 춤도 대중적이다. 말라카가 포르투갈에 함락된 이후 포르투갈의 영향으로 만들어진 춤으로, 몇 쌍의 커플들이 나와서 빠른 비트의 움직임에 단체무를 보여주는 다소 이색적인 춤이다. 사라와크에는 다툰 주루드(datun julud)라는 전통춤이 있는데 손자를 얻은 왕의 기쁨을 춤으로 표현한 것이다.

전통음악은 가믈란(gamelan)이라는 악기를 중심으로 연주되는 웅장한 협주이다. 르바나 우비(rebana ubi)라는 큰 드럼은 악기뿐만 아니라 주요 통신수단으로 활용되었다. 매년 5~6월에는 클란탄주에서 르바나 우비 축제가 열린다.

### 가) 예술

말레이시아의 전통 예술은 주로 조각, 조립, 은세공을 바탕으로 한다. 전통 예술은 시골 지역의 수직(手織) 바구니에서 말레이 왕실의 은그릇까지 다양하다. 대표 공예품으로는 장식용 딱정벌레 머리 세트, 밀랍 염색 천, 직물 등이 있다.

동말레이시아의 원주민들은 나무 탈로 유명하다. 각 부족들 집단에는 일부 흡사하나 독특한 공연 예술이 있다. 그러나 말레이 예술은 과거 인도의 영향으로 북인도 예술의 특징을 일부 볼 수 있다. 말레이, 중국, 인도, 유럽, 그리고 다양한 원주민들의 문화가 섞인 말레이시아의 음악은 매우 다양하다.

말레이시아의 전통 음악은 이라마(Irama)라고 하는데 오래 전부터 대중적인 장르로 손꼽히고 있다. 전통 음악과 공연 예술은 인도, 중국, 태국, 인도네시아의 영향을 받은 클란탄-팟타니 지역에 기원을 두고 있다.

#### 나) 스포츠

말레이시아에서 인기를 끌고 있는 스포츠는 축구, 배드민턴, 필드하키, 볼링, 테니스, 스쿼시, 무술, 승마, 보트타기, 스케이트보드 등이다. 이 중 축구는 말레이시아에서 가장 인기 있는 스포츠이다. 배드민턴 경기는 수천 명의 관객들을 유혹하며, 1948년 이래 말레이시아는 토머스컵(남자들이 참여하는 세계 배드민턴 선수권 대회)을 개최한 4개국 중 하나가 되었다.

### (3) 휴일과 축제

말레이시아인들은 매년 다양한 휴일과 축제를 경험한다. 일부는 연방 정부에 의해 관보로 제정되는 휴일이 있는가 하면, 일부는 각 주에서 제정하기도 한다. 가장 대표적인 공휴일은 독립기념일(Hari Merdeka / Hari Kemerdekaan)로 8월 31일인데, 1957년 당시 말라야의 독립을 기념한다. 단, 사라왁에서는 독립 문제로 7월 22일에 독자적인 독립기념일을 기리며, 사바의 독립일은 이 날과 같지만 독자적인 행사를 치른다. 말레이시아의 날(Hari Malaysia)은 9월 16일로 1963년 당시 말레이시아 결성을 기념하는 것인데, 제2의 독립기념일로 간주된다.

## 3) 말레이시아의 핵심 관광지

### (1) 쿠알라룸푸르

말레이시아의 수도로, 대부분의 중앙행정기관은 쿠알라룸푸르 바로 옆에 있는 푸트라자야로 옮겼지만 왕궁과 국회의사당, 사법부 일부와 대사관은 아직 쿠알라룸푸르에 남아 있어 두 도시가 수도 기능을 같이 가지고 있다. 연방제인 말레이시아에서 쿠알라룸푸르는 라

부안, 푸트라자야와 함께 연방 직할구의 지위를 가진다. 이름은 흙탕물(lumpur)이 합류(kuala)하는 곳이라는 뜻이다.

쿠알라룸푸르 야경(자료: 하나투어)

콸라룸푸르로 표기하기도 하지만 2004년에 말레이어 외래어 표기법이 제정됨에 따라 표기가 바뀌어서 현재는 잘 사용하지 않는 표기법이다. 그러나 기성세대에게는 현재도 콸라룸푸르라는 호칭이 아직 더 익숙한 편이다. 인구수는 근교 도시권을 합하여 800만 명가량이다.

도시 분위기는 인접한 싱가포르와 많이 유사하다. 싱가포르만큼은 아니지만 말레이시아의 다른 지역에 비해서 화교 인구의 비율이 높은 편이라서 중국계의 음식과 문화를 접하기 쉬운 편이기도 하고, 동남아시아에서 손에 꼽는 깔끔하고 정돈된 대도시 중 하나다. 대중교통 등 여행 인프라나 치안도 싱가포르를 제외한 다른 동남아시아 국가의 대도시에 비하면 상당히 잘 돼 있는 편이다.

### (2) 코타키나발루

코타키나발루(자료: 하나투어)

말레이어 코타키나발루(Kota Kinabalu)에서 코타(Kota)는 도시를 의미하고 키나발루(Kinabalu)는 말레이시아 최고봉 키나발루 산을 의미한다. 한국인들은 긴 이름 때문인지 그냥 줄여서 '코타,' '케이케이(KK)' 혹은 '코타키'라고 부르는데, 현지에서는 흔히 KK라고 약칭되곤 한다. 영국 식민지 시절에는 제슬턴(Jesselton)이라고 불렀는데, 지금은 항구 이름으로만 남아있다. 특히 이곳엔 혼혈, 특히 말차라고 불리는 중국인 혈통이 섞인 사람들이 많이 거주하고 있다.

### (3) 랑카위

말레이시아의 섬 중 하나로, 대표적인 관광지이다. 말레이시아의 대표적인 관광지이자 휴양지로서 매년 전 세계인의 뜨거운 관심과 사랑을 받고 있다. 정부 또한 이곳을 주요 관광 허브로 띄우기 위해 총력전을 벌이고 있다. 다만 기본 인프라가 아직 부족하다. 랑카위 국제공항이 유일한 공항인데, 말레이시아의 7대 국제공항 중 하나이다. 대한민국에서의 직항은 없는 관계로, 쿠알라룸푸르 국제공항 등을 거쳐야 한다. 프를리스 또는 크다에서 배편을 이용할 수도 있다.

### (4) 페낭

말레이시아에서 두 번째로 작은 주로, 한국에는 페낭으로 알려진 곳이다. 말레이 반도 서부와 페낭 섬으로 구성되어있는데, 주도는 페낭 섬 쪽에 있는 조지타운(George Town)이다. 사실 섬과 주 이름뿐만 아니라 이 도시 자체를 그냥 페낭이라고 부르는 경우도 잦다. 인구는 약 177만 명으로 이 중 75만 명 가량이 페낭 섬에 살고 있다. 중국계 말레이시아인들이 다수인 도시란 점이 특이점이며, 1인당 주민소득이 2위일 정도로 말레이시아 안에서는 경제사정이 꽤 괜찮은 주이다. 역사도 수도인 쿠알라룸푸르보다 더 오래되었다.

### (5) 조호바루

말레이 반도의 최남단 지역에 위치해 있는 말레이시아 제2의 도시이다. 인구는 약 130만 명이며, 좁은 해협을 사이에 두고 바로 남쪽은 싱가포르가 위치해 있다. 말레이시아의 최남단 지역이라 말레이시아 자체적으로는 별다른 항만이나 지정학적 이점이 없지만, 시설이 잘 갖추어진 싱가포르와 근접한 이유로 제2의 대도시로 성장하는 데에는 큰 도움이 되었다. 사실 이 지역은 싱가포르를 포함해서 다 말레이시아 영토였으나, 1965년에 중국계 싱가포르인들이 많은 싱가포르 지역만 강제로 분리 독립을 당했다. 하지만 오늘날에도 사실상 같은 생활권이다. 조호바루는 기본적으로 싱가포르 방문자를 많이 맞이하기에 영어 표기가 상당히 잘 되어 있고, 말레이어 외에도 영어와 표준중국어를 통용한다. 싱가포르인들이 말레이시아에 진출할 때 주로 거주하는 곳이 조호바루고 물가 때문에 역으로 싱가포르로 출퇴근하는 경우도 흔하다. 반대로 싱가포르인도 주말을 틈타 싼 물가를 즐기려 조호바루로 건너온다.

### 4) 말레이시아의 주요 관광상품

#### (1) 쿠알라룸푸르 / 말라카 / 겐팅(5일, ₩1,299,000~)

- 주요 일정: 인천 / 쿠알라룸푸르(1) – 바투동굴, 몽키 힐, 사티 사원, 반딧불이 투어(1) – 말라카 네덜란드 광장, 산티아고 요새, 트라이 쇼(1) – 쿠알라룸푸르 국립모스크, 메르데카 광장, KLCC공원, 쿠알라룸푸르 타워, 잘란알로 야시장 – 쿠알라룸푸르 / 인천
- 이용 항공: 대한항공
- 이용 호텔: 5성급(윈덤 그랜드 방사르 쿠알라룸푸르)

#### (2) 쿠알라룸푸르 / 말라카 / 푸트라자야(5일, ₩1,199,000~)

- 주요 일정: 인천 / 쿠알라룸푸르(1) – 쿠알라룸푸르 국립모스크, 메르데카 광장, KLCC 공원, 쿠알라룸푸르 타워, 잘란알로 야시장(1) – 말라카 네덜란드 광장, 산티아고 요새, 트라이 쇼(1) – 오랑우탄 하우스와 키엘벽화거리, 푸트라 모스크 – 쿠알라룸푸르 / 인천
- 이용 항공: 대한항공
- 이용 호텔: 5성급(윈덤 그랜드 방사르 쿠알라룸푸르)

#### (3) 코타키나발루(5일, ₩799,000~)

- 주요 일정: 인천 / 코타키나발루(1) – 툰구압둘라만 해양공원 아일랜드 투어(1)– 전 일 해변 자유시간(1) – 시티 모스크, 사바 주청사, 선셋 나이트 투어 – 코타키나발루 / 인천
- 이용 항공: 아시아나항공
- 이용 호텔: 4성급(더 팰리스 호텔 코타키나발루)

### 5) 말레이시아 관광의 현주소

말레이시아의 관광지표를 살펴보면 외국인관광객수 약 4,333,000명, 관광수입액 US$2,987 million, 관광산업 GDP US$9,940 million, 관광산업 비중 3.0%, 관광산업 일자리 1,175,000

개로 7.8%를 차지하고 있다. 해외지출 대비 국내지출은 81.1%로 국내지출이 보다 높다.

세계경제포럼(WEF)이 발표한 2021년 말레이시아 관광경쟁력은 세계 38위이며, 세부지표는 가격경쟁력 2위, 자연적 자원 21위, 비여가 자원 22위, 항공운송 인프라 24위로 상대적 높은 평가를 받았다. 지상・해상 교통 인프라 33위, 비즈니스 환경 37위, 문화적 자원 42위, ICT 준비 45위, 인적자원과 노동시장 47위, 국제개방성 52위, 안전과 치안 59위로 중위권에 올랐으며, 관광객서비스인프라 62위, 건강과 위생 69위, 사회경제적 회복력과 조건 71위, 관광우선순위 72위, 환경의 지속성 88위로, 말레이시아 관광산업 개선을 위해서는 환경의 지속성을 위해 노력하고 위생과 관광객 우선순위 개선을 위해 노력해야 할 것으로 보인다.

# 10.

## 캄보디아의 문화와 관광

캄보디아 왕국 또는 약칭 캄보디아는 동남아시아 인도차이나 반도에 있는 입헌군주국이다. 태국·라오스·베트남과 국경을 접하고 있으며, 남서쪽에는 타이 만을 끼고 있다. 국토 면적은 18만 제곱킬로미터이며, 캄보디아 공식 종교는 상좌부 불교로 국민의 95%가 믿고 있다.

캄보디아 수도이자 가장 큰 도시는 프놈펜으로, 정치·문화·경제 중심지다. 총리인 훈센은 1985년부터 장기집권 중이며, 국왕은 노로돔 시하모니이다. 크메르 제국의 유적인 앙코르 와트와 앙코르 톰 등으로 유명하다. 주요 도시로는 프놈펜, 시엠레아프, 바탐방, 캄퐁참 등이 있다.

나라 이름 캄보디아는 크메르 제국의 다른 이름인 '캄부자'에서 유래한 프랑스어 '캉보주(Cambodge)'가 영어화 된 것을 받아들인 것으로, 원래는 구한말에 이 나라의 국호를 '금변국(金邊國)'으로 불리던 것이 일제강점기에 일본어식 발음인 '캄보자(カンボジア)'로 대체되어 들어왔었다. 1970년 이전 왕국 시대에는 캄보디아로 불려오다가, 1970년 론 놀의 쿠데타로 공화국이 성립되자, 국명이 크메르 공화국으로 바뀌었다. 1975년 4월 크메르 루주에 의해 수도 프놈펜이 함락되고, 국명은 또다시 민주 캄푸치아로 바뀌었다. 4년 뒤인 1979년 베트남의 지원을 받은 헹 삼린이 캄푸치아 인민공화국으로 바꾸었다가, 이후인 1993년에 현재의 국명으로 되돌아 왔다.

## 1) 캄보디아의 개요

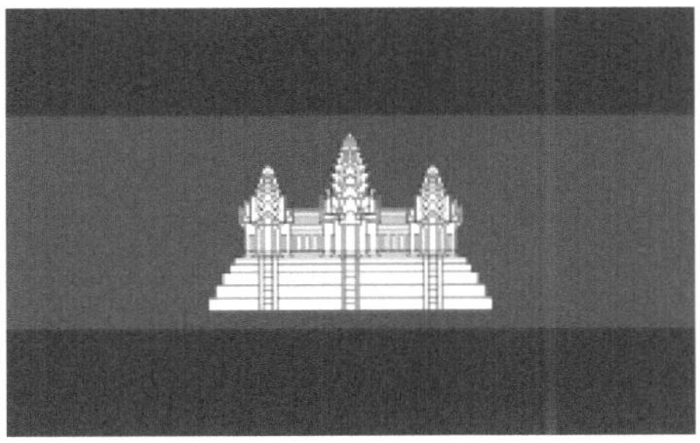

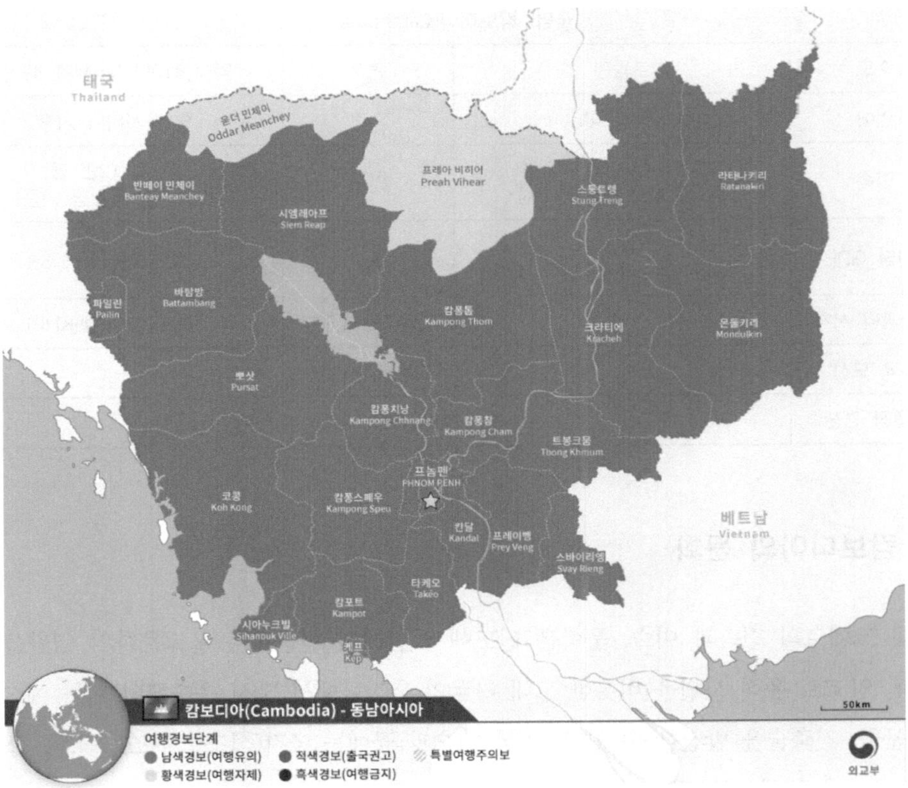

자료: 외교부 해외안전여행, 2024년 1월 11일 현재.

**[대사관 연락처]**

- 주소: Phum No.14, Sangkat Tonle Bassac, Khan Chamkarmon, Phnom Penh, Cambodia
- 대표번호(근무시간 중): (855) 23-211-900
- 긴급 연락처(사건사고 등 긴급상황 발생 시, 24시간): (855) 92-555-235
- 이메일: cambodia@mofa.go.kr

**학습목표**

캄보디아의 개요, 문화, 핵심 관광지, 주요 관광상품과 캄보디아 관광의 현주소를 파악하여 캄보디아를 전문적으로 이해하고 설명할 수 있다.

| 국명: 캄보디아(Cambodia) | | | |
|---|---|---|---|
| 수도 | 프놈펜 | 면적 | 약 1,810만 ha(세계 89위) |
| 언어 | 크메르어 | 기후 | 열대 사바나 기후 |
| 민족 | 크메르(95.4%), 참족(2.4%), 화교(1.5%), 기타(0.7%) | 인구 | 약 1,712만 명 (2024년, 통계청 기준) |
| 1인당 GDP | 1,915달러 (2024년 IMF 기준 세계 149위) | 종교 | 불교 95%, 기타 5% |
| 한국과의 시차 | -2 | 화폐와 환율 | 캄보디아 리엘(KHR) |
| 주요 도시 | 프놈펜, 시엡립 | | |
| 국가관광 경쟁력 | 세계 79위(WEF, 2021년 기준) | | |

## 2) 캄보디아의 문화

고대 크메르의 건축과 미술, 문학은 인도에서 전래된 힌두교와 불교문화의 영향을 많이 받았다. 앙코르 유적 사원을 비롯한 고대 왕국의 흔적들에서 당시 우수했던 힌두 예술 양식과 천문학, 건축술을 발견할 수 있다. 전통 미술과 공예는 조각(석조・부조), 벽화, 직물, 은세공, 도자기 등이 발달했다.

마하바라타와 더불어 인도를 대표하는 힌두 대서사시 라마야나는 동남아시아와 동북아시아에 전파되어 문화적으로 큰 영향을 끼쳤는데, 캄보디아도 예외는 아니다. 캄보디아 버전의 라마야나는 '리엄께(Reamker)'라고 하며, 문학 그 자체로서 뿐만 아니라 각종 미술과 공연의 이야기로 끊임없이 활용돼 왔다.

크메르 전통 설화 가운데에는 두 명의 크메르 왕자 이야기를 다룬 '보봉과 소봉(Vorvong and Sorvong),' 비극적인 남녀 사랑을 다룬 '뚬띠어우, Tum Teav' 등이 널리 사랑받고 있다.

캄보디아는 다양한 형식의 공연예술이 행해져 왔다. 압사라춤으로 대표되는 왕실 춤극은 대관식, 결혼식, 장례식, 국가기념일 등 왕실의 의식과 행사 때 연행됐다. 다른 동남아시아 여러 지역과 비슷하게 그림자극과 가면극도 발달했다. 캄보디아의 그림자극 르카온낭스바엑(Lkhon Nang Sbek)은 사용하는 인형의 종류에 따라 커다란 인형을 사용하는 스바엑톰(Sbek Thom), 상대적으로 작은 인형을 사용하는 스바엑또잇(Sbek Toch), 색깔이 있는 인형을 사용하는 스바엑뽀(Sbek Po) 등으로 구분된다. 가면극은 르카온카올(Lkhon Khol)이라고 하며, 가면극과 그림자극 모두 인도를 대표하는 대서사시인 라마야나를 주 소재로 삼는다. 왕실 춤극과 스바엑톰은 2008년 유네스코 무형문화유산 대표목록에 등재되었으며, 2018년 왓스와이언다엣(Wat Svay Andet) 사원 공동체에서 전해져 내려온 르카온카올은 긴급보호목록에 올랐다.

### (1) 음식 문화

캄보디아 요리는 크메르인의 전통 음식으로, 식사는 일반적으로 하나 이상의 음식으로 구성되어 있으며, 허브・잎・절임채소・소스・식용꽃・조미료 및 기타 장식을 충분히 사용한다. 캄보디아의 유명한 쌀국수 꾸이띠어우 또는 죽, 많은 디저트와 같이 쌀은 향신료와 시금치가 함유된 튀김 떡과 같은 분식의 형태로 사용된다. 일반 흰 쌀은 거의 대부분 가족 식사로 제공되며, 일반적으로 구운 민물생선, 삼로(국), 제철 허브, 샐러드 잎 및 채소가 제공된다.

### (2) 전통문화

크메르 전통 무용은 캄보디아 전통 무용의 한 형태로, 태국와 라오스 등의 전통 무용과 유사성을 공유하고 있다. 춤의 형태는 캄보디아에서 왔으며, 다양한 이름으로 알려져 있다. 대표적인 이름은 크메르 황실 발레 또는 캄보디아 궁정춤 등이며, 유네스코 무형문화재 리스트에는 캄보디아 황실 발레로 언급되며, 유네스코는 크메르 전통 무용이라는 이름을 사용하기도 한다. 크메르에서 공식적으로 사용하는 이름은 '로밤 프레 리아차 트롭'이라는 이름을 사용하며, 황실 부의 춤이라는 뜻이며, 간단하게 '로밤'이라고 하기도 한다. 압사라 춤이라는 이름으로 널리 알려져 있다.

### (3) 킬링필드

킬링필드는 두 시기로 나뉜다.

1기 킬링필드는 1969년에서 1973년 베트남 전쟁 중에 미군의 폭격으로 인한 것이었다. 캄보디아에 쏟아 부은 포탄의 양은 무려 54만 톤으로, 제2차 세계대전 당시 미국이 일본에 투하했던 16만 톤의 세 배가 넘고, 한국전쟁 기간에 미군이 사용한 49만 5천 톤마저 능가하는 엄청난 양이었다. 제네바 협약을 위반한 불법 폭격이었다. 죄 없는 수십만 민간인들이 숨지고, 그보다 더 많은 수의 사람들이 평생 불구가 됐다.

2기 킬링필드는 1975년에서 1978년 사이 민주 캄푸차 시기에 캄보디아의 군벌 폴 포트가 이끄는 크메르 루주라는 무장 공산주의 단체에 의해 저질러진 학살을 말한다. 원리주의적 공산주의 단체인 크메르 루주는 3년 7개월간 전체 인구 700만 명 중 1/3에 해당하는 200만 명에 가까운 국민들을 강제노역을 하게 하거나 학살하였다. 1989년 이후 베트남군이 철군하였고, 1991년에는 파리 평화협정이 체결됨으로써 내전이 공식적으로 종결되고 유엔의 임시 관리 하에 놓이게 되었다. 1993년에는 망명해 있던 국왕 노로돔 시아누크를 다시 불러오고 보통 선거를 통해 정체를 입헌군주제로, 국명을 캄보디아 왕국으로 바꾸었다. 이후 총리 훈센에 의한 쿠데타가 한 차례 있었지만, 1993년 이후로 정치는 대체로 안정되어 왔다.

## 3) 캄보디아의 핵심 관광지

### (1) 프놈펜

프놈펜의 독립기념관(자료: 나무위키)

프놈펜은 캄보디아의 수도이자 행정 · 경제 · 문화의 중심지로 캄보디아 최대의 도시이다. 메콩강과 쌉강의 합류점에 위치하며, 프랑스 식민 시대의 아름다운 거리 풍경이 남아 있다. 또 왕궁에는 캄보디아 국왕이 살고 있다. '프놈 펜'이라는 명칭은 이 거리의 언덕에 세워져 있는 사원인 왓프놈(Wat Phnom)에서 유래한다. 프놈펜은 '펜의 언덕'

이라는 의미인데, 펜 부인은 믿음이 깊은 여성으로, 강을 따라 흘러 온 불상을 극진하게 모셔서 그 사원을 왓 프놈이라고 불렀고, 그 언덕을 프놈펜이라 불렀다. 1975년 4월 17일 크메르 루주에 의해 함락당하면서 다수의 희생자가 나왔다. 시 외곽에는 폴 포트 정권 시대에 대량 학살의 경험이 있는 킬링필드가 있다.

### (2) 앙코르 와트

앙코르 와트는 캄보디아 시엠레아프 주의 앙코르에 위치한 사원으로, 12세기 초에 수리야바르만 2세에 의해 옛 크메르 제국의 사원으로서 창건되었다. 앙코르 유적 중에서 가장 잘 보존되어 있으며, 축조된 이래 크메르 제국의 모든 종교 활동의 중심지 역할을 맡은 사원이다. 처음에는 힌두교 사원으로 힌두교의 3대 신 중 하나인 비슈누 신에게 봉헌되었고, 나중에는 불교 사원으로도 쓰였다. 옛 크메르 제국의 수준 높은 건축술을 가장 잘 보여주는 유적이다. 또한 캄보디아의 상징이기도 하기에 국기에도 그려져 있고, 세계적으로도 명성이 높은 관광지이다.

앙코르 와트(자료: 나무위키)

## 4) 캄보디아의 주요 관광상품

### (1) 캄보디아 씨엠립 앙코르와트(5일, ₩1,299,000~)

- 주요 일정: 인천 / 시엠립(1) – 뱅밀리어 사원, 앙코르 국립박물관, 재래시장(1) – 반데이 스레이, 앙코르 왓, 타프롬, 바이욘사원, 바푸온, 코끼리 테라스(1) – 왓 프레아 프롬 랏, 왓트마이, 아티산 예술학교, 톤레삽 호수 – 시엠립 / 인천
- 이용 항공: 스카이 앙코르 항공
- 이용 호텔: 5성급(소카 씨엠립 리조트 & 컨벤션 센터)

### (2) 하롱베이 / 앙코르왓(6일, ₩999,000~)

- 주요 일정: 인천 / 하노이 – 호치민 관저, 한기둥 사원, 바딘 광장(1) – 하롱베이 티톱 섬,

승솟 동굴, 천혜의 비경(1) – 호안끼엠 구시가지, 하노이 스트리트카(1) – 앙코르왓, 타프롬, 바이욘사원, 바푸온, 코끼리 테라스(1) – 톤레삽 호수, 왓트마이 – 하노이 / 인천

✣ 이용 항공: 비엣젯항공

✣ 이용 호텔: 5성급(하롱 플라자 호텔 / 로열 엠파이어 프리미엄)

### 5) 캄보디아 관광의 현주소

캄보디아의 관광지표를 살펴보면 외국인관광객수 약 1,306,000명, 관광수입액 US$1,014 million, 관광산업 GDP US$1,219 million, 관광산업 비중 4.6%, 관광산업 일자리 777,000개로 8.4%를 차지하고 있다. 해외지출 대비 국내지출은 45.7%로 해외지출이 높았다.

세계경제포럼(WEF)이 발표한 2021년 캄보디아 관광경쟁력은 세계 79위이며, 세부지표는 관광우선순위 14위, 가격경쟁력 22위로 상대적 우의를 보였으며 국제개방성 48위, 안전과 치안 64위, 항공운송 인프라 68위, 자연적 자원 65위, 문화적 자원 69위, 환경의 지속성 71위로 중위권에 올랐고, ICT 준비 79위, 비여가 자원 86위, 관광객서비스인프라 87위, 비즈니스 환경 87위, 인적자원과 노동시장 90위, 사회경제적 회복력과 조건 91위, 지상・해상 교통 인프라 99위, 건강과 위생 100위 등으로 나타나, 캄보디아 관광산업 개선을 위해서는 지상・해상 교통 인프라를 개선하고 위생과 관광객서비스인프라와 인적자원 확충을 위해 노력해야 할 것으로 보인다.

# 11.

## 라오스의 문화와 관광

라오인민민주공화국, 약칭 라오스는 동남아시아의 국가이다. 북서쪽으로는 미얀마와 중화인민공화국, 동쪽으로는 베트남, 남쪽으로는 캄보디아, 서쪽으로는 태국과 국경을 접하고 있는 국가로서 동남아시아의 유일한 내륙국이다. 인구는 2024년 기준으로 약 773만 명 정도로 추정된다. 주요 도시로는 비엔티안, 루앙프라방, 방비엥, 팍세, 카이손 폰비한, 타케크 등이 있다.

라오스 역사는 14세기부터 18세기에 걸쳐 존재하고 그 이후 세 개의 왕국으로 나뉜 란쌍 왕국으로 거슬러 올라간다. 1893년 비엔티안 왕국, 루앙프라방 왕국, 참파싹 왕국이 프랑스의 보호국이 되면서 연합되었다. 1945년 3월 일본군의 점령 이후 잠시 독립을 했으나, 제2차 세계대전이 끝나면서 다시 프랑스의 통치를 받다가, 1946년 프랑스가 루앙프라방 왕의 통치하에 통일된 라오스의 독립을 승인하였다. 1949년 헌법이 공포되고 프랑스 연방 안에서 제한된 자치국가로 존재하다가, 1950년 초부터 제1차 인도차이나 전쟁을 통해 실질적인 독립을 추진하였다. 좌파인 파테트라오의 군대가 북베트남과 연합해 라오스 정부군과 내전을 벌였고, 1975년 정권을 잡자 공산주의 국가인 라오 국민민주공화국을 공식적으로 설립하였다.

라오스는 일당제 사회주의 국가 또는 공산주의 국가이며, 수도는 비엔티안이다. 다른 큰 도시로는 루앙프라방, 카이손폼비한(사반나케트), 참빠삭 등이 있다. 공용어는 라오어이며, 라오스는 아시아・태평양무역협정, 동남아시아국가연합, 동아시아정상회의, 프랑코포니의 회원국이다.

## 1) 라오스의 개요

자료: 외교부 해외안전여행, 2024년 1월 11일 현재.

**[대사관 연락처]**

- 주소: Lao-Thai Friendship Road, Watnak Village, Sisattanak District, Vientiane, Lao P.D.R, P.O.Box 7567
- 대표번호(근무시간 중): (856) 21-255-770~1
- 긴급 연락처(사건사고 등 긴급상황 발생 시, 24시간): (856) 20-5839-0080
- E-mail: laos@mofa.go.kr

**학습목표**

라오스의 개요, 문화, 핵심 관광지, 주요 관광상품과 라오스 관광의 현주소를 파악하여 라오스를 전문적으로 이해하고 설명할 수 있다.

| 국명: 라오스(Laos) | | | |
|---|---|---|---|
| 수도 | 비엔티안 | 면적 | 약 2,368만 ha(세계 83위) |
| 언어 | 라오스어 | 기후 | 열대 계절풍 기후 |
| 민족 | 라오 룸족(50% 이상), 라오 텅족, 라오 쑹족 | 인구 | 약 773만 명 (2024년, 통계청 기준) |
| 1인당 GDP | 1,878달러 (2024년 IMF 기준 세계 150위) | 종교 | 불교 69%, 토속신앙 28% 등 |
| 한국과의 시차 | -2 | 화폐와 환율 | 라오스 킵(LAK, ₭) |
| 주요 도시 | 비엔티안, 루앙프라방, 방비엥 | | |
| 국가관광 경쟁력 | 세계 93위(WEF, 2021년 기준) | | |

## 2) 라오스의 문화

남방상좌부 불교가 60%, 애니미즘이나 그 외의 종교가 40%이지만 불교와 애니미즘이 혼합되어서 믿는 경우도 있다. 그러나 몽족은 다른 민족과 달리 유교이다. 그 외 라오스 남부에서는 기독교를 소수 믿는다. 공산주의 정권의 집권 이후 종교의 자유를 탄압했지만, 1991년 헌법에 종교의 자유를 인정한 이후 남방상좌부 불교를 중심으로 종교 활동이 다시 활발해졌다. 기독교에 대한 탄압도 2003년 미국과의 협정 이후 현지 교회의 예배가 자유로워지는 등 조금씩 완화되고 있다.

### (1) 음식 문화

라오스 요리는 라오스 민족과 북동부의 태국에서 소비되는 요리의 형식으로, 동남아시아 내에서도 독특한 요리로 꼽힌다. 라오스의 기본 요리는 찹쌀밥이다. 양강근과 생선 소스를 많이 섭취한다. 라오스의 가장 대표적인 음식으로는 랍이 있다. 이 요리는 향신료와 육류 혹은 생선을 조린 것으로서 푸른색 채소와 허브를 한데 모아서 요리하기도 한다. 다른 특색 있는 요리로는 땀 막홍이 있는데, 풋파파야 샐러드이다. 또한 라오스 요리는 많은 지역차가 존재한다. 지방에 따라 재료나 식습관이 다르기 때문에 차이가 나타난다. 프랑스의 영향도 두드러져서 프랑스식과 유사한 바게트 빵도 쉽게 거리에서 살 수 있다.

### (2) 스포츠

라오스에서는 축구가 인기 스포츠로 자리를 잡고 있고 리그도 운영 중이지만, 동남아시아 내에서는 물론 동남아시아 밖에서도 최약체로 손꼽힌다. FIFA 월드컵은 물론 AFC 아시안컵 본선 진출 기록도 전무하며, 아시안 게임과 동남아시아 축구선수권대회에서도 성적이 하위권을 맴돌고 있다. 다만, 성인대표팀으로 참가한 2016년 AFC 솔리대리티컵에서 대회 3위를 차지하며 라오스 A대표팀 역사상 국제대회 최고 성적을 남겼고, U-23 대표팀으로 참가한 2022년 AFF U-23 챔피언십에서는 4강에 오르며, 홈에서 열린 2009년 동남아시아 경기대회 이후 13년만에 AFF 주관 대회 토너먼트 진출의 성과를 거두었다.

### (3) 전통문화

라오인의 켄(Khaen) 연주 음악은 2017년 유네스코의 세계문화유산에 등재되었다. '켄'은 길이가 다른 긴 대나무 관들을 이어 마치 팬파이프를 연상되게 만들어진 라오스 전통 악기로서, 라오인의 전통 음악과 민속 음악에서 가장 애용되는 악기이다. 라오스 사회에서는 켄 선율이 라오인의 건강과 안녕에 긍정적인 영향을 미치므로 중요한 의미를 지닌다고 믿는다. 마을 축제에서 전통 노래나 춤의 반주로 켄 음악이 연주되는 것은 라오 공동체의 관습으로 인식된다. 켄은 라오스 대중의 문화를 상징하며, 이 음악을 듣는 모든 주민들은 단순한 관객이 아닌 음악의 일부분이 되어 켄의 반주에 맞춰 흥겹게 적극적으로 노래와 춤에 참여한다. 켄 음악은 특히 몽족(Hmong)에게는 성스러운 문화로 여겨지며 장례 절차에서 연주되기도 한다.

### 가) 의상

라오스는 종족마다 고유의 의상을 가진다. 지배 종족인 라오룸 여성들은 씬(sinh, 하의), 쓰아팻(suea pat, 상의), 파비앙(pha biang, 띠)이라는 전통의상을 입는다. 최근 도시에서 생활하는 라오룸 여성의 의복이 청바지 등의 서양식으로 바뀌는 추세를 보이고 있으나, 여전히 공식 행사에서는 씬(sinh)을 입는 것이 일반적이다.

### 나) 축제

라오스어로 '축제'를 '분(Boun)'이라고 한다. 불교 신자가 많고 평소에도 탁발이 활발하게 이뤄지는 만큼, 불교와 관련된 축제가 라오스 각지에서 연중 열린다. 농업국가답게 농사 절기에 따른 명절과 풍년을 기원하는 축제 또한 성대하게 열린다. '분 피마이(Boun Pi Mai, 피마이는 '새해'를 의미함)'는 라오스의 새해 명절로 매년 4월에 행해진다. 사람들은 아침 일찍 사원에 모여 초를 켜고 꽃을 장식하며 새해의 안녕을 기원한다.

분 피마이가 시작되기 일주일 전부터는 물 축제가 펼쳐지는데, 이는 건기 동안 메마르고 먼지로 뒤덮였던 것들을 깨끗이 씻어내기 위해 생겨난 전통적인 행사로서, '훗남(Hout Nam)'이라고 불린다.

'분 방파이(Boun Bang Fai, 방파이는 '로켓'을 의미함)'는 벼농사 중 모내기가 시작되는 매년 5~6월에 시작되는 축제이다. 대나무 통을 이용해 만든 방파이를 하늘에 향해 쏘아 올리는 의식을 통해 신에게 가뭄에서 벗어나기를 간청하는 기우제의 성격을 띤다.

'분 옥판사(Boun Ok Phansa, 옥판사는 '불교 사순절'을 의미함)'는 우기가 끝난 것을 기념하는 축제로서, 매년 10월 라오스 사람들은 한 해의 수확을 축복하고 다음 해의 풍작을 기원한다.

'분 탓루앙(Boun That Luang)'은 매년 11월 비엔티안의 대표적인 사원 왓 탓 루앙에서 열리는 대규모 불교 축제로서, 한국의 추석처럼 한 해의 결실을 마무리하고 감사하는 의미를 담고 있다. 이날은 탓루앙(That Luang)에 수천 명의 승려가 모여 탁발하는 행사가 함께 개최된다.

## 3) 라오스의 핵심 관광지

### (1) 비엔티안

비엔티안의 탓 루앙(자료: 나무위키)

라오스의 수도로, 정치・행정・경제・사회・문화 등 전 분야에 걸쳐 라오스의 중심지이며, 라오스의 변화와 성장을 가장 잘 보여주는 곳이다. 1989년 비엔티안주(khoèng, 쾡)에서 유일한 행정단위인 특별시(nakhon luang, 나콘루앙)로 분리・신설되었다.

라오스 중부지역에 위치해 있으며, 면적은 3,920km$^2$로 우리나라 제주도 면적의 2배를 조금 넘는다. 비엔티안은 산악지대가 대부분인 라오스 땅에서 커다란 평원에 자리 잡고 있다. 바다가 없는 대신 메콩강이 도시를 휘감아 지나간다. 남쪽으로는 메콩강을 사이에 두고 태국 북동부의 농카이주(Nong Khai Province)와 맞붙어 위치한다. 한 나라의 수도가 주변국의 국경에 있는 것이 특이점이지만, 이로 인해 비엔티안은 태국으로부터 대부분의 수입품을 받아들이는 등 태국 경제에 큰 영향을 받고 있다.

### (2) 방비엥

비엔티엔주(州)의 작은 관광 마을로 수도인 비엔티엔(Vientiane)과 약 150km 정도 떨어진 곳에 위치한다. 비엔티엔과 루앙프라방(Luang Prabang)을 잇는 거점지역으로 1353년에 형성되었다. 본래의 지명은 무앙송(Mouang Song)이었으나 프랑스 점령기이던 1890년대에 현재의 지명으로 교체되었다. 베트남 전쟁 기간이었던 1964년부터 1973년까지 미국이 이곳에 공군 기지를 세우고 도로와 활주로 등 기반시설을 건설하면서 마을의 규모가 확장되었다. 남송(Nam Song)강을 끼고 있으며, 우림과 카르스트 산으로 둘러싸여 있어 독특한 풍경을 자랑한다.

방비엥(자료: 하나투어)

### (3) 블루 라군

라오스 방비엥에 있는 관광지로, 에메랄드빛 샘물에서 다양한 액티비티를 할 수 있는 곳으로 유명하다. 유난히 푸른 물색 덕분에 '블루 라군'이라고 불리게 되었다. 총 3개의 지역으로 나누어진다. 동굴에서 흘러나오는 푸른 물결을 따라 튜빙, 스윙 점프 등을 즐길 수 있다. 현지인들에게 인기 있는 여행지이다.

### (4) 루앙프라방

루앙프라방 꽝시폭포(자료: 하나투어)

라오스 북부의 중심 도시이자 같은 이름을 가진 '루앙프라방주'의 주도이다. 1353년부터 1560년까지 란쌍 왕국(Lan Xang, 1353~1707)의 수도였으며, 18세기 초 란쌍 왕국의 분열로 세워진 루앙프라방 왕국(1707~1947)의 수도였다. 역사적·문화적 유산이 풍부하게 남아있는 옛 도시 구역은 유네스코 세계유산으로 지정되었으며, 세계적인 관광지로도 이름을 알리고 있다.

## 4) 라오스의 주요 관광상품

### (1) 라오스 비엔티안 / 방비엥(5일, ₩599,000~)

- 주요 일정: 인천 / 비엔티안(1) – 코프센터, 씨엥쿠안 사원, 불상 공원, 여행자 거리(1) – 방비엥 자유시간(1) – 조각아트 박물관, 독립기념탑, 파 탓 루앙, 비엔티안 야시장 – 비엔티안 / 인천
- 이용 항공: 티웨이항공
- 이용 호텔: 4성급(그랜드 호텔 비엔티안)

### (2) 라오스 비엔티안 / 방비엥 / 블루 라군(5일, ₩799,000~)

- 주요 일정: 인천 / 비엔티안(1) – 코프센터, 씨엥쿠안 사원, 불상 공원, 여행자 거리(1) –

방비엥 버기카투어, 블루 라군, 탐놈동굴, 쏭강 풍등 날리기(1) – 조각아트 박물관, 독립기념탑, 파 탓 루앙, 비엔티안 야시장 – 비엔티안 / 인천

✣ 이용 항공: 진에어

✣ 이용 호텔: 4성급(그랜드 호텔 비엔티안)

### (3) 라오스 비엔티안 / 루앙프라방 / 방비엥(5일, ₩999,000~)

✣ 주요 일정: 인천 / 비엔티안(1) – 코프센터, 씨엥쿠안 사원, 불상 공원, 라오스 고속열차, 야시장(1) – 탁발, 꽝시폭포, 왓 씨엥 통, 왓 마이, 쏭강 풍등 날리기(1) – 블루 라군 투어, 탐놈동굴, 독립기념관, 파 탓 루앙, 비엔티안 야시장 – 비엔티안 / 인천

✣ 이용 항공: 진에어

✣ 이용 호텔: 4성급(그랜드 호텔 비엔티안 / 풀만 루앙프라방)

## 5) 라오스 관광의 현주소

라오스의 관광지표를 살펴보면 외국인관광객수 약 4,384,000명, 관광수입액 US$934 million, 관광산업 GDP US$221 million, 관광산업 비중 1.2%, 관광산업 일자리 61,000개로 1.8%를 차지하고 있다. 해외지출 대비 국내지출은 55.4%로 국내지출이 약간 높았다.

세계경제포럼(WEF)이 발표한 2021년 라오스 관광경쟁력은 세계 93위이며, 세부지표는 유일하게 가격경쟁력 14위만이 상위권에 올랐고, 관광우선순위 32위, 자연적 자원 69위, 안전과 치안 70위, 비즈니스 환경 72위, 환경의 지속성 80위로 상대적 중위권을 보였으며, 국제개방성 84위, 건강과 위생 88위, 관광객서비스인프라 90위, 문화적 자원 91위, 항공운송인프라 92위, 인적자원과 노동시장 94위, 지상・해상 교통 인프라 105위, 사회경제적 회복력과 조건 106위, ICT 준비 110위, 비여가 자원 109위로 100위권 밖의 낙후된 평가를 받은 부분이 많았다.

라오스 관광산업의 발전을 위해서 항공 및 지상・해상 교통 인프라를 구축하고 사회경제력 회복과 ICT산업의 개선을 위한 많은 투자가 필요해 보인다.

# 12.
## 싱가포르의 문화와 관광

싱가포르공화국, 줄여서 싱가포르는 동남아시아, 말레이 반도의 끝에 위치한 섬나라이자 항구도시로 이루어진 도시국가이다. 북쪽의 조호르 해협과 남쪽의 싱가포르 해협을 두고 각각 말레이시아, 인도네시아와 약간 분리되어 있다.

1819년 영국의 동인도 회사가 현 싱가포르 남부에 개발한 항구가 시초이다. 1963년에 말레이시아 연방의 일원으로 영국으로부터 독립하였으며, 1965년에 말레이시아 연방 정부와의 다툼 끝에 결국 연방을 탈퇴하여 독립국가가 되었다. 독립 당시 인구는 160만 명이었으나 꾸준히 인구가 유입되어 2010년에는 520만 명이었다.

20세기 후반에 고속 경제성장을 이룬 나라 중 하나로, 정유시설과 금융산업은 세계에서 각각 3~4번째로 크다. 이전 2010년 싱가포르의 경제성장률은 15%로 아시아에서 가장 높았던 기록이 있다.

싱가포르는 교육, 의료, 삶의 질, 개인 안전, 낮은 부패, 주거 등 주요 사회지표들의 조사에서 싱가포르 91%가 주택을 가지고 있다는 조사도 있으나 좁은 면적의 주택에 의한 생활환경의 저하, 높은 월세 등의 문제도 가지고 있다.

2024년 기준으로 1인당 명목 국민소득은 약 8만 달러로 IMF 기준 세계 5위이다. 싱가포르의 면적은 740km$^2$로 대한민국의 서울특별시와 비슷한 면적에 부산광역시보다 작고 인구는 601만 명(2023년 말 기준)이다.

## 1) 싱가포르의 개요

자료: 외교부 해외안전여행, 2024년 1월 11일 현재.

**[대사관 연락처]**

- 주소: 47 Scotts Road #08-00 Goldbell Towers Singapore 228233(영사과는 위 같은 빌딩 #16-03,04에 있으며, MRT를 이용할 경우 Newton역 A출구 방향)
- 대표전화(근무시간 중): (65) 6256-1188
- 긴급 연락처(사건사고 등 긴급상황 발생 시, 24시간): (65) 9654-3528(일반 민원은 업무시간 중 대표전화로 문의할 때 보다 적절한 상담을 받을 수 있다)
- E-Mail: korembsg@mofa.go.kr(대표 메일)

**학습목표**

싱가포르의 개요, 문화, 핵심 관광지, 주요 관광상품과 싱가포르 관광의 현주소를 파악하여 싱가포르를 전문적으로 이해하고 설명할 수 있다.

| 국명: 싱가포르(Singapore) | | | |
|---|---|---|---|
| 수도 | 싱가포르 | 면적 | 약 7만 ha(세계 189위) |
| 언어 | 말레이어, 중국어, 영어 | 기후 | 열대 계절풍 기후 |
| 민족 | 중국계(74.3%), 말레이계(13.5%), 인도계(9%) 및 기타(3.2%) | 인구 | 약 601만 명 (2023년, 통계청 기준) |
| 1인당 GDP | 87,844달러 (2024년 IMF 기준 세계 5위) | 종교 | 불교 33%, 기독교 18%, 이슬람 15% 등 |
| 한국과의 시차 | -1 | 화폐와 환율 | 싱가포르 달러(SGD, S$) |
| 주요 도시 | 싱가포르 | | |
| 국가관광 경쟁력 | 세계 9위(WEF, 2021년 기준) | | |

## 2) 싱가포르의 문화

다소 경직된 정치체제, 낮은 언론 자유도, 엄벌주의적 법체계 및 심의 등의 이유로 싱가포르 고유의 문화 산업은 상당히 제한적이다. 일단 도시국가라는 점과 중화권에 속하면서도 영어권의 영향을 깊게 받은 곳이라서 수입이 쉽다는 것으로 인해 자국 콘텐츠가 약한 것이다. 물론 비슷한 도시국가지만 중화권의 영화, 드라마 시장을 주도한 홍콩에 비해 경제적 규모가 작다.

싱가포르는 자국인이 콘텐츠를 거의 만들지는 않지만 대신 외국 영화나 드라마에 대한 심의는 비교적 느슨하여 외국산 콘텐츠를 활발하게 수입한다. 미국 영화, 영국 영화, 미국 드라마, 영국 드라마, 호주 영화 등 영어권 국가 영화를 수입하며, 영어를 제1언어로 쓰는 싱가포르인지라 자막 없이 수입할 수 있다는 장점이 있다. 중화권 매체인 대만 영화, 대만 드라마, 홍콩 영화는 중국계 싱가포르인에게 인기가 있다. 그래서 '말할 수 없는 비밀'의 주걸륜・계륜미나 '나의 소녀시대'의 왕대륙・송운화나 임의신・임심여・곽건화 등 대만의 연예인이나 황추생・유덕화 등 홍콩 영화 스타들이 싱가포르에서 인기를 얻고 있다.

영어권・중화권 매체를 제외하면 동아시아 매체 중 일본 영화, 일본 드라마의 소비가 많았고, 현재는 한국 영화, 한국 드라마 소비도 많이 증가했다. 중국계 싱가포르인들이 가진 반일 감정 때문에 일본 영화, 일본 드라마, 일본 애니메이션의 인기는 영미권 국가들보다는 못하다. 그래서 요즘은 일본 콘텐츠는 상대적으로 적어졌다.

2020년 이후에는 2020년을 강타한 코로나바이러스감염증-19의 영향으로 많은 근로자가 집에서 일하기 시작하면서 한국 드라마를 많이 접했다. 사실 코로나 이전에도 싱가포르인들이 한국 영화, 한국 드라마를 많이 소비했다. 물론 코로나 이후 엔데믹에 접어들어 재택근무령이 해제되고도 이러한 한국 드라마의 인기는 계속 트렌드로 이어지는 중이다. 일본 드라마와는 또 다른 모습이 있고, 한국 특유의 정서가 있어 독창성 덕에 인기를 끌 수 있었다. 당장 총리인 리센룽 총리의 휴가도 한국에서 보냈고, 한류가 인기가 있다 보니 한국 드라마 시청자도 생각보다 많다. 공익광고도 한국에서 유행하는 스타일을 패러디한 것이 많은 만큼 한국 문화의 영향력도 매우 높다.

### (1) 음식 문화

싱가포르 역시 대만이나 홍콩과 마찬가지로 한국에서 미식 관광의 성지로 알려져 있다. 중국 요리와 인도 요리, 말레이 요리가 서로 만나는 접이지대 인데다가 영국 요리 등 양식도 있다. 싱가포르의 경우 홍콩・마카오・튀르키예처럼 동양과 서양의 교차로라는 평가를 많이 들었고, 청나라 시기부터 중국 호키엔, 광동, 하이난, 홍콩, 저장성, 상하이 등 남중국이나 대만에서 많은 이민자들이 싱가포르로 이전한 탓에 중국계 싱가포르인의 영향력이 강하다.

당장 말레이 반도에서의 중국계의 역사는 아유타야 왕조 붕괴 이후 중국계 태국인들의 이주로 시작해 아주 뿌리 깊었다. 아유타야 왕조 시절 청나라 상인들이 태국으로 진출해 이런저런 교역을 해왔다. 호랑이 연고로 유명한 타이거 밤의 창시자 후원후 일가도 원래 청나라 남부에서 미얀마와 태국으로 이주하여 재벌이 된 사람들이다. 그리고 조호르바루 및 페낭, 이포, 사라왁, 사

호커 푸드센터(자료 싱가포르관광청)

바 등 중국인 많은 곳에 거주한 중국계 말레이시아인들이 싱가포르에 유입된 것도 있다. 이들 중국계 싱가포르인들은 중국계 말레이시아인이 그랬듯이 싱가포르라는 섬에 거주하면서 같이 거주하는 말레이인 및 인도계 싱가포르인과 교류가 많았던 데다 애초에 싱가포르에 있는 말레이인의 존재로 말레이시아 요리와 중국 요리, 인도 요리의 혼합인 페라나칸 요리, 즉 바바 · 논야 요리가 탄생하기도 했다.

싱가포르 차이나타운인 탄종파가와 우차수 일대에서는 중국집 노포들을 흔히 찾아볼 수 있으며, 특히 갈비탕인 바쿠테와 칠리 크랩 등 싱가포르식 중국 요리가 많고, 홍콩처럼 딤섬도 흔하다. 그리고 대만과 비슷하게 중국 각지의 요리를 맛볼 수 있다. 리틀 인디아나 부기스 등 인도계 싱가포르인, 말레이인 거주지역에선 싼 값에 커리, 난, 탄두리 치킨, 케밥, 로티, 브리야니 등 인도 요리, 파키스탄 요리 등 남아시아 요리를 먹을 수 있다. 그리고 사테와 락사, 나시 고랭, 나시 짬뿌르 같은 말레이 인도네시아 요리도 흔하다.

영국 요리의 경우도 마찬가지인데, 영국의 식민지 역사 때문에 홍콩과 마찬가지로 서양 요리의 대표로 영국 요리를 선호한다. 그래서 로스트 비프, 로스트 치킨, 쇼트브레드 비스킷, 애프터눈 티가 많이 있다. 홍콩과 비슷하게 중화권의 차 문화와 영국의 차 문화가 섞여 있어서 딤섬과 애프터눈 티를 동시에 즐길 수 있으며, 홍차와 같이 먹는 비스킷, 샌드위치, 케이크 등이 많이 있다. 그리고 카야잼 역시 많이 있다. 한국이나 일본에 비해 홍차 가격이 저렴하며, 종류도 다양하다. 일단 생산지인 인도, 방글라데시, 스리랑카, 중국, 대만, 네팔과 가깝다는 점도 있지만, 영국 문화의 싱가포르 내 영향력 때문에 홍차 수요도 한국이나 일본에 비해 많아서 한국인 관광객들이 여행하며 홍차를 구입하기도 한다.

### (2) 스포츠

동남아시아 국가 대부분이 그렇듯이 싱가포르도 축구가 당연히 가장 인기가 많고, 프로리그를 운영하고 있다. 싱가포르 프리미어 리그(SPL)라는 이름으로 3부 리그까지 갖추고 있으며, 워낙 돈이 많다보니 리그가 동남아시아에서 가장 안정적인 곳으로 꼽힌다. 당장 호주리그와 함께 아세안 축구연맹에서 가장 잘 되어 있는 리그가 싱가포르 리그다. 싱가포르 리그 우승 팀이 AFC 챔피언스 리그 조별리그에 진출한다. 더불어 한국계, 중화권계, 일본계, 인도계, 이란계, 남미계 등 외국계 스쿼드로 이뤄진 축구팀이 프로리그로 들어가 팀을 이루기도 한다. 한국계 이주민들로 이뤄진 슈퍼 레즈 FC라는 팀이 있었으나 리그에서 하위권에 맴돌다가 2부 리그로 강등당했고, 이후 재정난으로 해체했다.

### (3) 기후

동남아시아에서도 적도에 근접한 최남단에 속하는 나라답게 덥고 습하다. 물론 중국 대륙 남부 연안이나 대만, 일본 열도 등 동북아시아의 여름에 비하면 적도무풍대라서 습도가 그렇게까지 높진 않아서 쾌적한 편이다. 1991～2020년 평균값 기준으로 싱가포르의 일 최고기온 평균은 31.6℃, 일 최저기온 평균은 25.0℃이며 연평균 기온은 27.8℃로 연교차가 거의 없이 1년 내내 덥다. 연평균 강수량은 2,113mm로 1년 내내 비가 많이 와서 전형적인 열대우림 기후지역에 속한다. 연간 강수일수가 171일로 절반에 가까우며, 연평균 습도 역시 82.2%로 매우 높다. 밤에도 열대야처럼 후덥지근하다.

### (4) 전통문화

싱가포르는 원래 살던 말레이인 인구와 3대에 걸친 중국인 및 타밀, 이민으로 유입된 아랍인, 그리고 현대에 이민 오거나 현지에 파견된 한국인을 포함한 여러 민족과 문화가 다양하게 섞여 만들어내는 복합적 문화를 발전시키고 있다. 특히 영국 식민지 문화와 페라나칸(Peranakan, 해협 중국인 사회)의 문화가 주류를 이루고 있다. 근래에 들어 미국 문화의 영향을 많이 받고 있으나, 싱가포르 사람들이 주로 쓰는 영어는 식민지 문화의 영향을 받은 영국식 영어이다.

여기에 다양한 중국어 방언, 말레이어, 타밀어가 뒤섞여서 싱글리쉬라는 일종의 영어 방언을 만들고 쓰게 되었다. 교육제도에서 영어가 주된 언어로 쓰이기 때문에 싱가포르의 문학은 주로 영어로 쓰인다. 식민지 시대에 이민자를 분리·수용하는 정책 때문에 리틀인디아 및 차이나타운과 같은 민족성이 나타나는 지역이 아직도 존재하며, 결과적으로 이주민들이 자국에서 가져온 건축적 영향력이 잘 보존되어 건축물을 통해 각 민족의 성격을 느낄 수 있다.

중국인 구역에서는 여러 층으로 된 탑들, 용 형상 구조물과 조각품들, 건물 외벽에 붉은색과 황금색을 많이 사용하는 등 중국의 다양한 건축 양식을 만날 수 있다. 중국인 이주자들은 싱가포르에서 가장 크고 아름다운 불교 사원을 건설하기도 했는데, 시옹림(Siong Lim, 雙林) 사원이 그것이다. 이주민들이 가져온 다양한 종교의 사원이 시내에 건축되었을 뿐만 아니라 종교적으로 관용을 지닌 국가의 본보기로 성장할 수 있었다.

### 3) 싱가포르의 핵심 관광지

#### (1) 센토사섬

센토사섬(자료: 하나투어)

싱가포르 남해안에 위치한 이 섬은 센토사로 알려지기 전에는 영국군의 요새였다. 제2차 세계대전 때 일본에 점령당했던 싱가포르는 이후 영국의 통치 아래로 돌아왔고, 섬은 말레이어로 '평화와 평온'을 의미하는 '센토사'로 이름을 바꾸었다.

놀라운 역사를 거치며 센토사는 열대 해변과 고급 호텔, 설렘이 가득한 관광 명소로 유명한 인기 리조트로 탈바꿈했다. 아드레날린이 솟구치는 모험을 즐기든 태양 아래에서 하루 종일 휴식을 취하든, 센토사섬은 매혹적이고 즐거운 곳이다.

#### (2) 오차드 로드

오차드 로드는 1830년대 초에 소박하게 시작했다. 당시 오차드 로드는 과수원, 육두구 농장, 후추 농장으로 가는 이름 없는 길에 불과했다. 1958년 지역상인 C.K. 탕(C.K. Tang)이

오차드 로드에 첫 백화점 탕스(TANGS)를 열었다. 당시 하우스 오브 탕스(House of Tangs)로 알려지며 싱가포르에서 가장 사랑받는 쇼핑가가 되는 첫걸음을 내디뎠다. 오차드 로드의 번화한 대로는 이제 각종 매장과 다이닝의 천국으로 수천 개 사업장이 관광객과 지역주민 모두에게 최고의 라이프스타일을 선사한다.

### (3) 마리나 베이

마리나 베이를 실제로 방문하면 모든 감각이 자극을 받을 것이다. 1970년에서야 간척사업이 시작된 것을 생각하면 이 구역의 변화는 그야말로 기적이나 마찬가지이다. 세계적으로 유명한 건축가 모쉐 사프디(Moshe Safdie)가 설계한 마리나 베이 샌즈에서 멋진 스카이라인을 수놓는 여러 건축기술의 상징물을 보고 감탄하거나 세계 최고 전망 중 하나라는 샌즈 스카이파크의 전망을 감상할 수 있다.

마리나 베이 리조트(자료: 하나투어)

### (4) 리틀 인디아

리틀 인디아(Little India)는 생기 넘치는 문화부터 놀라운 쇼핑 경험까지 싱가포르 내 인도 커뮤니티의 정수만을 보여주는 활기차고 역사적인 장소이다. 한때 리틀 인디아에는 경마장, 소를 모는 목동, 벽돌 가마가 있었다. 더 이상 이러한 것들은 볼 수 없지만 이 역사적인 지역은 마치 시간이 멈춘 듯 그대로이다. 화환 행상인, 현대적인 먹거리, 부티크 호텔, 예술 그룹까지 옛 사업과 새로운 사업이 함께 번창하고 있다.

## 4) 싱가포르의 주요 관광상품

### (1) 싱가포르(5일, ₩899,000~)

✣ 주요 일정: 인천 / 싱가포르(1) – 아랍 스트리트, 하지 래인, 리틀 인디아, 싱가포르 케이블카, 센토사 실로소 비치(1) – 뎀시 힐, 하지 래인, 클럽 스트리트 & 안 시암 로드, 칠리크랩, 티옹바루(1) – 머라이언 파크, 가든스 바이더 베이, 오차드 로드, 부기스 스트

리트 시장 – 싱가포르 / 인천

- ❖ 이용 항공: 티웨이항공
- ❖ 이용 호텔: 4성급(콥튼 킹스 싱가포르 / 오키드 호텔)

### (2) 싱가포르 / 바탐(5일, ₩1,199,000~)

- ❖ 주요 일정: 인천 / 싱가포르(1) – 싱가포르 보타닉 가든, 머라이언 파크, 에스플러네이드, 차이나타운, 원주민 마을(1) – 바탐 라노 아일랜드(1) – 가든스 바이더 베이, 슈퍼트리 전망대, 아랍 스트리트, 하지 래인, 부기스 스트리트 시장 – 싱가포르 / 인천
- ❖ 이용 항공: 티웨이항공
- ❖ 이용 호텔: 4성급(오키드 호텔 / Best Western Premier Panbil)

## 5) 싱가포르 관광의 현주소

싱가포르의 관광지표를 살펴보면 외국인관광객수 약 15,119,000명, 관광수입액 US$5,189 million, 관광산업 GDP US$5,171 million, 관광산업 비중 1.5%, 관광산업 일자리 181,000개로 5%를 차지하고 있다. 해외지출 대비 국내지출은 50%로 정확하게 절반이다.

세계경제포럼(WEF)이 발표한 2021년 싱가포르 관광경쟁력은 세계 9위이며, 세부지표는 비즈니스 환경 1위, 안전과 치안 1위, 관광우선순위 1위, 지상・해상 교통 인프라 2위, 항공운송 인프라 3위, 국제개방성 3위, 인적자원과 노동시장 4위, ICT 준비 13의, 비여가 자원 18위로 세계적 상위권에 올랐고, 사회경제적 회복력과 조건 22의, 건강과 위생 47위, 문화적 자원 43위로 상대적 중위권에 올랐으며, 환경의 지속성 58위, 관광객서비스인프라 60위, 가격경쟁력 79위, 자연적 자원 101위로 낮은 평가를 받았다.

싱가포르의 관광산업의 발전을 위해서는 가격경쟁력을 높이고 환경에 대한 개선이 필요하다.

# 13.

## 홍콩의 문화와 관광

홍콩은 중화인민공화국 화난 주강 삼각주 동쪽에 위치한 특별행정구이다. 정식 명칭은 중화인민공화국 홍콩 특별행정구이다. 홍콩은 마카오, 광저우, 선전, 주하이, 그리고 광둥성의 다른 주요 도시들과 함께 세계에서 가장 인구가 많은 주강 삼각주 대도시권을 형성하고 있다.

홍콩은 1,104km$^2$의 면적에 740만 명 이상의 다양한 국적 출신의 홍콩인들로 구성되어 있으며, 세계에서 4번째로 높은 인구밀도 지역이다. 홍콩은 이전에 영국령 홍콩으로, 1842년 제1차 아편전쟁 이후 청나라가 당시 대영 제국에 양도했다. 당시 낮은 인구밀도의 농어촌 지역이었던 홍콩은 현재 세계에서 손꼽히는 중요한 금융센터와 무역항이 밀집한 지역이 되었다. 제2차 세계대전 당시 일본 제국 점령기간을 제외하면, 홍콩은 1997년 홍콩 이양 직전까지 영국의 통치를 받았다.

홍콩은 특별행정구로 중국 대륙과는 분리된 정치체계와 경제구조를 가진다. 홍콩은 세계에서 7번째로 큰 교역규모의 지역이며, 홍콩의 법정 화폐인 홍콩 달러는 세계에서 13번째로 많이 거래되는 통화이다. 홍콩의 3차 산업 위주의 경제는 경쟁적 단순 과세로 특정 지어지며, 보통법 사법제도로 뒷받침된다. 홍콩은 세계에서 가장 높은 일인당 GDP를 기록하나, 심각한 소득 불평등을 겪는 지역이기도 하다.

홍콩은 세계에서 가장 높은 마천루들로 두드러지며, 홍콩에서 가장 밀집된 도시 지역의 중심에는 빅토리아 항이 자리 잡고 있다. 홍콩은 굉장히 높은 수준의 인간개발지수를 기록하며, 세계에서 7번째로 평균 수명이 높은 지역이다. 홍콩 인구의 90% 이상이 잘 발달된 대중교통을 이용한다.

## 1) 홍콩의 개요

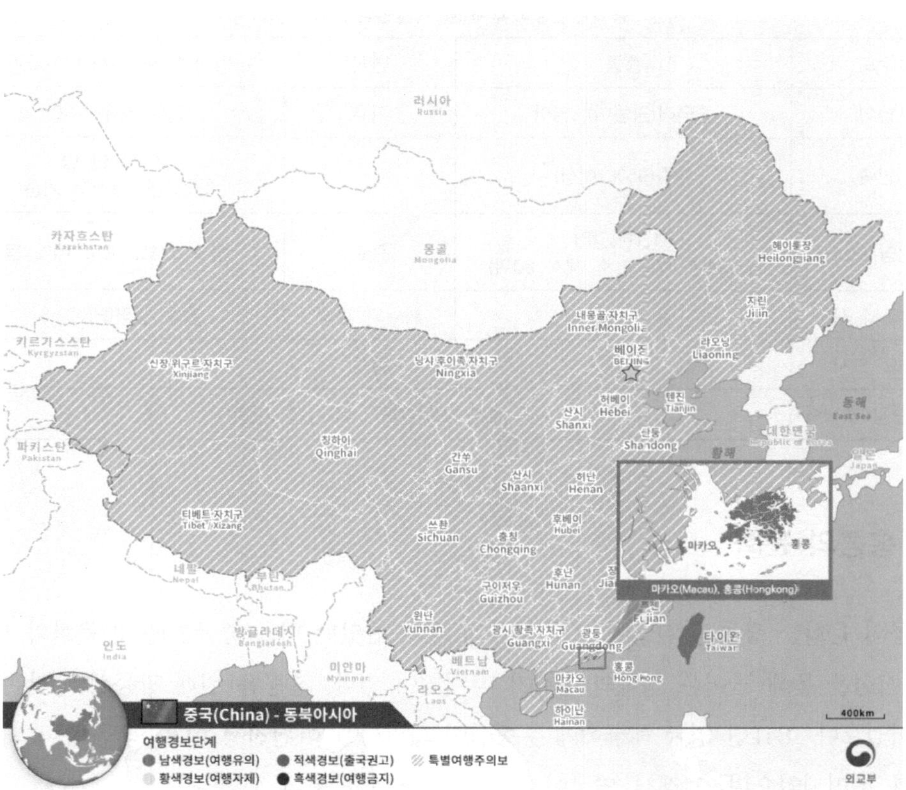


자료: 외교부 해외안전여행, 2024년 1월 11일 현재.

**[총영사관 연락처]**

- 주소: 5/F., Far East Finance Centre, 16 Harcourt Road, Hong Kong
- 대표번호(근무시간 중): (852) 2529-4141
- 긴급 연락처(사건사고 등 긴급상황 발생 시, 24시간): (852) 9731-0092
- 이메일: hkg-info@mofa.go.kr

**학습목표**

홍콩의 개요, 문화, 핵심 관광지, 주요 관광상품과 홍콩 관광의 현주소를 파악하여 홍콩을 전문적으로 이해하고 설명할 수 있다.

| 국명: 중화인민공화국 홍콩 특별행정구(Hongkong) | | | |
|---|---|---|---|
| 수도 | 홍콩 | 면적 | 약 1,104km$^2$(세계 169위) |
| 언어 | 중국어(광둥어), 영어 | 기후 | 온대 하우 기후 |
| 민족 | 한족(95% 이상) | 인구 | 약 745만 명<br>(2023년, 통계청 기준) |
| 1인당 GDP | 51,168달러<br>(2024년 IMF 기준 세계 20위) | 종교 | 불교 21%, 도교 14% 등 |
| 한국과의 시차 | -1 | 화폐와 환율 | 홍콩 달러(HKD, $) |
| 주요 도시 | 홍콩 | | |
| 국가관광 경쟁력 | 세계 19위(WEF, 2021년 기준) | | |

## 2) 홍콩의 문화

홍콩의 문화는 광둥성 일대에 오래 전부터 자리 잡았던 한족(중국인)들의 문화와 영국령 홍콩 시절을 통해 들어온 영국의 문화가 혼재되어 있다. 홍콩은 원래 광동성과 같은 광동 지역이었으나 1841년 영국 해군에게 홍콩섬이 함락당한 아편전쟁 이후 영국 땅이 되어 광둥성과 분리되었으며, 그래서 영국이자 중국인 특이한 곳이 되었다.

홍콩은 중국 대륙에 비해 대외 교류가 많았던 곳이기에, 흔히 떠올리는 중국 문화 혹은 중국이나 중국인 이미지를 형성하는 데에 홍콩이 기여했던 바가 크다. 중국 권법을 쓰는 캐릭터부터가 홍콩 영화 덕분에 대중적이게 되었고, 원래 여진족의 전통 복장에서 유래한 치파오를 중국 대표 전통 복장으로 생각하는 것도 홍콩의 영향이며, 또 중국어를 흉내를 내는 억양도 홍콩의 통용어인 광동어가 그런 억양을 지녔다.

치파오의 경우 원래 여진족・만주족의 정통 복식으로 몽골에서 유래한 창파오가 기원인데, 홍콩에서 학교들이 치파오를 교복으로 채택하기도 하고, 개량된 치파오를 19세기 말 영국령 홍콩 초기 때 사람들이 입고 다니던 버릇이 영국인들에게 그대로 인상 깊게 남아 중국 전통 복장의 이미지에 있어 몽골계 의상인 치파오가 한족 전통의 한푸를 밀어낸 지 오래다.

### (1) 음식 문화

홍콩은 인구비율로 볼 때 가장 많은 음식점을 가지고 있는 곳으로 9,900개 이상의 레스토랑이 있다. 고급 레스토랑부터 서민적인 분위기의 저렴한 국수집까지 홍콩에서 즐길 수 있는 다양한 음식만큼이나 다양한 음식점이 있어 음식의 맛을 체험하기에 즐거운 곳이다. 또 해마다 장기간 동안 음식축제가 열리고 있어 관광객의 마음을 사로잡는다. 홍콩의 요리는 중국 본토 남부의 광동인들이 이주해와 정착한 것으로 중국에서도 가장 화려한 요리인 광동요리를 기본으로 발달했으며, 광동요리를 포함한 중국 본토 모든 지방의 향토음식을 골고루 만날 수 있을 뿐만 아니라 세계 각국의 다양한 요리를 골고루 맛볼 수 있다.

특히 홍콩은 다양한 계절별 특산물을 맛볼 수 있는 곳으로, 연중 홍콩의 특산물이 화려한 음식으로 제공된다. 3월부터 5월까지는 봄이 제철인 해산물 요리인 전복요리, 바닷가재요리, 생선요리, 조개요리 등이 있으며 여름인 6월에서 8월까지는 다양한 종류의 멜론과 버섯 및 야채요리가, 가을인 9월에서 11월까지는 게를 이용한 다양한 요리가, 그리고 겨울인 12월에서 2월까지는 뱀・녹용・인삼 등 건강음식이 제공된다.

하지만 무엇보다 홍콩의 음식 중에서 빼놓을 수 없는 것은 항상 차와 함께 먹는다고 해서 '얌차'로 통하는 딤섬이다. 딤섬은 정통 광동요리로 점심식사나 가벼운 먹거리로 각광받고 있는데 종류가 많아서 우리가 일반적으로 알고 있는 만두 모양 외에도 여러 가지가 있다. 싸는 재료도 밀가루 외에도 튀김가루・시금치・전분 등 다양하게 이용되며, 이것을 찜이 외에도 튀김・조림 등 여러 가지 요리법으로 조리되고 있다. 200여 가지의 맛과 모양을 가진 딤섬은 모양에 따라 작고 투명한 교, 껍질이 두툼하고 폭신한 파오, 통만두 모양으로 위 부분이 열려 속이 보이는 마이, 마이와 같은 방법으로 만들지만 속을 볶아 넣는 쇼마이, 쌀가루로 얇게 전병을 부쳐 속을 얹어서 돌돌만 편 등으로 나뉜다.

### (2) 축제

홍콩에는 국제적인 순수 문화예술행사와 전통 민속행사 등 다양한 문화행사가 개최되고 있다. 홍콩의 국제적 문화예술행사로는 홍콩 페스티벌(Hong Kong Arts Festival), 홍콩 청년 예술 페스티벌(Hong Kong Youth Arts Festival), 홍콩 국제필름 페스티벌(Hong Kong International Film Festival) 등이 있다. 또 중국 무용 페스티벌(Chinese Dance Festival), 국제 어린이예술 페스티벌(International Children' Arts Festival), 중국 포크문화 페스티벌(Chinese Folk Culture Festival), 중국 전설 페스티벌(Legend of China Festival)이 열리기도 한다.

전통 민속축제로는 춘절(Lunar New Year Festival)과 조상을 기려 성묘하는 날인 청명절(Ching Ming Festival)이 있다. 또 부패정치에 항의해 강물에 뛰어들어 자살한 영웅을 기념하는 축제일인 단오절(Dragon Boat Festival)이 있다. 이 날은 그를 구하러 배를 띄웠던 것을 흉내 내어 드래건 보트(Dragon Boat) 레이스가 열린다. 달 구경을 하며 월병을 먹는 중추절(Mid-Autumn Festival)이 있으며, 조상을 기려 성묘하는 날인 중양절(Chung Yeung Festival) 등이 있다. 홍콩은 영국식 태양력과 중국식 태음력을 사용하기 때문에 축제일이 해마다 바뀐다.

### (3) 영화산업

홍콩은 1990년대 중반까지 매년 500～600여 편의 영화를 제작하여 세계 제2의 영화산업 지역이었다. 그러나 1997년부터 영화 제작이 줄어들기 시작하여 현재는 100～150여 편을 제작하는 등 지속적인 감소추세에 있다. 홍콩 정부는 국제 영화제를 개최하는 한편, 1999년에는 1억 달러의 영화발전기금을 설립하였다. 또 '로케이션 2001 쇼(Location 2001 Show)'를 개최하는 등 영화산업 부흥을 위해 전력투구하고 있으며, 세계 3대 영화산업 지역이라는 위치를 지키기 위해 노력하고 있다.

홍콩은 관객에 따라 영화를 3등급으로 구분하는데 1등급은 무제한, 2등급은 제한 권장인데 A는 아동 관람제한, B는 아동 및 청소년 관람제한, 부모동반 시 입장 허용 등이다. 3등급은 18세 이상만 입장 가능토록 제한했다.

### (4) 전통문화

홍콩의 문화는 영국 식민지배의 영향을 많이 받았다. 영국이 홍콩의 문화에 미친 영향은 홍콩의 곳곳에 남아 있다. 특히 1842년 아편전쟁 패배 이후 가장 먼저 할양했던 홍콩섬에 영국인이 거주하기 시작하면서 지금도 남아 있는 도시의 이국적인 경관을 조성했다. 1906년에 문을 연 웨스턴 마켓(Western Market)은 붉은 벽돌로 건축된 오래된 건물로, 지금은 전통 공예품과 액세서리 등을 판매하는 소매점이 자리 잡고 있다. 홍콩종심법원(香港終審法院)은 1912년 개관하여 대법원으로 활용되었다. 2018년 개관한 타이쿤(大館)은 영국 식민지 시기의 경찰청과 감옥을 홍콩의 현대 문화예술 공간으로 전환한 시도이다.

홍콩의 티타임 문화도 영국으로부터 영향을 받았다. 유명 호텔의 애프터눈 티 세트는 2~3층으로 구성된 트레이에 나오는 다양한 디저트를 홍차와 함께 즐기는 방식이다. 대부분의 홍콩 식당에서도 티타임에 판매하는 메뉴를 별도로 가지고 있다. 홍콩식 티타임은 현지화 된 밀크티, 홍차에 레몬을 곁들이는 레몬차, 밀크티와 커피를 섞은 차 등을 프렌치토스트나 버터를 통으로 넣은 빵, 닭다리 구이 등의 간단한 음식과 함께 먹는 방식이다.

영국과 홍콩 문화의 혼종은 지금의 독특한 홍콩의 문화로 남았다. 홍콩에는 지역색이 강한 문화도 많이 남아 있다. 창저우섬의 창저우번페스티벌(包山節)은 홍콩에서 열리는 가장 화려한 축제 중 하나다. 연꽃으로 만든 빵을 쌓은 철제탑을 올라 가장 높은 곳에 있는 빵을 가지고 오는 대회가 유명하다. 전설에 따르면 섬에 감염병이 돌아 수천 명이 목숨을 잃은 상황에서 도래한 팍타이(北帝)라는 신이 역병과 악마의 영혼을 물리쳐 섬을 구했다. 이후 팍타이를 기리기 위해서 매년 축제가 거행되었다고 한다.

이 외에도 홍콩에서는 여전히 풍수지리설을 강하게 믿고, 공공장소에서 태극권을 연습하는 사람들을 종종 만날 수 있으며, '량차(凉茶)'라고 불리는 중국식 허브차를 약처럼 마시고는 한다. 한국인 사이에서도 유명한 딤섬(點心)은 홍콩에서 주로 아침이나 오후에 먹는다. 홍콩에서는 중국차와 함께 느긋하고 여유롭게 딤섬을 먹는 풍경을 쉽게 찾아볼 수 있다.

### 3) 홍콩의 핵심 관광지

홍콩은 세계적으로 명성이 높은 빅토리아 하버와 산악지형의 믿어지지 않는 아름다운 풍경뿐 아니라 즐거움이 가득한 하루를 보낼 수 있는 사람이 만든 관광지들 덕분에 인공과 자연 두 세계를 제대로 즐길 수 있다. 버킷리스트에 추가할만한 신나는 곳들이 즐비하며, 어드벤처 테마파크, 기발한 박물관, 스릴 넘치는 액티비티 등 매우 다양하다.

#### (1) 빅토리아 피크

더 높이 올라가면 더 많은 걸 볼 수 있다. 피크(The Peak)에 있는 이 핫스팟들은 홍콩의 빛나는 풍경을 보여주어 완벽한 사진을 찍을 수 있다. 모든 장소에 각기 다른 시간에 방문하더라도 빛이 다르기 때문에 다양한 모습을 감상할 수 있다. 작은 비밀이 있다면, 피크를 방문하기에 가장 좋은 시간은 해 질 무렵이다. 낮 시간, 해 질 녘, 그리고 밤까지 거부할 수 없이 매혹적인 경험으로 멋진 피크의 전망에 푹 빠져들어 버린다. 쇼핑, 여가활동, 식사, 추억에 남길 기념사진 촬영 등 피크에서 즐길 수 있는 최고의 경험으로 손꼽힌다.

#### (2) 피크 트램

피크는 종종 홍콩에서 가장 화려한 여행지로 불리는데, 그저 이곳에 오르는 것만으로도 마치 마법에 빠진 기분을 느낄 수 있다. 이 여정은 약 6분이 소요되며, 1,278m 길이의 선로를 따라 해발 33m에서 396m까지 오른다. 피크 트램이 오르막길을 오르는 동안 고층건물이

빅토리아 피크의 피크 트램(자료: 홍콩관광청)

불가능한 각도로 미끄러지듯 지나가는 것은 기억에 남는 시각적 체험이다. 영상이나 사진을 찍기에도 이상적이다. 이 클래식한 교통수단에서 중력에 역행할 때 카메라를 촬영 모드로 준비하며 트램이 올라가는 것을 기록해보자. 130년 이상의 우수한 노면전차, 피크 트램은 1888년 영국 총독과 피크의 주민들을 위해 운행을 시작했다. 오늘날 이것은 세계에서 가장 오래된 강삭 철도 중 하나이며, 모든 사람이 이용할 수 있다. 피크 트램은 홍콩의 가장 인기 있는 여행 어트랙션 중 하나가 되었고, 1년에 6백만 명 이상의 승객을 태운다.

### (3) 홍콩 디즈니랜드

홍콩 디즈니랜드(자료: 홍콩관광청)

재미로 가득한 가족 여행지를 찾는다면, 홍콩 디즈니랜드가 그 답이다. 낮에는 가장 사랑하는 디즈니 캐릭터를 만나 함께 사진을 찍고 인기 놀이 기구를 타는 것 말고도 이 테마파크를 보다 특별하게 만드는 독특한 홍콩 문화 체험과 볼거리가 가득하다. 이곳에 가고 싶다면, 이 홍콩 디즈니랜드 완벽 가이드를 따라 방문해야 한다. 란타우섬에 위치한 홍콩 디즈니랜드는 이곳만의 전용 MTR 리조트 라인이 서니 베이(Sunny Bay) 역으로부터 있다. 버스노선 R33과 R42도 이곳으로 온다. 택시나 침사추이 스타 페리 항에서 하루에 딱 한 번 운행하는 디즈니선 페리를 타도된다. 오전 11시에 출발하므로 대부분은 디즈니 호텔에서의 하룻밤을 계획하거나 이틀에 걸쳐서 홍콩 디즈니랜드를 둘러보려면 디즈니랜드 웹사이트에서 홍콩 디즈니랜드와 호텔 결합상품 등을 예약하여 이용한다.

### (4) 워터월드 오션파크 홍콩

자연의 놀라움을 탐험하고 파도에 도전할 준비가 됐다면, 워터월드 오션파크 홍콩(Water World Ocean Park Hong Kong)이 가장 적합하다. 아시아 최초 연중 운영되는 워터파크 5개 구역으로 구성되어 있다. 사우스 아일랜드 라인(South Island Line)의 MTR 오션파크 역에서 내리면 쉽고 빠르게 오션파크 입구에서 무료 셔틀버스를 타고 워터월드로 갈 수 있다. 셔틀버스는 오전 7시부터 오션파크 폐장 이후 2시간까지 운행된다. 워터월드를 오가는 다른 교통수단으로 시티버스 629, 629M(돌아오는 편만 운행), 초록색 미니버스는 29A, 29X, 59S 등이 있다.

### 4) 홍콩의 주요 관광상품

#### (1) 홍콩(4일, ₩599,000~)

✣ 주요 일정: 인천 / 홍콩(1) – 홍콩 트램, 소호 거리, 헐리우드 로드, 리펄스베이, 빅토리아 피크, 피크 트램(1) – 윙타이신 사원, 오후 자유시간 – 홍콩 / 인천
✣ 이용 항공: 제주항공
✣ 이용 호텔: 4성급(하버 플라자 리조트 시티)

#### (2) 홍콩 / 마카오(4일, ₩799,000)

✣ 주요 일정: 인천 / 홍콩(1) – 홍콩 트램, 소호 거리, 헐리우드 로드, 리펄스베이, 빅토리아 피크, 피크 트램(1) – 윙타이신 사원, 마카오 성 바울 성당 유적, 세나두 광장, 육포 및 쿠키거리, 베네시안 마카오 리조트(1) – 홍콩 전일 자유시간(1) – 침사추이 해변 산책로(연인의 거리~스타의 거리) – 홍콩 / 인천
✣ 이용 항공: 아시아나항공
✣ 이용 호텔: 4성급(하버 플라자 리조트 시티)

#### (3) 홍콩 / 마카오 / 심천(4일, ₩799,000~)

✣ 주요 일정: 인천 / 마카오(1) – 홍콩 트램, 소호 거리, 헐리우드 로드, 리펄스베이, 빅토리아 피크, 피크 트램(1) – 윙타이신 사원, 오씨티 하버, 옌티엔 야시장, 핑안빌딩 116층 전망대(1) – 마카오 씨월드, 성 바울 성당 유적, 세나두 광장, 육포 및 쿠키거리, 베네시안 마카오 리조트(1) – 마카오 / 인천
✣ 이용 항공: 진에어
✣ 이용 호텔: 4성급(하버뷰 호텔 마카오 / 하버 플라자 리조트 시티 / 센추리 플라자 호텔 심천)

### 5) 홍콩 관광의 현주소

홍콩의 관광지표를 살펴보면 외국인관광객수 약 1,359,000명, 관광수입약 US$2,842 million, 관광산업 GDP US$2,792 million, 관광산업 비중 0.8%, 관광산업 일자리 149,000개로 4.1%를 차지하고 있다. 해외지출 대비 국내지출은 74.5%로 국내지출이 높은 것을 알 수 있다.

세계경제포럼(WEF)이 발표한 2021년 홍콩 관광경쟁력은 세계 19위이며, 세부지표는 지상・해상 교통 인프라 1위, 비즈니스 환경 2위, 항공운송 인프라 5위, 인적자원과 노동시장 9위, ICT 준비 10위, 안전과 치안 14위, 환경의 지속성 18위, 비여가 자원 20위로 상당히 높은 상위권을 보였고, 관광우선순위 29위, 건강과 위생 35위, 국제개방성 40위, 사회경제적 회복력과 조건 43위로 중위권을 보였으며, 관광객서비스인프라 65위, 문화적 자원 72위, 가격경쟁력 113위, 자연적 자원 114위로 낮은 평가를 받았다.

홍콩의 관광산업 발전을 위해서는 문화자원의 개발이 시급해 보이며, 관광객을 위한 서비스 인프라도 증대해야 할 것으로 보인다.

# 3장

# 남태평양 문화와 관광 이해하기

남태평양 지역은 태평양의 남쪽에 위치한 지역으로, 다양한 섬과 국가들로 이루어져 있다. 이 지역은 문화적으로 다양하며, 각 국가와 섬마다 고유한 전통과 언어・예술・음악 등을 가지고 있다. 다음은 남태평양 지역의 몇몇 국가와 섬들의 전통적인 문화에 대한 일반적인 특징들이다.

❖ **마오리 문화(뉴질랜드)**

- 하카(haka): 마오리 전통 춤으로, 전쟁이나 축제와 같은 다양한 행사에서 사용된다. 강렬하고 에너제틱한 동작과 함께 목소리를 사용하여 강력한 표현이 이루어진다.
- 타투(ta moko): 마오리족은 얼굴과 몸에 특별한 문양의 타투를 하는 전통이 있다. 각각의 타투는 개인의 신분, 가족, 종족, 그리고 그들의 역사와 관련이 있다.

❖ **하와이 문화(미국 하와이 주)**

- 훌라댄스(hula dance): 하와이의 전통 춤으로, 손과 체조를 사용하여 이야기를 전하는 데 사용된다. 자연의 움직임을 모방하며, 종종 여성들이 꽃 장식이나 다양한 의상을 입고 춤추기도 한다.
- 우쿨렐레(ukulele): 작은 기타로도 알려진 우쿨렐레는 하와이에서 유래한 악기로, 전통적인 음악에서 현대 음악까지 다양한 분야에서 사용된다.

❖ **타히티 문화(프랑스령 폴리네시아)**

- 오리파(ori tahiti): 타히티의 전통 춤으로, 다양한 동작과 의상을 사용하여 이루어진다. 여성들이 아름다운 의상을 입고 춤추며 타히티의 자연과 문화를 표현한다.
- 타파(tapa): 수풀에서 추출한 나무의 내장을 이용하여 만든 피비를 사용한 고유한 타히티 예술과 공예품이 있다.

❖ **피지 문화**

- 멜로디언기 링레레(melodious bamboo): 피지의 전통적인 음악에는 멜로디언과 같은 고유한 악기들이 사용된다. 링레레는 대나무로 만든 튜브로, 다양한 길이와 크기의 관을 이용하여 다양한 멜로디를 연주한다.
- 마쓰리(mat weaving): 대나무나 코코넛 나무 잎으로 만든 매트는 피지에서 일상 생활에서도 사용되며, 예술과 장식에도 활용된다.

이러한 사례들은 남태평양 지역에서 발전한 전통적인 문화의 다양성을 잘 보여준다. 이 지역의 문화는 지역별, 섬별, 그리고 각 지역 내에서도 큰 차이를 보이며, 각각의 고유한 특징과 아름다움을 지니고 있다.

# 1.

# 호주의 문화와 관광

오스트레일리아 연방, 줄여서 오스트레일리아 혹은 호주는 오스트레일리아 대륙 본토와 태즈메이니아섬, 그리고 인도양과 태평양의 많은 섬으로 이루어진 주권국이며, 오세아니아에서 1번째, 세계에서 6번째로 면적이 넓은 나라다. 북쪽으로는 인도네시아와 동티모르, 파푸아뉴기니, 북동쪽으로는 솔로몬 제도와 바누아투, 누벨칼레도니, 그리고 남동쪽으로는 뉴질랜드가 위치해 있다. 수도는 캔버라이고, 주요 도시로는 시드니, 멜버른, 브리즈번, 퍼스, 골드 코스트, 애들레이드 등이 있다. 18세기 말 유럽인들 이주 이전인 최소 40,000년 전부터 원주민이 살았다고 전해진다.

1606년 네덜란드 공화국이 오스트레일리아를 발견한 이후 1770년, 그레이트브리튼 왕국이 오스트레일리아 동쪽 지역을 자기 영토로 삼았으며, 1788년 1월 26일부터 뉴사우스웨일스주의 식민지로 죄인들을 수송해 정착시키기 시작하면서 이민이 시작되었다. 그 이후 인구는 차츰 늘기 시작했고, 계속 대륙을 탐험해서 다섯 개 자치 식민지를 추가로 건설했다. 1901년 1월 1일 여섯 개 식민지가 연합하여 오스트레일리아 연방을 설립하였다. 모국인 영국과 지리적 영향을 받은 정체성을 점차 갖추었으며, 1942년 웨스트민스터 헌장 적용을 받아 행정적으로 모국과 분리되었다.

1948년부터 오스트레일리아에 거주하는 영국 국민은 오스트레일리아 국적을 사용하게 되었다. 이후 1986년 오스트레일리아 법이 영국 의회에서 통과되어 영국 의회의 오스트레일리아 내 입법권이 정지되었으며, 사법권도 최고재판소가 런던의 추밀원에서 오스트레일리아 고등법원으로 옮겨짐으로써 영국과 남은 법적 종속관계를 단절하여 자주국가가 되었다. 오스트레일리아는 영국과 캐나다, 뉴질랜드를 비롯한 영연방 국가들과 동군연합을 이루고 있으며, 국가원수는 찰스 3세 국왕을 대표하는 오스트레일리아 총독이며, 입헌군주제 국가이다.

오스트레일리아는 G20, OECD, WTO, APEC, 국제 연합, 영국 연방, 앤저스(ANZUS), 태평양제도 포럼에 가입해 있다. 한편, 2012년 OECD(경제협력개발기구) 조사에서 오스트레일리아가 세계에서 가장 살기 좋은 나라로 나타났다.

### 1) 호주의 개요

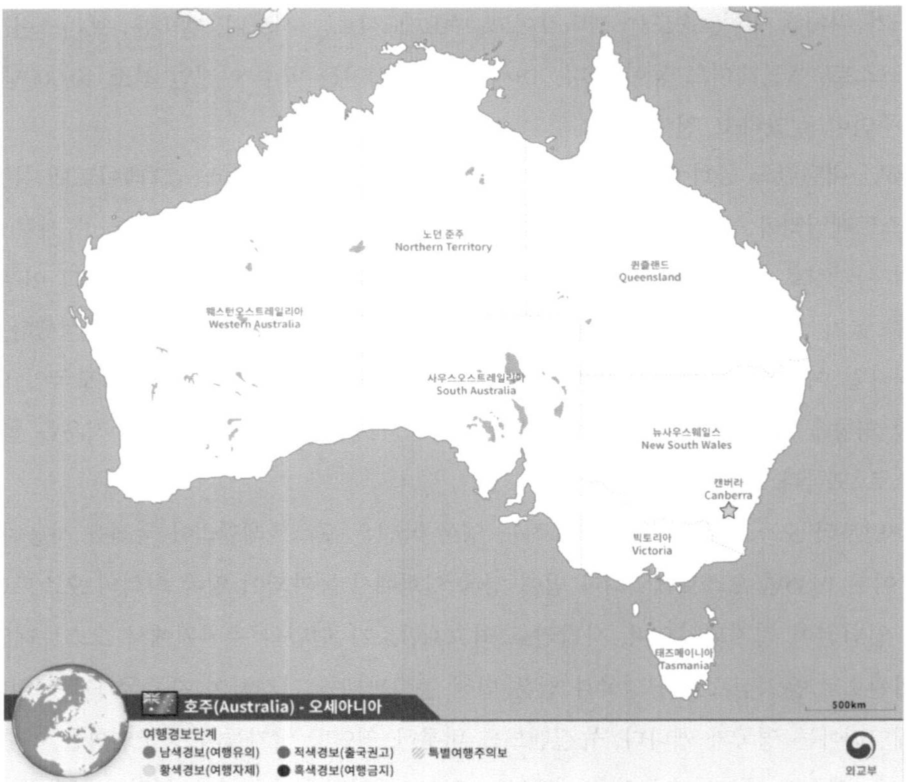


자료: 외교부 해외안전여행, 2024년 1월 11일 현재.

**[대사관 연락처]**

- 주소: 113 Empire Circuit Yarralumla ACT 2600, Austraila
- 대표번호(근무시간 중): (61) 2-6270-4100
- 긴급 연락처(사건사고 등 긴급상황 발생 시, 24시간): (61) 408-815-922
- E-mail: australia@mofa.go.kr

**학습목표**

호주의 개요, 문화, 핵심 관광지, 주요 관광상품과 호주 관광의 현주소를 파악하여 호주를 전문적으로 이해하고 설명할 수 있다.

| 국명: 오스트레일리아(Australia) | | | |
|---|---|---|---|
| 수도 | 캔버라 | 면적 | 약 7억 7,412만 ha(세계 6위) |
| 언어 | 영어 | 기후 | 온대 기후 |
| 민족 | 영국계(33.0%), 호주계(29.9%),<br>아일랜드계(9.5%),<br>스코틀랜드계(8.6%), 중국계(5.6%) | 인구 | 약 2,669만 명<br>(2024년, 통계청 기준) |
| 1인당 GDP | 63,487달러<br>(2024년 IMF 기준 세계 10위) | 종교 | 기독교 67%, 무교 26% 등 |
| 한국과의 시차 | +2 | 화폐와 환율 | 오스트레일리아 달러(AUD) |
| 주요 도시 | 캔버라, 시드니, 브리즈번, 케언즈, 멜버른 | | |
| 국가관광 경쟁력 | 세계 7위(WEF, 2021년 기준) | | |

## 2) 호주의 문화

오스트레일리아는 수백 개의 국립공원만큼이나 다채로운 축제와 행사가 벌어지는데 마디그라 축제, 패션 축제, 애들레이드 예술축제, 캔버라 꽃 축제, 포도 축제를 비롯하여 요트 경기, 자동차 경주, 경마 경기 등이 사랑을 받고 있다. 시드니에 있는 오페라 하우스는 전 세계 사람들의 눈길을 사로잡는다. 오스트레일리아는 국가와 종교가 없으며, 오스트레일리아 헌법 조항 166조는 "오스트레일리아 연방정부가 그 어떤 종교를 수립하고, 그 어떤 종교적 의식을 시행하는 것 또는 그 어떤 종교의 자유적인 활동을 금지"하고 있다.

### (1) 사회적 배경

오스트레일리아의 원주민은 석기시대와 똑같은 수렵생활을 영위한 데 지나지 않았으며, 식민지 당국은 그 노력을 이용할 수는 없었다. 원주민 인구는 크게 감소하여 순혈종의 원주민 약 4만 명이 특별보호구에서 보호생활을 보내고 있다. 따라서 이 나라의 주민 구성을 생각할 때 원주민은 현실적으로는 없는 것과 마찬가지이다. 그 결과 이 나라의 주민은 모두 최초의 선대 이래 도래한 사람들이며, 현재 총인구 약 1,973만 중 96%가 유럽계 백인으로 구성되어 명실공히 '백인의 천하'라 평가된다. 그 중 영국계가 압도적으로 많아 90%를 차지한다. 오랫동안 이민에 의한 인구 증가를 꾀해 왔는데, 제2차 세계대전 후에도 급속한 자원개발과 경제성장을 목표로 하고, 또한 1930년대의 낮은 출생률에 기인하는 인구 구성의 틈을 메우기 위해서 이민 수용정책이 채용되었다. 이탈리아・그리스・네덜란드・독일 등지로부터의 이민이 많다.

### (2) 음식

오스트레일리아 원주민과 식민지 사회에서 맛볼 수 있는 요리로, 대규모 이주를 통해 건국된 나라인 오스트레일리아는 영국・유럽 대륙・아시아・중동・오스트레일리아 원주민 등 다양한 문화가 뒤섞인 독특한 요리문화를 가진다.

65,000년간 오스트레일리아에 선주해 왔던 오스트레일리아 원주민들은 캥거루를 비롯한 토착 식재료로 만든 독특한 수렵채집사회 식단을 형성해왔다. 오스트레일리아는 1788년부터 영국의 식민지였는데, 이 기간 동안 영국 및 아일랜드 이민자들의 영향을 강하게 받아 식문화가 형성되었고, 밀과 양고기 및 우육이 주된 재료가 됐다. 그 후 동아시아 지역을 비롯한 여러 나라에서 온 이민자들을 받아들이며 오스트레일리아 요리는 다양해졌다.

#### 가) 미트 파이(Meat Pie)

닭고기나 소고기 등의 고기를 갈아 버섯・카레・감자・야채・치킨 등을 파이껍질 속에 넣은 것으로, 그 종류만도 수십 가지나 된다. 그린 피스나 그래비 소스를 뿌려서 먹는데, 취향에 따라 칠리소스를 뿌려 먹기도 한다.

### 나) 피시 앤 칩스(Fish & Chips)

피시 앤 칩스(자료: 지식백과)

흰살 생선에 밀가루를 입힌 것과 감자를 기름에 튀긴 음식으로 본래 영국 음식이다. 호주인들이 주로 점심에 테이크아웃 해가는 주요 음식 중 하나로, 세계 어느 곳에서도 호주만큼 일반화된 곳을 찾기 힘들다.

### 다) 키드니 파이(Kidney Pie)

소나 양의 콩팥과 고기, 양파 등을 섞어서 파이에 끼워 구운 요리이다.

### 라) 악어 크림파이(Crocodile Cream Pie)

호주의 악어 요리이다. 악어고기는 담백한 맛으로 닭고기와 비슷하다고 하며, 광우병 파동이 번진 유럽에서 대체 식재료로 인기를 끌기도 했다.

### 마) 캥거루 스테이크(Kangaroo Steak)

캥거루 고기를 두툼하게 썰어 구워 소금과 후추로 시즈닝 한 요리이다.

### 바) 에뮤 스테이크(Emu Steak)

호주의 타조라 불리는 날지 못하는 새인 에뮤의 고기로 만든 스테이크이다. 타조와 마찬가지로 날지 못하는 새 종류인 가금류보다는 소고기나 양고기의 육질에 가깝다. 에뮤는 스테이크뿐 아니라 알도 식재료로 애용된다.

## (3) 스포츠

오스트레일리아식 축구와 럭비 리그, 크리켓, 축구가 큰 인기를 누리고 있다. 축구의 경우는 2004년엔 8개 팀으로 프로 축구 리그인 A-리그가 창설되었다. 현재 현대 A-리그에는 10개 팀, 그 중 하나는 뉴질랜드에 연고를 두고 있다. 올림픽은 1956년 멜버른 올림픽과 2000년 시드니 올림픽에 2번 연 적이 있었다. 크리켓 월드컵 4회 우승이라는 전력을 가지고 있다.

### (4) 전통문화

오스트레일리아의 섬 대륙이라는 독특한 지형적 특성은 오스트레일리아 문화가 형성되는 데 많은 영향을 끼쳤다. 이 섬의 원주민들은 최소 4만여 년 동안 외부 세계와 단절된 생활을 해온 것으로 알려져 있다. 이는 외부의 다른 대륙과 멀리 떨어져 있다는 이유 때문이다.

이로 인해 백인 중심의 정책이 펼쳐졌다. 그러나 20세기 후반에 이민 규정이 완화되면서 아시아・중동・유럽 대륙의 여러 나라로부터 이민자와 난민이 유입되면서 이들이 호주 문화에 지대한 영향을 미치게 되었다.

## 3) 호주의 핵심 관광지

호주는 6만 년 전부터 이 땅의 전통적인 주인이었던 호주 원주민과 토레스 해협 섬 원주민들을 인정하고, 이 들의 역사와 문화를 존중하고 있다. 호주 원주민 사회의 친절함, 관대함, 유머러스한 특성 및 문화를 지속적으로 공유할 것이며, 이는 호주의 이야기가 전해지는 핵심이 될 것이다.

### (1) 시드니

오페라 하우스 전경(자료: 호주관광청)

시드니는 시드니 하버 브리지(Sydney Harbour Bridge)나 오페라 하우스(Opera House) 같은 필수 명소가 있는 곳이지만, 동시에 이 하버 시티(Harbour City)는 계속해서 진화하고 있는 곳이다. 모퉁이를 돌 때마다 새로 생겨난 루프탑 바와 연극 공연, 디자이너 매장을 만날 수 있고, 도시의 활기찬 에너지는 백사장에 누워 느긋하게 보내는 오후와 완벽한 균형을 이룬다. 또한 멀지 않은 곳에 다양한 여행지가 있어 시드니야말로 당일 여행이나 주말여행을 위한 완벽한 베이스캠프 역할을 할 수 있다.

### (2) 브리즈번

그레이트 바리어 리프
(자료: 호주관광청)

브리즈번(Brisbane)은 실외 다이닝, 강변 피크닉, 해안에 인접한 섬들에 국립공원까지 화창한 날씨만큼이나 다양한 야외활동을 즐길 수 있는 도시이다. 여기에 역동적인 문화 지구와 풍부한 야생동물, 골드 코스트(Gold Coast)와 그레이트 배리어 리프(Great Barrier Reef) 같은 인근의 대표적 관광지에 대한 뛰어난 접근성이 합쳐져 누구라도 입맛이 당길 만한 여행지이다.

### (3) 골드 코스트

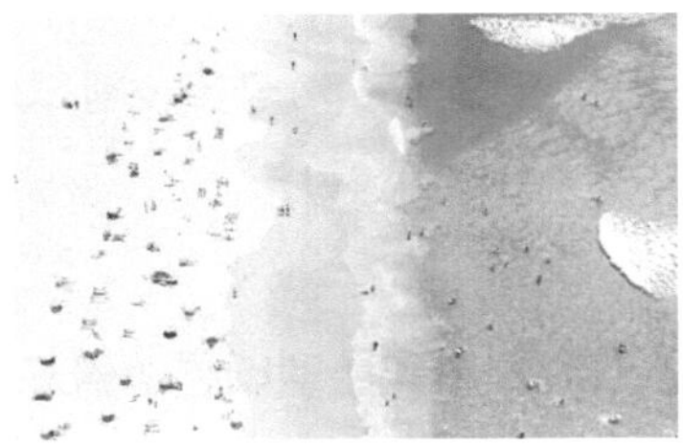

골드 코스트 해변(자료: 호주관광청)

골드 코스트(Gold Coast)의 인기 장소는 세계적으로 유명한 서퍼스 파라다이스(Surfers Paradise)의 드넓은 모래사장을 비롯한 바닷가이다. 바닷가에 더해서 한가로운 마을과 인기 음식 및 골드 코스트에서 유명한 테마 파크를 경험해보자. 아열대 기후의 내륙 지방에서 열대우림 사이를 걷고 폭포를 보기 위한 시간을 충분히 남겨두는 것도 필요할 것이다.

### (4) 케언즈

케언즈 지역은 유명한 그레이트 배리어 리프와 열대 습윤 지역 월드 헤리티지 레인포레스트가 있는 곳이지만 케언즈 시 자체만으로도 놓쳐서는 안 될 관광 명소이다. 멋스러운 카페, 번화한 시장, 가까운 여러 해변이 방문객들을 기다리고 있다. 리조트 수영장에서 느긋하게 즐기거나 열대 오아시스를 탐방하면서 시간을 보낼 수도 있다.

### (5) 멜버른

풍부한 문화적 역사와 새로운 시대의 트렌드가 완벽하게 어우러지는 곳이 바로 멜버른이다. 해가 지면 다양한 이벤트와 전시뿐 아니라 수많은 레스토랑들이 사람들로 북적이면서 도시가 살아난다.

### 4) 호주의 주요 관광상품

#### (1) 시드니 / 골드 코스트 / 브리즈번(7일, ₩1,499,000~)

- ✣ 주요 일정: 인천 / 브리즈번(1) – 캥거루포인트, 사우스 뱅크 파크랜드, 커럼빈 야생동물 보호구역(1) – 골드 코스트 마리나 미라지, 열대과일 농장, 버레이 헤즈 국립공원(1) – 시드니 오페라 하우스, 하버 브릿지, 미세스 멕콰리 포인트, 하버 크루즈 투어(1) – 블루마운틴 국립공원, 세 자매봉, 에코 포인트, 블루마운틴 트레킹, 로라 마을(1) – 시드니 본다이비치, 갭 파크, 왓슨스 베이, 더 록스, 시드니 로얄 보타닉가든 – 시드니 / 인천
- ✣ 이용 항공: 젯스타 에어웨이즈
- ✣ 이용 호텔: 4성급(호텔 그랜드 챈슬러 브리즈번 / 목시 시드니 에어포트 / 머큐어 시드니 파라마타)

#### (2) 시드니 / 멜버른 / 골드 코스트 호주 완전일주(9일, ₩2,499,000~)

- ✣ 주요 일정: 인천 / 시드니(1) – 블루마운틴 국립공원, 세자매봉, 에코 포인트, 블루마운틴 트레킹, 로라 마을(1) – 포트 스티븐스 자연체험, 돌핀 크루즈, 머레이 와이너리(1) – 시드니 하이드 파크, 세인트 메리 대성당, 오페라 하우스, 하버 브릿지, 미세스 멕콰리 포인트, 하버 크루즈 투어(1) – 골드 코스트 열대과일 농장, 포인트 데인져, 스카이 포인트(1) – 마리나 미라지, 커럼빈 야생동물 보호구역, 버레이헤즈 국립공원(1) – 멜버른 브런즈윅 거리, 미사거리, 플린더스 역, 야라강(1) – 12사도상(그레이트 오션로드), 로크 아드 고지, 아폴로 베이, 메모리얼 아치 – 멜버른 / 인천
- ✣ 이용 항공: 아시아나항공
- ✣ 이용 호텔: 4성급(목시 시드니 에어포트 / 머큐어 시드니 파라마타 / 노보텔 브리즈번 / 베이뷰 에덴 멜버른)

### (3) 시드니 / 골드 코스트 / 뉴질랜드 북섬(10일, ₩3,990,000~)

- 주요 일정: 인천 / 오클랜드(1) – 와이토모 동굴, 로토루아 항이디너(1) – 아그로돔, 아그로돔 팜투어, 와카레 와레아, 폴리네시안 스파(1) – 로토루아 호수, 레드우드 수목원, 에덴동산, 미션베이(1) – 블루마운틴 국립공원, 세자매봉, 에코 포인트, 블루마운틴 트레킹, 로라 마을(1) – 그랜드 퍼시픽 드라이브, 서브라임 포인트 전망대, 볼드 힐 전망대(1) – 시드니 본다이비치, 갭 파크, 왓슨스 베이, 더 록스, 시드니 로얄 보타닉가든(1) – 골드 코스트 열대과일 농장, 포인트 데인져, 스카이 포인트(1) – 마리나 미라지, 커럼빈 야생동물 보호구역, 버레이헤즈 국립공원 – 브리즈번 / 인천
- 이용 항공: 대한항공
- 이용 호텔: 4성급(아라와 파크 호텔 로토루아 / 홀리데이 인 오클랜드 에어포트 / 목시 시드니 에어포트 / 머큐어 시드니 파라마타 / 노보텔 브리즈번)

## 5) 호주 관광의 현주소

호주의 관광지표를 살펴보면 외국인관광객수 약 1,828,000명, 관광수입액 US$25,820 million, 관광산업 GDP US$20,896 million, 관광산업 비중 1.5%, 관광산업 일자리 516,000개로 4.1%를 차지하고 있다. 해외지출 대비 국내지출은 91.0%로 국내지출이 압도적으로 높은 것을 알 수 있다.

세계경제포럼(WEF)이 발표한 2021년 호주 관광경쟁력은 세계 7위이며, 서부지표 자연적 자원 1위, 비여가 자원 6위, 관광객서비스인프라 11위, 문화적 자원 15위, ICT 준비 15위, 항공운송 인프라 17위로 상위권에 올랐고, 건강과 위생 21위, 비즈니스 환경 24위, 안전과 치안 24위, 인적자원과 노동시장 24위, 국제개방성 25위, 사회경제적 회복력과 조건 26위로 상당히 안정적이고 높은 중위권을 보였으나 관광우선순위 45위, 지상 • 해상 교통 인프라 47위, 환경의 지속성 65위, 가격경쟁력 112위로 상당히 낮은 평가를 받았다.

호주의 관광산업 발전을 위해서는 관광선진국 지위에 걸맞은 환경에 대한 고민과 가격경쟁력은 호주 당국의 개선을 위한 노력이 필요할 것으로 보인다.

## 2.
## 뉴질랜드의 문화와 관광

뉴질랜드의 질랜드(Zealand)는 네덜란드 동남부 주인 제일란트(Zeeland)의 이름에서 유래한 것으로, 네덜란드인 항해가 아벨 타스만(Abel Tasman)이 뉴질랜드를 처음 '발견'했을 때 라틴어식으로 새로운 제일란트라는 의미의 Nova Zeelandia(네덜란드어식으로 Nieuw-Zeeland)라 명명한 것에서 유래한다. 대부분의 유럽 언어에서는 이 나라를 칭할 때 New를 의미하는 자국어와 Zealand의 자국식 철자 변형을 합쳐 부른다. 마오리어로는 뉴질랜드를 아오테아로아(Aotearoa, 길고 하얀 구름의 땅)라고 한다.

마오리족의 시조 정도가 되는 하와이키의 대족장인 쿠페(Kupe)가 배를 타고 낚시를 하던 도중 일련의 사건으로 인해 우연히 뉴질랜드를 발견했는데, 쿠페의 아내는 뉴질랜드 남섬 특유의 만년설을 멀리서 보고 "저기는 섬이 아니라 '긴 흰구름'이에요"라고 말하며 상륙을 말렸다. 하지만 쿠페는 그곳으로 가 보았고, 이렇게 해서 뉴질랜드를 발견했다고 전해지며, 이 아내의 말에서 아오테아로아가 유래했다.

북섬은 테 이카아마우이(Te Ika-a-Māui, 마우이의 물고기)라 한다. 이는 반인반신의 영웅 마우이가 건져 올린 거대한 물고기가 북섬이 되었다는 폴리네시아 신화에 따른 것이다. 남섬은 공식적으로는 테 와이포우나무(Te Waipounamu, 녹옥의 물), 비공식적으로는 테 와카 마우이(Te Waka a Māui, 마우이의 배)라고 한다. 최남단인 사우스랜드 지방의 스튜어트섬은 라키우라(Rakiura, 불타오르는 하늘)라고 한다. 환태평양 지진대에 속하며, 인도-호주판과 환태평양판이 충돌하는 지역으로 화산과 지진이 잦은 지역이다. 2010년 9월 4일 크라이스트처치에 규모 7.1의 커다란 지진이 일어났다. 이때 빅토리아 여왕 시절부터 있었던 건축물들을 포함해서 아름다운 오래된 건축물들이 가라 앉아 버렸다. 총리가 뉴질랜드 국민들이 이 위기를 스스로 헤쳐 나가겠다는 의지를 표명하였고, 이 발언에 오히려 국가신용도는 올라갔다고 한다.

## 1) 뉴질랜드의 개요

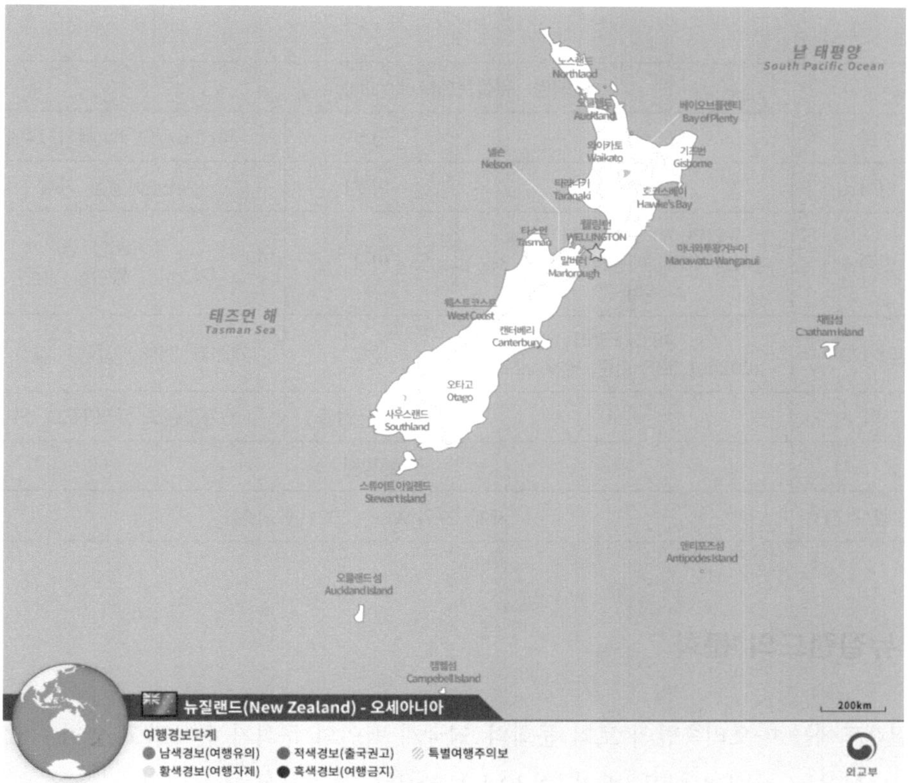


자료: 외교부 해외안전여행, 2024년 1월 11일 현재.

**[대사관 연락처]**

- 주소: 11th Floor Harbour Tower, 2 Hunter Street, Wellington 6011 New Zealand
- 대표번호(근무시간 중): (64) 4-473-9073
- 긴급 연락처(사건사고 등 긴급상황 발생 시, 24시간): (64) 21-0269-3271
- 이메일: info-nz@mofa.go.kr

**학습목표**

뉴질랜드의 개요, 문화, 핵심 관광지, 주요 관광상품과 뉴질랜드 관광의 현주소를 파악하여 뉴질랜드를 전문적으로 이해하고 설명할 수 있다.

| 국명: 뉴질랜드(Australia) | | | |
|---|---|---|---|
| 수도 | 웰링턴 | 면적 | 약 2,677만 ha(세계 74위) |
| 언어 | 영어, 마오리어 | 기후 | 서안 해양성 기후 |
| 민족 | 유럽인 70%, 마오리 16%, 아시안 15%, 태평양 도서국 8%, 기타 3% | 인구 | 약 526만 명 (2024년, 통계청 기준) |
| 1인당 GDP | 48,071달러 (2024년 IMF 기준 세계 22위) | 종교 | 개신교 35%, 가톨릭 13% 등 |
| 한국과의 시차 | +4 | 화폐와 환율 | 뉴질랜드 달러(NZD, $) |
| 주요 도시 | 웰링턴 | | |
| 국가관광 경쟁력 | 세계 27위(WEF, 2021년 기준) | | |

## 2) 뉴질랜드의 문화

뉴질랜드에는 마오리족만의 토착 문화와 영국계 백인의 문화가 존재하고 있다. 마오리족은 높은 실업율, 상대적 빈곤, 범죄, 청소년 불량서클, 복지시설 부족 등의 사회적 불이익에 대한 불만으로 마오리족 고유의 문화가 부흥하는 민족주의 성향이 있다. 최근에는 오클랜드, 해밀턴, 웰링턴, 크라이스트처치 같은 대도시들에 여러 이민들이 섞여 사는 이유로 뉴질랜드의 전통문화는 약간 사라져 가는 편이다.

뉴질랜드는 오랜 전통과 다양한 문화를 가지고 있다. 특히 무대예술이 뛰어나 음악 · 연극・무용 등의 전문인들이 활기차게 활동하고 있다. 400개의 박물관과 화랑을 통해 예술활동이 왕성하게 이루어지고 있으며, 뉴질랜드 심포니 오케스트라(NZ Symphony Orchestra)는 연중 100여 회의 콘서트를 가지고 있다. 발레단은 26명의 종신단원으로 구성되어 국내 공연을 펼친다. 스포츠는 럭비가 가장 인기 있다. 그 밖에 네트볼, 스쿼시, 소프트볼, 요트 등을 즐긴다.

### (1) 전통문화

원주민인 마오리(Māori)족의 인구는 2018년 기준 60만 명 정도이다. 여기에는 마오리 혼혈이나 본인의 정체성을 유럽계 및 다른 인종으로 생각하는 사람들이 제외되었으며, 이를 합하면 10~15만 명 정도는 더 포함된다. 미국, 캐나다, 라틴 아메리카에서 몰락한 아메리카 원주민과 옆 나라 호주에서 사냥감 신세로 전락한 호주 원주민에 비하면 특이하게도 뉴질랜드에서 원주민인 마오리족 주민은 나름대로 국민의 일원으로 받아들여졌다.

오늘날 많은 뉴질랜드인들은 이를 자랑스럽게 생각하며, 각종 스포츠 경기를 할 때 뉴질랜드 대표팀은 경기 시작 전에 마오리족의 전투 춤인 마오리 하카를 추고 경기에 임하곤 한다. 백인들 역시 뉴질랜드의 문화로 마오리족을 받아들인 것이다. 이때 하카를 추는 행위를 영어로는 'Dancing Haka'라 하지 않고 'Doing Haka'라고 표현한다. 또 마오리족은 뉴질랜드 왕을 겸하는 영국 여왕과는 별개로 마오리족만의 왕을 섬기는데, 뉴질랜드 정부와 국민들도 영국 여왕과 함께 마오리족의 왕을 자국의 군주로서 우대하고 있다.

### (2) 음식

마오리족들은 화산이 많은 뉴질랜드의 지열을 이용한 난방 효과를 얻기 위해서 땅에 구덩이를 파고, 지붕을 낮게 올리며, 고구마와 돼지고기를 묻고 뜨겁게 달군 자갈돌을 그 위에 덮어 놓아서 음식을 요리하는 항이(hangi)라는 요리법을 발달시켰다. 준비하는 데 손이 많이 가고, 조리시간도 오래 걸리기 때문에 전통적으로 손님을 접대하거나 경사가 있을 때 먹던 음식이었다. 현대에는 주로 대형 식당이나 아니면 축제・행사가 있을 때 먹는 음식 취급이다. 현대 뉴질랜드에서는 준비하는 데 시간이 오래 걸리면서 조리방법 자체는 투박하기 때문에 남자의 요리 취급을 받기도 한다.

### 가) 수프

마오리족의 전통 국(수프) 요리는 돼지고기와 뼈, 물냉이 및 양배추와 같은 나물, 그리고 함께 끓인 고구마, 감자와 밀가루 만두 등이 들어간다.

### 나) 아프칸 비스킷

밀가루, 버터, 콘플레이크, 설탕 및 코코아 가루로 만든 전통적인 뉴질랜드 비스킷으로 초콜릿 장식과 호두를 얹는다. 이름이 다소 뜬금없는데, 아프가니스탄과 직접적인 연관이 있는 건 아니고 뉴질랜드 전통 요리가 맞다. 어원에 대해서는 여러 가지 이설이 있으나, 처음 요리가 등장하게 된 시점이 영국-아프가니스탄 전쟁 즈음이었고, 비스킷의 거친 표면과 색이 아프가니스탄의 황량한 풍경을 닮아 그러한 이름이 붙었다는 설, 아프가니스탄의 전통 모자인 파콜(pakol)의 모양을 닮아서 그런 이름이 붙었다는 설, 그리고 마지막으로는 비스킷의 갈색이 아프가니스탄인들의 어두운 피부색과 비슷해서 그랬다는 설이 경합하고 있다.

### 다) 파블로바

머랭을 베이스로 하는 호주와 뉴질랜드의 디저트로, 러시아의 전설적인 무용수 안나 파블로바에서 그 이름을 따왔다. 주방장이 세계여행을 하던 안나 파블로바를 위해 만든 디저트라고 한다. 구운 머랭 위에 생크림과 각종 과일을 올려 달콤하고 상큼하게 즐긴다. 호주와 뉴질랜드 모두에서 사랑받고 있는 디저트이다.

## (3) 스포츠

뉴질랜드는 영연방의 일원으로 럭비, 크리켓 그리고 넷볼 같은 영국식 스포츠가 성하다. 특히 럭비는 뉴질랜드의 국기이고, 국가대표 럭비 팀은 “All Blacks”로 알려졌다. 서핑, 요트 그리고 조정 등도 인기 있는 레저이다. 뉴질랜드는 하계 올림픽에서 육상 금메달 총 10개를 딴 바 있고, FIFA 월드컵 본선에도 2회 진출한 바 있다. 국가대표 럭비 팀은 월드컵에서 3번, 더 럭비 챔피언십에서 11번 우승하였다.

### 3) 뉴질랜드의 핵심 관광지

오염되지 않은 대자연과 지상 최후의 낙원으로서, 뉴질랜드는 세계적으로 유명한 레포츠 급류타기, 제트 보트, 스키, 트레킹, 번지점프 등 깨끗한 대자연 속에서 인간이 즐길 수 있는 즐거움이 가득한 곳이며, 자연의 부드러운 숨결을 닮은 사람들, 아름다운 황금빛 해변, 광활하게 펼쳐진 푸른 초원 등 모든 아름다움을 느낄 수 있는 곳이다.

#### (1) 오클랜드

일명 타마키 마카우라우(Tāmaki Makaurau) 오클랜드는 음식과 음악, 예술과 문화가 있는 다문화 도시 오아시스이다. 반짝이는 물과 푸른 자연이 세련된 도시 문화와 공존하는 곳이다. 세계 수준의 쇼핑과 맛집을 즐길 수 있고, 멀지 않은 곳에 있는 항만과 섬, 자연림과 검은 모래 해변을 찾아갈 수 있다. 스카이다이빙을 하거나 고래를 관찰하고, 고대의 화산 봉우리에 오르고, 상을 받은 현지 와인을 시음하고, 세계 밤하늘 보호구인 그레이트배리어 섬(Great Barrier Island)에서 천문 관측을 한다.

오클랜드 시내(자료: 뉴질랜드관광청)

#### (2) 로토루아

로토루아는 끓어오르는 머드풀과 분출하는 간헐천, 자연 온천 그리고 흥미진진한 마오리 문화 체험지로 유명하다. 로토루아에는 모험 액티비티부터 여유로운 휴식까지 모두를 위한 다양한 명소와 체험거리들이 있다. 타라웨라 호수의 탁 트인 전경을 감상하며 하이킹을 할 수 있는 타라웨라 트레일(Tarawera Trail)은 울창한 자생숲을 지나 김이 모락모락 올라오는 핫워터비치로 이어진다.

### (3) 크라이스트처치 – 캔터베리

녹음이 우거진 포도원과 거친 해안선부터 하늘을 뚫을 듯 솟은 산들과 청정 빙하 호수들까지, 놀라운 경치가 서로 대비를 이루는 캔터베리 지역은 아름다운 경치와 모험을 추구하는 이들을 위한 낙원이다. 트랜즈알파인 기차를 타고 서던알프스를 통과하고, 세계 최대의 국제 밤하늘 보호구에서 밤하늘의 별을 관측하며, 카이코우라에서는 고래를 가까이에서 관찰할 수도 있다.

### (4) 퀸스타운

퀸스타운은 인상적인 고산의 산맥에 둘러싸인 와카티푸 호수의 호반에 자리하고 있다. 금시굴자들이 타운 주변의 산과 강의 빼어난, 아름다움에 매료되어 퀸스타운이라는 이름을 붙였다고 한다. 겨울부터 봄까지 스키를 탈 수 있을 뿐만 아니라, 일년 내내 번지 점프, 스카이다이빙, 캐니언 스윙, 제트보트, 승마 트레킹, 강 래프팅 등을 즐길 수 있다. 또한 퀸스타운은 쉬운 시닉 트랙에서부터 오지 트레일과 헬리 바이크 그리고 남반구에서 유일하게 곤돌라로만 접근이 가능한 다운힐 산악 트레일에 이르기까지 다양한 트랙을 갖춘 자전거 여행지이다.

### (5) 밀포드 사운드

남섬의 서해안에 위치한 밀포드 사운드(마오리 이름: 피오피오타히)는 러디어드 키플링이 '세계 8번째 불가사의'라고 극찬하였으며, 피오르 절벽과 산봉우리 그리고 최대 1천 미터 높이의 폭포는 날씨에 관계없이 언제나 장관을 연출한다. 밀포드 사운드는 비가 올 때에는, 특히 폭포의 물이 늘어나 환상적인 광경을 만들어낸다.

밀포드 사운드 유람선
(자료: 뉴질랜드관광청)

### 4) 뉴질랜드의 주요 관광상품

#### (1) 뉴질랜드 남북섬 핵심일주(8일, ₩2,499,000~)

- 주요 일정: 인천 / 오클랜드(1) – 크라이스트처치 이동(1) – 해글리 공원, 에이번 강, 모나 베일, 켐터베리 대평원, 데카포 호수, 푸카키 호수(1) – 퍼즐링월드, 와나카 호수, 카와라우 번지점프대, 애로우 타운(1) – 거울 호수, 호머 터널, 밀포드 사운드 크루즈(1) – 호비튼 무비 세트, 폴리네시안 스파, 미타이 마오리 빌리지, 항이(1) – 로토루아 호수, 레드우드 수목원, 와카레 와레와, 아그로 돔, 아그로 돔 팜투어, 바이아덕트 – 오클랜드 / 인천
- 이용 항공: 에어뉴질랜드
- 이용 호텔: 4성급(디스팅션 크라이스트처치 호텔 / 홀리데이인 퀸스타운 / 수디마 레이크 로토루아 / 그랜드 밀레니엄 오클랜드)

#### (2) 호주 / 뉴질랜드 남북섬(10일, ₩4,490,000~)

- 주요 일정: 인천 / 오클랜드(1) – 데본포트, 와이토모 동굴, 폴리네시안 스파, 마오리 민속쇼(1) – 레드우드 수목원, 아그로돔, 아그로돔 팜투어, 와카레 와레아(1) – 애로우 타운, 카와라우 번지점프대(1) – 거울 호수, 호머 터널, 밀포드 사운드 크루즈(1) – 와카타푸 호수, 푸카키 호수, 데카포 호수, 선한 양치기의 교회(1) – 해글리 공원, 에이번 강, 시드니 이동(1) – 시드니 동물원, 블루마운틴 국립공원, 세자매봉, 에코 포인트, 시닉 스카이웨이, 궤도열차(1) – 본다이비치, 갭파크, 더들리 페이지, 시드니 오페라하우스 내부 투어, 시드니 하버브릿지(1) – 시드니 / 인천
- 이용 항공: 대한항공
- 이용 호텔: 4성급(수디마 레이크 로토루아 / 홀리데이 인 오클랜드 에어포트 / 메켄지 컨트리 호텔 트위즐 / 홀리데이 인 파라마타)

### 5) 뉴질랜드 관광의 현주소

뉴질랜드의 관광지표를 살펴보면 외국인관광객수 약 3,702,000명, 관광수입액 US$6,291 million, 관광산업 GDP US$6,148 million, 관광산업 비중 2.9%, 관광산업 일자리 169,000개로 6.2%를 차지하고 있다. 해외지출 대비 국내지출은 70.2%로 국내지출이 높은 것을 알 수 있다.

세계경제포럼(WEF)이 발표한 2021년 뉴질랜드 관광경쟁력은 세계 27위이며, 세부지표로 관광객서비스인프라 12위, 환경의 지속성 20위, 비즈니스 환경 20위, ICT 준비 27위, 국제개방성 28위, 자연적 자원 27위로 상대적 상위권에 올랐고, 항공운송 인프라 31위, 사회경제적 회복력과 조건 32위, 인적자원과 노동시장 32위, 안전과 치안 32위, 관광우선순위 35위, 건강과 위생 38위, 문화적 자원 39위로 중위권을 보였으며, 비여가 자원 49위, 지상・해상 교통 인프라 60위, 가격경쟁력 111위로 상당히 낮은 평가를 받았다.

뉴질랜드의 관광산업 발전을 위해서는 관광선진국 지위에 맞는 지상・해상 교통 인프라 확장 및 가격경쟁력에 대한 고민은 뉴질랜드 당국의 관광산업 발전을 위한 노력이 필요할 것으로 보인다.

## 3.

# 괌의 문화와 관광

괌(영어: Guam, 차모로어: Guåhan, 문화어: 괌섬)은 오세아니아의 미크로네시아 마리아나 제도에 있는 미국의 해외 속령이다. 차모로인들이 약 4,000년 전에 이곳에 정착해 원주민이 되었다. 마리아나 제도에서 가장 큰 섬이며, 또한 최남단에 있는 섬으로 주도는 하갓냐이다.

괌의 경제는 관광객들을 중심으로 이루어지고 있으며, 유엔의 식민지해방위원회는 괌을 비자치령 목록에 포함하여 두고 있다. 괌이 일본에 침략 당했을 때는 일본어로 오미야섬(일본어: 大宮島)이라 불렀다.

괌은 많은 사람들이 가고 싶어 하는 여행지 중 하나이다. 괌 지역은 남동부 인도네시아에 살던 사람들이 건너와 살게 된 기원전 21세기부터 사람이 거주하기 시작했다. 포르투갈인 항해사 페르디난드 마젤란이 세계를 주항하다 1521년 3월 6일이 섬에 도착, 괌과 서양 문명의 첫 접촉이 일어났다. 1565년에는 미겔 로페스 데 레가스피 장군이 괌을 스페인 땅이라고 주장했다. 1668년에는 이곳에 처음 가톨릭을 선교한 산 비토레스 신부의 도착과 함께 스페인의 식민지배가 시작되었다.

1668년에서 1815년까지 괌은 멕시코와 필리핀을 오가는 스페인 무역로의 중요한 휴게소 역할을 했다. 이때는 괌과 마리아나 제도의 다른 섬들을 포함하는 캐롤라인 제도 전체가 스페인의 필리핀 식민지의 일부로 취급되던 시절이었다. 섬의 원주민 문화인 차모로 문화가 워낙 독특했으나, 스페인 문화와 전통의 영향을 많이 받아 일부 훼손되기도 하였다. 1898년에는 미국이 미국-스페인 전쟁으로 괌의 통치권을 빼앗았다. 마리아나 제도 북부에 있는 섬들이 독일을 거쳐 일본에 침략당할 동안, 괌은 미국에서 필리핀으로 오고 가는 배들의 정거장 구실을 하기도 하였다.

이후 제2차 세계대전 중 1941년 12월 8일 괌은 일본군에 침략 당했다. 마리아나 제도 북부가 전쟁 이전에 이미 남양청(남양 군도)의 관할 구역으로 일본의 보호령이 되어 있었기 때문에, 그곳에 살던 차모로인들이 차출되어 통역 등 일본 점령군을 위한 일에 종사하게 되었고 일본인들과 괌의 차모로인들은 점령지의 적으로 취급받았다. 다이큐토(大宮島)라는 이름으로 약 31개월간 지속된 식민지배에서 괌의 토착민들은 강제 노동, 가족 이산, 감금, 처형, 강제 수용, 성노예 등에 동원되었다. 이로 말미암아 괌의 차모로인들은 침략자들에 대해서는 물론이고, 마리아나 제도 북부의 차모로인들에게도 일종의 적개심을 품고 있다. 주민 가운데 꽤 많은 수가 일본의 침략에 시달린 기억을 품은 채로, 괌은 오늘날까지 유일한 미국령으로 남아 있다.

미국은 일본군을 몰아내고 섬을 탈환하고자 1944년 7월 21일 괌 전투를 벌여 성공했고, 아울러 마리아나 제도 북부도 점령·지배했다. 전후 괌의 정체(政體)를 제공한 '1950년 괌 헌법 조례'에 의거 괌은 미국의 헌법령이 되었고, 주민들은 미국 시민권을 얻게 되었다. 1999년에는 수도의 이름을 스페인어 아가냐에서 차모로어에 가까운 하갓냐로 개명하기도 하였다.

### 1) 괌의 개요

**[하갓냐출장소]**

- 주소: 153 Zoilo St., Tamuning, Guam U.S.A.
- 대표번호(근무시간 중): (1) 671-647-6488
- 긴급 연락처(사건사고 등 긴급상황 발생 시, 24시간): (1) 671-688-5886
- E-mail: kconsul_guam@mofa.go.kr

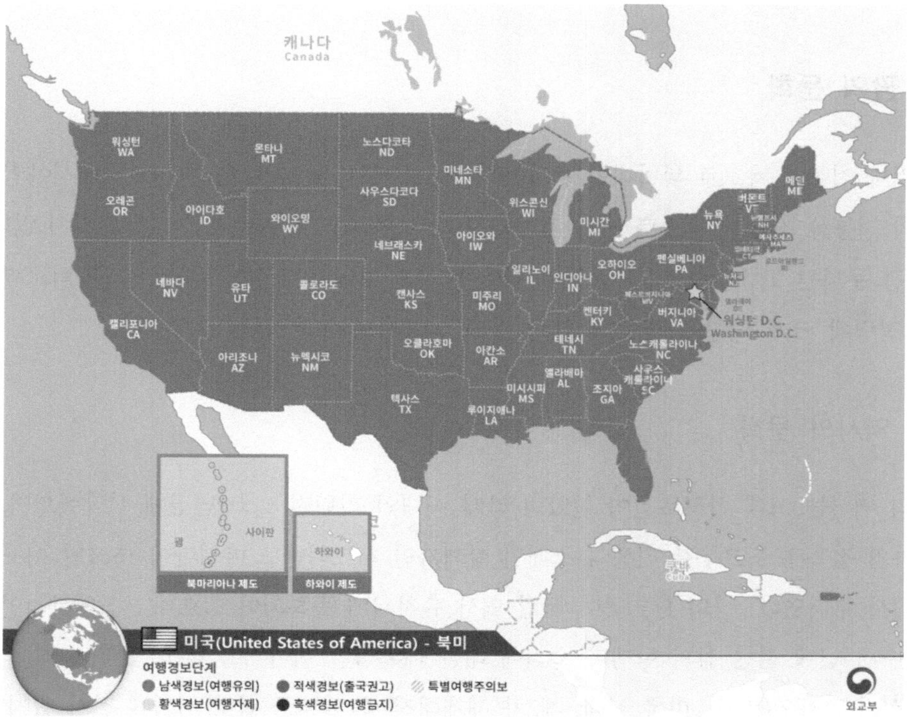


자료: 외교부 해외안전여행, 2024년 1월 11일 현재.

**학습목표**

괌의 개요, 문화, 핵심 관광지, 주요 관광상품과 괌 관광의 현주소를 파악하여 괌을 전문적으로 이해하고 설명할 수 있다.

| 국명: 미국령 괌(Guam) | | | |
|---|---|---|---|
| 수도 | 하갓냐(주도) | 면적 | 약 544km$^2$ |
| 언어 | 영어, 차모르어 | 기후 | 열대성 기후 |
| 민족 | 차모로족, 아시아인, 미크로네시아인 | 인구 | 약 16만 명(2020년, 통계청 기준) |
| 1인당 GDP | 80,412달러<br>(2024년 IMF 기준 세계 7위, 미국) | 종교 | 가톨릭 85% 등 |
| 한국과의 시차 | +1 | 화폐와 환율 | 미국 달러(USD, $) |
| 주요 도시 | 괌 | | |
| 국가관광 경쟁력 | 세계 2위(WEF, 2021년 미국 기준) | | |

## 2) 괌의 문화

유럽과 접촉한 차모로 과마니안 문화는 미국, 스페인, 필리핀, 다른 미크로네시아인과 멕시코의 전통을 결합한 것으로 남아 있는 고유의 히스패닉 풍습은 거의 남아 있지 않다. 현재의 괌 문화는 고대 차모로 사람들의 기여에 의해 뿌리가 조성되고 괌과 가톨릭교회의 스페인 점령에 크게 영향을 받은 문화를 가진 국제사회의 문화이다.

### (1) 역사와 문화

괌의 역사는 고대 차모로인이 살았던 라테 시대인 기원전 2,000년경에 시작했으며, 외부 세계와의 접촉은 포르투갈 태생의 스페인 항해가인 페르디난드 마젤란이 1521년 이곳에 도착하면서 부터였다. 섬의 131 곳이 국립 역사 유적지에 등록되어 있으며, 이 역사적인 장소들은 수천 년에 걸친 섬의 항쟁과 승리에 대한 매혹적인 이야기를 담고 있다. 괌의 다채로운 역사가 스페인 시대, 미국 시대, 제2차 세계대전 중 일본군 점령 시기에 걸쳐 있지만, 오늘날 괌은 고유의 차모로 문화와 자부심으로 가장 널리 알려져 있다.

축제 때나 다른 여러 가지 파티 때마다 괌 사람들은 괌의 맛있는 음식들, 예를 들어 레드 라이스나 새우를 재료로 해서 만든 파이, 판싯라고 불리는 필리핀 스타일의 국수, 바비큐 립과 치킨, 그리고 타로 잎을 곁들인 코코넛 밀크 등으로 항상 가득히 준비한다. 음악은 섬 생활에서 가장 중요한 부분이다. 또한 벨렘바투얀과 같은 전통악기를 연주하는 공연은 가장 볼만한 공연이라 할 수 있다. 이 악기는 안이 비어 있는 조롱박 같은 것에 팽팽한 줄을 쳐서 만들어 졌는데, 아름다운 선율은 모든 사람이 다 좋아할 만하다. 한때 오랫동안 잊혀진 악기 중의 하나인 노즈 플루트는 요즘 다시 제작되고 있다.

차모로 요리는 주로 옥수수를 기본으로 하며, 멕시코와 아시아의 스페인 무역에서 분명한 영향을 미치는 옥수수, 타 멜레스, 아톨 및 칠라 퀼트를 포함한다. 괌의 현대적인 요리는 차모로, 필리핀, 태평양 섬 주민, 아시아인 및 백인 토속 종족의 요리와 융합되어 있다. 차모로식 전통 음식은 아시아, 스페인, 태평양 섬으로부터 영향을 받으며 다양한 변화와 역사를 간직해 왔다. 이후 미국의 지배까지 거치면서 동서양의 오묘한 조화를 이룬 풍미 가득한 요리들이 가득하다. 특히 차모로 바베큐, 레드 라이스, 치킨 켈라구엔은 세계적으로도 유명하며, 반드시 먹어봐야 할 현지 음식들이다. 현지 음식 외에도, 괌에는 수백 개의 레스토랑이 있어 전 세계의 다양한 요리를 즐길 수 있다.

### (2) 스포츠

괌은 미국의 영향을 받아 농구・야구・미식축구 등의 미국식 스포츠가 발달하였으며, 축구는 크게 인기가 없다. 괌이 일본령이었을 때에는 가라테・유도・검도・스모 등 일본식 스포츠를 주입시켰다. FIFA에는 1996년에 가입하였고, 괌 축구 국가대표팀의 역대 최고 순위는 세계적으로 매우 낮다고 평가되는 182위이다. 월드컵 예선에 단 한 번 출전했지만, 그마저도 무득점에 35점 실점이었으며, 2018년에야 예선에서 승리를 거두었다.

자국의 개별 리그인 괌 리그가 있지만(괌 쉽야드, 오렌지 크러셔스, 퀄러티 디스트리뷰터스, 팀 노카 오이 등 5팀), 이 리그는 국제 대회에 손을 내밀지 못하고 있다. 퍼시픽 게임에도 여러 번 참여했는데, 야구에서는 금메달을 3개 획득했다. 그러나 야구의 높은 인기도에도 불구하고 메이저 리그에 진출한 괌 선수는 한 명도 없으며, 프로 야구마저 없다. 올림픽에서 메달을 딴 적은 아직 없다. 1988년 하계 올림픽 이후로는 매번 참가하고 있으나 그마저도 1996년 이후로는 10명 이상을 파견한 적이 없다. 스포츠 경기 때에는 괌의 국가만 단독으로 부른다.

## 3) 괌의 핵심 관광지

서태평양 중심부에 위치한 괌은 미국의 섬 영토이자 마리아나 제도와 마이크로네시아 제도 중 가장 크고, 어쩌면 세계에서 가장 따뜻한 사람들의 고향이다. 백사장과 수정처럼 맑은 바다로 유명한 괌은 가족, 신혼여행객, 다이버, 그리고 붐비는 도시 생활에서 벗어나 휴식을 취하고자 하는 모든 사람들에게 완벽한 목적지이다. 일본, 한국, 대만, 홍콩, 필리핀, 하와이의 도시에서 괌으로 가는 직항 항공편(대부분 4~5시간 소요)을 이용하면 빠르고 편리하게 출발할 수 있다.

### (1) 아가냐 대성당

아가냐 대성당(자료: 괌관광청)

아가냐 대성당은 1699년 파드레 산 비토레스의 지휘로 지어진 괌 최대의 성당이다. 오랜 시간에 걸쳐 건물 구조가 여러 차례 바뀌었다. 하갓냐 대교구의 주교좌 성당인 아가냐 대성당은 현재 괌과 북마리아나 제도의 모든 교회를 총괄하는 가톨릭 본당이다.

### (2) 피시아이 마린파크

피시아이 마린파크(자료: 괌관광청)

피쉬 아이 마린 파크 해저 전망대는 마이크로네시아 유일의 수중 전망대이다. 바다 속의 다양한 산호 구조들과 아름다운 열대어가 헤엄치는 모습을 해저 창문을 통해 볼 수 있다. 상부 갑판에서 바다가 보여주는 만화경을 통해 에메랄드와 푸른 빛 바다를 즐길 수 있다.

### (3) 사랑의 절벽

연인들의 영원한 사랑을 약속하기 좋은 사랑의 절벽은 괌 대표 관광지로 손꼽히고 있다. 오후 6시 정도가 되면 어디서 나타났는지 카메라를 든 사진작가들이 우르르 몰려드는 핫 스팟이 바로 사랑의 절벽 전망대다. 또 많은 나라의 연인과 가족들이 달아놓은 자물쇠는 한국 남산의 자물쇠 명소처럼 꾸며놓아 사랑의 절벽과 오묘하게 조화롭다. 이곳에는 슬픈 사랑의 전설이 내려오는데, 스페인 식민 시대에 스페인의 장교가 차모로족의 여인에게 반해 결혼을 강요했고, 이미 사랑하는 사람이 있던 그녀는 연인과 도피하기에 이르렀다. 결국 붙잡힐 위기에 놓이자 사랑의 절벽에서 서로의 머리카락을 묶고 뛰어내려 영원한 사랑을 맹세했다고 한다.

### (4) 투몬만

괌의 대표적 해안으로, 관광객들이 이용하는 호텔들이 가까이 있어 여기에서 수영을 하거나 일광욕을 즐기는 모습을 쉽게 볼 수 있다. 북쪽의 '연인의 절벽'에서 시작하여 약 2km의 해안은 건 비치(Gun Beach), 투몬 비치(Tumon Beach), 이파오 비치(Ypεo Beach)로 나누어진다. 건 비치는 스쿠버 다이빙의 명소로 인기가 높다.

## 4) 괌의 주요 관광상품

### (1) 괌 PIC리조트(5일, ₩799,000~)

✣ 주요 일정: 인천 / 괌(1) – 사랑의 절벽, 스페인 광장, 아가나 대성당, 에메랄드 밸리(1) – 괌 레드 트롤리, 비치 앤 쉬림프, 프로아, 조이너스(1) – 괌 전일 자유시간 – 괌 / 인천

✣ 이용 항공: 티웨이항공

✣ 이용 호텔: 5성급(괌 PIC리조트)

### (2) 괌 허니문(5일 ₩1,490,000~)

✣ 주요 일정: 인천 / 괌(1) – 사랑의 절벽, 스페인 광장, 아가나 대성당, 에메랄드 밸리, 괌 허니문 렌터카 이용(1) – 세티만 전망대, 솔레다드 요새, 머리조 부두(1) – 비치 앤 쉬림프, 프로아, 조이너스, 더 플라자(1) – 괌 / 인천

✣ 이용 항공: 대한항공

✣ 이용 호텔: 5성급(하얏트 리젠시 괌)

## 4.
# 사이판의 문화와 관광

사이판과 이웃하는 괌, 로타섬, 티니언섬을 따라서 북쪽으로의 더 작은 크기의 소형의 섬들까지 기원전 2000년경에 처음으로 사람이 살기 시작했다. 이들의 주요 이동수단은 카누였다. 15세기 스페인인들이 항해 중에 괌에 처음으로 도착하여 차모로인과 마주쳤다. 그리고 스페인인들은 사이판을 합병했다. 1815년경 사타왈 출신의 많은 캐롤라이니언족이 차모로족이 괌에 갇힌 시기 동안 사이판에 정착을 했으며, 차모로 종족의 땅과 권리의 상당한 손실을 초래했다. 1899년부터 베르사유 조약 발효 때까지는 독일이 사이판을 지배했으며, 1922년 이후에는 일본 제국이 신탁통치하는 남양 군도의 일부가 되었다. 일본은 사이판 섬에서 낚시 산업과 설탕 산업을 주로 개발했으며, 1930년대 이후로는 병참기지를 건설하면서 30,000명의 군인을 주둔시켰다.

태평양 전쟁이 끝나가던 1944년 6월 15일, 미국 해병대는 일본 본토 공습을 위한 북마리아나 제도 장악의 일환으로 3주 동안의 전투를 벌여 사이판 섬을 점령하고 비행장을 건설했다. 이 사이판 전투가 벌어지는 동안 일본군들은 대부분 반자이 돌격 같은 방식으로 자살을 택했으며, 일본인들도 "반자이 절벽"이라 불리는 절벽에서 자살했다. 그리하여 이곳은 만세절벽(Banzai Cliff)과 자살절벽(Suicide Cliff)이라 불린다.

1986년 11월 북마리아나 제도가 미국에 가입하면서 미국령의 일부가 되었다. 북마리아나 제도와 미국은 북마리아나 제도가 확실한 연방법으로부터 면제받기로 동의하면서 관련된 산업 관계와 이민을 포함했다. 그 결과 호텔과 관광이 증가하고, 상당히 많은 의류공장이 개업했다. 이후 의복 제작은 사이판의 주요 경제력이 되었으며, 그 제품에 "made in the USA"의 꼬리표를 붙임과 동시에 수천의 계약직 외국인노동자들을 고용했다. 저가의 의류가 미국 수입 관세에서 면제됨과 함께 미국 시장에 공급될 수 있었다. 이 공장들에서 고용자들이 경험한 작업 조건과 대우는 이후 다양한 논쟁과 비평의 주제가 되었다.

## 1) 사이판의 개요

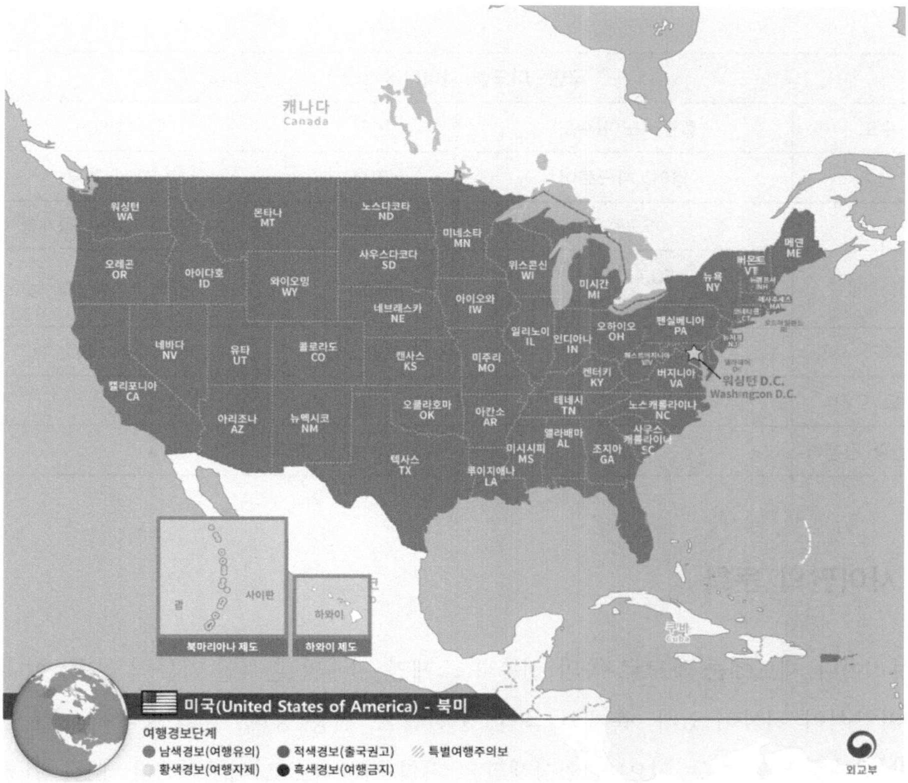

자료: 외교부 해외안전여행, 2024년 1월 11일 현재.

**[하갓냐출장소]**

- 주소: 153 Zoilo St., Tamuning, Guam U.S.A.
- 대표번호(근무시간 중): (1) 671-647-6488
- 긴급 연락처(사건사고 등 긴급상황 발생 시, 24시간): (1) 671-688-5886
- E-mail: kconsul_guam@mofa.go.kr

**학습목표**

사이판의 개요, 문화, 핵심 관광지, 주요 관광상품과 사이판 관광의 현주소를 파악하여 사이판을 전문적으로 이해하고 설명할 수 있다.

| 국명: 미국령 사이판(Saipan) | | | |
|---|---|---|---|
| 수도 | 찰란카노아(주도) | 면적 | 약 115km$^2$ |
| 언어 | 영어, 차모르어 | 기후 | 열대성 기후 |
| 민족 | 차모로족 | 인구 | 약 4.3만 명(2020년, 통계청 기준) |
| 1인당 GDP | 80,412달러<br>(2024년 IMF 기준 세계 7위, 미국) | 종교 | 가톨릭교, 개신교 등 |
| 한국과의 시차 | +1 | 화폐와 환율 | 미국 달러(USD, $) |
| 주요 도시 | 사이판 | | |
| 국가관광 경쟁력 | 세계 2위(WEF, 2021년 미국 기준) | | |

## 2) 사이판의 문화

북마리아나 제도에는 차모로 족의 전통과 스페인 지배의 흔적인 가톨릭 문화, 현대 미국의 생활양식이 뒤섞여 있다. 축제와 음악, 구전민요, 전통 공예, 요리 등에서 전통 차모로 문화의 영향을 느낄 수는 있으나, 일상생활은 거의 미국식으로 이루어진다. 또한 인구 대부분이 가톨릭을 믿고 있다. 차모로족이 살던 사이판은 1521년 스페인 통치, 1899년 독일 통치 이후 제2차 세계대전 종전까지 일본이 사탕수수를 재배하며 군사적 요충지로 개발되었다. 이후 미 해군 정부가 통치권을 이어받았고, 1986년 유엔의 신탁통치가 종결되면서 북마리아나 제도 주민은 완전한 미국 시민권을 갖게 되었다.

### (1) 민족과 언어

북마리아나제도 원주민은 차모로인과 캐롤리니언인이며, 수가 가장 많고, 필리핀인과 중국인・한국인・일본인・미국인・미크로네시아인 등이 살고 있다. 거주 인구는 사이판에 약 5만 명, 티니안에 약 3천 명, 로타에 약 3천 5백 명인 것으로 추정된다. 외교와 국방이 미국 관할 하에 있으므로 공용어는 영어・차모로어・캐롤리니안어를 사용하며, 관광객 대상으로 통용되는 언어 역시 영어이나, 원주민은 일상에서 차모로 어와 캐롤리니언어를 사용한다.

### (2) 음식 문화

사이판의 번화가인 가라판의 하얏트 리젠시와 피에스타 리즈트 부근에 유명한 레스토랑들이 밀집해 있다. 사이판 연안에서 잡은 싱싱한 해산물을 독창적으로 조리한 요리를 선보이는 곳들이 많다. 인도나 중국 등 세계 각국의 음식점과 전형적인 미국식 피스트푸드점 등 선택의 폭이 넓은 편이다.

### (3) 숙박정보

대형 리조트 호텔, 객실 수는 적지만 요금이 저렴한 프티 호텔, 주방이 딸린 콘도미니엄 등이 있다. 사이판의 리조트 호텔들은 저마다 특색 있는 레저 시설과 남국의 정취를 살린 인테리어, 최신 설비를 갖춘 부대시설을 충실히 갖추어 세계 최고 수준의 신혼여행지로 각광받는다. 장기 체류 시에는 저렴하고 아담한 쁘티 호텔이나 콘도미니엄을 선호하는 추세다.

## 3) 사이판의 핵심 관광지

에메랄드 빛의 깨끗한 바다와 오묘한 색깔의 산호초에 둘러싸인 아름다운 섬 사이판은 북마리아나 제도 연방에 속한 15개 군도 중 첫 번째 섬이자 수도의 역할을 하고 있다. 제주도의 10분의 1의 크기로 북쪽에서 남쪽까지 가로지르는 데 걸리는 시간은 불과 30분 정도로 작은 섬이지만, 사계절 온화한 열대 기후와 아름다운 산호 해변 등 휴양지로서의 완벽한 조건을 갖추고 있다.

### (1) 마나가하섬

가라판에서 2.5킬로미터 떨어진 마나가하 섬은 부드러운 백사장과 바닥이 그대로 들여다보이는 투명한 에메랄드빛 바다, 새파란 하늘의 3박자를 모두 갖춘 사이판 최고의 명소이다. 마나가하 섬은 사이판을 방문하는 사람이라면 누구나 들르는 사이판 최고의 관광지로, 배로 15분이면 섬에 도착할 수 있다. 그림 같은 풍경과 더불어 스노클링, 체험 다이빙, 패러세일링, 바나나보트, 비치 발리볼 등의 온갖 해변 스포츠를 즐길 수 있다.

마나가하섬(자료: 사이판관광청)

### (2) 만세절벽

사이판의 최북단 사바네타 곶(Sabaneta Point)과 라구아 카탄 곶(Lagua Katan Point) 사이에 자리한 절벽으로 80미터 높이의 깎아지른 아찔한 절벽이 짙푸른 태평양을 마주하고 있다. 시원스럽게 탁 트인 시야 덕분에 사이판의 멋진 풍경 중 하나로 손꼽히지만 '만세절벽'이라는 이름 뒤에는 전쟁의 아픈 역사가 숨어 있는 곳이다. 제2차 세계대전 당시인 1944년 미군이 사이판에 들어오면서 마지막까지 저항하던 일본군인 및 일반인들이 천황 만세를 외치며 뛰어내린 곳이다.

만세절벽(자료: 사이판관광청)

### (3) 자살절벽

만세절벽 뒤쪽으로 해발 249미터 높이의 병풍처럼 펼쳐진 마피(Marpi) 산 산정의 서쪽 절벽이다. 산의 남쪽은 완만한 경사면이지만 만세절벽을 향해 있는 북쪽은 거친 절벽이 솟아 있다. 이곳 역시 제2차 세계대전 당시 미군에 항복하기를 거부한 일본군이 몸을 던진 곳으로, 병사가 만세절벽에서 바다로 뛰어내리는 동안 일본 장교들은 이곳에서 절벽 아래 들판으로 몸을 던졌다고 한다.

### (4) 한국인 위령탑

제2차 세계대전 당시 강제 노역 등을 위해 징용당하여 사이판에서 희생된 한국인들의 영혼을 추모하기 위해 1981년 건립되었다. 위령탑 상단에 있는 독수리가 한반도를 향하고 있어 조상들의 넋을 고국으로 모신다는 의미를 담고 있다. 만세절벽이나 자살절벽보다는 한국 여행객에게 훨씬 의미 있는 장소로 위령탑에서 50미터 떨어진 곳에 일본군 최후사령부가 위치해 있다.

## 4) 사이판의 주요 관광상품

### (1) 사이판 PIC리조트(5일, ₩799,000~)

- 주요 일정: 인천 / 사이판(1) – 새 섬, 사이판 기념 조형물, 만세절벽, 한국인 위령탑, 파우파우 비치(1) – 사이판 PIC리조트 자유시간(1) – 사이판 전일 자유시간 – 사이판 / 인천
- 이용 항공: 제주항공
- 이용 호텔: 5성급(사이판 PIC리조트)

### (2) 사이판 허니문(5일, ₩2,040,000~)

- 주요 일정: 인천 / 사이판(1) – 마나가하 섬, 리조트 자유시간(1) – 새 섬, 사이판 기념 조형물, 만세절벽, 한국인 위령탑, 파우파우 비치(1) – 사이판 전일 자유시간(1) – 사이판 전일 자유시간, 사이판 / 인천
- 이용 항공: 제주항공
- 이용 호텔: 5성급(아쿠아 리조트 클럽 사이판)

# 4장

# 유럽 문화와 관광 이해하기

유럽 문화는 고대 4대 문화 발상지보다는 분명 늦게 형성된 문화 지역이기는 하지만 그 어느 문화보다는 근세 이후 세계사에 가장 많은 영향을 준 문화이다. 어떤 의미로는 서구화・유럽화는 그리스도교화・민주주의화・산업화・기술문명화・과학화, 합리주의적 사고, 근대 교육의 보급을 뜻하기도 한다. 유럽은 세계에서 가장 높은 물질문명과 문화생활을 누리고 있는 지역임에는 틀림없다. 유럽・서구・서양이란 말은 단순히 위치를 가리키는 뜻만을 가지고 있는 것은 아니다. 유럽화・서구화・근대화를 뜻하는 유럽은 경제적・정치적 근대화를 뜻하게 되었고, 유럽 사람(또는 서양 사람)이란 말은 백인종을 의미하고 있으며, 그리스도교는 유럽과 떼어서 생각할 수 없는 종교이다.

유럽 문화의 특성은 이 지역에 살고 있는 사람들의 문화적 특성에 의해 형성되었다. 유럽 사람들의 두드러진 문화적 특성으로 다음 세 가지를 들고 있다. 첫째, 그리스도교를 믿는 사람 둘째, 인도－유럽어족의 언어를 사용하는 사람 셋째, 백색 인종이다. 이상의 세 가지(종교・언어・인종) 기본적 특성 외에도 유럽성을 결정하는 요소는 얼마든지 있다. 교육수준이 높다든지(문맹률이 다른 지역에 비해 극히 낮다), 건강과 영양 상태가 좋다든지(1인당 평균 칼로리 소비량이 높다), 출생률과 사망률이 낮다든지, 소득수준이 높다든지, 도시인구율이 높다든지 제1차 산업보다 제2차・제3차 산업이 경제의 중심을 이루고 있다든지, 상업적 농업을 한다든지와 같이 다양한 것들이다.

그리스・로마 문화의 영향과 그리스도교 문화가 유럽 문화의 기초를 이루었고, 산업혁명 이후로 상공업의 발달로 인해서 유럽 문화는 공업화・도시화・산업분화(産業分化)가 이루어졌고, 시민혁명으로 다른 지역보다 민주화가 먼저 이루어졌다. 유럽 문화권은 튜튼족 중심의 북서유럽 문화 지역, 라틴족 중심의 남부유럽 문화 지역, 슬라브족 중심의 동부유럽 문화 지역 등 크게 세 지역으로 나눌 수 있다.

❖ **북서유럽 문화 지역:** 북해 주변의 영국, 베네룩스 3국, 독일, 그리고 스칸디나비아 반도 등의 튜튼족 중심의 문화지역인데, 근대 산업혁명의 중심지이며, 높은 생활수준과 문화생활을 하는 지역이다. 주민의 대부분은 그리스도교의 프로테스탄트를 믿는다.

❖ **남부유럽 문화 지역:** 지중해 연안의 이베리아 반도, 이탈리아, 그리스, 그리고 프랑스를 포함하는 지역이다. 이곳은 유럽 문화의 요람지로 일찍부터 문화가 발달된 지역이다. 북서유럽 문화 지역보다 상공업 발달은 뒤떨어졌으나, 특색 있는 지중해식 농업이 발달된 지역이다. 라틴족계의 백인종이 주로 거주하고 있으며, 주민의 대부분은 로마가톨릭교를 믿는다.

❖ **동부유럽 문화 지역:** 슬라브족계의 백인종이 주민의 중심을 이루고 있는 동부유럽 여러 나라와 러시아가 포함된다. 북서유럽 문화 지역과 남부유럽 문화 지역, 그리고 건조 문화권(乾燥文化圈)과의 접촉 지대로 민족・언어・종교가 복잡하며 제2차 세계대전 이후 러시아의 강력한 영향으로 공산주의 체제가 발달했다. 주민의 대부분은 비잔틴 문화의 영향으로 동방정교회를 신봉하였고, 알바니아 주민들은 이슬람교를 믿고 있다.

세계 다른 지역에 끼친 유럽 문화의 영향은 좋은 의미든 나쁜 의미든 매우 크다. 과거 400～500년간에 걸쳐 유럽의 정치・경제・문화의 영향을 받지 않은 지역은 드물다. 정치적으로는 민주주의와 공산주의의 진원지가 되었고, 콜럼버스 이후 지리상 대발견으로 알려지지 않았던 지역이 그 모습을 드러냈으며, 산업혁명으로 대량생산과 기술혁신을 가져왔고, 유럽 인구의 대이동으로 세계는 유럽화(그리스도교의 전파, 근대 교육의 보급, 산업기술의 전달 등)가 촉진되었다. 제2차 세계대전 이후 초강대국인 미국과 러시아의 등장으로 유럽의 영향력이 줄어들기는 하였으나, 유럽은 여전히 정치・경제 특히 문화면에 있어서 세계의 주요 지위를 유지하고 있다.

# 1.
# 영국의 문화와 관광

그레이트브리튼 북아일랜드 연합 왕국, 약칭 영국은 유럽 본토 해안에서 북서쪽으로 떨어진 곳에 위치한 섬나라이자 입헌군주국이다. 북해, 영국 해협, 아일랜드해 및 대서양에 접하여 있으며 그레이트브리튼 섬의 잉글랜드, 스코틀랜드, 웨일스 및 아일랜드 섬 북부의 북아일랜드로 네 개의 구성국이 연합해 형성한 단일 국가이다.

수도는 런던이고 스코틀랜드, 웨일스, 북아일랜드의 수도는 각각 에든버러, 카디프, 벨파스트이다. 아일랜드 섬의 영국령인 북아일랜드는 아일랜드 공화국과 국경을 맞대고 있으며, 해외 영토까지 포함 시 스페인(영국령 지브롤터), 키프로스(아크로티리 데켈리아)와 국경을 공유하고 있다. 건지섬, 저지섬, 맨섬과 같이 본토의 일부는 아니나 영국 군주의 지배하에 있는 왕실속령들도 있다. 해외 영토 거주민들과 영국 본토의 국민들은 서로의 지역에 거주할 권리가 없으며, 상호 간의 이민도 자유롭지 않다.

영국은 입헌군주제를 기본으로 하여 근대적 의회제도와 의원내각제를 전 세계로 전파시킨 국가이며, 산업혁명의 발원지로 제일 먼저 산업화가 된 나라이자 19세기와 20세기 초반 세계 인구와 영토의 1/4을 차지한 유일의 초강대국이었으나, 제2차 세계대전 이후 쇠퇴하였다. 그러나 여전히 세계에 경제・문화・군사・과학・정치적인 영향을 끼치는 강대국 중 하나로 남아 있으며, 특히 대중음악은 비틀즈와 롤링 스톤스, 레드 제플린, 퀸을 시작으로 현재까지 세계에 막대적인 영향을 끼치고 있고, 핵무기 보유국으로서 2018년 기준으로 군사비 지출은 세계에서 여섯 번째로 크다.

2018년 명목 국내총생산은 세계 5위였으며, 시가총액 기준 세계 50대 기업 중 로열 더치 쉘, BHP 빌리튼, 보다폰, HSBC, BP, 글락소스미스클라인, 유니레버가 영국 기업이었다. 대졸자 초임 연봉은 2010년 기준으로 약 25,000 영국 파운드(한화 약 3,767만 원)에 달한다.

잉글랜드와 스코틀랜드 왕국이 서로 몇 백 년 동안 반목을 거듭한 끝에 1707년 5월 1일에 잉글랜드와 스코틀랜드 양국 의회가 통합법을 가결하며, 마침내 그레이트브리튼 왕국이 성립됨에 따라 두 왕국이 하나로 통합되었다.

영국은 대서양 노예무역을 주도하며 1662년과 1807년 사이에 수많은 선박들을 이용하여 거의 330만 명의 흑인 노예들을 아프리카에서부터 실어 날랐다. 노예들은 보통 북아메리카나 캐리비안 해역에 있는 거대한 플랜테이션 등으로 강제적으로 옮겨갔으며, 심각한 탄압을 받으면서 사탕수수나 목화 등을 재배하는 일에 동원되었다. 이들의 강제노동은 18세기 영국의 경제를 떠받치는 기둥들 중 하나였으며, 노예상인들은 이 과정에서 엄청난 이익을 남기며 호황을 누렸다. 그러나 세월이 흐르고 노예무역의 반인륜적인 실태가 갈수록 폭로되자 결국 여론의 압박을 받은 의회가 1807년에 노예무역을 금했고, 1833년에는 대영제국 전체에서 노예제를 철폐하였다. 또한, 이후에는 노예제 폐지에 적극적으로 나서며 타 유럽 국가들도 노예를 거래하거나 사고파는 일을 그만두도록 압박하기도 하였다. 세계에서 가장 오래된 국제인권단체인 '반노예인터네셔널(Anti-Slavery International)'도 1839년 런던에 처음으로 창설되었다.

### 1) 영국의 개요

**[대사관 연락처]**

- 주소: 60 Buckingham Gate, London SW1E 6AJ
- 대표번호(근무시간 중): (44) 20-7227-5500
- 긴급 연락처(사건사고 등 긴급상황 발생 시, 24시간): (44) 78-7650-6895
- 이메일: koreanembinuk@mofa.go.kr

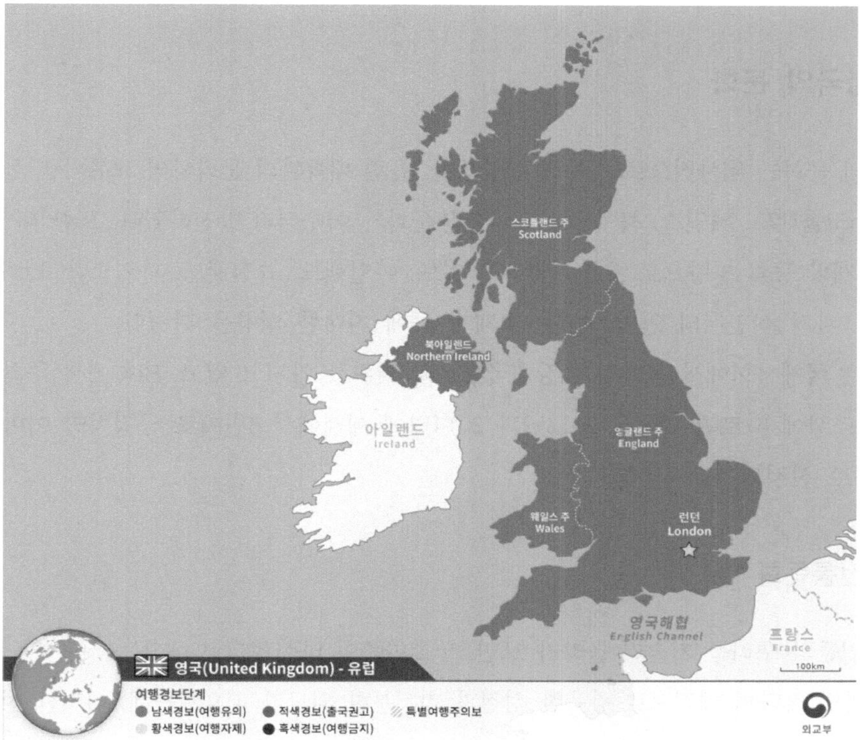


자료: 외교부 해외안전여행, 2024년 1월 11일 현재.

**학습목표**

영국의 개요, 문화, 핵심 관광지, 주요 관광상품과 영국 관광의 현주소를 파악하여 영국을 전문적으로 이해하고 설명할 수 있다.

| 국명: 영국(United Kingdom) | | | |
|---|---|---|---|
| 수도 | 런던 | 면적 | 약 2,436만 ha(세계 79위) |
| 언어 | 영어 | 기후 | 서안 해양성 기후 |
| 민족 | 백인(81.7%), 아시안(9.3%),<br>흑인(4.0%), 혼혈(2.9%), 기타(2.1%) | 인구 | 약 6,736만 명<br>(2024년, 통계청 기준) |
| 1인당 GDP | 48,912달러<br>(2024년 IMF 기준 세계 21위) | 종교 | 기독교 59%, 이슬람 4% 등 |
| 한국과의 시차 | -9 | 화폐와 환율 | 파운드(GBP, £) |
| 주요 도시 | 런던, 맨체스터, 버밍엄, 더블린 | | |
| 국가관광 경쟁력 | 세계 8위(WEF, 2021년 기준) | | |

## 2) 영국의 문화

영국의 문화는 역사적으로 기독교 신앙생활, 유럽 대륙과의 문화와의 교류와 더불어 잉글랜드, 스코틀랜드, 웨일스, 북아일랜드의 전통문화가 어우러져 발전하였다. 또한 대영제국의 식민지 개발 등의 영향으로 호주, 캐나다, 인도, 아일랜드, 뉴질랜드, 파키스탄, 남아프리카, 미국 등 과거 식민지의 언어, 문화, 법체계 등에 지대한 영향을 끼쳤다.

영국은 국제사회에서 문화적 초강대국으로의 지위를 가지고 있고, BBC에서 주최한 글로벌 여론조사에 따르면 영국은 2013년과 2014년에 세계에서 3번째로 긍정적인 이미지를 가진 국가로 선정되기도 하였다.

### (1) 전통문화

영국인들의 뿌리를 거슬러 올라가 보면, 노르만족인 바이킹의 후예라는 것을 알 수 있다. 바이킹하면 바다의 해적으로 광폭한 성질과 지저분한 외모가 떠오르는데, 이러한 성품을 고치기 위해 영국인들은 예부터 엄격한 규율을 지켜야 하는 청교도를 믿으며 자기 자신들을 스스로 다스렸다. 특히, 남자들은 기사도・신사도라 하며 약자를 보호하고 신앙을 지키며 여자를 보호하는 것을 명예라고 생각했다. 이런 정신을 잘 보여주는 사례가 버큰헤드 전통이다.

1852년 영국의 수송선 버큰헤드가 남아프리카로 항해하던 중 암초에 부딪혔고 가라앉게 되었다. 배에는 630여 명의 승객이 있었지만 구명정은 정원이 180명인 3척 밖에 없었다. 이때 이 배의 선장인 세튼 대령과 남자들은 여자와 어린이들을 구명정에 태우고 배에 남게 된다. 이 사건 후 영국에서는 '여자와 어린이가 먼저'라는 전통이 확립되었고, '레이디 퍼스트 정신'이 이어져 오게 되었다.

### (2) 음식

영국 요리는 그 수가 많고 재료들이 다양함에도 불구하고 전 세계적으로 맛이 없다는 편견이 있다. 영국 요리는 영국 역사 내내 있었던 수많은 이주민들의 유입, 그리고 세계 각국과의 교류, 식민지 등을 통하여 들어온 식문화들로 인하여 급격히 발전하였다. 가장 초기에는 켈트족과 브리튼족이 서로 융합하면서 수많은 요리들이 탄생하였고, 앵글로색슨족들은 유럽에서 스튜가 일반화되기도 전에 고기와 허브를 넣어 스튜를 끓이는 방법을 미리 고안하여 주식으로 삼기도 하였다.

또한 노르만인들의 영국 침공으로 인하여 중세 영국에 향신료들을 이용한 요리들이 소개되었고, 대영 제국 시기에는 인도 요리가 큰 인기를 얻어 강하고 자극적인 냄새를 가지는 허브들과 향신료를 이용한 요리들이 사람들의 관심을 얻어 인기를 끌었다. 이 때문에 본래 인도에서 유래한 요리를 영국식으로 개량하여 영국식 요리로 만들기도 했는데, 가장 대표적인 것이 인도 닭요리에서 유래한 앵글로-인디안 치킨 티카 마살라이다. 그 외에도 피시 앤 칩스, 샌드위치, 로스트비프, 파이, 영국식 푸딩 등이 전 세계적으로 유명하다.

### 가) 차(茶)

'홍차의 나라'라 불릴 정도로 영국과 차 문화는 밀접하다. 먼 이국에서 가져 온 차는 처음에 궁정과 귀족·신사 계층 사이에서 애음되었고, 1720년경에는 '다기 세트'와 '밀크 티'를 기본으로 하는 영국풍의 홍차 문화가 뿌리를 내렸다. 1860년대 인도에서 생산된 최상품 차가 영국으로 대량 들어오면서부터 차가 일상적인 기호품이 되었다. 영국에는 아침식사 때 포도주와 맥주를 마시던 오랜 습관이 있었지만 모닝티가 이를 대신하게 된다. 영국에서는 애프터눈 티에 초대하는 경우가 있는데, 이는 친구가 되고 싶다는 의사 표현이기도 하다. 오후 3~4시에 갖는 애프터눈 티타임에는 홍차를 비롯해 차에 어울리는 스콘, 플럼 케이크, 파운드케이크 등을 함께 내온다.

### 나) 치킨 티카 마살라

치킨 티카 마살라(영어: chicken tikka masala)는 영국에서 즐겨 먹는 커리이다. 양념에 재어 탄두르에서 구운 닭고기(치킨 티카)를 잘라 토마토 퓌레와 크림이 든 부드러운 소스에 끓여 내는 음식이다. 영국의 국민 음식 가운데 하나로 여겨진다.

### 다) 피시 앤 칩스

피시 앤 칩스(fish and chips)는 길게 썬 감자와 생선을 튀겨 만든 영국의 대표 요리이다. 많은 사람들이 즐기는 서민적이고 대중적인 음식으로 유명하며, 19세기 중반부터 먹기 시작한 이 음식은 영국인들로부터 사랑받는 음식이다. 요리법이 간단한 패스트푸드로 포장 음식에 속한다. 외국에도 잘 알려져 있으며, 특히 해안가 마을에서 많이 팔린다. 오스트레일리아와 뉴질랜드 등에서도 인기가 있는 편이다.

#### 라) 로스트 비프

로스트 비프(영어: roast beef)는 잉글랜드의 소고기 요리이다. 영국, 아일랜드, 미국, 캐나다, 오스트레일리아, 뉴질랜드, 남아프리카공화국 등에서는 로스트 비프를 일요일 점심이나 저녁에 먹는 전통(선데이 로스트)이 있다. 런천미트로 샌드위치 등에 넣어 먹기도 한다. 잉글랜드의 국민 음식 가운데 하나로 여겨진다.

### (3) 스포츠

축구, 크리켓, 럭비, 테니스, 골프, 복싱 등이 모두 영국을 기원으로 하거나 아니면 영국에서 주로 발전한 스포츠들에 속한다. 영국은 19세기 전 세계적인 영향력을 바탕으로 대부분의 현대 스포츠의 규칙들과 기본적인 틀을 잡았으며, 빅토리아 시대 말에 이르자 현재 우리가 즐기는 스포츠 대부분이 그 골격을 잡았다. 현대 스포츠의 발생지로 이미 잘 알려져 있으며, 이곳에서 스포츠맨십과 페어플레이의 개념이 명료한 규칙과 룰의 이름으로 정리되었다.

또한 이곳에서 처음으로 스포츠를 교육용 목적으로 학교 교과에 넣기도 하였다. 1860년대 이래로 축구는 영국에서 가장 인기 있고 대중적인 스포츠로 자리 잡고 있다. 영국은 FIFA로부터 축구의 종주국으로 인정받았으며, 영국의 축구협회는 가장 오래된 축구협회로 1863년에 축구의 기본적인 룰을 정했기도 하였다. 영국은 현재의 리그전 방식을 처음으로 도입하기도 한 국가이며, 영국 잉글랜드의 프리미어리그는 세계에서 가장 많은 사람들이 많이 시청하는 축구 리그전이기도 하다. 처음으로 열린 축구 국제경기도 1872년 11월 30일에 잉글랜드와 스코틀랜드 사이에서 열렸다고 전해진다. 간혹 같은 영국이라는 이름하에 속해 있는 잉글랜드와 스코틀랜드의 경기를 왜 국제전이라고 하는지 궁금해 하는 경우가 있는데, 영국은 연합 왕국이기 때문에 서로를 스포츠전에서 같은 국가로 치지 않는다고 한다. 이 때문에 잉글랜드와 스코틀랜드, 웨일스, 북아일랜드는 보통 국제 스포츠 전에서 독립된 팀으로 따로 출전한다. 골프는 영국 스코틀랜드에서 처음으로 발원하였고, 세계에서 가장 오래된 골프 코스도 영국에 위치해 있다.

1764년 18개의 홀을 가지고 있는 골프 코스 방식이 성앤드류 왕립 골프 클럽에서 결정되었다. 또한 세계에서 가장 오래된 주요 골프 토너먼트인 오픈 챔피언십도 매년 7월의 세 번째 금요일을 낀 주말에 개최된다. 럭비 역시 영국 잉글랜드가 종주국으로 영국에서 대중적인 스포츠로 자리 잡았으며, 특히 2003년 럭비 월드컵에서 영국 잉글랜드가 우승한 이후 실시된 영국에서 가장 인기 있는 스포츠 여론조사에서 기존 8위에서 2위까지 부상하였다.

### 3) 영국의 핵심 관광지

영국은 2018년 기준 3,700만 명 이상이 방문할 정도로 관광이 발달한 국가이며, 세계에서 10번째이자 유럽에서 4번째로 큰 관광지이다.

2018년 기준 영국은 세계에서 8번째로 많은 총 32개의 유네스코(UNESCO) 세계문화유산을 보유하고 있으며, 그 중 28개가 영국에 위치하고 있으며, 나머지 4개는 영국 속령에 위치해 있다. 영국 내 위치한 세계문화유산 중 가장 유명한 장소는 스톤헨지, 그리니치천문대, 런던타워(Tower of London), 쥐라기 코스트(Jurassic Coast) 등이 있다.

영국의 주요 관광도시는 런던, 에든버러, 옥스퍼드, 콘월, 글라스고, 벨파스트, 브리스톨 등이며, 스포츠・음식・예술이 포함된 영국 문화의 매력과 농촌과 도시 풍경이 어우러져 전 세계 방문객들을 끌어 모으고 있다.

#### (1) 런던

런던은 지리적으로 잉글랜드 남동부에 위치하고 있으며, 영국의 수도이자 영국의 정치・경제・문화・교통의 중심지로, 영국에서 가장 큰 도시이다. 런던시(City of London)와 32개의 자치구(Borough)를 포함하여 그레이트 런던을 구성한다. 런던의 어원은 런던은 AD 1세기에 기록된 고대 로마 시절 지역명인 '론디니움(Londinium)'에서 유래되었는데, 이 외에도 고대 영어 '룬덴(Lunden)' 및 웨일스어 '런디엔(Llundein)'에서 기원을 찾기도 한다. 런던이라는 명칭은 1889년까지는 공식적으로 런던시(City of London)를 가리키는 것이었지만, 이후에는 런던시를 중심으로 하는 광역권을 의미하는 그레이트

런던 시내(자료: 영국관광청)

런던의 명칭으로도 사용되고 있다.

런던은 세계에서 가장 영향력 있는 도시 중 하나로, 전 세계의 문화예술 · 산업 · 교육 · 엔터테인먼트 · 법률 · 금융 · 미디어 · 전문서비스 · 관광 · 교통을 선도하는 도시이다. 특히 뉴욕 · 홍콩 등과 함께 세계적인 금융 도시의 역할을 하고 있다.

### (2) 애든버러

애든버러(자료: 영국관광청)

스코틀랜드 행정 · 문화의 중심지이며, 옛 스코틀랜드 왕국의 수도이다. 스코틀랜드 의회(Scottish Parliament), 스코틀랜드 고등법원(supreme courts of Scotland)의 소재지이기도 하다. 스코틀랜드 게일어로는 'Dùn Èideann'이라고 한다. 런던 북쪽 629km, 글래스고 동쪽 70km, 북해의 포스만(灣) 남안(南岸)에 있다. 7세기에 브리튼인을 격파한 노섬브리아 왕국의 에드윈 왕이 바위 위에 요새를 만들었는데, 이 '에드윈의 성'이 에든버러라는 명칭의 어원이 되었다. 런던에 이어 영국 제2의 경제도시이며 금융업이 융성했다. 에든버러의 인구수는 2019년 기준 482,680명으로 스코틀랜드에서는 글래스고에 이어 두 번째로 인구가 많은 도시이자 영국에서 7번째로 인구가 많은 도시이다.

### (3) 스톤헨지

거석주(巨石柱)라고도 한다. 영국의 에브벨리, 프랑스의 엘라니크의 것과 더불어 장대한 규모의 스톤서클(環狀列石)의 유구(遺構)가 있는 것으로 유명하다. 지름 114m의 도랑과 도랑 안쪽에 만들어진 제방에 둘러싸여 2중의 고리 모양으로 세워진 82개의 입석(立石)의 뽑힌 자리가 보인다. 중심부에는 2중으로 환상열석과 말발굽 모양의 열석이 둘러쳐 있다. 바깥쪽의 환상열석은 지름이 30m인데 30개의 열석이 늘어서 있고, 그 위에 순석(楯石)을 난간처럼 걸쳐 놓았으며, 지름 23m의 안쪽 열석에는 순석은 없다. 다시 안쪽에는 두 개의 입석 위에 횡석(橫石)을 놓은 5쌍의 삼석탑이 중앙의 제단석(祭壇石)으로 불리는 네모난 돌을 에워싸듯 놓여 있다. 이 석조구축물의 주축이라고 할 동북부에는 바깥 도랑이 잘리어 4각형의 광장이 부설되었고, 그 중간에 힐스톤이라고 불리는 1개의 돌이 있다.

### (4) 그리니치 천문대

1675년 찰스 2세가 천문항해술을 연구하기 위해 런던 교외 그리니치에 설립하여 초대 대장은 J. 플램스티드(J. Flamsteed)였다. 태양·달·행성·항성의 위치관측에 주력하여 많은 공적을 남겼고, 1884년 워싱턴국제회의에서 이 천문대 자오환(子午環)을 지나는 자오선을 본초자오선으로 지정하여 경도의 원점으로 삼았다.

1930년대에 런던 시가지가 스모그와 먼지·고층건물·네온사인 등 공해가 심해 관측이 곤란해지자 1945년 그리니치 남쪽 서섹스주 허스트몬슈로 이전하였다. 1956년에는 국립해양박물관과 통합했다. 1970년에 다시 카나리아제도의 라팔마스로 옮겨 관측업무를 수행하였고, 1990년에 천문대 본부를 케임브리지로 옮겼다. 그러나 그리니치 천문대라는 명칭은 계속 사용하였다. 주요 관측기기로는 아이작 뉴턴 망원경이라고 하는 지름 249cm 반사망원경, 90cm 반사망원경, 신형 자오환, 사진천정통(寫眞天頂筒), 태양사진의(太陽寫眞儀), 분광태양사진 2.5m 반사경 등이 있다. 항해에 필요한 『천체력(*The Nautical Almanac*)』은 지금도 계속 편찬하고 있다.

그리니치 천문대(자료: 영국관광청)

### (5) 런던 타워

영국에서 가장 드라마틱한 노르만 건축물인 런던탑은 정복왕 윌리엄이 런던을 감시하기 위한 성채 목적으로 지었던 이래 위압적인 자태로 템스 강을 내려다보고 있다. 런던탑은 노르만 군사 건축 양식을 보여주는 전형적인 예이며, 중세에 지어진 다른 많은 요새의 본보기가 되어 왔다는 점에서 1988년 유네스코 세계문화유산으로 등재되었다.

### (6) 버킹엄 궁전

영국 런던 웨스트민스터에 있는 국왕의 궁전이다. 1703년 버킹엄 공작 셰필드의 저택으로 건축되었으며, 1761년 조지 3세가 이를 구입한 이후 왕실 건물이 되었다. 1825~1936년 건축가 J. 내시가 개축하였으며, 왕실의 소유가 된 뒤에도 당분간은 왕궁의 하나에 불과하였다. 1837년 빅토리아 여왕 즉위 뒤에 국왕들의 상주(常住) 궁전이 되었다. 1946년 E. 블로어와 1913년 A. 웨브가 동쪽 옆면을 증·개축하였으며, 제2차 세계대전 때 독일군의 공습으로 피해를 입었다. 2만 $m^2$의 호수를 포함한 17만 4,000$m^2$의 대정원, 다수의 미술품을 소장한 미술관과 도서관 등이 있다. 현재 매일 시행되는 전통 복장의 근위병 교대는 버킹엄 궁전의 명물이다.

버킹엄 궁전(자료: 영국관광청)

### 4) 영국의 주요 관광상품

#### (1) 영국 일주(10일, ₩2,990,000~)

- 주요 일정: 인천 / 런던(1) – 크라이스트 처치 칼리지, 카팩스 타워(1) – 리버플 이동 / 비틀즈 스토리, 매튜 스트리트, 윈더미어, 윈더미어 유람선(1) – 애든버러 성, 로얄 마일, 성 자일스 성당, 스콧 기념관(1) – 자이언트 코즈웨이, 벨파스트 성, 벨파스트 시청(1) – 트리니티 대학, 성 패트릭 성당, 기네스 팩토리(1) – 더블린, 홀리헤드, 체스터, 글로스터(1) – 로만 바스, 바스 수도원, 스톤헨지(1) – 런던 타워 브릿지, 빅벤, 버킹엄 궁전, 웨스트민스터 사원, 대영박물관 – 런던 / 인천
- 이용 항공: 대한항공
- 이용 호텔: 4성급(르망 로커)

#### (2) 런던 단독여행(7일, ₩4,490,000~)

- 주요 일정: 인천 / 런던(1) – 비스터 빌리지 아울렛(1) – 런던 교통 카드, 웨스트민스터 사원, 옥스퍼드 서커스, 빅벤, 런던아이(1) – 네셔널 갤러리, 테이트 브리튼 미술관, 코톨드 갤러리, 웰레스 컬렉션(1) – 대영 박물관, 자연사 박물관, 빅토리아 & 앨버트 박물관, 런던 국립해양박물관(1) – 캠든 타운, 애비 로드, 셜록 홈즈 박물관 – 런던 / 인천
- 이용 항공: 대한항공
- 이용 호텔: 4성급(르망 로커)

### (3) 영국 / 프랑스 2개국(9일, ₩3,490,000~)

✣ 주요 일정: 인천 / 런던(1) – 버튼 온 더 워트, 크라이스트 처치 칼리지, 카팩스 타워(1) – 런던 타워 브릿지, 빅벤, 버킹엄 궁전, 웨스트민스터 사원, 대영박물관(1) –코벤트 가든, 유로스타 탑승 안내 – 파리 이동 후 에펠탑, 개선문, 샹제리제 거리, 콩코드 광장, 트로카데로 광장(1) – 베르사이유 궁전, 고흐의 집(1) – 파리 자유시간(1) – 루브르 박물관, 오르세 미술관, 사마리텐 백화점(1) – 파리 / 인천

✣ 이용 항공: 대한항공

✣ 이용 호텔: 4성급(르망 로커, 이비스 스타일스 파리 벨리지)

## 5) 영국 관광의 현주소

영국의 관광지표를 살펴보면 외국인관광객수 약 39,418,000명, 관광수입액 US$18,933 million, 관광산업 GDP US$35,732 million, 관광산업 비중 1.3%, 관광산업 일자리 1,600,000개로 4.6%를 차지하고 있다. 해외지출 대비 국내지출은 85.4%로 국내지출이 높은 것을 알 수 있다.

세계경제포럼(WEF)이 발표한 2021년 영국의 관광경쟁력은 세계 8위이며, 세부지표로 비여가 자원 5위, 항공운송 인프라 7위, 국제개방성 8위, 환경의 지속성 8위, 문화적 자원 9위로 상당히 높은 상위권을 보였고 ICT 준비 15위, 지상・해상 교통 인프라 15위, 건강과 위생 17위, 인적자원과 노동시장 20위, 관광객서비스인프라 20위, 비즈니스 환경 21위, 사회경제적 회복력과 조건 27위, 자연적 자원 29위로 중위권을 보였으며, 안전과 치안 44위, 관광우선순위 76위, 가격경쟁력 116위로 상당히 낮은 평가를 받았다.

영국의 관광산업 발전을 위해서는 관광선진국 지위에 맞는 안전과 치안을 위한 개선 노력이 필요해 보이며, 고질적인 고물가는 관광산업 발전의 저해요소로 보인다.

# 2.

## 프랑스의 문화와 관광

프랑스 공화국(République française), 약칭 프랑스(France)는 대서양과 지중해에 걸친 서유럽의 본토와 전 세계 대양에 산재한 다수의 해외 영토로 구성된 공화국이다. 영국・러시아・독일과 함께 유럽의 강대국이며, 유럽에서 3위 이내 순위권에 들어가는 경제대국이자 선진국이다. 세계 1위의 소프트파워 문화 최강국으로 문화 예술의 나라라는 별명을 가지고 있으며, 수도 파리는 낭만과 패션, 예술 자원의 중심지로 불려 국가 브랜드 가치가 높은 세계 1위 관광 대국이다.

비옥하고 광활한 영토에서 비롯된 생산력과 인구를 바탕으로 프랑크 왕국 때는 동로마 제국과 더불어 유럽의 패권을 다투었고, 분열 이후 프랑스 왕국 시절에는 신성로마 제국과 유럽의 패권을 다투었으며, 영국이 18세기부터 대두한 후에는 영국과 세계 각지에서 겨루며 패권을 다투었다.

프랑스가 제국주의 정책을 취했던 19세기에는 프랑스 문화가 전 세계로 뻗어나갔기 때문에 20세기 이전 세계 문화와 예술의 중심지라 할 수 있었다. 그리고 미국과 함께 시민혁명의 발상지이자 근대 민주주의의 발상지로도 유명한 나라다. 고대부터 자리 잡고 있던 갈리아족(켈트족), 카이사르를 필두로 하여 로마 제국에서 올라온 라틴족, 나중에 대규모로 이주해 온 게르만족이 섞여서 이뤄졌으며, 외부에서 침입한 바이킹 지파인 노르만족도 노르망디에 정착하면서 모국어를 잃어버리고 프랑스인이 되었다. 이후에도 여러 이민족들이 계속 영역으로 들어왔고, 19세기부터는 서유럽, 동유럽, 서아시아, 아프리카, 남아시아, 동남아시아로부터 이민도 많이 들어와 다민족 국가가 되었다. 유엔 상임이사국이고, 북대서양조약기구(NATO)와 유럽연합(EU)의 회원국이다. 국제통화기금 투표권은 세계 5위, 금보유고는 세계 4위다. 국방비는 세계 5위, 무기 수출은 미국・러시아에 이어 세계 3위고 핵무기, 대륙 간 탄도 미사일, 잠수함 발사 탄도미사일 기술 보유국이다.

## 1) 프랑스의 개요

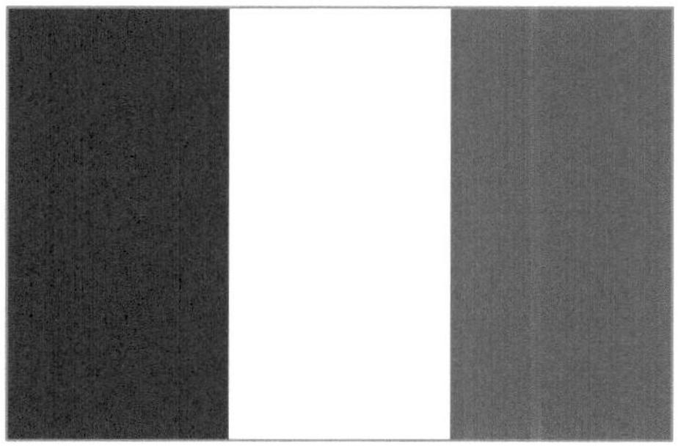

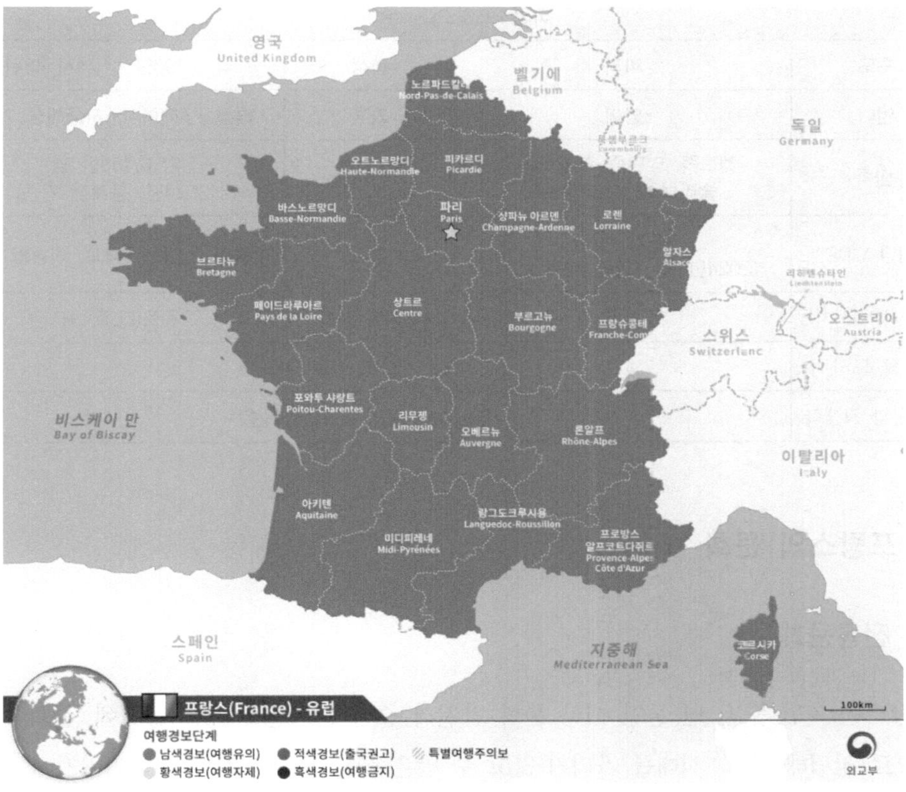


자료: 외교부 해외안전여행, 2024년 1월 11일 현재.

**[대사관 연락처]**

- 주소: 125 rue de Grenelle 75007 Paris, FRANCE(지하철 13번선 Varenne 역)
- 대표번호(근무시간 중): (33) 1-4753-0101
- 긴급 연락처(사건사고 등 긴급상황 발생 시, 24시간): (33) 6-8028-5396
- E-mail: consulat-fr@mofa.go.kr

**학습목표**

프랑스의 개요, 문화, 핵심 관광지, 주요 관광상품과 프랑스 관광의 현주소를 파악하여 프랑스를 전문적으로 이해하고 설명할 수 있다.

| 국명: 프랑스(France) | | | |
|---|---|---|---|
| 수도 | 파리 | 면적 | 약 5,490만 ha(세계 48위) |
| 언어 | 영어 | 기후 | 해양성 / 대륙성 / 지중해성 기후 |
| 민족 | 켈트족, 라틴족, 게르만족, 슬라브족, 마그레브족 | 인구 | 약 6,488만 명 (2024년, 통계청 기준) |
| 1인당 GDP | 46,315달러 (2024년 IMF 기준 세계 23위) | 종교 | 가톨릭, 신교, 유대교, 이슬람교 등 |
| 한국과의 시차 | -8 | 화폐와 환율 | 유로(EUR, €) |
| 주요 도시 | 파리, 보르도, 마르세유 | | |
| 국가관광 경쟁력 | 세계 4위(WEF, 2021년 기준) | | |

## 2) 프랑스의 문화

### (1) 전통문화

프랑스는 지난 수백 년 동안 서양 문화 발전의 중심지 역할을 해온 동시에, 문화적 초강대국으로 군림해 왔다. 시대를 가리지 않고 수 많은 예술가들이 그 이름을 떨쳤기에, 오늘날 프랑스는 풍부한 문화와 유산을 지닌 국가로 여전히 세계에서 인정받고 있다. 프랑스는 전국을 통틀어 무수히 자리 잡은 문화유산과 유적지 덕에 해마다 세계에서 가장 많은 관광객을 끌어들이고 있다. 프랑스의 박물관수는 1,200여 개를 넘으며 매년 5,000만 명의 관람객이 찾는 것으로 집계된다. 프랑스 정부는 중요 문화유산을 직접 관리하는데, 이를테면 국가 사적지 85곳을 관할할 의무를 지닌 국가유적센터를 설립해두고 있다. 여기에 등록 문화재로 총 43,180건을 지정해두고 있으며, 그 유형은 주거용 건축물(고성), 종교용 건축물(성당, 바실리카, 교회), 조각상과 기념비, 정원 등이다. 유네스코의 세계문화유산에 등재된 프랑스의 문화유산은 총 45곳으로 집계된다.

### (2) 음식

프랑스 요리는 수세기에 걸친 사회적 · 정치적인 변화를 통해 발전하였다. 프랑스 식사의 순서는 아페리티프(주인이 손님에게 권하는 한두 잔의 술) → 오르되브르(불에 조리하지 않은 전채) → 앙트레(애피타이저, 이 앙트레라는 말의 기원은 어원으로만 보면 '입구,' '시작,' '들어가기'의 전채(前菜)라는 의미가 역시 있다) → 푸아송(생선) → 비앙드(육류) → 샐러드(채소) → 프로마주(치즈) → 데세르(후식) → 프뤼(과일) → 카페(커피) → 코냑 순이다. 그러나 정식의 식사에선 이 순서가 전부가 아니라 20가지 이상의 음식이 나오기도 한다. 중세시대에는 14세기에 등장한 타이유방(Taillevent)으로 더 잘 알려진 요리사 기욤 티렐(Guillaume Tirel)이 활발한 활동을 하였다.

프랑스 혁명 기간 동안에는 향신료를 적게 쓰고, 허브를 더 자유롭게 사용하는 방향으로 움직이는 가운데, 프랑수아 피에르 드 라 바렌(François Pierre La Varenne)을 시작으로 프랑스 요리는 나폴레옹과 다른 고관들의 유명한 요리사인 마리앙투안 카렘에 의해 더욱 발전하게 되었다. 프랑스 요리는 20세기 조르쥬 오귀스토 에스코피에에 의해 체계화되어 오트퀴진(고급 요리)의 근대화를 이루게 되었다. 한편, 에스코피에의 주요 업적은 프랑스 프로방스에서 발견되는 지방 요리를 다수 배제하였다. 20세기 시대와 그 이후로 음식 탐방과 미슐랭 가이드는 프랑스의 풍부한 부르주아 요리와 시골요리 등으로 프랑스 시골지방에게까지 관심을 받게 하는 데 큰 도움을 주었다.

음식 재료와 음식은 지역에 따라 다양하다. 많은 수의 대표적 향토음식은 그 지방뿐만 아니라 전국적으로 인기를 지닌다. 한때 지역 음식으로 머물렀던 음식은 프랑스 전역에 다양한 형태로 등장하게 되었다. 치즈(프로마주)와 포도주는 프랑스 요리의 주요한 부분을 차지하며, 다양한 품종과 통제화 된 명칭 법률인 원산지 통제명칭 와인(Appellation d'origine contrôlée 아펠라티옹 도리진 콩트롤레)은 지역적으로 전국적으로 다양한 역할을 담당한다.

### 가) 크루아상

크루아상(프랑스어: croissant)은 버터가 많이 함유된 바삭바삭한 페이스트리로, 이름은 초승달(crescent) 모양에서 유래되었다. 크레센트(crescent), 크레센트 롤빵(crescent roll)이라고도 한다. 크루아상은 발효된 퍼프 페이스트리로 만들어진다. 효모 반죽을 버터와 함께 켜켜이 쌓아 여러 번 계속해서 굴리고 접은 다음 얇게 늘이는데, 이 기술을 라미네이팅이라고 한다.

### 나) 달팽이 요리

에스카르고(escargot)는 프랑스의 대표적인 식용 달팽이 요리를 말하며, 끓는 물에 데쳐 마늘과 버터, 파슬리 등을 껍질 속에 넣고 오븐에 구워 낸다. 스튜로 만들거나 볶아내어 먹기도 하고, 주원료는 헬릭스포마티아이며, 모양과 재료가 다양한 프랑스 요리를 말한다. 애벌레로 만들기도 하며, 보통 프랑스에 관광을 온다면 사람들은 에스카르고를 주로 먹는다. 달팽이 요리여서 처음엔 싫어하는 사람들도 있지만, 먹게 된다면 에스카르고에 대한 시선이 달라진다. 프랑스 요리로 많이 알려져 있지만 사실 스페인 음식이다.

### 다) 푸아그라

푸아그라(프랑스어: foie gras)는 거위나 오리의 간을 재료로 활용한 대표적인 프랑스 요리이다. 사실 독일에서 유래되었으며, 소의 간을 활용하기도 한다. 푸아그라는 프랑스어로 '살찐 간'이라는 뜻이다. 프랑스의 북동부에 위치한 알자스 지방이 푸아그라의 대표적인 산지로 유명하다. 오래전 알자스 지방으로 이주한 유대인이 거위와 오리를 키우다가 간을 가지고 자연스럽게 만든 요리에서 푸아그라가 비롯되었다. 푸아그라는 일반 음식에 비해 가격이 비싸기 때문에 주로 오르되브르(프랑스식 전채 요리)에 사용하거나 명절에 먹는다. 푸아그라는 캐비어, 트뤼프(송로버섯)와 함께 서양의 3대 진미 중 하나로 꼽힌다. 붉은색이나 약한 노란색을 띠며 아주 부드럽다. 주로 구워 먹거나 와인에 재웠다가 요리해 먹지만 푸딩으로 만들어 디저트처럼 즐기기도 한다.

#### 라) 크레프

크레프(프랑스어: crêpe)는 프랑스의 얇은 팬케이크이다. 곡물가루와 달걀・우유를 섞어서 팽창제 없이 얇게 부쳐 만들며, 보통 둥근 모양이다. 따뜻하거나 차게, 달콤하거나 짭조름하게 먹을 수 있으며, 보통 후식이나 간식으로 먹는다. 프랑스의 국민 음식 가운데 하나이기도 하다.

### (3) 스포츠

프랑스는 하계올림픽을 1900년, 1924년, 2024년에 개최하였다. 이들 세 대회 모두 파리에서 개최되었으며, 2024년 대회로 파리는 런던에 이어 두 번째로 올림픽 3회 개최 도시가 된다. 동계올림픽의 경우 초대 대회인 1924년 샤모니 동계올림픽을 개최하였으며, 이후 1968년 그르노블, 1992년 알베르빌 대회를 개최하였다. 프랑스 선수단은 사이클과 핸드볼에서, 동계 종목에서는 알파인스키에서 강세를 보인다.

프랑스에서 최고 인기 스포츠는 축구이다. 프랑스는 FIFA 월드컵을 2회(1938년, 1998년) 개최하였으며, 프랑스 축구 국가대표팀은 1998년과 2018년 2회 우승을 차지하였다. 축구 다음으로 인기 있는 스포츠는 럭비이다. 다만 장마리 르 펜과 같은 프랑스의 극우 민족주의자 내지 백인 우월주의자들 사이에서는 럭비 선수들의 대부분이 백인이기 때문에 축구보다 더 좋아한다는 의견도 있다. 야구의 경우 국내리그인 다비시옹 엘리트가 있다.

## 3) 프랑스의 핵심 관광지

프랑스는 역사적인 문화대국이자, 상대적으로 좁은 면적에 많은 문화재들이 집결해 있는 전통적인 관광대국이다. 이를 증명할 수 있듯이 2021년 통계 기준으로 태국 다음으로 전 세계 관광객들이 가장 많이 방문한 나라에 이름을 올리고 있다. 특히 연계교통이 잘 되어 있는 영국을 방문한다면 한번쯤은 들르게 되는 나라이다. 전기 규격은 한국과 약간 다르게 230V, 50Hz이지만 따로 변환기를 구비해야 할 필요는 없다. 규격이 다른 건 사실이나 대형, 산업용 기기 외에는 문제가 없다. 대체로 영어가 잘 통하는 나라가 아니다. 해외 관광객을 상대로 영업하는 곳이라면 대체로 능숙한 영어로 잘 응대해주는 편이다. 파리 근교나 스트라스부르 같은 관광지에선 인종을 불문하고 모든 관광객들에게 잘해준다. 다만, 가격면에서 볼 때는 절대로 좋은 관광지는 아닌데, 인접한 스페인이나 독일에 비해서도 물가가 높은 편이다.

### (1) 파리

파리는 그 자체로 하나의 세계를 이룬다. 몽마르트, 라탱 지구, 시테 섬을 비롯한 파리의 여러 구역은 각각 하나의 나라가 된다. 파리에는 루브르 박물관부터 미래지향적인 루이비통 재단까지 이어지는 예술의 역사가 담겨 있다. 파리를 방문한다는 것은 파리지앵적 삶의 방식을 경험한다는 의미이기도 하다. 따뜻한 바게트와 크루아상으로 아침식사를 즐긴 후 레페토 플랫슈즈를 신고 몽테뉴가(Avenue Montaigne)의 오트 쿠튀르 매장에서 쇼핑을 즐길 수도 있고, 생 투앙(Saint-ouen)에서 숨겨진 보물을 찾아볼 수도 있다. 오후에는 파리 문학의 성지 카페 드 플로르(Café de Flore)에 반드시 들러야 한다.

### (2) 에펠탑

에펠탑 야경(자료: 저자)

1889년 3월 31일 준공되었고, 1889년 5월 6일 개관하였다. 이것을 세운 프랑스의 교량기술자 구스타브 에펠의 이름을 따서 명명되었다. 재료로는 프랑스에서 제조된 7,300t의 시멘즈 마르탕 평로강이 사용되었다. 탑에는 3개소에 각각 전망 테라스가 있다. 파리의 경치를 해치는 것이라고 해서 완공 당시 모파상과 같은 예술가와 지식인의 비판을 받았으나 그대로 남아 무전탑(無電塔)으로 이용되었다. 그러나 제2차 세계대전 후 55피트의 텔레비전 안테나가 덧붙여져서 텔레비전의 송신탑으로 사용되고 있다. 탑의 높이는 건설 후 약 40년간 인공 건조물로서는 세계 최고였다.

### (3) 루브르 박물관

루브르 박물관(자료: 하나투어)

프랑스 파리 중심부 제1구 루브르 궁전에 위치한 국립박물관으로 1793년 설립되었다. 12세기 말부터 13세기 초 사이 필립 2세(Philip II, 1165~1223)의 루브르 성(Louvre Castle)이 있던 곳으로, 중세시대 지하 요새가 보존되어 있다. 1682년 루이 14세가 베르사유 궁전으로 천도하면서 루브르 궁전은 왕실 소장품을 전시하는 공간으로 사용되었다. 1692년부터 100년 간 왕립 미술아카데미가 사용하다가 프랑스 혁명 후 국민의회가 왕실 소장품을 공개하기로 결정하였다. 1989년에는 중국계 미국인 모더니즘 건축가 이오 밍 페이가 설계한 유리 피라미드인 '루브르 피라미드'가 박물관 중정에 완공되었다. 380,000여 점의 전 세계 미술작품과 고대문명 유물을 소장하고 있으며, 그 중 35,000여 점이 상설전시실에 전시된다. 루브르 박물관의 관장은 전국의 공・사립 미술관 운영을 총괄하도록 되어 있어 프랑스 국립박물관 행정의 총본산의 역할도 맡고 있다. 분관으로는 2004년 개관한 루브르 랑스, 2017년 개관한 루브르 아부다비, 2018년 개관한 루브르 테헤란이 있다.

### (4) 노트르담 대성당

센강(江) 시테섬에 있는 성당이다. 공사는 1163년 주교 M. 쉴리의 지휘 아래 내진(內陣) 건축이 시작되었고, 성왕 루이 치하인 13세기 중엽에 일단 완성되었으나 그 후에도 부대공사는 계속되어 18세기 초엽 측면 제실(祭室)의 증설로 오늘날의 모습을 갖추게 되었다. 그러나 18세기 프랑스혁명 때 건물이 심하게 파손되어 19세기에 대대적인 보수공사를 하였다.

### (5) 베르사유 궁전

태양왕 루이 14세의 영광과 권력을 과시하기 위해 대대적으로 지어진 베르사유 궁전이다. 18세기에 들어와 베르사유 궁전은 그 자체가 구체제의 구조적 권력이 되지만, 1789년 프랑스 대혁명 이후 이상화된 국민의 궁전으로 거듭난다. 이후 19~20세기 동안 베르사유는 프랑스를 상징하는 공간으로 굴곡진 역사적 순간들을 경험한다.

### (6) 개선문

개선문(자료: 하나투어)

그 유명한 보나파르트 나폴레옹이 전쟁에서 승리한 것을 기념하기 위해 지었다. 높이 50미터, 폭 45미터로 세계에서 가장 큰 문이다. 고대 로마의 개선문을 본따 만들었고, 나폴레옹의 군대가 승리하는 그림과 600여 명의 장군들의 이름이 새겨져 있다. 나폴레옹의 장례식 때 나폴레옹의 관이 이 문을 통과했다.

### (7) 마르세유

프랑스 남부 프로방스 알프코트다쥐르 지방의 최대의 상업도시이자 무역항, 공업도시이며, 유럽 3위의 대규모 항구이자 프랑스에서 파리에 이어 지중해에 접한 2번째로 큰 도시이다. 리옹과 2위 자리를 놓고 다투는데, 인구 규모는 리옹보다 조금 작은 정도다.

주요 관광 명소는 몽테크리스토 백작에서 주인공 에드몽 당테스가 갇혀 있던 '이프 성'이 있으며, 꺄시스 해변으로 대표되는 깔렁 국립공원, 건축적으로 범상치 않은 외관의 '유럽 지중해 박물관'이 있고, 시내와 지중해가 한눈에 내려다보이는 '노트르담 성당'이 있다.

## 4) 프랑스의 주요 관광상품

### (1) 프랑스 단독여행(7일, ₩3,990,000~)

- 주요 일정: 인천 / 파리(1) – 루브르 박물관, 씨엘드 파리, 레종브르, 샹제리제 거리, 개선문, 콩코르드 광장(1) – 몽생미쉘 수도원, 쉬농소 성, 샹보르 성(1) – 오르세 미술관, 마레 지구, 노트르담 대성당(1) – 르 프로코프, 레옹 드 브뤼셀, 라뒤레(1) – 파리 전일 자유시간(1) – 파리 / 인천
- 이용 항공: 대한항공
- 이용 호텔: 4성급(시타딘 플레이스 드 이탈리 파리)

### (2) 남프랑스 일주(9일, ₩5,490,000~)

✣ 주요 일정: 인천 / 밀라노(1) – 알레산드리아, 모나코 대공궁, 모나코 대성당, 몬테 까를로, 에즈 빌리지(1) – 노트르담 드 라 가르드 성당, 구항, 교황청, 아비뇽의 다리, 아를 원형 경기장(1) – 미라보 거리, 세잔 아틀리에, 빛의 채석장(1) – 엑상프로방스, 베르동 협곡(1) – 니스해변, 샤갈 미술관, 크루아제트 대로(1) – 생폴 드 방스, 망통(1) – 세라발레 아울렛, 알레산드리아 / 밀라노 / 인천

✣ 이용 항공: 대한항공

✣ 이용 호텔: 4성급(머큐어 마르세유 상트르 비외 포르 / 머큐어 니스 센터 그리말디 호텔 / 디아만테 호텔 – 알레산드리아)

### (3) 프랑스 / 스위스 2개국(10일, ₩3,490,000~)

✣ 주요 일정: 인천 / 파리(1) – 에펠탑, 개선문, 샹제리제 거리, 콩코드 광장, 트로카데로 광장(1) – 몽생미쉘, 지베르니(1) – 파리 라발레 빌리지(1) – 몽마르뜨 언덕, 사크레 쾨르 대성당, TGV LYRIA(1) – 필라투스, 루체른 호수, 카펠교, 빈사의 사자상(1) – 콜마르 이동 쁘띠 베니스(1) – 스트라스부르 이동, 노트르담 대성당, 쁘띠프랑스(1) – 프랑크푸르트 / 인천

✣ 이용 항공: 아시아나 항공

✣ 이용 호텔: 4성급(이비스 스타일스 파리 벨리지 / 호텔 벨뷰 – 루체른, 컴포트 호텔 엑스포 콜마르 / 이비스 스트라스부르 수드 라 비지에)

## 5) 프랑스 관광의 현주소

프랑스의 관광지표를 살펴보면 외국인관광객수 약 89,400,000명, 관광수입액 US$32,564 million, 관광산업 GDP US$52,230 million, 관광산업 비중 2.0%, 관광산업 일자리 1,177,000개로 4.2%를 차지하고 있다. 해외지출 대비 국내지출은 67.1%로 국내지출이 높은 것을 알 수 있다.

세계경제포럼(WEF)이 발표한 2021년 프랑스의 관광경쟁력은 세계 4위이며, 세부지표로 건강과 위생 6위, 국제개방성 7위, 문화적 자원 7위, 자연적 자원 9위, 비여가 자원 9위, 사회경제적 회복력과 조건 10위, 항공운송 인프라 10위, 지상·해상 교통 인프라 10위로 상당히 많은 부분에서 상위권에 올랐고, 관광객서비스인프라 13위, 환경의 지속성 14위, ICT 준비 20위, 비즈니스 환경 29위, 인적자원과 노동시장 30위로 중위권에 올랐으며, 안전과 치안 47위, 관광우선순위 79위, 가격경쟁력 101위로 상당히 낮은 평가를 받았다.

프랑스의 관광산업 발전을 위해서는 관광선진국 지위에 맞는 안전과 치안을 위한 개선 노력이 필요해 보이며, 고질적인 고물가는 관광산업 발전의 저해요소로 보인다.

# 3.

## 이탈리아의 문화와 관광

중세시대는 이탈리아 역사의 암흑기로 분류된다. 서로마를 무너뜨린 오도아케르 왕국은 후에 이탈리아로 이동한 고트족과 랑고바르드족에 의해 다시 무너졌다. 남부 몇몇 지역을 제외한 이탈리아 거의 전역을 지배했던 랑고바르드 왕국은 756년 교황의 요청을 받은 프랑크 왕국의 피핀 3세에 의해 멸망했다. 랑고바르드 왕국을 멸망시킨 피핀 3세는 라벤나 지역을 교황에게 기증했는데, 이것이 교황령의 시초이다. 피핀의 아들 샤를마뉴 대제는 781년 로마를 포함해 넓은 영지를 교황에게 줌으로써 교황은 세속군주가 되었고, 교황 레오 3세는 800년 샤를마뉴에게 신성로마제국의 초대 황제의 제관을 씌워주었다. 이후 교황령을 제외한 이탈리아에서는 이탈리아 왕국이라는 이름 아래 신성로마 제국의 봉건지배체제가 시작되었다.

신성로마 제국 황제와 교황 간의 갈등은 9세기 이후 본격화 되었다. 이탈리아 도시들은 황제당파(Ghibellins)와 교황당파(Guelphs)로 나뉘어 싸웠다. 1176년 신성로마 제국의 간섭에 불만을 품은 북부와 중부의 도시들이 롬바르디아 동맹을 결성해 호엔슈타우펜가 신성로마제국 황제인 프리드리히 1세(Frederick Barbarossa: 붉은 수염 대왕)의 군대를 패퇴시켰다. 신성로마 제국과의 전쟁에서 승리한 이후 이들 도시들은 자치권을 얻어내고 독자적으로 발전하기 시작했다. 이로써 르네상스를 이끌었던 이탈리아의 도시국가체제가 나타나기 시작했다.

반면, 동로마 제국의 영토에 편입되어 있던 남부지역은 7세기 이후 이슬람 세력의 침입을 받았고, 827년 튀니지 이슬람 세력은 비잔틴 지배 아래 있던 시칠리아를 점령하고 2세기 동안 통치했다. 이슬람의 시칠리아 지배는 이 지역에 기독교 문화와 이슬람 문화가 융합되게 하는 데 기여했다. 이슬람 지배는 11세기 노르만인들이 시칠리아에 들어오면서 종결되었다. 노르만인은 11세기 초부터 순례・용병 또는 십자군 병사로서 남이탈리아에 와서 왕조를 세웠다.

남부 이탈리아는 서유럽풍의 봉건제도, 비잔틴풍의 관료제도, 아랍식 문화가 융화를 이루어 번영했고, 시칠리아 왕(王)과 신성로마 황제를 혈연관계로 겸하게 된 호엔슈타우펜가의 프리드리히 2세 시대에 절정을 누렸다. 그 뒤 남이탈리아는 프랑스 앙주가의 지배를 거친 후 에스파냐의 아라곤가(家)의 지배를 받았다.

북부 지역은 신성로마 제국으로부터 자치권을 얻은 도시들은 코무네(Comune)라고 하는 독특한 정치체제를 만들어냈다. 프리드리히 1세가 롬바르디아 도시동맹에 패한 이후 코무네 단위의 번영시대가 열렸으며, 베네치아・제노바 등과 함께 피렌체・밀라노・루카 등의 내륙도시도 발전하였다. 그러나 이와 동시에 도시 상호 간의 마찰, 도시에 거주하는 상공업종사자인 일반 시민과 토지귀족이 대립, 이에 더해 황제와 교황의 갈등이 심화되어 사회문제가 되었다. 도시의 질서와 안정을 도모하기 위하여 특정 유력자에게 시정의 전권을 위임하는 이른바 시뇨리아(Signoria) 제도가 밀라노를 비롯한 기타 소도시에서 나타났으며, 형식적으로는 공화제를 표방한 피렌체도 사실상 메디치가의 전제 지배하에 들어갔다. 메디치가를 비롯한 지배계급은 궁정이나 교황의 보호를 받았고, 이에 도시는 안정을 찾고 동방의 수준 높은 문화와 접촉하면서 시야를 확대하고 상인의 현세적・합리적인 의식 등이 고조되는 등 르네상스 문화가 탄생하였다.

15세기에는 밀라노 공국에서 스포르자(Carlo Sforza) 가문의 공작 계승권 문제를 두고 밀라노 공국과 베네치아 사이에 전쟁이 벌어졌고, 전쟁의 이면에는 이탈리아 북부의 헤게모니를 어떤 도시국가가 가져가느냐의 문제가 있었다. 1454년 밀라노와 베네치아 사이에 평화협정이 체결된 이후 밀라노, 베네치아, 피렌체, 나폴리 등의 도시국가와 교황령 사이에 세력균형이 이루어졌지만 1494년 나폴리 왕국의 왕위계승권 문제를 둘러싼 이탈리아 전쟁으로 다시 갈등상황에 놓였다. 프랑스, 신성로마 제국, 스페인, 오스만 제국까지 가세한 이탈리아 전쟁은 1559년까지 진행되었고, 스페인의 승리로 끝나 이탈리아 도시국가들은 스페인의 지배하에 들어가게 되었으며, 1701년 스페인 왕위계승을 둘러싸고 벌어진 전쟁 이후에는 중북부 도시국가들은 오스트리아의 지배하에, 남부의 시칠리아와 나폴리 왕국은 프랑스의 지배하에 들어갔다.

## 1) 이탈리아의 개요

자료: 외교부 해외안전여행, 2024년 1월 11일 현재.

**[대사관 연락처]**

- 주소: 125 rue de Grenelle 75007 Paris, FRANCE(지하철 13번선 Varenne 역)
- 대표번호(근무시간 중): (33) 1-4753-0101
- 긴급 연락처(사건사고 등 긴급상황 발생 시, 24시간): (33) 6-8028-5396
- E-mail: consulat-fr@mofa.go.kr

**학습목표**

이탈리아의 개요, 문화, 핵심 관광지, 주요 관광상품과 이탈리아 관광의 현주소를 파악하여 이탈리아를 전문적으로 이해하고 설명할 수 있다.

| 국명: 이탈리아(Italy) | | | |
|---|---|---|---|
| 수도 | 로마 | 면적 | 약 3,020만 ha(세계 71위) |
| 언어 | 이탈리아어 | 기후 | 지중해성 기후 |
| 민족 | 이탈리아인(북부에 프랑스계, 오스트리아계, 슬라브계 / 남부에 알바니아계, 그리스계 소수 거주) | 인구 | 약 5,869만 명 (2024년, 통계청 기준) |
| 1인당 GDP | 37,146달러 (2024년 IMF 기준 세계 26위) | 종교 | 가톨릭 85.7%, 정교회 2.2%, 이슬람교 2% 등 |
| 한국과의 시차 | -8 | 화폐와 환율 | 유로(EUR, €) |
| 주요 도시 | 로마, 피렌체, 나폴리, 폼페이, 소렌토, 베니스 | | |
| 국가관광 경쟁력 | 세계 10위(WEF, 2021년 기준) | | |

## 2) 이탈리아의 문화

### (1) 전통문화

이탈리아는 1861년의 통일 이전까지 정치적·지리적으로 나뉘어 있었고, 이로 인하여 지역적으로 매우 다른 문화들이 발전하였다. 이탈리아는 서구 문화의 역사적인 중심이었으며, 아직도 예술과 문화의 본고장으로 인정받는다. 중세와 르네상스 기간 동안 수많은 귀족 가문들이 최고의 건축가, 학자와 예술가들을 이탈리아로 끌어 들였고, 이들의 후원에 힘입어 이탈리아에서는 당시 유럽 최고의 걸작들이 탄생하였다. 이 가문들은 서로 정치적·사회적으로는 고립되어 있었으나, 문화적 · 예술적으로는 서로 끊임없이 경쟁하며 교류하였기에 이탈리아에서는 아름다운 문화의 꽃이 피울 수 있었던 것이다.

이탈리아는 55개에 달하는 세계 최대의 유네스코 세계문화유산을 보유하고 있으며, 워낙 근대에 국민들이 해외로 많이 이민을 갔기에 그 영향으로 세계적으로도 이탈리아 문화들이 잘 보급되어 있다. 이탈리아는 10만 개가 넘는 문화유적(박물관 · 궁전 · 건물 · 조각상 · 교회 · 빌라 · 분수 · 유적) 등을 보유하고 있으며, 전 세계 예술품의 절반이 이탈리아에 있다고 추정할 정도로 압도적인 문화유적 수를 자랑한다.

### (2) 음식

이탈리아 요리는 기원전 4세기부터 시작한 것으로 알려지며, 이후 에트루리아, 고대 그리스, 로마, 동로마 제국, 유대인들의 요리의 영향을 받으며 급격히 발전하였다. 콜럼버스가 아메리카 대륙을 발견한 이후 감자 · 토마토 · 고추 · 옥수수 등이 들어왔고, 18세기 들어서 이 식재료들이 대량으로 수입되기 시작하면서 이탈리아 요리들도 크게 바뀌게 되었다. 이탈리아 요리의 특징에는 지역적 특색과 맛의 풍부함 등이 있으며, 세계에서 가장 유명한 요리들 중 하나로 전 세계에 뻗어 있다.

이탈리아 요리는 지중해성 식재료들을 기본으로 하는데, 가장 대표적인 이탈리아 요리인 스파게티처럼 파스타 종류의 요리가 많으며, 생선 · 과일 · 채소 등을 많이 사용한다. 또한 요리들의 구성 재료들이 대단히 단순한 걸로도 유명한데, 상당수의 요리들이 오직 4개에서 8개 정도의 재료들로 만들어진다. 이탈리아 요리의 조리법 등은 전문 셰프 등이 전수해오고 있는 것이 아니라, 대부분이 가정 내에서 대대로 내려오는 경우가 많다. 이탈리아 요리가 해외에서도 성공한 이유들 중 하나는 전통적인 재료들을 효과적으로 잘 사용했다는 것인데, 주로 치즈 · 와인 등을 사용하며 대다수의 레스토랑에서는 EU법에 따라 오직 정부에서 지정한 농장이나 사육장에서 생산한 식재료들만을 취급한다.

이탈리아는 디저트도 매우 유명한데, 피스타치오 · 아몬드 등을 주로 사용하며 리코타 치즈, 마스카포네 치즈와 같은 달콤한 치즈와 함께 초콜릿 · 바닐라 · 계피 같은 이색적인 향도 잘 쓴다. 유명한 이탈리아 디저트 종류에는 젤라토 · 티라미수 · 카사타 등이 있다.

### 가) 마르게리타 피자

1889년 나폴리를 방문한 사보이아가의 움베르토 1세와 마르게리타 왕비에게 바칠 음식으로 만들어졌다고 한다. 당시 요리사였던 돈 라파엘 에스폰트는 왕비를 위해 피자를 만들었는데 바질・모짜렐라(모차렐라라고도 한다)・토마토 등의 재료로 초록・하양・빨강으로 된 이탈리아의 국기를 상징하는 피자를 만들었는데, 마르게리타 왕비가 매우 마음에 들어 하였고 왕비의 이름을 따서 마르게리타 피자라는 이름이 되었다고 한다. 그러나 이러한 토핑을 올린 피자는 이전에도 나폴리에서 존재했었다. 1849년에 바질과 토마토 등의 재료와 소스로 조합하고 모짜렐라를 뿌린 피자가 있다는 기록이 있다.

### 나) 파스타

파스타(이탈리아어: pasta)는 이탈리아의 밀 식품이다. 듀럼밀 세몰라에 물을 섞거나 밀가루에 달걀을 섞어 부풀리지 않고 반대기를 지어서 국수 등의 형태로 만든 음식이며, 삶거나 구워 먹는다. 이탈리아의 주식이며, 국민 음식 가운데 하나로 여겨진다. 이탈리아어 '파스타(pasta)'는 '반죽,' '페이스트'를 뜻하는 명사이다.

### 다) 젤라토

젤라토(이탈리아어: gelato, IPA: [dʒe'lato])는 이탈리아에서 유래한 아이스크림으로, 과즙・과육・우유・설탕, 때로는 커피나 향초 등을 섞은 것을 얼려 만든다. 이탈리아 사람은 겨울에 빼놓지 않는 아이스크림이다. 젤라토는 이탈리아어로 '얼었다'라는 의미로 라틴어 'gelātus'에서 파생되었다. 이탈리아에서는 '젤라토'를 아이스크림 그 자체를 가리키는 말로 쓰이고 있으나, 영어권에서는 '이탈리아식 아이스크림'을 가리키는 의미로 사용된다.

### 라) 티라미수

티라미수는 이탈리아의 커피향 디저트 중 하나이다. 티라미수는 커피에 적신 사보이아르디 및 마스카르포네를 주재료로 만든 무스로 만든다. 이탈리아 베네토주 트레비소의 '르 베셰리' 레스토랑에서 처음 만들었다고 한다. 티라미수는 이탈리아어로 'Tirare(당기다),' 'me(나),' 'sù(위)'가 합쳐진 뜻으로, '나를 끌어 올린다'라는 말을 붙인 것이며, 의역하면 '기분이 좋아진다'라는 뜻으로 만들어진 말이다.

### (3) 스포츠

이탈리아에서 가장 대중적인 스포츠는 축구이다. 이탈리아 축구 국가대표팀은 세계에서 가장 강한 팀들 중 하나로, 1934년, 1938년, 1982년, 2006년 FIFA 월드컵에서 우승하기도 하였다. 이탈리아 팀들은 48개의 유럽 주요 경기에서 우승을 거머쥐었으며, 이탈리아를 유럽에서 2번째로 승리를 많이 거둔 국가로 만들었다. 이탈리아의 최고 축구 리그는 세리에 A라고 불리며, 전 세계에 수백만 명의 팬들을 거느리고 있다.

이탈리아에서 유명한 스포츠로는 그 외에도 농구・배구・럭비 등이 있다. 이탈리아의 남자 배구 국가대표팀과 여자 배구 국가대표팀은 세계 정상급으로 평가받는다. 이탈리아 농구 국가대표팀은 유로바스켓 1983년과 1999년에 승리를 거두었으며, 2004년 올림픽에서는 은메달을 목에 걸었다. 레가 바스켓 세리에 A는 유럽에서 가장 치열한 경기 리그로 손꼽히고는 한다. 럭비는 특히 이탈리아 북부 지역에서 대중적이며, 이탈리아 럭비 국가대표팀은 6개국의 국가대표팀들과 경쟁하며 럭비 월드컵에도 개근하고 있다. 이탈리아는 세계 럭비의 최강국이기도 하다. 이탈리아 남자 배구 국가대표팀은 1990년, 1994년, 1998년에 월드 챔피언십에서 우승하였으며, 1996년, 2004년, 2016년의 올림픽에서도 은메달을 땄다.

## 3) 이탈리아의 핵심 관광지

이탈리아는 유럽에서 프랑스와 스페인 다음으로 많은 여행객들이 방문하는 세계적인 관광대국이다. 유럽 문명의 요람인 로마 제국의 심장답게 이와 관련된 유산들이 가득하고, 에트루리아, 고대 그리스, 고대 로마, 신성로마 제국의 유적들도 곳곳에 산재해 있다. 여기에 르네상스의 중심지답게 피렌체 대성당 및 두오모 등 아름다운 건축물들도 굉장히 많다.

문화유산뿐만 아니라 북부의 알프스 산맥과 남부 나폴리 근교의 아름다운 해변 등 수려한 자연경관도 찾아보면 차고 넘치는데다가, 지중해의 관문답게 북부를 거쳐 스위스나 오스트리아 등으로도 쉽게 갈 수 있다. 사실상 나라 전체가 관광지라 해도 과언이 아닌 수준이다.

이러한 유명세에 힘입어 2018년에 무려 6,210만 명의 방문객을 기록했다. 관광지의 경우 그럭저럭 영어가 통하기 때문에 이탈리아어를 몰라도 여행이 가능하다. 이탈리아 북부 웬만한 지역에서는 영어가 아주 잘 통하는 편이고, 치안도 괜찮은 편이다. 다만, 나폴리 등 치안이 썩 좋지 않은 곳이 있다.

### (1) 로마

로마 콜로세움(자료: 하나투어)

로마(Roma)는 이탈리아 반도 중부 지역 테베레강 연안에 있는 도시로, 이탈리아의 수도이자 최대도시이며 라치오의 중심 도시이다. 과거 로마 제국의 수도로서 유럽의 중심이자 세계의 수도라고 불린 도시로, 세계 역사와 문화를 논할 때 절대 빠지지 않고 거론되는 도시이다. 현재는 잘 보존된 수많은 역사 유적들로 인해 전 세계의 대표적인 관광지로 여겨지며, 세계문화유산과 예술과 낭만의 중심 도시로 자리 잡았다.

로마의 대표적인 관광명소로는 콜로세움, 트레비 분수, 포로 로마노, 나보나 광장, 판테온, 베네치아 광장, 스페인 광장, 진실의 입 등 무수히 많다.

### (2) 바티칸

바티칸 전경(자료: 하나투어)

남유럽에 위치한 도시국가이자 이탈리아 로마시에 둘러싸인 내륙국이다. 로마 주교이자 전 세계 가톨릭 주교단의 단장인 교황을 국가원수로 한다. 2011년 3월 2일 호주 매체에서 보도한 바에 따르면 바티칸의 인구는 여성 32명, 남성 540명으로 총 572명이라고 한다. 그러나 바티칸에 거주하면서 생활하고 있는 실제 인구는 223명에 불과하다. 비록 이탈리아의 로마에 둘러싸인 형태로 존재하지만, 이탈리아와 다른 나라로서 갖출 건 다 갖춘 엄연한 독립국이다.

### (3) 나폴리

이탈리아 캄파니아의 주도(州都)이자 남이탈리아의 중심 도시로, 로마와 밀라노에 이은 이탈리아 제3의 도시이다. 이탈리아 통일 전까지 천년 가까이 북이탈리아와는 판이한 역사를 이어온 남이탈리아의 정치적 중심지였다. 지금도 지중해에 닿아 있는 항구도시로, 영어로는 네이플스(혹은 네이플)라고 한다. 이 지역의 유명한 두 개의 높은 산은 폼페이를 멸망시킨 베수비오 화산이다. 서기 79년 8월 24일 베수비오 화산이 폭발한 날, 북풍이 아닌 동풍이 불었다면 폼페이 대신 나폴리가 멸망했을 것이다.

### (4) 폼페이

현 이탈리아 캄파니아주 나폴리 근처에 위치한 도시이자, 역사적으로 유명한 고대 로마의 도시이다. '멸망한 도시들' 가운데 손꼽히는 도시로, 본래 농업과 상업이 활발했으며, 로마 귀족들의 휴양지로 매우 번성했던 도시였다. 하지만 서기 79년 8월 24일 베수비오 화산의 폭발로 인해 단 18시간 만에 완전히 잿더미가 되어 오랫동안 역사에서 소멸한 도시 중 하나로, 1592년 폼페이 위를 가로지르는 운하를 건설하는 과정에서 건물과 회화작품들이 발굴되어 사람들에게 알려졌다. 이탈리아에서 관광업계 관련이 아닌 이상 그냥 '폼페이'라고 부르면 지금 사람들이 살고 있는 폼페이 신시가지를 가리킨다. 유적 쪽 폼페이는 폼페이 발굴지(Scavi di Pompei: 스카비 디 폼페이)라고 부르며, 캄파니아 지역 사철인 치르쿰베수비아나로 방문 시에도 반드시 폼페이 역이 아닌 스카비 디 폼페이 역에서 내려야 쉽게 찾을 수 있으니 유의해야한다.

### (5) 소렌토

소렌토는 이탈리아 캄파니아주 나폴리 광역시에 있는 도시이다. 폼페이・나폴리・아말피・살레르노에서 가까운 곳에 위치한 관광지이며, 나폴리 민요 '돌아오라 소렌토로'를 통해 전 세계적으로 잘 알려진 도시이기도 하다. 나폴리에서 남쪽으로 약 50km 떨어진 곳에 위치하고 있으며, 나폴리 항을 둘러싼 아말피 해구의 기점이 되는 곳이기도 하다. 해안도시이지만 모래사장이나 자갈밭 같은 해변은 매우 적고 대부분 50m 높이의 해안절벽으로 이루어져 있다. 올리브유・포도주・고추의 주산지로도 잘 알려져 있다. 과일도 유명해서 '돌아오라 소렌토로'의 가사에는 소렌토의 오렌지 향기를 기억하라는 구절이 있다.

### (6) 피렌체

이탈리아 토스카나의 최대 도시이자 중심 도시다. 아르노 강변에 위치해 있으며, 역사상 중세와 르네상스 시대에는 건축과 예술로 유명한 곳이었다. 중세 유럽의 무역과 금융의 중심지 중 하나였으며, 이탈리아 르네상스의 본고장이기도 하다. 1865년에서 1870년까지는 이탈리아 왕국의 수도였다. 인구는 약 36만여 명이고, 근교의 피렌체 광역시 인구까지 합치면 총 약 101만 명이다. 도시 중심에는 거대한 돔을 가진 성당인 두오모(Duomo)가 존재감을 과시하고 있으며, 이는 피렌체의 상징처럼 여겨진다.

피렌체 두오모 성당(자료: 하나투어)

## (7) 밀라노

이탈리아 반도의 북서부에 있는 도시로, 롬바르디아의 중심 도시다. 밀라노는 이탈리아 북부의 최대 도시로, 롬바르디아 평원에 위치하고 있으며, 포강이 이 도시를 흐르고 있다. 시내 인구는 수도 로마 다음으로 많다. 밀라노는 국제적 · 다국적 도시로도 평가되는데, 인구의 15%가 외국인으로 이루어져 있다. 로마가 이탈리아의 행정적 수도라면, 밀라노는 이탈리아의 경제적 수도라 할 정도로 이탈리아 최대의 경제 중심지이다. 런던 · 파리 · 마드리드에 이은 유럽 4대 경제 도시이자, 토리노 · 제노바와 함께 이탈리아 산업 트라이앵글로 묶인다.

## (8) 베네치아

이탈리아 북동부 베네토의 중심 도시이자, 동시에 해당 도시를 수도로 삼던 과거의 베네치아 공화국의 국명이기도 했다. 흔히 베니스(Venice)로도 널리 알려져 있는데, 이것은 영어식 발음이다. 본토 이탈리아어 발음으로는 베네치아(Venezia)다. 프랑스어로는 브니즈(Venise), 독일어로는 베네디히(Venedig)라고 부른다. 인구는 2017년 기준 26만 명으로, 일반적인 이미지와 달리 이 중 대부분은 바다 위의 구도심이 아니라 육지 쪽의 신도시에 살고 있다. 그리고 신도시에 베네치아의 창구인 베네치아 마르코 폴로 국제공항이 있기도 하다.

베네치아 탄식의 다리(자료: 하나투어)

### 4) 이탈리아의 주요 관광상품

#### (1) 이탈리아 핵심 일주(8일, ₩3,049,000~)

- 주요 일정: 인천 / 두바이(1)밀라노, 스칼라 극장, 밀라노 두오모(1) – 베네치아, 산마르코 광장, 탄식의 다리(1) – 미켈란젤로 광장, 두오모 성당, 지오토의 종탑, 시뇨리아 광장, 오르비에토 대성당(1) – 로마 / 성 베드로 광장, 성 베드로 대성당(1) – 로마 / 나폴리 / 폼페이 / 소렌토(1) – 로마 / 콜로세움, 포로 로마노, 트레비 분수, 비토리오 에마누엘레 2세 기념관 – 로마 / 두바이 / 인천
- 이용 항공: 대한항공
- 이용 호텔: 4성급(베니스 호텔 산 줄리아노 / 호텔 톤포니 / 비앤비 호텔 포메지아 로마)

#### (2) 서유럽 3국(이탈리아 / 스위스 / 파리)(8일, ₩2,990,000~)

- 주요 일정: 인천 / 이스탄불 / 파리(1) – 에펠탑, 개선문, 샹제리제 거리, 콩코드 광장, 세느강 유람선 투어(1) – 루브르 박물관, TGV LYRIA(1) – 리기산, 빈사의 사자상(1) – 산마르코 광장, 탄식의 다리, 베네치아 대운하 투어(1) – 두오모 성당, ㅁ켈란젤로 광장(1) – 바티칸 박물관, 성 베드로 대성당(1) – 로마 / 콜로세움, 포로 로마노, 트레비 분수, 로마 / 이스탄불 / 인천
- 이용 항공: 터키항공
- 이용 호텔: 4성급(이비스 스타일스 파리 벨리지 / NH 프ㄹ부르, 호텔 포피 – 베네치아 / 노보텔 로마 이스트)

#### (3) 이탈리아 / 남프랑스 2개국(8일, ₩2,990,000~)

- 주요 일정: 인천 / 로마(1) – 콜로세움, 포로 로마노, 트레비 분수, 비토리오 에마누엘레 2세 기념관, 바티칸 박물관, 성 베드로 대성당(1) – 두오모 성당, 지오트의 종탑, 시뇨리아 광장, 미켈란젤로 광장(1) – 산마르코 광장, 탄식의 다리(1) – 모나코 대공궁, 모나코 대성당, 몬테 까를로, 구시가지, 마세나 광장(1) – 노트르담 드 라 가르드 성당, 구

항, 교황청, 아비뇽의 다리(1) – 루브르 박물관, 오르세 미술관, 에펠탑, 개선문, 샹제리제 거리, 콩코드 광장 – 파리 / 인천

- 이용 항공: 아시아나항공
- 이용 호텔: 4성급(아르데아티나 파크 호텔 – 로마 / 알렉산더 – 베네치아, B & B호텔 사보나, 이비스 파리 빌핑트 파크 데 엑스포)

### 5) 이탈리아 관광의 현주소

이탈리아의 관광지표를 살펴보면 외국인관광객수 약 25,190,000명, 관광수입액 US$ 19,796 million, 관광산업 GDP US$56,553 million, 관광산업 비중 3.0%, 관광산업 일자리 1,519,000개로 6.6%를 차지하고 있다. 해외지출 대비 국내지출은 80.6%로 국내지출이 높은 것을 알 수 있다.

세계경제포럼(WEF)이 발표한 2021년 이탈리아의 관광경쟁력은 세계 10위이며, 세부지표로 문화적 자원 1위, 관광객서비스인프라 6위, 국제개방성 12위, 자연적 자원 15위, 건강과 위생 16위, 지상・해상 교통 인프라 18위, 항공운송 인프라 19위, 비여가 자원 19위로 상위권에 올랐고, 그 중 문화적 자원이 이탈리아 관광의 핵심 자원임을 알 수 있었으며, 사회경제적 회복력과 조건 20위, 인적자원과 노동시장 34위, 환경의 지속성 40위, ICT 준비 42위로 중위권을 보였고, 안전과 치안 52위, 비즈니스 환경 59위, 관광우선순위 55위, 가격경쟁력 100위로 상당히 낮은 평가를 받았다.

이탈리아의 관광산업 발전을 위해서는 관광선진국 지위에 맞는 안전과 치안과 관광 우선을 위한 개선 노력이 필요해 보이며, 고질적인 고물가는 관광산업 발전의 저해요소로 보인다.

# 4.
# 스위스의 문화와 관광

유적 발굴을 통한 조사로 현재의 스위스 지역에는 기원전 1000년부터 사람이 거주한 것으로 추정된다. 스위스는 호수와 빙하 부근에서 기원전 사람이 거주한 흔적이 다수 발견되었는데, 가장 널리 알려진 유적은 스위스 서부 뇌샤텔호(Lac de Neuchâtel)에서 발견된 기원전 450년 철기시대 켈트족의 마을 유적이다. 또한 2017년 스위스의 아우세르실(Aussersihl)에서 기원전 200년에 사망한 40세가량의 온전한 여성의 시체와 당시의 유물이 발견되어 고고학계의 관심을 모았다. 이러한 고고학적 발굴을 통해 기원전 4세기부터는 갈리아 부족의 일파인 헬베티족(Helvetii), 에트루리아인(Etruscans) 그리고 로마민족이 거주한 것을 확인할 수 있다. 기원전 스위스에 거주하였던 사람들은 이후 이탈리아, 북부 독일, 스코틀랜드와 스칸디나비아 등으로 퍼져나간 것으로 추정한다.

스위스가 역사에 최초로 기록된 것은 2세기경 로마에서 스위스 지역에 거주하는 켈트족의 일파인 헬베티족(Helvetii)이 언급되면서이다. 그러나 스위스에는 이미 기원후 1세기경부터 로마인보다 앞서 이탈리아 반도에 정착하였던 에르투리아인(Etruscans)의 후손인 리에티아인(Rhaetians)이 동쪽 알프스 지역을 중심으로 거주하였다. 또 유사한 시기 현재의 독일 서남부 지역인 스위스 중앙고원에도 사람이 거주하였다.

## 1) 스위스의 개요

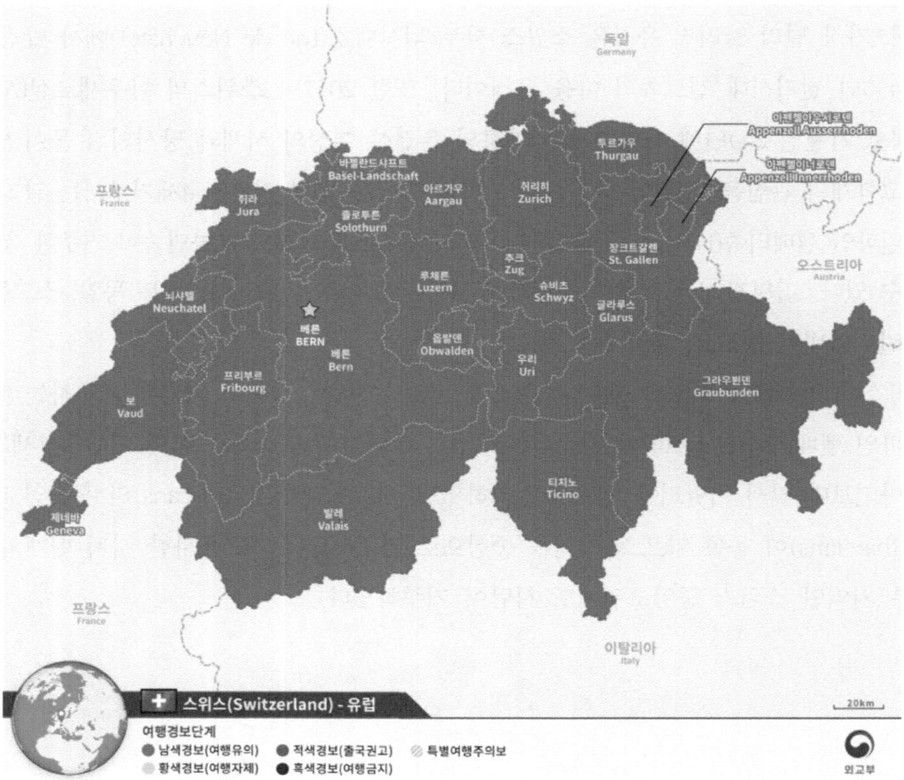


자료: 외교부 해외안전여행, 2024년 1월 11일 현재.

**[대사관 연락처]**

- 주소: Embassy of the Republic of Korea, Kalcheggweg 38, 3006 Bern, Switzerland
- 대표번호(근무시간 중): (41) 31-356-2444
- 긴급 연락처(사건사고 등 긴급상황 발생 시, 24시간): (41) 79-897-4086

**학습목표**

스위스의 개요, 문화, 핵심 관광지, 주요 관광상품과 스위스 관광의 현주소를 다악하여 스위스를 전문적으로 이해하고 설명할 수 있다.

| 국명: 스위스(Switzerland) | | | |
|---|---|---|---|
| 수도 | 베른 | 면적 | 약 412만 ha(세계 134위) |
| 언어 | 독일어, 프랑스어, 이탈리아어, 로망슈어 | 기후 | 지중해성 기후(지역별 다양함) |
| 민족 | 스위스인(69.5%), 독일인(4.2%), 이탈리아인(3.2%), 프랑스인(2.0%) | 인구 | 약 885만 명 (2024년, 통계청 기준) |
| 1인당 GDP | 102,865달러 (2024년 IMF 기준 세계 3위) | 종교 | 가톨릭 33.6%, 개신교 28%, 이슬람교 4.5% 등 |
| 한국과의 시차 | -8 | 화폐와 환율 | 스위스 프랑(CHF, Fr) |
| 주요 도시 | 베른, 취리히, 인터라켄, 루체른 | | |
| 국가관광 경쟁력 | 세계 6위(WEF, 2021년 기준) | | |

## 2) 스위스의 문화

### (1) 전통문화

스위스는 문화유산이 풍부한 나라다. 이들 유산 중 수많은 교회, 관광지, 전통 풍습 등 일부는 수백 년이 된 것들이다. 그 밖에 현대 건축의 전형을 보여주는 건물, 도시 디자인 등은 스위스의 진보적인 성향을 상징한다. 스위스는 안정되고 번창하는 최첨단의 경제체제를 가지고 있고, 여러 통계에서 1인당 소득이 가장 높은 국가로 선정될 만큼 막대한 부를 누리고 있다. 2011년 일 인당 부문에서 가장 부유한 국가로 선정되었다. 명목 국내 총생산은 세계에서 19위, 구매력 평가에서는 36위이다. 작은 국토 면적에도 불구하고 전 세계 20위의 수출국이다.

### (2) 요리

지형 특성상 지역이 위치한 방위에 따라 각각 독일계, 프랑스계, 그리고 이탈리아계의 영향을 받아왔으나, 계통끼리 서로 자연스레 유화하지는 못한 편이다. 좋게 말하면 지역색이 강하다고 할 수 있고, 안 좋게 말하면 이웃나라와 별 차이가 없다는 것이다. 사실상 산지(山地) 투성이라 밭농사와 낙농업이 주류를 이루다보니 유제품과 육류(햄)를 사용한 음식이 많아도 굉장히 소박한 편이다. 더욱이 울리히 츠빙글리나 장 칼뱅이 활동하던 나라답게 개신교권은 가톨릭권보다 더욱 단순한 편이다. 그에 반해 전체적으로 주옥같은 스위스 물가 보정을 받아 비싸다. 물론 세계적으로 잘사는 나라에 다양한 언어가 쓰이는 나라이기 때문에 다양한 외국요리들이 들어와 있기는 하지만, 이것 역시 비싸기는 매한가지인지라 돈 좀 아끼려는 사람들은 샌드위치나 케밥 따위로 때우는 일도 다반사다.

이웃인 독일·프랑스·오스트리아의 영향을 특히 많이 받아 소시지·감자·파이 등의 요리들이 많이 소비된다. 후술할 뢰스티나 게메츠같은 요리들도 사실 독일과 오스트리아가 원류인 것을 스위스 현지식으로 바꾼 것이다. 치즈가 차지하는 비중이 높은 요리이다.

#### 가) 퐁듀

퐁듀(자료: 나무위키)

긴 꼬챙이 끝에 음식을 끼워 녹인 치즈나 소스에 찍어 먹는 스위스 전통요리이다. 스위스 알프스 지역에서 시작된 음식으로, 퐁듀라는 이름은 프랑스어로 '녹이다'라는 뜻의 '퐁드르(fondre)'에서 유래했다. 종류에는 치즈 퐁듀, 오일 퐁듀, 스톡 퐁듀, 소스 퐁듀, 스위트 퐁듀 등이 있다. 치즈 퐁듀는 와인을 따뜻하게 데워 잘 숙성된 스위스산 치즈를 녹여서 만든다. 스위스 뇌샤텔 지방에서 유래되어 퐁듀 스위스 또는 퐁듀 뇌샤텔루아라고도 한다. 와인은 단맛이 적은 화이트와인을, 치즈는 그뤼예르이나 에멘탈러을 사용한다.

### 나) 로스티

감자를 잘라 강판에 밀어 가늘게 채를 만들어 양파 참(chop)과 베이컨을 넣고 볶아 만드는 요리다. 접시에 둥글게 담아 그 위에 햄, 슬라이스트 토마토, 치즈, 써니사이드업(sunny side up: 노른자가 위로 오게 한 쪽만 지진 달걀 반숙)의 순서로 장식을 한다. 맨 마지막으로 파프리카(헝가리 음식에 많이 사용되는 고춧가루 비슷하고 약간 매운맛의 식물) 가루를 달걀 위에 살짝 뿌린다.

## (3) 교육

교육수준은 높은 편으로, 교육제도는 주에 따라 다르다. 1974년에 의무교육제도를 확립하였고, 수업 개시 시기와 취학 연령에도 칸토마다 차이가 있다. 독일어권 지역의 학교는 프랑스어를, 이탈리아어권과 프랑스어권 지역에서는 독일어와 이탈리아어를 가르치는 등 초등학교 때부터 4대 공용어를 이해하도록 어학교육에 각별한 노력을 기울인다.

스위스는 유럽 대륙의 중앙에 위치하므로 주변국가 문화가 끊임없이 수입하며, 유럽의 주요 언어인 3대 문화권(독일어 · 프랑스어 · 이탈리아어) 언어를 사용하는 지역으로 다채로운 문화를 형성했다.

또 전쟁이나 혁명 시기 도피처로서 창조적인 인물들이 거처했다. 저명한 지식인들의 거주도 많아서 15세기 서방교회 사제이자 교회개혁가였던 에라스무스는 바젤에 거주하였고, 20세기 개신교 신학자 카를 바르트는 스위스의 자펜빌에서 목회하면서 『로마서(1922년)』를 저술했으며, 20세기 독일어권 최고 시인인 릴케는 스위스 남부에 살았다. 20세기 중엽 나치당의 탄압을 받고 있던 아인슈타인도 학창 시절과 말년에는 스위스에서 지냈다. 노벨 평화상 수상자인 앙리 뒤낭, 역사학자인 야코프 부르크하르트, 『하이디』를 지은 요하나 슈피리 등이 유명하다.

## (4) 스포츠

스위스에서는 지형적 조건으로 스키, 스노보드, 산악 등반 등을 대중적으로 즐긴다. 봅슬레이 등 여러 동계스포츠 종목은 스위스에서 시작되었을 정도로 동계스포츠의 발상지이며 강국이다. 1928년에는 제2회 동계올림픽이 알프스 산맥에 접한 생모리츠(St. Moritz)에서 개최되었으며, 최초의 세계스키대회도 1931년 스위스의 뮤렌(Mürren)과 1934년 생모리츠에서 개최되었다. 또한 1929년에는 세계 최초로 스키학교가 문을 열면서 이후 스위스는 동계 스포츠의 성지가 되어 많은 관광객이 찾고 있다.

### 3) 스위스의 핵심 관광지

스위스는 잘 보존된 자연환경과 발달된 대중교통, 안전하고 쾌적한 사회적 환경 등으로 유럽의 대표적인 관광국가이다. 스위스를 찾는 관광객은 오래된 건축물과 시가지 및 문화 유적과 함께 알프스 산맥의 여러 봉우리와 산림지대 및 호수 등 자연경관을 즐긴다. 또한 스위스 전역에서는 스키리조트와 산악스포츠, 하이킹을 즐길 수 있어 스위스는 전 국토가 관광지라 할 수 있다.

#### (1) 인터라켄

융프라우(자료: 스위스관광청)

인터라켄은 베르네제 오버란트(Bernese Oberland) 지역의 툰(Thun) 호수와 브리엔츠(Brienz) 호수 사이 비옥한 평원에 자리해 있다. 이 휴양지는 세 개의 웅장한 봉우리, 아이거(Eiger), 묀히(Mönch), 융프라우(Jungfrau)가 기막힌 절경을 선사하며, 수많은 액티비티를 위한 출발지로 인기다. 19세기 초에 이미 베르네제 오버란트의 인터라켄은 인상적인 산악 풍경으로 이름을 날렸다.

인터라켄이 관광지로 성공한 것은 1890년에 완공한 베르네제 오버란트 철도와 1912년의 융프라우 철도 덕분이었다. 국제적으로 중요한 관광지이자 컨벤션 센터로서의 인터라켄은 셀 수 없는 여정의 훌륭한 출발지가 되어 주었다.

#### (2) 루체른

루체른 호수(자료: 스위스관광청)

중앙 스위스의 관문인 루체른(Luzern)은 루체른 호숫가와 인상적인 산악 파노라마 속에 자리해 있다. 이곳의 많은 볼거리와 기념품, 시계 상점, 아름다운 호숫가 풍경, 리기(Rigi), 필라투스(Pilatus), 슈탄저호른(Stanserhorn)과 같은 근교의 알프스 산 덕분에 루체른 마을은 수많은 그룹 여행자들과 개별 여행자들이 묵어가는 목적지가 되어주고 있다. 박공 지붕에 그림이 그려져 있는 중세 다리, 카펠교(Chapel Bridge)는 루체른의 상징이 되었는데, 유럽에서 가장 오래된 지붕 달린 목조 다리 중 하나다.

### (3) 체르마트

체르마트는 마테호른(Matterhorn) 발치에 자리해 있다. 이 마을의 관광개발은 아마도 세계에서 제일 유명한 산인 마테호른과 밀접한 연관이 있다. 이 휴양지는 자동차 진입이 금지되어 있어 마을 원래의 특성을 고스란히 보존하고 있으며, 다양한 액티비티를 즐길 수 있다. 마테호른의 발치에 자리한 체르마트의 위치와 방대한 하이킹 및 스키 지역이 이곳을 세상에서 가장 매력적인 휴양지 중 하나로 만들어주고 있다. 스키장은 54개의 산악 철도 및 리프트, 360km의 피스트를 아우른다.

### (4) 취리히

호숫가 대도시 취리히에는 크리에이티브한 도시 분위기가 찬란한 자연과 함께 어우러져 있다. 셀 수 없이 많은 행사와 다채로운 박물관, 취리히만의 푸드 페스티벌, 스위스에서 가장 생기 넘치는 나이트라이프로 밤낮 없이 활동적이다. 휴식과 휴양을 원한다면 알프스 산이 한 시간 내의 거리에 있다. 취리히는 스위스의 경제와 교육의 중심지다. 유럽 심장부에 위치해 대도시의 현대적인 시설과 자연을 모두 즐길 수 있다. 수 년 동안 삶의 질에 있어 세계 최고의 도시로 선정되기도 했다. 작고 컴팩트함에도 불구하고 모든 것을 찾아볼 수 있는 부티크 도시다.

취리히(자료: 스위스관광청)

### 4) 스위스의 주요 관광상품

#### (1) 스위스 일주(9일, ₩4,049,000~)

✣ 주요 일정: 인천 / 프랑크푸르트 / 슈투트가르트(1) – 그로스뮌스터 대성당, 카펠교, 빈사의 사자상, 루체른 구시가지(1) – 리기산, 리기 칼트바드(1) – 융프라우, 아이거 익스프레스, 스핑크스 전망대, 회에마테공원, COOP(1) – 마테호른, 고르너그라트(1) – 시옹성, 구시가지 거리(1) – 쁘띠 베니스, 노트르담 대성당, 쁘띠 프랑스(1) – 스트라스부르 / 프랑크푸르트 / 인천

✣ 이용 항공: 대한항공

✣ 이용 호텔: 4성급(홀리데이 인 슈투트가르트 / 호텔 컨티넨탈 파크 – 루체른, 더 헤이 호텔 – 인터라켄, 앰베서더 호텔 – 브리그, 힐튼 스트라스부르)

#### (2) 서유럽 3국(이탈리아 / 스위스 / 파리)(8일, ₩2,990,000~)

✣ 주요 일정: 인천 / 이스탄불 / 파리(1) – 에펠탑, 개선문, 샹제리제 거리, 콩코드 광장, 세느강 유람선 투어(1) – 루브르 박물관, TGV LYRIA(1) – 리기산, 빈사의 사자상(1) – 산 마르코 광장, 탄식의 다리, 베네치아 대운하 투어(1) – 두오모 성당, 미켈란젤로 광장(1) – 바티칸 박물관, 성 베드로 대성당(1) – 로마 / 콜로세움, 포로 로마노, 트레비 분수, 로마 / 이스탄불 / 인천

✣ 이용 항공: 터키항공

✣ 이용 호텔: 4성급(이비스 스타일스 파리 벨리지 / NH 프리부르, 호텔 포피 – 베네치아 / 노보텔 로마 이스트)

#### (3) 이탈리아 / 스위스 + 스트라스부르 2개국(11일, ₩4,990,000~)

✣ 주요 일정: 인천 / 프랑크푸르트(1) – 쁘띠 베니스, 노트르담 대성당, 쁘띠 프랑스(1) – 리기산, 카펠교, 빈사의 사자상, 루체른 구시가지(1) – 브리엔츠 호수, 회에마테 공원(1) – 고르너그라트, 고르너그라트 전망대 등정(1) – 산 마르코 광장, 탄식의 다리(1) – 두오

모 성당, 산 지오반니 세레당, 시뇨리아 광장(1) – 바티칸 박물관, 성 베드로 대성당, 콜로세움, 포로 로마노, 트레비 분수(1) – 푸니쿨라, 오르비에토 대성당(1) – 밀라노 두오모, 비토리오 에마누엘라 2세 갤러리아, 스칼라 극장, 라바짜 플래그쉽 스토어 – 밀라노 / 인천

✣ 이용 항공: 대한항공

✣ 이용 호텔: 4성급(힐튼 스트라스부르 / 아르데아티나 파크 호텔 – 로마 / 알렉산더 – 베네치아)

## 5) 스위스 관광의 현주소

스위스의 관광지표를 살펴보면 외국인관광객수 약 11,818,000명, 관광수입액 US$9,064 million, 관광산업 GDP US$12,554 million, 관광산업 비중 1.7%, 관광산업 일자리 161,000개로 3.2%를 차지하고 있다. 해외지출 대비 국내지출은 72.3%로 국내지출이 높은 것을 알 수 있다.

세계경제포럼(WEF)이 발표한 2021년 스위스의 관광경쟁력은 세계 6위이며, 세부지표로 인적자원과 노동시장 1위, 비즈니스 환경 2위, 지상・해상 교통 인프라 3위, 환경의 지속성 3위, 안전과 치안 4위, 건강과 위생 5위, ICT 준비 6위로 세계 속의 관광선진국의 면모를 보이며 상위권에 올랐고, 비여가 자원 12위, 사회경제적 회복력과 조건 14위, 국제개방성 15위, 관광객서비스인프라 15위, 항공운송 인프라 18위로 중위권을 보였으며, 관광우선순위 34위, 자연적 자원 44위, 문화적 자원 54위, 가격경쟁력 115위로 상당히 낮은 평가를 받았다.

스위스의 관광산업 발전을 위해서는 관광선진국 지위에 맞는 관광자원의 개발과 보전이 필요해 보이며, 고질적인 유럽의 고물가는 관광산업 발전의 저해요소로 보인다.

## 5.

# 튀르키예의 문화와 관광

오늘날의 튀르키예가 위치한 아나톨리아(Anatolia) 반도는 지구상에서 가장 오래된 인간의 집단 거주지 중 하나이다. 신석기 시대부터 이곳에는 인도-유럽어족 일파인 아나톨리아인들이 살았다. 아나톨리아 반도의 동남부에서는 BC 7500년에서 BC 5700년 사이에 번성했던 차탈회워크(Çatalhöyük) 집단 거주지 유적이 발견되었는데, 이 유적에서는 사람들이 곡물로 빵을 만들었던 흔적이 남아 있다.

또한 남동부의 괴베클리 테베(Göbekli Tepe)에서는 BC 10,000년경으로 추정되는 종교시설물이 발견되었는데, 이것은 영국의 스톤헨지보다 7,000년이나 앞선 것이었다. 이후 이 지역에는 하티인(Hattians)과 후리인(Hurrians)들이 들어와 살았다. 이들은 인도유럽인들이 아니었는데, BC 2000~BC 1700년 사이에 들어와 제국을 건설한 히타이트인들에 의해 흡수되었다. BC 1200년경에는 히타이트 제국이 같은 인도유럽어를 사용하는 프뤼기아(Phrýgĭa)인들에게 밀려 사라지게 되었다. 이 시기는 에게해 연안에 위치한 히타이트 제국의 속국이었던 트로이와 그리스 연합군 간의 트로이 전쟁이 일어나 트로이가 멸망한 때로, 이후 에게해 연안에는 많은 그리스 식민도시들이 건설되었다. 아나톨리아에는 리디아왕국이 들어섰다가 BC 6~BC 5세기 경 페르시아 제국에 정복당하였다. BC 499년에는 이들 그리스 식민도시들이 페르시아에 반란을 일으키면서 페르시아 전쟁이 발발했다.

이후 페르시아 제국은 BC 334년 알렉산드로스 대왕에 의해 정복되어 헬레니즘 시대로 접어들었다. 알렉산드로스 대왕이 죽자 아나톨리아 반도는 여러 왕국으로 분할되었다가, BC 1세기 중반 로마공화국에 점령되었다. 로마에 정복당한 이후 아나톨리아에는 헬레니즘 문화와 기독교가 전파되면서 유럽 문화로의 편입이 이루어졌다. 로마 제국의 콘스탄티누스(Constantine) 대제는 324년 수도를 이탈리아의 로마에서 에게해 연안의 비잔티움으로 옮기고 '콘스탄티노플'로 개칭하면서 '새로운 로마'라고 칭했다.

378년 테오도시우스 1세가 기독교를 국교화 함에 따라 아나톨리아 반도 역시 기독교 세계가 되었다. 395년에는 로마제국이 서로마와 동로마로 분리되면서 콘스탄티노플은 동로마제국의 수도가 되었다.

## 1) 튀르키예의 개요

자료: 외교부 해외안전여행, 2024년 1월 11일 현재.

**[대사관 연락처]**

- 주소: Alacam Sokak. No.5, Cinnah Caddesi, Ankara 06690 Turkey
- 대표번호(근무시간 중): (90) 312-468-4821~3
- 긴급 연락처(사건사고 등 긴급상황 발생 시, 24시간): (90) 533-203-6535
- 영사민원전화: (90) 312-481-0404
- E-mail: turkey@mofa.go.kr

**학습목표**

튀르키예의 개요, 문화, 핵심 관광지, 주요 관광상품과 튀르키예 관광의 현주소를 파악하여 튀르키예를 전문적으로 이해하고 설명할 수 있다.

| 국명: 튀르키예(Turkiye) | | | |
|---|---|---|---|
| 수도 | 앙카라 | 면적 | 약 7,853만 ha(세계 36위) |
| 언어 | 튀르키예어 | 기후 | 지중해성 기후(지역별 다양함) |
| 민족 | 튀르크족(86%), 쿠르드계(9%) | 인구 | 약 8,626만 명<br>(2024년, 통계청 기준) |
| 1인당 GDP | 13,034달러<br>(2024년 IMF 기준 세계65위) | 종교 | 이슬람교 99% 등 |
| 한국과의 시차 | -6 | 화폐와 환율 | 튀르키예 리라(YTL) |
| 주요 도시 | 이스탄불, 카파도키아, 파묵깔레, 에페소 | | |
| 국가관광 경쟁력 | 세계 45위(WEF, 2021년 기준) | | |

## 2) 튀르키예의 문화

### (1) 전통문화

튀르키예는 오우즈 튀르크, 아나톨리아인, 오스만 제국 그리고 탄지마트 이후 지금까지 이어지는 서구 문화와 전통이 혼합되어 다양한 문화를 창출하였다. 원래 이러한 문화 혼합은 튀르키예인들이 고대부터 중앙아시아와 아나톨리아 지역에서 여러 민족들과 접촉하면서 생겨났다.

튀르키예는 종교적인 구 오스만 제국에서 강력한 정교분리정책을 견지한 근대 국가로 변모하였으며, 예술 표현의 방식 역시 다양해졌다. 공화정 초기에 튀르키예 정부는 박물관, 극장, 오페라 공연장, 건축 등 순수 예술에 많은 자원을 투자하였다. 다양한 역사적 요소는 튀르키예의 정체성을 규정하는 데 중요하다. 튀르키예 문화는 '근대' 서구식 국가가 되기 위한 노력의 산물이면서도, 한편으로는 전통 종교와 역사적 가치를 지키고 있다. 튀르키예 음악과 문학은 이러한 다양한 문화 혼합의 좋은 사례인데, 오스만 제국이 이슬람 세계 및 유럽 세계와 상호 작용하면서 오늘날 튀르키예의 음악과 문학에 튀르키예, 이슬람, 유럽이 섞였기 때문이다.

튀르키예 문학은 오스만 제국 시대에는 대개 페르시아 문학과 아랍 문학의 영향을 받았으며, 오스만 말기에 중 특히 탄지마트 이후에는 튀르키예 민속문화와 유럽 문예 전통이 점차 강해졌다. 가령 문화적 영향의 혼합은 '문화의 충돌과 뒤섞임의 새로운 상징'이라는 형태로 극화하여 2006년 노벨 문학상 수상자인 오르한 파무크의 책과 같은 작품이 나올 수 있었다.

튀르키예에서 찾아볼 수 있는 건축요소 역시 수백 년간 이 지역에 영향을 끼친 여러 전통의 독특한 혼합을 보여준다. 전통적인 비잔티움 건축과 후대의 오스만 건축의 수많은 건축물들이 튀르키예 도처에 남아 있으며, 여기에 지역과 이슬람 전통을 볼 수 있다. 시난은 오스만 건축의 위대한 고전기 건축가로 널리 평가받는다. 18세기부터 튀르키예 건축은 점차 서양 건축 양식의 영향을 받게 되어, 특히 이스탄불에서는 돌마바흐체 궁전이나 츠라안 궁전과 같은 건축물들이 수많은 현대식 마천루와 함께 하나의 도시 경관을 이루어 상이한 전통을 보여주고 있다.

### (2) 요리

튀르키예는 동유럽과 아시아 경계에 위치한 지리적 특성으로 인해 음식의 형태가 다양하며, 과거 오스만 제국 시절 영토 확장의 결과로 유럽, 중동, 발칸 반도, 북아프리카 등의 식문화에 많은 영향을 받았다. 또한 튀르키예인들은 중국과 프랑스와 함께 튀르키예 요리를 세계 3대 요리로 꼽는다. 음식은 주재료 본연의 풍미를 살리는 방식으로 발달하였는데, 일반 요리와 디저트 모두에 향신료와 허브를 풍부하게 사용한다.

전 국민의 98%가 이슬람교도이므로 돼지고기는 먹지 않으며, 주로 양고기를 먹고 닭고기나 소고기가 소비된다. 다양한 종류의 케밥이 증명하듯 고기를 오븐이나 숯불에 구워 먹는 것을 즐기는데, 고기에는 다양한 종류의 빵과 채소를 곁들여 먹고, 빵 대신 만티나 뵈렉을 곁들이기도 한다. 생선은 육류보다 값이 비싸나 흑해, 지중해, 에게해, 마르마라해에 둘러싸여 있어 해안지방을 중심으로 생선요리가 발달하였다.

불구르나 쌀은 중요한 기본 식재료로 수프, 요리의 속, 필라프 등의 재료로 쓰이며, 올리브 오일은 더운 요리는 물론 찬 요리에도 활용된다. 과일, 야채 등의 제철 식품이 풍부하고 가격도 저렴한 편인데, 가지・쥬키니・양배추・오크라・피망・시금치 등이 즐겨 쓰이며, 과일은 그대로 먹기도 하나 콩포트나 잼으로도 즐겨 먹는다.

식사 후에는 단맛이 나는 디저트를 즐겨 먹어 각종 디저트가 발달해 있으며, 유제품도 다양하다. 설탕을 넣어 끓이는 튀르키예식 커피와 차이라 하는 튀르키예식 홍차를 일상적으로 즐겨 마신다.

#### 가) 케밥

소고기・양고기・닭고기 등을 양념하여 불에 구워 채소와 함께 먹는 중동 및 중앙아시아, 지중해 지역의 전통 음식이다.

#### 나) 쾨프테

다진 고기에 각종 양념과 야채를 넣어 완자로 만들어 굽거나 튀긴 튀르키예의 전통요리이다.

케밥(자료: 나무위키)

#### 다) 돌마

중앙아시아 발칸 반도, 캅카스, 러시아, 중동 지역의 전체요리 또는 메인요리로, 각종 향신료를 곁들인 쌀과 고기를 야채에 돌돌 말아 쪄먹는 요리이다. 2017년 유네스코 인류무형문화유산 대표목록에 등재되었다.

#### 라) 로쿰

튀르키예 과자의 일종으로, 설탕과 전분을 주원료로 하여 달콤하고 쫀득한 맛이 특징이다.

### 3) 튀르키예의 핵심 관광지

관광 부문은 지난 20년 동안 급속한 발전을 이루었으며, 튀르키예 경제에서 상당한 비중을 차지한다. 고대 로마나 그리스 유적지에서부터 히타이트 유적들, 사도 요한의 무덤이나 성모 마리아의 집, 요한의 묵시록에 나오는 7대 교회 유적인 소아시아 일곱교회 등 기독교 초창기 유적들도 넘쳐나 튀르키예의 대표 관광상품 중 하나이다.

#### (1) 이스탄불

이스탄불(자료: 튀르키예관광청)

이스탄불(튀르키예어: İstanbul)은 튀르키예의 최대 도시이다. 행정구역상 이스탄불주에 속해 있다. 튀르키예 서부에 있고, 마르마라해와 흑해를 연결하는 보스포루스 해협을 가운데에 두고 아시아와 유럽 양 대륙에 걸쳐 있다. 역사와 상업적인 중심지는 유럽 지구에 있으며, 인구의 1/3은 아시아 지구에 거주한다. 위도는 북위 약 41도로, 한여름 평균 기온은 섭씨 29도, 한겨울 평균 기온은 4도이다.

이스탄불은 유럽과 서아시아에서 가장 큰 도시이자, 세계에서 5번째로 큰 도시이다. 동로마 제국 시대에는 콘스탄티노폴리스라고 불렀으며, 오스만 제국 때까지 수도로 존속하다가 현재 이름으로 개칭되었다. 1923년 이후로는 앙카라가 터키의 수도가 되었다. 2019년 기준 인구 수는 약 1,500만 명이다. 이스탄불은 2010년 유럽 문화수도로 지정되었고, 2012년 유럽의 스포츠 수도로 지정되었다. 1985년 유네스코는 이스탄불을 세계문화유산으로 지정했다.

#### (2) 에페소스

에페소스는 서부 소아시아의 에게해 연안(현재의 튀르키예 셀추크)에 위치한 고대 그리스의 아테네에 의해 기원전 9세기에 건립된 식민도시다. 에페소스는 주변 도시 혹은 국가인 스파르타, 페르시아, 페르가몬, 로마 등의 흥망성쇠에 따라 식민지화 되는 역사로 얼룩져 있다. 하지만 이러한 식민지의 역사에도 불구하고 에페소스는 상업을 통해 막대한 부를 축적했다.

기원전 6세기에 건조된 웅대한 아르테미스 신전과 로마 제국 시대에 건조된 소아시아에서 가장 큰 로마식 건축물인 도미티아누스 신전(기원후 1세기)으로도 유명하다. 특히 아르테미스는 기독교가 들어오기 전까지 에페소스인들에게 풍요와 생명의 여신으로 숭배 받던 대상이어서, 루가에 따르면 사도 바울로가 선교를 할 때 은으로 만든 신전모형을 팔던 상인들과 갈등을 겪기도 했다. 사도 바울로가 우상을 숭배하지 말자고 설교하여 사람들이 신전모형을 더 이상 사지 않았기 때문이다.

### (3) 카파도키아

카파도키아(Cappadocia)는 예전의 소아시아의 중앙에 위치한 지역 이름으로서 오늘날 튀르키예의 카파도키아(Kapadokya)에 해당된다. 대규모 기암 지대로 자연적으로 만들어진 모양이라고는 믿기지 않을 정도의 불가사의한 바위들이 많다. 적갈색 · 흰색 · 주황색의 지층이 겹겹이 쌓여 있는데, 이것은 수억 년 전에 일어난 화산폭발로 화산재와 용암이 수백 미터 높이로 쌓이고 굳어져 응회암과 용암층을 만들었기 때문이다.

카파도키아(자료: 하나투어)

카파도키아는 신앙을 지키기 위해 로마인들로부터 도망쳐 온 기독교도의 삶의 터전으로 시작됐다. 동로마 제국이 성상파괴운동을 일으키자 이 종파 운동을 반대한 신자들은 동굴이나 바위에 구멍을 뚫어 지하도시를 건설해 끝까지 신앙을 지키며 살았다. 카파도키아에는 현재 100여 개의 교회가 남아 있다. 이 석굴 교회는 지상에 있는 교회와 다를 바 없는 십자형태의 구조를 하고 있거나 둥근 천장을 가진 곳이 많다. 교회의 프레스코화는 보존 상태가 좋을뿐더러 내부의 장식이 아름답다.

### (4) 파묵칼레

파묵칼레(Pamukkale)는 튀르키예 남서부 데니즐리 주 데니즐리에 위치한 석회붕을 말한다. 파묵칼레의 뜻은 튀르키예어로 파묵이 목화를 뜻하고 칼레는 성을 뜻하므로, 목화 성이란 뜻이다. 물속에는 석회 성분이 들어 있어 피부에 좋다.

파묵칼레(자료: 하나투어)

### 4) 튀르키예의 주요 관광상품

#### (1) 튀르키예 일주(9일, ₩4,049,000~)

✣ 주요 일정: 인천 / 이스탄불(1) – 톱카프 궁전, 그랜드 바자르(1) – 카파도키아 / 괴레메 야외 박물관, 버섯바위 파샤바, 우츠히사르, 데린구유, 투라산 와이너리, 벨리댄스(1) – 메블라나 박물관, 구시가지, 하드리아누스의 문, 이블리탑(1) – 안탈리아 / 파묵칼레 / 석회붕, 히에라폴리스(1) – 쉬린제 마을, 양갈비, 원형극장, 셀수스 도서관(1) – 파노라마1326, 톱하네 시계탑(1) – 이스탄불 / 성 소피아 성당, 블루 모스크, 히포드림, 피데, 보스포러스해협 – 이스탄불 / 인천

✣ 이용 항공: 대한항공

✣ 이용 호텔: 4성급(풀먼 이스탄불 에어포트 / 시그니처 가든 아바노스 호텔 / 라이커스 리버 데르말 호텔 – 파묵칼레 / 레디슨 호텔 이즈미르)

#### (2) 터키 / 그리스 / 이탈리아 성지순례(12일, ₩3,990,000~)

✣ 주요 일정: 인천 / 이스탄불(1) – 성 소피아 성당, 블루 모스크, 히포드림, 피데, 보스포러스해협(1) – 카파도키아 / 괴레메 야외 박물관, 버섯바위 파샤바, 우츠히사르, 데린구유(1) – 파묵칼레 / 비시디아 안디옥(1) – 이즈미르 / 라오디게아 교회, 사도요한의 교회, 폴리캅 기념교회(1) – 빌라델비아 교회, 사데교회, 두아디라 교회, 버가고 교회(1) – 네압블리(1) – 암비볼리, 아볼로니아(1) – 메테오라 수도원(1) – 아테네 / 아크로폴리스, 파르테논 신전, 고대 코린트 유적지(1) – 보디올 항구(1) – 성 베드로 대성당, 시스티나 예배당, 세분수 수도원, 카타콤베 – 로마 / 이스탄불 / 인천

✣ 이용 항공: 터키항공

✣ 이용 호텔: 4성급(라마다 플라자 바이 윈덤 이스탄불 / KAYA IZMIR / 피닉스 호텔 – 아테네 / 얼지페 팰리스 – 로마)

### 5) 튀르키예 관광의 현주소

튀르키예의 관광지표를 살펴보면 외국인관광객수 약 15,894,000명, 관광수입액 US$10,220 million, 관광산업 GDP US$12,287 million, 관광산업 비중 1.7%, 관광산업 일자리 666,000개로 2.5%를 차지하고 있다. 해외지출 대비 국내지출은 47.2%로 해외지출이 국내지출보다 조금 높은 것을 알 수 있다.

세계경제포럼(WEF)이 발표한 2021년 튀르키예의 관광경쟁력은 세계 45위이며, 세부지표로 문화적 자원 13위, 항공운송 인프라 14위, 가격경쟁력 18위, 비여가 자원 23위로 상대적 상위권에 올랐고, 관광우선순위 33위, 관광객서비스인프라 37위, 지상・해상 교통 인프라 40위, 자연적 자원 49위, ICT 준비 52위, 인적자원과 노동시장 56위로 중위권을 보였으며, 건강과 위생 63위, 비즈니스 환경 64위, 국제개방성 75위, 사회경제적 회복력과 조건 77위, 안전과 치안 90위, 환경의 지속성 102위로 상당히 낮은 평가를 받았다.

튀르키예의 관광산업 발전을 위해서는 위생과 치안의 개선이 필요하고, 특히 환경에 대한 관심을 필요로 하며, 경제적 회복에 노력을 해야 할 것으로 보인다.

# 6.

## 그리스의 문화와 관광

비잔틴 제국이 멸망한 1453년 이전 그리스는 유럽 문화의 원류인 헬레니즘의 발상지이다. 남부 유럽 발칸 반도의 끝자락은 에게해와 맞닿아 있으며, 소아시아와 마주한다. 도서를 포함한 남단은 비옥한 토지가 부족하여 주민들은 일찍부터 해상두역에 종사할 수밖에 없었고, 산악과 여러 섬들은 통합된 제국보다는 분산된 도시국가의 연합에 적합하였다.

도리스인 등 주변 지역으로부터 이주해온 여러 민족은 에게문명을 낳았는데, 이는 섬과 소아시아 문명의 접합점에서 이루어졌다. 아테네와 스파르타 등의 도시 국가는 해상세력을 바탕으로 힘을 키운 끝에 BC 492년 이후 소아시아에서 발흥한 페르시아의 침입을 여러 차례 막아내었다. 그 후 아테네와 스파르타의 전쟁 등 도시 국가들의 패권다툼에 의하여 정정이 약화된 끝에 마케도니아의 알렉산더 대왕에게 정복당하였다. 그리스의 학문과 예술을 존중한 알렉산더가 유럽, 아시아, 아프리카의 세 대륙에 걸쳐 제국을 건설함에 따라 그리스 문화와 오리엔트문화를 융합시킨 헬레니즘이 탄생하게 되는데, 그리스는 BC 2세기경 로마의 속주가 되어 로마와 흥망성쇠를 같이하게 되었다.

로마의 황제 콘스탄티누스 1세는 AD 4세기 경 게르만족의 남하에 밀려 그리스의 식민지인 비잔티온에 제2의 로마 수도를 건설하자 그리스는 동방교회의 중심이 된다. 그리스는 1453년 오스만투르크의 술탄 메메드 2세에게 정복당할 때까지 기독교 문화를 꽃피우게 된다.

## 1) 그리스의 개요

자료: 외교부 해외안전여행, 2024년 1월 11일 현재.

**[대사관 연락처]**

- 주소: Athens Tower A' Building, 19th floor, 2-4 Mesogion Avenue, 115 27, Athens, Greece
- 대표번호(근무시간 중): (30) 210-698-4080
- 긴급 연락처(사건사고 등 긴급상황 발생 시, 24시간): (30) 694-611-7098
- E-mail: gremb@mofa.go.kr

**학습목표**

그리스의 개요, 문화, 핵심 관광지, 주요 관광상품과 그리스 관광의 현주소를 다악하여 그리스를 전문적으로 이해하고 설명할 수 있다.

| 국명: 그리스(Greece) | | | |
|---|---|---|---|
| 수도 | 아테네 | 면적 | 약 1,319만 ha(세계 97위) |
| 언어 | 그리스어 | 기후 | 지중해성 기후(지역별 다양함) |
| 민족 | 그리스계(94%), 알바니아계(4.3%) | 인구 | 약 1,030만 명<br>(2024년, 통계청 기준) |
| 1인당 GDP | 23,173달러<br>(2024년 IMF 기준 세계 44위) | 종교 | 그리스정교 98%,<br>이슬람교 1.3% 등 |
| 한국과의 시차 | -7 | 화폐와 환율 | 유로(EUR, €) |
| 주요 도시 | 아테네, 데살로니키, 산토리니 | | |
| 국가관광 경쟁력 | 세계 28위(WEF, 2021년 기준) | | |

## 2) 그리스의 문화

### (1) 전통문화

그리스는 고대 때부터 서양 문화에 영향을 많이 주었고 로마 제국, 중세 유럽, 심지어는 이슬람 국가들에도 영향을 많이 주었다. 동로마 제국이 오스만 제국에 의해 멸망되면서 그리스는 튀르키예 문화에 영향을 많이 받았다. 그리스 문화와 튀르키예 문화는 언어, 종교를 제외하면 매우 비슷한 편이고 키프로스의 문화도 그리스 문화와 매우 가깝다. 이 탓에 그리스 전통 음악을 처음 듣거나 그리스 요리를 처음 본 사람들은 중동(아랍) 나라의 것으로

착각하는 경우도 비일비재하다. 특히 튀르키예/아랍권으로 대표되는 요리인 되네르 케밥이 그리스에서도 이로스(γύρος)란 이름으로 알려져 있다.

### (2) 요리

고대부터 그리스인들은 바다와 밀접한 관계를 맺고 살아왔는데, 때문에 그리스 요리에는 다양한 해산물 또한 사용된다. 특히나 그리스하면 떠오르는 오징어는 먹물까지 다 먹는데, 때문에 오징어라면 질색하는 독일에서 그리스인과 타 유럽국가 국민들을 구분하는 방법은 오징어를 먹느냐 먹지 않느냐에 달렸다고도 한다. 그 외에도 다른 유럽인들은 잘 먹지 않는 새우나 도미, 고등어, 멍게 같은 다양한 해산물을 먹는다. 지중해, 흑해 등 바다와 인접해 있음에도 해산물을 즐겨먹거나 요리 재료로 사용하지 않는 튀르키예, 알바니아, 불가리아 등과는 대조적이다. 그리스 요리는 지중해의 따스한 기후에서 생산된 제철야채를 많이 사용한다. 이는 튀르키예 요리도 마찬가지인데, 고기가 주가 되는 요리임에도 불구하고 항상 어마어마한 양의 야채를 곁들인다.

그리스 요리에서 주로 사용되는 야채는 양파・마늘・가지・토마토・감자・양배추가 있으며, 향신료는 튀르키예에 비해 잘 쓰지 않는 편이긴 하지만 의외로 고추를 잘 먹는 편이며, 다른 유럽들과 달리 이탈리아・헝가리처럼 고추 또한 요리에 쓰는 편이다. 그리스의 요리를 보면 고춧가루를 사용하는 요리가 많을 정도이다. 다만, 요리에서도 잘 쓰고 잘 먹는 유일한 향신료인 고추는 잘 먹는데, 이름이 비슷한 고수는 튀르키예에 비해 잘 안 먹는다.

#### 가) 쿨루리

쫄깃쫄깃한 빵으로 겉에 볶은 참깨가 잔뜩 붙어있어서 향긋하다. 튀르키예에서는 '시미트(Simit)'라고 부르는데, 오스만 제국 시기에 튀르키예에서 그리스로 전해진 빵이다. 튀르키예에서와 같이 아침이면 거리에서 이 쿨루리를 파는 행상인들을 자주 볼수 있는데, 아침밥 먹을 여유가 없는 사람들은 쿨루리로 아침식사를 때우기도 한다.

#### 나) 호리아티키 살라타

페타 치즈 위에 절인 올리브를 올리고 주위에 토마토와 오이・피망 등을 곁들이면 가정식 샐러드인 호리아티키 살라타가 된다. 참고로 그리스어로 '호리아티키'는 '시골풍'이라는 뜻인데, 튀르키예에서도 똑같은 샐러드를 양치기들의 샐러드 라는 뜻으로 Çoban Salatası (초반 살라타스)라고 부른다. 어느 쪽에서 건너갔든 둘다 촌스러운 것으로 여기는 건 같은 듯하다.

### 다) 돌마데스

동로마 제국 때부터 만들어 먹었다는 유서 깊은 음식이다. 다만, 당시에는 일종의 메인요리처럼 먹었던 반면 현재는 식전에 가볍게 또는 반찬으로 먹는다. 색깔이 푸르딩딩해서 별로 감흥은 들지 않지만, 한입 물면 상큼한 포도 향과 박하 향이 입안가득 퍼지는 독특한 경험을 할 수 있다. 포도 잎에 쌀을 싼 일종의 쌈밥으로 가끔 고추와 고기를 섞기도 한다. 양배추 잎이나 호박잎으로도 만들 수 있는데, 지방마다 맛이 다르다 한다. 그리스에서는 보통 애피타이저로 먹는데, 우조라는 그리스 전통 술안주로 정말 잘 어울린다.

튀르키예에서는 포도잎으로 만든 건 일반적으로 사르마(sarma, 쌈)라고 부르지만 에게 사투리로는 돌마라고 부르며, 이것이 그리스로 넘어간 것이다. 들마의 어원은 터키어의 dolmak(채우다)의 명사형인 dolma(채운 것)이다. 자잘한 돌마데스는 지소사를 붙여서 돌마다키(Ντολμάδακι)라고 부르며, 보스니아와 세르비아에서는 터키어로 잎을 의미하는 yaprak을 가져와서 똑같은 음식을 Japrak(야프락)이라고 부른다.

### 라) 수블라키

그리스, 튀르키예, 불가리아 및 여러 나라에서 누가 원조인지 격한 논쟁이 벌어지고 있는 음식이다. 그리스 측에서는 고대 그리스에서부터 먹어온 '오벨리스코스(일종의 '돼지 꼬치구이'인데 아리스토파네스의 희곡에도 자주 나온다)'에서 유래되었다고 하고, 튀르키예 측에서는 자국의 '쉬쉬케밥'에서 유래되었다고 한다. 다만, 국제적으로는 튀르키예 케밥이 인지도가 더 높아서 유럽의 기독교 국가들조차도 케밥이나 그리스 케밥이라고 부르는 경우가 꽤 많다.

### 마) 흐타포디

그리스 남부 해안가와 군도지방에서 주로 먹는 음식으로, 유럽에서 그리스 말고 문어를 먹는 나라는 스페인, 포르투갈, 이탈리아, 남프랑스가 있다. 이것을 그릴에 구운 다음 올리브유에 적셔 먹거나 올리브유+레몬 마리네이드 처리로 해서 먹기도 하는데 전자는 메인, 후자는 메제스에 해당한다.

### 3) 그리스의 핵심 관광지

관광업은 그리스의 소득에서 상당한 비중을 차지한다. 2019년 그리스는 2,700만 명 이상의 관광객이 찾아와 관광경쟁력은 25위이다. 로도스섬은 유럽 관광객들이 가장 좋아하는 관광지로 선정되었다. 다른 유명한 명승지로는 아테네, 북부 할키디키 반도, 이오니아 제도의 케르키라, 미코노스, 산토리니, 파로스, 크레타 등이 있다.

#### (1) 아테네

아테네 전경(자료: 나무위키)

아테네는 그리스의 수도이자 최대의 도시이며, 아티키 주의 중심 도시이다. 세계적으로 오래된 도시이며, 역사 시대가 개막한 지 3,400년에 이른다. 대략 기원전 11세기~7세기부터 인간이 정착해 살았던 흔적이 남아 있다. 고대 아테네는 강력한 도시국가였으며, 고대 아테네의 부는 기원전 5세기부터 아테네와 연합을 시작한 피레아스 항구를 통해서 유입됐다. 이 도시는 유럽 연합의 주요 사업 중심지로 급속히 거듭나고 있다. 또 아테네에서 1896년 제1회 근대 올림픽 경기가 열렸으며, 108년 뒤에 다시 2004년 하계 올림픽을 개최하였다.

아테네는 상고시대 이래로 여행자들이 찾는 관광지였다. 과거 수십 년간 관광 인프라와 사회적 자본이 급격하게 향상됨에 따라 2004년 하계 올림픽을 성공적으로 시행하기도 했다. 그리스 중앙정부는 유럽연합의 지원으로 베니젤로스(Venizelos) 공항과 아테네 지하철을 위한 자금 마련에 착수했으며, 최근에는 세계에서 6번째로 많은 관광객들이 찾는 수도가 되기도 했다. 주요 관광지로는 국립정원, 디오니소스 극장, 신타그마 광장, 고대 아고라, 아크로폴리스의 파르테논 신전, 올림피아 제우스 신전 등이 있다.

### (2) 산토리니섬

공식적으로 티라(그리스어: Θήρα)는 그리스 에게해 남부에 있는 작고 둥근 모양의 화산 군도이며, 그리스 본토와 약 200km 떨어져 있다. 키클라데스 제도의 최남단에 자리 잡고 있으며, 면적은 $73km^2$이다.

산토리니섬(자료: ㄴ-무위키)

2011년 인구조사에 따르면 15,550명이 거주하고 있으며, 행정구역상 티라시아와 오이아로 구성되어 있다. 주변의 무인도인 네아 카메니, 팔라이아 카메니, 아스프로니시, 크리스티아나 섬(모두 티라 시에 속한다)을 포함한 섬의 총 면적은 $90.623km^2$이다.

### (3) 크레타

크레타(그리스어: Κρήτη)는 그리스에서 가장 큰 섬이자, 지중해에서 다섯 번째로 큰 섬이다. 고대 그리스부터 오늘날까지 역사, 신화, 음악, 방언 등 다방면에 있어 고유한 문화적 전통이 이 섬에 전해 내려왔다. 고대사에서 크레타는 유럽 문명이 시작한 장소로서 중요하게 여겨진다.

### (4) 미코노스섬

미코노스섬은 에게해 남쪽에 위치한 그리스의 섬이다. 키클라데스 제도를 구성하는 섬 가운데 하나이며 티노스섬, 시로스섬, 파로스섬, 낙소스섬 사이에 위치한다. 기원전 11세기 초반에 이오니아인이 거주했으며, 기원전 3000년경에는 신석기 시대의 유적인 카레스(Kares) 유적이 형성되었다.

### 4) 그리스의 주요 관광상품

#### (1) 그리스 일주(9일, ₩2,990,000~)

- 주요 일정: 인천 / 이스탄불 / 아테네 – 국회의사당, 무명용사의 비, 신타그마광장, 올림픽 경기장, 아크로폴리스, 프로필레아(1) – 산토리니 이동 후 자유시간(1) – 아크로티리, 쿠소얀노플로스 와인 박물관, 피라 마을, 피로스테파니 마을, 이아마을(1) – 고대 코린트 유적지, 고린도 운하(1) – 아라호바, 메테오라 수도원(1) – 화이트 타워, 알렉산더 대왕 동상, 아리스토텔레스 광장(1) – 카발라 / 입살라 / 이스탄불 / 인천
- 이용 항공: 아시아나 항공
- 이용 호텔: 4성급(풀먼 이스탄불 에어포트 / 뉴 하로올라 – 산토리니 / 칼라마키 비치 리조트 – 코린도스)

#### (2) 터키 / 그리스 / 이탈리아 성지순례(12일, ₩3,990,000~)

- 주요 일정: 인천 / 이스탄불(1) – 성 소피아 성당, 블루 모스크, 히포드림, 피데, 보스포러스해협(1) – 카파도키아 / 괴레메 야외 박물관, 버섯바위 파샤바, 우츠히사르, 데린구유(1) – 파묵칼레 / 비시디아 안디옥(1) – 이즈미르 / 라오디게아 교회, 사도요한의 교회, 폴리캅 기념교회(1) – 빌라델비아 교회, 사데교회, 두이디라 교회, 버거모 교회(1) – 네입블리(1) – 암비볼리, 아볼로니아(1) – 메테오라 수도원(1) – 아테네 / 아크로폴리스, 파르테논 신전, 고대 코린트 유적지(1) – 보디올 항구(1) – 성 베드로 대성당, 시스티나 예배당, 세분수 수도원, 카타콤베 – 로마 / 이스탄불 / 인천
- 이용 항공: 터키항공
- 이용 호텔: 4성급(라마다 플라자 바이 윈덤 이스탄불 / KAYA IZMIR / 피닉스 호텔 – 아테네 / 얼지페 팰리스 – 로마)

### 5) 그리스 관광의 현주소

그리스의 관광지표를 살펴보면 외국인관광객수 약 7,217,000명, 관광수입액 US$4,932 million, 관광산업 GDP US$5,892 million, 관광산업 비중 3.0%, 관광산업 일자리 244,000개로 6.4%를 차지하고 있다. 해외지출 대비 국내지출은 54.4%로 해외지출과 국내지출이 거의 비슷한 것을 알 수 있다.

세계경제포럼(WEF)이 발표한 2021년 그리스의 관광경쟁력은 세계 28위이며, 세부지표로 관광우선순위 4위, 관광객서비스인프라 9위, 건강과 위생 11위, 국제개방성 16위로 상위권에 올랐고, 문화적 자원 21위, 항공운송 인프라 22위, 환경의 지속성 33위, 사회경제적 회복력과 조건 36위, ICT 준비 37위, 지상・해상 교통 인프라 37위, 비여가 자원 39위, 인적자원과 노동시장 44위, 자연적 자원 48위로 중위권을 보였으며, 안전과 치안 63위, 비즈니스 환경 82위, 가격경쟁력 106위로 상대적으로 낮은 평가를 받았다.

그리스의 관광산업 발전을 위해서는 치안의 개선이 필요하며, 특히 고질적인 유럽의 고물가는 관광산업 발전의 저해요소로 보인다.

# 7.

## 스페인의 문화와 관광

남유럽의 이베리아 반도에 위치한 국가로, 전성기 시절에는 무적함대로 대표되는 강력한 해양 국가이자, 대영제국 이전의 해가 지지 않는 나라로까지 여겨졌던 세계적인 열강이었다. 북쪽으로는 프랑스와 안도라, 서쪽으로는 포르투갈, 남쪽으로는 모로코와 지브롤터와 인접하고 있다.

수도는 마드리드(Madrid)로, 마드리드의 인구는 2021년 기준으로 6,661,949명이다. 국토 면적은 505,990km$^2$이다. 근대 이후에는 프랑스, 독일, 이탈리아에 비해서는 인구가 많은 편이 아니었지만 상당한 인구를 보유하고 있었다.

북아메리카, 중앙아메리카, 브라질을 뺀 남아메리카 대부분의 국가들과 카리브 해 일대의 여러 섬, 필리핀, 괌, 북마리아나 제도 등을 식민지로 삼으면서 많은 인구가 라틴아메리카 일대와 미국, 필리핀 등지로 빠져나갔다. 그나마 과거 인구 유출이 광범위하게 벌어진 것에 비해서 현재는 인구가 많은 편으로, 출산율은 1970년대까지도 높아서 인구가 크게 늘어나기도 했고, 1980년대 이후로 출산율이 급감했지만 당시 산업구조적으로 상태가 좋지 않던 스페인의 구 식민지인 라틴 아메리카와 중동에서 많은 인구가 몰려와서 인구가 늘어나기도 했다. 나중에는 일본을 제치고 세계 최고의 장수 국가가 될 것이라는 전망이 나왔다. 2018년 기준으로 인구 밀도는 92명/km$^2$로 주변 국가에 비하면 조금 낮다.

현지이름은 에스파냐로 대한민국 외래어표기법도 이와 같아 교과서에는 모두 이렇게 표기하고 있지만, 언론과 포털 사이트, 기타 정부기관은 이를 지키지 않고 스페인으로 표기하는 경우가 더 많은 실정이다. 유사한 경우로 타이, 오스트레일리아, 타이완이 있는데 정작 최근에 표기를 바꾼 튀르키예는 잘 지켜지면서 오래 전부터 공식 표기화한 국명은 따르지 않는 아이러니한 경우이다.

## 1) 스페인의 개요

자료: 외교부 해외안전여행, 2024년 1월 11일 현재.

**[대사관 연락처]**

- 주소: Calle González Amigó 15, 28033 Madrid, Spain
- 대표번호(근무시간 중): (34) 91-353-2000
- 긴급 연락처(사건사고 등 긴급상황 발생 시, 24시간): (34) 648-924-695
- 이메일: embspain.adm@mofa.go.kr

**학습목표**

스페인의 개요, 문화, 핵심 관광지, 주요 관광상품과 스페인 관광의 현주소를 파악하여 스페인을 전문적으로 이해하고 설명할 수 있다.

| 국명: 스페인(Spain) | | | |
|---|---|---|---|
| 수도 | 마드리드 | 면적 | 약 5,059만 ha(세계 52위) |
| 언어 | 에스파냐어 | 기후 | 지중해성 기후(지역별 다양함) |
| 민족 | 이베리아인 | 인구 | 약 4,747만 명<br>(2024년, 통계청 기준) |
| 1인당 GDP | 33,090달러<br>(2024년 IMF 기준 세계 32위) | 종교 | 가톨릭 74% 이상 등 |
| 한국과의 시차 | -8 | 화폐와 환율 | 유로(EUR, €) |
| 주요 도시 | 마드리드, 바르셀로나, 말라가 | | |
| 국가관광 경쟁력 | 세계 3위(WEF, 2021년 기준) | | |

## 2) 스페인의 문화

### (1) 전통문화

스페인은 수많은 국가와 민족의 영향을 받아 다양한 문화유산으로 널리 알려져 있다. 본질적으로 이베리아 반도 고유의 문화는 이베리아반도 자체의 인종과 켈트족 및 서고트족의 영향에 더해 로마 가톨릭, 이슬람 문화에 바탕을 두고 발전하였다고 여겨진다. 과거에도 마찬가지였지만 중앙으로 세력을 끌어들이려는 카스티야와 외부지방 간의 긴장 내지는 다툼이 스페인 문화의 특성을 발휘하는 요인이 됐다.

최근에 와서는 스페인 문화라는 개념이 더욱 더 대도시의 것으로 굳어지는 양상을 띠고 있다. 자연적으로는 지중해와 대서양에 가까운 자연 자원이 문화 형성에 절대적인 영향을 끼쳤다. 투우는 전 세계적으로 유명하며, 남부 안달루시아 지방의 로마인에게서 유래했다는 플라멩코라는 춤과 노래도 유명하다. 스페인은 이탈리아 다음으로 유네스코 세계유산이 많은 나라이며, 총 40개의 세계유산이 있다.

### (2) 요리

스페인 요리는 다른 유럽 국가처럼 지리적 특성의 영향을 많이 받아 지역적 차이가 두드러지기도 하다. 스페인 사람들은 주로 하몬이나 초리소(소시지의 일종), 코치니요(새끼돼지 구이), 필레테(스테이크), 레차또(새끼양고기), 까요스(곱창전골), 엠부티도(순대) 등의 육식을 하고 음식들이 대부분 기름져 있다. 바다를 끼고 있기에 해산물 요리가 많이 발달했으며, 지중해 연안을 통한 활발한 교역을 통해 더욱 독특한 요리가 생겨났다.

스페인은 이탈리아 및 프랑스와 함께 유명한 포도주 산지이며, 라틴 아메리카를 비롯한 여러 스페인어 언어권에 많은 영향을 끼쳤다. 가장 대표적인 음식을 꼽자면 파에야와 스페인식 햄의 일종인 하몬이 있다. 스페인인은 하루에 식사를 다섯 번 하는 것으로 잘 알려져 있다. 하지만 일반적으로 조식은 간편하게 먹고, 점심과 저녁사이 간편하게 바에 가서 음료와 같이 따라오는 타파스나 샌드위치 등의 메리엔다를 먹는 경우도 있다.

5번의 식사란 다음과 같다.

① 데사유노: 조식. 일어나자마자 빵과 커피 혹은 우유 등을 먹는다.

② 메 리엔다 메디아 마냐나: 가벼운 아침 식사. 오전 11시 즈음 샌드위치 따위를 먹는다.

③ 알무에르소: 점심. 오후 2시 즈음 정찬으로 먹는다.

④ 메리엔다: 가벼운 저녁 식사. 대개는 오후 6시를 전후로 하여 간식을 먹는다.

⑤ 세나: 저녁 식사. 오후 9시나 그 이후 시간에 수프나 샐러드 등을 먹는다.

#### 가) 하몬

하몬(스페인어: jamón)은 스페인의 생햄이다. 소금에 절여 건조한 돼지의 다리로 만든다. 스페인의 마트에선 다리째로 팔기도 하고, 조각내서 진공 포장한 것을 팔기도 한다. 대개 익혀 먹지 않고 얇게 썰어서 먹으며, 조각나 있는 것을 보면 마치 날것과 같다. 한국에서는 흔히 하몽이라고 하는데, 이는 잘못된 표기이다. '하몽'이라고 불리게 된 이유는 1992년 'Jamon Jamon'이라는 스페인 영화를 '하몽하몽'으로 잘못 번역한 것이 굳어진 것이며, '하몬'이 맞는 표기이다.

### 나) 초리소

초리소(스페인어: chorizo) 또는 쇼리수(포르투갈어: chouriço)는 이베리아 반도에서 기원한 갖가지 종류의 돼지고기 소시지를 말한다. 초리소는 전통적으로 창자로 만든 천연 케이싱으로 감싸는데, 이는 고대 로마 시대부터 사용된 방법이다. 초리소는 날 소시지일 수 있는데, 먹기 전에 완전 조리되어 있다.

유럽에서는 발효, 염지, 훈제된 소시지가 흔하다. 보통 잘라서 조리하지 않고 먹으며, 다른 요리에 맛을 더하기 위해 재료로 추가되기도 한다. 스페인 초리소, 포르투갈 쇼리수는 특유의 독특한 훈제 향미, 훈제 파프리카가루(pimentón / pimentão)에서 나온 진한 붉은색을 가지고 있다. 멕시코의 초리소는 요리 관습과 스페인에서 수입해오는 훈제 파프리카 파우더의 고가로 인하여 멕시코 현지의 고추로 만드는 것이 보통이다. 또한 라틴 아메리카에서는 스페인에서 주로 쓰이는 백포도주 대신에 식초를 사용하는 경향이 있다.

초리소는 잘라서 샌드위치로 만들거나 그릴, 프라이, 사과주나 아과르디엔테 같은 독한 알코올 음료 같은 액체에 끓여서 먹을 수 있다. 또한 갈거나 저민 소고기나 돼지고기를 부분 대체하여 사용할 수도 있다. 전통적인 스페인식 초리소를 제공하는 스페인 식의 타파스 바는 최근 몇 년 동안 인기가 증가하고 있으며, 현재 북아메리카 등지와 유럽 일부 지역의 많은 도시에서 등장하고 있다.

### 다) 파에야

파에야(스페인어: paella)는 스페인의 쌀 요리이다. 대표적인 발렌시아 요리이며, 발렌시아의 국민 음식이기도 하다. 전통적으로 발렌시아 내에서 축제나 마을 행사가 있다면 파에야는 절대 빠지지 않는다.

### 라) 코치니요 아사도

세고비아에서 유래된 음식으로 17세기 마드리드에 온 여행객들에게 별미로 제공되어 유명해졌으며, 오늘날 스페인에서 크리스마스 시즌에 먹는 대중 음식이 되었다. '코치니요'는 젖을 떼지 않은 새끼돼지를 지칭하는 것이며, '아사도'는 구운 요리라는 의미이다. 코치니요 알오르노(cochinillo al horno) 또는 토스톤 아사도(tostónasado)라고도 부른다.

### 3) 스페인의 핵심 관광지

스페인의 관광(영어: tourism in Spain)은 산업, 비즈니스/은행 부문 다음으로 국가 경제의 3번째로 큰 기여를 하며, 스페인 GDP의 약 13%를 차지하고 있다. 프란시스코 프랑코의 통치 말년에 개발되기 시작했으며, 서유럽・북유럽 국가들의 여름 휴가지로 각광받으면서 인프라 확충이 시작됐다.

1960년대와 1970년대 이후로 스페인은 여름휴가 시즌의 가장 인기 있는 관광지였다. 많은 나라들 가운데 특히 영국, 프랑스, 독일, 이탈리아, 베네룩스, 미국에서 많은 관광객이 방문한다. 이에 따라 스페인의 외국인 관광 산업은 세계에서 두 번째로 큰 규모로 성장했다. 엘에스코리알은 마드리드에서 북서쪽으로 45km 떨어져 있으며, 1584년에 건설되었다.

2017년에 스페인은 세계에서 두 번째로 많은 관광객이 방문한 국가였으며, 8,200만 명의 관광객을 기록해 5년 연속 기록적인 관광객 수를 남겼다. 스페인은 세계경제포럼이 2017년에 발행한 관광경쟁력 지수에서 136개국 중 1위를 차지했으며, 2015년에도 이미 1위를 차지한 바가 있다. 세계관광기구는 마드리드에 본부를 두고 있다.

#### (1) 마드리드

마드리드(자료: 하나투어)

마드리드(스페인어: Madrid)는 스페인의 수도로, 나라의 중앙부에 있다. 인구는 약 300만 명(행정구역 인구는 부산광역시 수준이나 실제 도시권 인구는 700만 명)이다. 마드리드는 만사나레스(스페인어: Manzanares)강을 끼고 있으며, 스페인의 중심에 위치한다. 마드리드가 쏟아내는 경제적 효과로 인해 주변 도시들이 크게 영향을 받는다. 따라서 마드리드는 이베리아 반도의 경제 중심으로 여겨진다. 또한 스페인 회사의 절대 다수가 이곳에 본사를 두고 있으며, 세계 100대 기업 안에 드는 3개의 기업(Telefónica, Repsol-YPF, Endesa)도 이곳에 본사를 두고 있다. 스페인의 수도로서 정부 청사가 있으며, 스페인 왕궁이 있을 뿐 아니라 스페인 정계의 중심이기도 하다.

한편, 마드리드는 현대적 인프라를 갖춤과 동시에 역사적인 거리와 장소를 간직하고 있다. 마드리드의 거대한 왕궁이 그 중의 하나다. 스페인 국립극장, 세계에서 가장 많은 명작을 보유하고 있다는 평을 받는 프라도 박물관, 스페인의 왕비인 소피아(Reina Sofía)의 이름을 따서 지은 국립 소피아 왕비 예술센터가 이에 포함된다.

### (2) 바르셀로나

바르셀로나 고딕지구(자료: 하나투어)

바르셀로나(카탈루냐어·스페인어: Barcelona, 문화어: 바르쎌로나)는 스페인에서 두 번째로 큰 도시로, 스페인 동부 지중해 연안 지역부터 프랑스 남쪽 피레네 산맥과 접경지역을 아우르는 카탈루냐 지방의 중심 도시이다. 인구는 1,620,343명(2018년)이고, 면적은 101.3km$^2$이다. 도시의 명칭은 고대 페니키아어인 '바르케노(Barkeno)'에서 유래하였다(또는 BC 3세기경 스페인 식민지를 개척한 카르타고의 장군 하밀카르 바르카〈한니발 바르카의 아버지〉 가문의 성에서 유래했다는 의견도 있다). 1992년 하계 올림픽이 바르셀로나에서 개최되었다. 화가 파블로 피카소, 호안 미로와 건축가 안토니오 가우디 등 많은 예술가를 배출한 도시로 유명하다.

### (3) 말라가

말라가(스페인어: Málaga)는 스페인 남부의 항구 도시로 지중해를 마주하고 있다. 말라가주의 주도이며, 위성도시의 인구를 합치면 60만 명에 달하는데, 스페인의 대도시로는 그 규모가 6위에 해당한다. 말라가는 과달메디나 강의 왼편 둑에 자리하는데, 주변은 산으로 둘러싸여 있다. 과달오르세강은 말라가의 서쪽을 지나 지중해로 흘러들어간다. 지중해성 기후가 나타나므로 온화하고 살기 좋은 기후가 나타난다. 대개 평균 기온은 섭씨 19도이다. 하늘이 파랗고 넓은 항만을 끼고 있어 흔히 나폴리에 비교되기도 한다. 말라가의 주시가지는 항구 안쪽에 자리한다. 중심부 너머로는 농작지와 관광지로 구분된다.

### 4) 스페인의 주요 관광상품

#### (1) 스페인 일주(9일, ₩1,990,000~)

✣ 주요 일정: 인천 / 바르셀로나 – 사라고사, 필라르 대성당, 마드리드(1) – 알카사르, 로마 수도교, 대성당, 프라도 미술관, 마드리드 왕궁, 마요르 광장(1) – 톨레도 대성당, 산토 토메 교회(1) – 세비야 대성당, 스페인 광장, 누에보 다리, 투우장(1) – 알함브라 궁전, 헤네랄리페, 알바이산 지구 조망, 왕실 예배당(1) – 성 가족 성당, 까사밀라, 구엘공원(1) – 몬세라트 수도원, 보께리아 시장, 고딕 지구, 람블라스 거리, 바르셀로나 대사원, 레이알 광장, 바르셀로나 / 인천

✣ 이용 항공: 에어 프레미아

✣ 이용 호텔: 4성급(엑세 바르베라 파크 – 바르셀로나, 호텔 포르셀 아방 – 마드리드, EXE 그란 호텔 솔루칼 – 세비야, 알릭사레스 호텔 – 그라나다, 호텔 바르토스 – 발렌시아)

#### (2) 스페인 / 포르투갈 일주(9일, ₩2,490,000~)

✣ 주요 일정: 인천 / 바르셀로나 – 사라고사, 필라르 대성당, 마드리드(1) – 알카사르, 로마 수도교, 대성당, 프라도 미술관, 마드리드 왕궁, 마요르 광장(1) – 조개의 집, 살라망카 대성당, 성모 마리아 발현 대성당(1) – 벨렘지구, 벨렘탑, 제로니모스 수도원, 에그타르트(1) – 세비야 대성당, 스페인 광장, 누에보 다리, 투우장(1) – 알함브라 궁전, 헤네랄리페, 알바이산 지구 조망, 왕실 예배당(1) – 보께리아 시장, 고딕 지구, 람블라스 거리, 바르셀로나 대사원, 레이알 광장, 바르셀로나 / 인천

✣ 이용 항공: 에어 프레미아

✣ 이용 호텔: 4성급(엑세 바르베라 파크 – 바르셀로나, 호텔 포르셀 아방 – 마드리드, EXE 그란 호텔 솔루칼 – 세비야, 호텔 산호세 – 포르투갈 파티마, 호텔 바르토스 – 발렌시아)

### 5) 스페인 관광의 현주소

스페인의 관광지표를 살펴보면 외국인관광객수 약 18,958,000명, 관광수입액 US$18,477 million, 관광산업 GDP US$28,183 million, 관광산업 비중 2.2%, 관광산업 일자리 830,000개로 4.3%를 차지하고 있다. 해외지출 대비 국내지출은 63.2%로 국내지출이 조금 많은 것을 알 수 있다.

세계경제포럼(WEF)이 발표한 2021년 스페인의 관광경쟁력은 세계 3위이며, 세부지표로 관광객서비스인프라 3위, 문화적 자원 3위, 국제개방성 5위, 항공운송 인프라 8위로 아주 높은 수준의 관광 경쟁력을 보였고, 비여가 자원 11위, 자연적 자원 11위, 지상・해상 교통 인프라 16위, ICT 준비 17위, 안전과 치안 18위로 상대적 높은 순위에 올랐으며, 관광우선순위 22위, 건강과 위생 25위, 사회경제적 회복력과 조건 25위, 인적자원과 노동시장 38위, 환경의 지속성 39위로 중위권에 올랐으며, 비즈니스 환경 47위, 가격경쟁력 90위로 상대적으로 낮은 평가를 받았다.

스페인의 관광산업 발전을 위해서는 비즈니스 환경의 개선이 필요하며, 특히 고질적인 유럽의 고물가는 관광산업 발전의 저해요소로 보인다.

# 8.

# 헝가리의 문화와 관광

헝가리 마자르족(Magyar)의 기원은 기원전 3000년경 볼가강과 우랄산맥에 거주하던 피노-우그리아(Finno-Ugric) 계통으로 추정한다. 기원전 9세기부터 서기 4세기 말까지 카르파티아 분지(Carpathian Basin)의 서쪽인 판노니아 지방은 로마제국의 지배를 받았고, 서기 5세기에 서로마 제국이 붕괴된 후 헝가리 지역은 고트족, 반달족, 슬라브족, 훈족 등 많은 이민자의 침략을 받았다.

이 중 훈족의 영웅으로 불리는 아틸라 왕(Adila the Hun, 미상~453년)은 헝가리 신화의 중심인물로 회자되는 지도자이다. 9세기 말부터 아틸라 왕의 후손인 아르파드(Árpád)의 세력들이 헝가리 민족공동체를 형성하고, 895년 카르파티아 분지에 정착하여 국가를 세웠다.

아르파드 왕조는 콘스탄티노플(이스탄불)과 오늘날 스페인 지역까지 영토 확장을 시도하며 성장하였으나, 955년 레히펠트 전투에서 독일의 국왕 오토 1세에게 패배하면서 영토 확장이 중단되었다. 972년 아르파드의 손자 게자(Géza, 940~997)가 즉위하여 헝가리 왕국의 초석을 마련하였고, 이후 997년 즉위한 이슈트반 1세(István I, 975~1038)가 교황으로부터 왕족 휘장을 수여 받아 헝가리는 유럽의 로마가톨릭교회 국가 중 하나로 지정되었다. 이슈트반 1세는 서유럽의 봉건국가로 전환하기 위한 대대적인 개혁을 실시하였고, 이러한 정책의 일환으로 라틴어를 공용으로 사용하였다. 이후 1844년까지 라틴어는 헝가리의 공용어로 사용되었다.

1217년 앤드류 2세(Andrew II, 1177~1235)는 제5차 십자군을 이끌고 원정을 떠났고, 1222년 유럽 대륙의 첫 번째 헌법인 〈황금 대칙서(Golden Bull)〉를 반포하였다. 1241~1242년까지 아르파드 왕국은 몽골 제국의 침략으로 인구 200만 명 중 절반 이상이 희생당하는 큰 피해를 입었다. 이후 14~15세기 마차슈 왕(Mátyás)의 재임기에 헝가리는 중부 유럽의 강국으로 성장하였다. 그는 훌륭한 군사 지도자이자 예술과 학문을 전폭적으로 지원하는 예술가로 칭송받았는데, 당시 그가 설립한 도서관인 코르비누스 문고(Bibliotheca Corviniana)에는 15세기 유럽에서 가장 위대한 역사적 연대기와 철학적·과학적인 작품이 소장되어 있었고, 바티칸 도서관 다음으로 큰 규모를 자랑하였다. 그러나 이후 귀족세력이 성장하며 왕권이 약화되었고, 이로 인해 점차 국력이 쇠퇴하였다.

## 1) 헝가리의 개요

자료: 외교부 해외안전여행, 2024년 1월 11일 현재.

**[대사관 연락처]**

- 주소: 1062 Andrassy ut. 109. Budapest, Hungary
- 대표번호(근무시간 중): (36) 1-462-3080
- 긴급 연락처(사건사고 등 긴급상황 발생 시, 24시간): (36) 30-550-9922
- E-mail: hungary@mofa.go.kr(대표 이메일)
  hun.consul@mofa.go.kr(영사과 이메일)

**학습목표**

헝가리의 개요, 문화, 핵심 관광지, 주요 관광상품과 헝가리 관광의 현주소를 파악하여 헝가리를 전문적으로 이해하고 설명할 수 있다.

| 국명: 헝가리(Hungary) | | | |
|---|---|---|---|
| 수도 | 부다페스트 | 면적 | 약 930만 ha(세계 111위) |
| 언어 | 헝가리어 | 기후 | 대륙성 기후 |
| 민족 | 마자르인 98.3%, 루마니아 3.2%, 독일계 1.9% | 인구 | 약 999만 명 (2024년, 통계청 기준) |
| 1인당 GDP | 21,075달러 (2024년 IMF 기준 세계 49위) | 종교 | 가톨릭 37.2%, 개신교 13.8% 등 |
| 한국과의 시차 | -8 | 화폐와 환율 | 헝가리 프린트(HUF, Ft) |
| 주요 도시 | 부다페스트 | | |
| 국가관광 경쟁력 | 세계 37위(WEF, 2021년 기준) | | |

## 2) 헝가리의 문화

### (1) 전통문화

20세기 헝가리에는 헝가리의 전통적 문화를 바탕으로 외래문화를 수용한 거물들이 있었다. 죄르지 리게티, 코다이 졸탄, 버르토크 벨러 등이다. 이 사람들의 민족적 전통의 창조적인 개발사상은 서로 연관을 갖는다. 헝가리의 농촌 풍경은 동양과 매우 유사해 '1989년' 이후의 유럽 민속학자와 풍속연구가들에게 흥미 있는 연구 사료였다. 이는 마자르인의 이동 이후 천 년이 넘도록 헝가리인이 아시아적 전통을 유지하고 있다는 유력한 증거가 되기 때문이다.

헝가리는 온천수의 나라로 잘 알려져 있다. 스파 문화에 대한 열정은 헝가리 역사와 처음부터 연결되어 있다. 헝가리 스파에는 로마, 그리스, 터키 및 북부 국가 건축 요소가 혼재되어 있다. 지리적으로 유리한 위치에 있기 때문에 헝가리 영토에서는 80% 이상으로 양질의 온천수를 많이 찾을 수 있다. 헝가리에는 약 1,500개의 온천, 수도권에만 100개 이상이 있다. 목욕탕은 약 450개이다.

### (2) 요리

와인으로 유명하다. 대표적으로 화이트 디저트 와인인 토카이 아수(Tokaji Aszú) 와인이 있는데, 당도에 따라 별 3개에서 6개(정확히는 사용된 Putton의 양)로 등급을 나눈다. 별이 많을수록 달고 비싸다. 유럽의 알아주는 주당 헝가리 사람들이 매우 인기 있는 술이며, 토커이 어수는 한국에 수입이 되지만 팔린커는 수입해서 파는 것을 보지 못했으므로, 헝가리를 갈 일이 있으면 꼭 마셔볼 것을 추천한다.

#### 가) 굴라쉬

굴라쉬(자료: 나무위키)

소고기와 양파, 양배추, 감자, 당근, 콩, 설탕, 당근, 토마토 같은 야채류를 깍둑썰기해 캐러웨이, 파프리카 등의 향신료로 양념하여 끓인 헝가리식 수프 혹은 스튜이다. Gulyás란 원래 양치기란 뜻으로, 헝가리 시골에서 소나 양을 치던 사람들이 고기에다 여러 채소를 같이 넣고 푹 삶아 먹던 것에서 발전한 요리이다. 요즘은 여타 수프나 스튜와 마찬가지로 통조림으로도 많이 팔며 동구권 국가들의 전투식량 메뉴에도 편성되었다. 한국에서는 영어발음을 거쳐서 들어온 것으로 보이는 '굴라시,' '굴라쉬'라는 표기로도 알려져 있다.

#### 나) 푀르쾰트

푀르쾰트(헝가리어: Pörkölt)는 헝가리의 전통 고기 스튜로 중앙유럽 전역에 퍼져 있다. 주재료는 고기와 파프리카를 비롯한 채소이다.

## 3) 헝가리의 핵심 관광지

### (1) 부다페스트

부다페스트(자료: 하나투어)

헝가리의 수도이며, 매우 아름다운 경관을 가진 유서 깊은 도시이다. 헝가리어 발음은 [ˈbudɒpɛʃt](‘부더페슈트’)에 가깝다. 헝가리어의 ‘s’는 영어의 ‘sh’과 같은 후치경 마찰음인 반면에 ‘sz’은 ‘s(치경 마찰음)’처럼 발음되기 때문이다. 헝가리어에서 ‘ㅏ’ 발음은 ‘a’가 아닌 ‘á’이다. 그냥 a 발음은 제주 방언의 아래아가 이 발음이다.

다뉴브강을 사이에 두고 ‘부다(부더)’와 ‘페스트(페슈트)’라는 두 도시가 하나로 합쳐져서 현재의 이름이 된 것으로, 부더에는 왕궁・관청가・귀족 등 지배층이 살았고, 페스트에는 서민들이 살았다. 페슈트는 ‘도자기 굽는 마을’이라는 뜻이다.

### (2) 다뉴브강

다뉴브강 또는 도나우강은 독일 남부에서 발원하여 루마니아 동쪽 해안을 통해 흑해로 흘러가는 길이 2,860km의 유럽에서 두 번째로 긴 강이다. 다뉴브강은 독일 남부의 브레게강과 브리가흐강이 합류하면서 시작되어 동쪽으로 흘러 오스트리아와 헝가리의 대평원을 지나 헝가리의 수도 부다페스트에 이른다.

## 4) 헝가리의 주요 관광상품

### (1) 동유럽 3국(체코 / 헝가리 / 오스트리아)(9일(부다페스트 직항), ₩1,990,000~)

✣ 주요 일정: 인천 / 부다페스트, 브르노 – 프라하 성, 화약탑, 카를교, 구시가지 광장, 프라하 야간투어(1) – 바츨라프 광장, 캄파섬, 존 레논의 벽, 하벨 시장, 프라하 굴뚝빵(1) – 체스키크롬로프, 체스키크롬로프 성, 라트란 거리(1) – 할슈타트, 미라벨 궁전 앞 정원, 게트라이드 가세, 잘츠부르크 대성당, 호엔잘츠부르크 성(1) – 잘츠카머구트 유람선, 빈

이동(1) – 쇤부른 궁전, 벨베데레 궁전 상궁, 케른트너 거리, 성 슈테판 성당, 어부의 요새(1) – 부다페스트 그레이트 마켓 홀, 바치 거리, 부다페스트 / 인천

✣ 이용 항공: 폴란드 항공

✣ 이용 호텔: 4성급(오레아 콩그레스 호텔 브르노 / 톱 호텔 프라하 / 아르코텔 윈버거 빈 / 홀리데이 인 부다페스트)

### (2) 동유럽 발칸 5국(체코 / 오스트리아 / 헝가리 / 슬로베니아 / 크로아티아)(9일, ₩3,490,000~)

✣ 주요 일정: 인천 / 부다페스트 – 어부의 요새, 마차시 사원, 성 이스트반 성당, 부다 왕궁, 영웅광장, 자그레브 대성당, 성 마르크 교회(1) – 폴리트비체 국립공원(1) – 미라벨 궁전 앞 정원, 게트라이드 가세, 잘츠부르크 대성당, 호엔잘츠부르크 성(1) – 할슈타트, 체스키크롬로프, 체스키크롬로프 성, 라트란 거리(1) – 프라하 성, 화약탑, 카를교, 구시가지 광장, 프라하 야간투어(1) – 쇤부른 궁전, 벨베데레 궁전 상궁(1) – 성 슈테판 성당, 케른트너 거리, 부다페스트 / 인천

✣ 이용 항공: 대한항공

✣ 이용 호텔: 4성급(톱 호텔 프라하 / 호텔 두브로브니크 / 인터내셔널 호텔 – 자그레브 / 아르코텔 윈버거 빈 / 홀리데이 인 부다페스트)

## 5) 헝가리 관광의 현주소

헝가리의 관광지표를 살펴보면 외국인관광객수 약 7,418,000명, 관광수입액 US$3, 204 million, 관광산업 GDP US$1,655 million, 관광산업 비중 1.1%, 관광산업 일자리 170,000개로 3.8%를 차지하고 있다. 해외지출 대비 국내지출은 29.7%로 해외지출이 많은 것을 알 수 있다.

세계경제포럼(WEF)이 발표한 2021년 헝가리의 관광경쟁력은 세계 37위이며, 세부지표로 지상·해상 교통 인프라 12위, 건강과 위생 12위, 국제개방성 19위, 환경의 지속성 22위로 상위권을 보였고, 관광우선순위 30위, 안전과 치안 35위, 사회경제적 회복력과 조건 37위, 문화적 자원 44위, ICT 준비 46위, 항공운송 인프라 49위로 중위권에 랭크되었으며, 비여가 자원 51위, 관광객서비스인프라 53위, 비즈니스 환경 61위, 가격경쟁력 63위, 인적자원

과 노동시장 64위, 자연적 자원 85위로 상대적으로 낮은 평가를 받았다.

헝가리의 관광산업 발전을 위해서는 관광서비스 인프라 개선이 필요하며, 특히 높은 물가와 자연환경에 대한 관광상품화가 필요해 보인다.

# 9.

# 체코의 문화와 관광

체코인, 폴란드인, 슬로바키아인 등 서슬라브인에 속하는 일단의 슬라브인들이 5~7세기에 현재의 중부유럽 지역으로 이주하여 정착했다. 당시 체코인들은 보헤미아와 모라비아 지방에, 슬로바키아인들은 현재의 브라티슬라바를 중심으로 서부 슬로바키아 지역에 정착했고, 폴란드인들은 폴란드 대평원 지역에 자리를 잡았다. 체코와 슬로바키아인들은 833년 일종의 연방국인 대모라비아 공국(Veľkomoravská ríša, Great Moravia)을 건설했다. 대모라비아는 현재의 체코 모라비아 동부와 슬로바키아 서부를 중심으로 서쪽으로는 보헤미아와 남쪽으로는 헝가리의 서북부 그리고 북쪽으로는 폴란드 남부를 아우르는 지역을 자신의 영토로 두었다.

1988년 고르바초프에 의한 구소련의 개혁 바람이 동유럽 전역으로 번지면서 체코슬로바키아에서도 자유화·민주화를 요구하는 목소리가 커졌다. 체코에서는 '시민포럼'이 그리고 슬로바키아에서는 '반폭력대중'과 같은 시민단체를 아우르는 우산조직이 결성되어 민주화와 자유화를 요구하는 시위를 조직했다. 이들의 요구에 따라 12월 공산정권이 퇴진하고, 시민포럼을 주도하던 바츨라프 하벨이 체코슬로바키아 41년 역사상 최초의 비공산계 대통령으로 선출되었다.

1990년 3월 체코슬로바키아 의회는 국명에서 사회주의를 삭제하기로 결정했고, 1990년 6월에는 자유총선을 통해 비공산계가 다수를 차지하는 의회를 구성하여 바츨라프 클라우스 주도의 새로운 민주정부를 구성하였다. 같은 해 12월 16일 신헌법 제정을 통해 자유민주주의를 기반으로 하는 공화제를 선포했다. 그러나 체코 정부와 슬로바키아 정부 사이에 경제개혁의 방향과 방법을 둘러싼 갈등이 이어지고 양 공화국 총리 간 대립이 거세져, 1992년 연방의회와 개별 공화국 의회가 국가분리를 승인하면서 1993년 1월 1일을 기해 체코와 슬로바키아로 분리되었다.

## 1) 체코의 개요

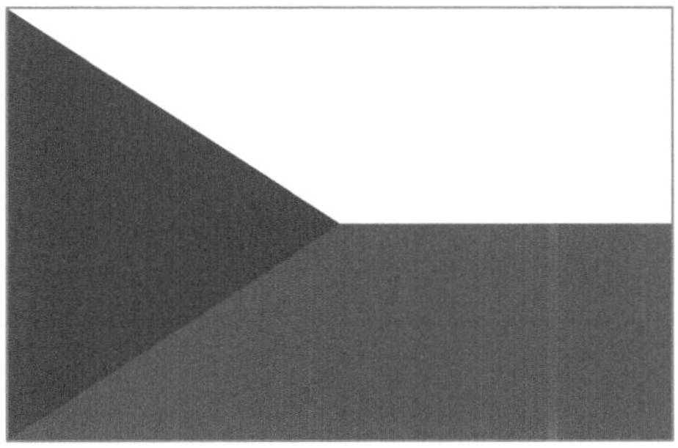

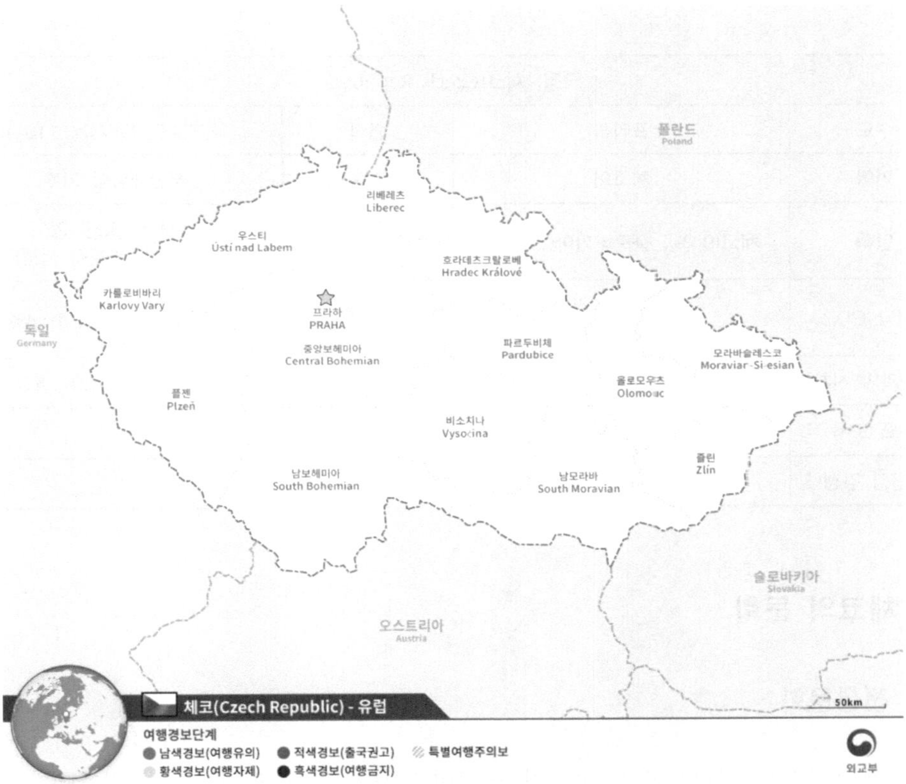

자료: 외교부 해외안전여행, 2024년 1월 11일 현재.

**[대사관 연락처]**

- 주소: Slavickova 5, 160 00 Praha 6-Bubenec, Czech Republic
- 대표번호(근무시간 중): (420) 234-090-411
- 긴급 연락처(사건사고 등 긴급상황 발생 시, 24시간): (420) 725-352-420
- 영사콜센터(24시간): +82-2-3210-0404
  ※(무료)스마트폰에 무료앱 설치 이용
- 이메일: czech@mofa.go.kr

**학습목표**

체코의 개요, 문화, 핵심 관광지, 주요 관광상품과 체코 관광의 현주소를 파악하여 체코를 전문적으로 이해하고 설명할 수 있다.

| 국명: 체코(Czech Republic) | | | |
|---|---|---|---|
| 수도 | 프라하 | 면적 | 약 788만 ha(세계 119위) |
| 언어 | 체코어 | 기후 | 서안해양성 기후 |
| 민족 | 체코(94%), 슬로바키아(2%) 등 | 인구 | 약 1,050만 명<br>(2024년, 통계청 기준) |
| 1인당 GDP | 30,474달러<br>(2024년 IMF 기준 세계 38위) | 종교 | 무교 34.5% 가톨릭 10.4% 등 |
| 한국과의 시차 | -8 | 화폐와 환율 | 체코 코루나(CZK, Kč) |
| 주요 도시 | 프라하, 브르노 | | |
| 국가관광 경쟁력 | 세계 26위(WEF, 2021년 기준) | | |

## 2) 체코의 문화

### (1) 전통문화

체코의 공용어는 체코어이다. 독일어, 슬로바키아어, 영어, 러시아어, 프랑스어가 체코인에게는 선호되는 외국어다. 일부는 우크라이나어, 폴란드어, 헝가리어도 사용된다. 이 나라는 프랑코포니의 참관국이다. 이 나라는 '몰다우' 등을 남긴 베드르지흐 스메타나, 안토닌 드보르작을 비롯한 많은 음악가들을 역사 속에 배출하기도 했다. 독일어로 작품들을 남긴 프란츠 카프카도 프라하 태생으로 관련 관광지가 많이 남아 있다.

인구조사에서 종교적 소속을 명확히 하지 않은 사실상의 무종교자가 79%에 이르고, 인구의 34%는 무신론자로 스스로를 밝혀 세계적으로 무종교, 무신론자 비율이 가장 높은 국가 중 하나이다. 다만, 최대 종교인 기독교는 신자는 12%에 불과하나 체코 문화에 큰 영향을 끼쳤고, 그 중 인구의 10%는 천주교, 인구의 1%는 체코슬로바키아 종교개혁의 영향으로 후스파 개신교 신자이고, 인구의 1% 미만의 복음주의 프로테스탄트 신자가 소수 있다. 그 외에 동방 정교회(체코슬로바키아 정교회)와 유대교와 이슬람 신자도 존재한다.

### (2) 요리

유럽 중부의 내륙국인 체코는 폴란드, 독일, 오스트리아, 슬로바키아와 국경을 접하여 있어 요리에 있어서도 주변국의 영향을 많이 받았다. 내륙국인 만큼 고기 요리가 발달하여 있는 한편, 생선 요리는 무척 귀하다. 가장 많이 소비되는 고기는 돼지고기이고, 그 밖에 소고기, 양고기, 닭고기 또한 자주 먹는다. 감자 등의 야채 요리, 콩 요리, 토끼고기, 수렵육 요리도 발달하였으며, 체코 남부 보헤미안 지역에 위치한 트르제본에서는 민물고기 요리가 특히 유명하다. 고기 등에 곁들이는 소스의 종류도 다양하고, 메인 메뉴와 함께 먹는 사이드 디시도 빵, 감자, 밥, 절인 양배추 등으로 다양하다. 빵 소비량이 높고 달콤한 디저트 종류가 발달하여 중부 유럽에서 볼 수 있는 케이크와 페이스트리 중 체코에 기원을 둔 것이 많다. 맥주 소비량 또한 높아 맥주와 함께 먹는 안주도 다양하게 발달하였다.

#### 가) 쿨라이다

달걀과 버섯, 감자를 주재료로 삼아 만드는 수프로, 달걀을 재료로 한다는 점에서 이웃나라 폴란드의 수프인 주렉과 비슷하다. 다만, 차이점이 있다면 폴란드 주렉처럼 베이컨이나 소시지 같은 육가공품들이 들어가지 않는다.

#### 나) 오플라스키

전병과 같이 얇게 펴서 구운 과자로, 과자 사이에 달콤한 크림을 발라서 먹는다.

### 다) 콜레노

돼지의 발목 부위로 만드는 육류 요리로, 맥주와 함께 삶은 뒤에 따로 구워서 만드는 게 특징이며, 체코에서는 맥주 안주로도 많이 먹는다. 체코 요리하면 가장 유명한 음식으로 체코 여행을 다녀온 사람이라면 한 번 쯤은 먹어봤다는 요리이기도 하다.

## 3) 체코의 핵심 관광지

체코는 중앙유럽이지만 문화는 서유럽의 색채가 짙다. 오랜 역사를 가지고 있어 곳곳에 로마네스크 · 고딕 · 르네상스 · 바로크 양식의 건물이 남아 있다.

### (1) 프라하 성

프라하의 대표적인 관광지인 프라하 성은 9세기에 이미 교회가 있던 자리였다. 11～12세기에는 로마네스크 바실리카 교회가 성 비타 로툰다를 대체하기 위해 세워졌고, 이어 성 이르지 교회가 재건되었다. 특히 같은 시기에 외각의 돌담이 축성되어 성의 면모를 갖추게 되었다.

프라하 성(자료: 하나투어)

### (2) 카를교

12세기에 이미 목재교가 같은 위치에 있었는데, 강이 범람할 때 붕괴되어 12세기 중엽에 석재교로 대체되었다. 이 석재교 또한 강물로 인해 붕괴되어 1357년 카를 4세 때 교회 건축가인 피터 팔레지가 다시 건축하여 오늘에 이르고 있다.

카를교(자료: 하나투어)

### (3) 성 야콥 교회

성 야콥 교회(Kostel st. Jakuba)는 국가에서 보호하는 문화유적지로 13세기에 세워진 교회다. 우리가 오늘날 보는 후기 고딕양식의 건물은 14~15세기에 지어진 것이고 16세기에 최종적으로 개축되었다. 92m는 첨탑이 성 야콥 교회의 상징이다.

## 4) 체코의 주요 관광상품

### (1) 동유럽 3국(체코 / 헝가리 / 오스트리아)(9일, 부다페스트 직항, ₩1,990,000~)

✣ 주요 일정: 인천 / 부다페스트, 브르노 – 프라하 성, 화약탑, 카를교, 구시가지 광장, 프라하 야간투어(1) – 바츨라프 광장, 캄파섬, 존 레논의 벽, 하벨 시장, 프라하 굴뚝빵(1) – 체스키크룸로프, 체스키크룸로프 성, 라트란 거리(1) – 할슈타트, 디라벨 궁전 앞 정원, 게트라이드 가세, 잘츠부르크 대성당, 호엔잘츠부르크 성(1) – 잘츠카머구트 유람선, 빈 이동(1) – 쇤부른 궁전, 벨베데레 궁전 상궁, 케른트너 거리, 성 슈테판 성당, 어부의 요새(1) – 부다페스트 그레이트 마켓 홀, 바치 거리, 부다페스트 / 인천

✣ 이용 항공: 폴란드항공

✣ 이용 호텔: 4성급(오레아 콩그레스 호텔 브르노 / 톱 호텔 프라하 / 아르코텔 윈버거 빈 / 홀리데이 인 부다페스트)

### (2) 동유럽 발칸 5국(체코 / 오스트리아 / 헝가리 / 슬로베니아 / 크로아티아)(9일, ₩3,490,000~)

✣ 주요 일정: 인천 / 부다페스트 – 어부의 요새, 마차시 사원, 성 이스트반 성당, 부다 왕궁, 영웅광장, 자그레브 대성당, 성 마르크 교회(1) – 폴리트비체 국립공원(1) – 미라벨 궁전 앞 정원, 게트라이드 가세, 잘츠부르크 대성당, 호엔잘츠부르크 성(1) – 할슈타트, 체스키크룸로프, 체스키크룸로프 성, 라트란 거리(1) – 프라하 성, 화약탑, 카를교, 구시가지 광장, 프라하 야간투어(1) – 쇤부른 궁전, 벨베데레 궁전 상궁(1) – 성 슈테판 성당, 케른트너 거리, 부다페스트 / 인천

✣ 이용 항공: 대한항공

✣ 이용 호텔: 4성급(톱 호텔 프라하 / 호텔 두브로브니크 / 인터내셔널 호텔 – 자그레브 / 아르코텔 윈버거 빈 / 홀리데이 인 부다페스트)

### 5) 체코 관광의 현주소

체코의 관광지표를 살펴보면 외국인관광객수 약 14,651,000명, 관광수입액 US$3,627 million, 관광산업 GDP US$4,081 million, 관광산업 비중 1.7%, 관광산업 일자리 206,000개로 4.0%를 차지하고 있다. 해외지출 대비 국내지출은 55.9%로 해외지출과 국내지출이 비슷한 것을 알 수 있다.

세계경제포럼(WEF)이 발표한 2021년 체코의 관광경쟁력은 세계 26위이며, 세부지표로 건강과 위생 3위, 지상·해상 교통 인프라 8위, 사회경제적 회복력과 조건 9위, 국제개방성 11위, 안전과 치안 13위로 상위권에 올랐고, 환경의 지속성 24위, 관광객서비스인프라 34위, 문화적 자원 37위, ICT 준비 39위, 인적자원과 노동시장 40위, 관광우선순위 46위, 항공운송 인프라 47위로 중위권에 랭크되었으며, 비여가 자원 56위, 비즈니스 환경 57위, 가격경쟁력 61위, 자연적 자원 83위로 상대적으로 낮은 평가를 받았다.

체코의 관광산업 발전을 위해서는 관광서비스 인프라 개선이 필요하며, 특히 높은 물가와 자연환경에 대한 관광상품화가 필요해 보인다.

# 10.

## 핀란드의 문화와 관광

볼가강(江) 유역의 원주지를 떠나 차차 서쪽으로 진출하여 핀란드에 정착한 핀인들에게 로마 가톨릭교가 전파된 것은 12세기였다. 핀란드는 가톨릭 교세의 확장과 동시에 스웨덴의 영향력이 점차 커지기 시작하여 13세기에는 스웨덴 영토의 일부가 되었다.

스웨덴은 관대한 지배체제를 유지하여 핀인들에게 자치를 허용하였다. 따라서 지주귀족을 중심으로 민족문화가 형성되었으며, 또 종교개혁 시대에는 르터파의 프로테스탄트가 전국에 골고루 보급되었다. 그 후 17세기 스웨덴의 전성기에는 핀란드 자치의회가 설치된 데 이어, 오보(현재의 투르쿠)에 핀란드대학(헬싱키대학교)이 설립되었다.

외침을 받지 않고 비교적 자유로운 생활을 누릴 수 있었던 핀란드에 제정러시아가 침략의 눈길을 돌렸다. 여러 차례 병합을 기도하던 중 북방 전쟁의 결과 체결된 1721년의 뉘스타트 조약에 따라, 러시아는 핀란드 남부의 영토였던 카렐리야 지협(地峽)을 탈취하고 뒤이어 나폴레옹 전쟁이 한창이던 1809년에 핀란드 전국토를 병합하였다.

이에 위기를 느낀 핀란드는 민족주의 정신이 발현되어 1935년에는 민족주의 정신의 구심(求心)으로서 50편의 시가(詩歌), 22,795행으로 이루어진 민족서사시 『칼러발라』가 뢴로트에 의해 복원 편집되기도 하였다. 이는 예로부터 칼레바의 나라(영웅의 나라라는 뜻)를 노래한 서사시, 즉 핀란드에 전승되어온 장대한 민족서사시로 핀인(人)과 랩인의 싸움이 이야기의 중심을 이루며 신화적 요소와 영웅적 요소로 구성되어 있다.

## 1) 핀란드의 개요

자료: 외교부 해외안전여행, 2024년 1월 11일 현재.

**[대사관 연락처]**

- 주소: Erottajankatu 7 A, 4th 00130 Helsinki
- 대표번호(근무시간 중): (358) 9-2515-000
- 긴급 연락처(사건사고 등 긴급상황 발생 시, 24시간): (358) 40-903-1021
- E-mail: korembfi@mofa.go.kr

**학습목표**

핀란드의 개요, 문화, 핵심 관광지, 주요 관광상품과 핀란드 관광의 현주소를 파악하여 핀란드를 전문적으로 이해하고 설명할 수 있다.

| 국명: 핀란드(Finland) | | | |
|---|---|---|---|
| 수도 | 헬싱키 | 면적 | 약 3,384만 ha(세계 65위) |
| 언어 | 핀란드어, 스웨덴어 | 기후 | 온대성 기후 |
| 민족 | 핀족(93.4%), 스웨덴계(5.6%) | 인구 | 약 554만 명<br>(2024년, 통계청 기준) |
| 1인당 GDP | 54,507달러<br>(2024년 IMF 기준 세계 15위) | 종교 | 루터교 69.8%<br>그리스 정교 1.1% 등 |
| 한국과의 시차 | -7 | 화폐와 환율 | 유로(EUR, €) |
| 주요 도시 | 헬싱키 | | |
| 국가관광 경쟁력 | 세계 18위(WEF, 2021년 기준) | | |

## 2) 핀란드의 문화

### (1) 전통문화

최초의 핀란드어 책을 쓰고 신약성서를 핀란드어로 번역한 트르쿠의 주교 미카엘 아그리콜라(1510~1557년경)는 핀란드 문학의 아버지로 일컬어진다. 19세기에 엘리아스 뢴로트가 집필한 핀란드의 민족 서사시 『칼레발라』는 핀란드 전통문화에 대한 큰 관심을 불러 일으켰다. 소설가 프란스 에밀 실란패는 1939년 노벨 문학상을 받았다. 소설가 미카 발타리도 전 세계에 알려져 있다. 음악가로는 '핀란디아'를 작곡한 장 시벨리우스가 유명하다.

핀란드 전통 음악에는 하프와 비슷한 현악기인 칸텔레가 쓰인다. 또한 나이트위시, 소나타 아티카 등 헤비 메탈 음악도 인기를 얻고 있다. 로르디는 2006년 유로비전 송 콘테스트에서 우승하였다.

### (2) 요리

핀란드 요리는 일반적으로 간단한 요리이며, 물고기도 많이 들어간다. 전통적인 핀란드 음식은 노르웨이 요리와 스웨덴 요리, 러시아 요리와 많은 부분에서 유사점을 가지지만, 조리 방법에서 차이를 보인다. 예를 들어, 핀란드 음식은 스웨덴 요리에 비해 덜 달고, 핀란드인들은 러시아인들과 비교했을 때 음식을 요리할 때 사워크림(또는 스메타나 크림)을 적게 쓰거나 아예 쓰지 않는다.

유럽과 페노스칸디아, 서북 러시아적인 요소를 복합적으로 지니고 있다. 음식은 일반적으로 다른 북유럽의 요리처럼 간단하다. 호밀, 보리, 귀리와 같은 정맥하지 않는 곡물의 사용과 블루베리, 월귤, 산자나무 열매, 진들딸기 등과 같은 딸기류 열매의 사용으로 유명하다. 반면, 향신료는 역사적으로 접근성이 낮았기 때문에 일반적으로 거의 대부분 사용하지 않았다.

과거의 핀란드 음식은 지역마다 종종 차이가 있었으며, 동쪽과 서쪽 지역의 음식의 차이가 컸다. 해안가나 강변가의 마을에서 생선은 요리에서 주요한 재료였지만, 동쪽 지방과 북쪽 지역은 야채와 순록 고기가 더 일반적이었다. 다양한 순무가 전통적인 요리법에서 일반적으로 사용되었으나, 18세기에 감자가 소개된 이후에는 감자로 대체되었다. 핀란드의 국민 요리이다. 연어 스프는 연어가 들어가는 스프이며, 대한민국에서도 유명해지고 있다.

#### 가) 카리알란파이스티

주로 소고기나 돼지고기가 들어가는 전통 스튜이다. 러시아에서는 라구 포카렐스키(러시아어: рагу по-карельски)라 불린다. 핀란드의 국민 음식 가운데 하나이기도 하다.

카리알란파이스티(자료: 위키피디아)

### 나) 생강 쿠키

크리스마스 전날 만들어 크리스마스 시즌 내내 먹는 음식이다. 보통 '글뢰기'라고 하는 매콤한 음료와 함께 먹는데, 어른들의 경우 보드카에 섞어 먹는다.

## 3) 핀란드의 핵심 관광지

핀란드를 찾는 관광객은 대부분 발틱의 딸(Daughter of the Baltic)로 불리는 수도 헬싱키(Helsinki)에 집중된다. 인구 약 19만의 투르쿠(Turku)는 인구 규모로는 핀란드에서 여섯 번째에 위치하지만 핀란드의 예전 수도로 시벨리우스 박물관, 중세시대 성과 성당이 보존되어 많은 관광객이 찾는다.

핀란드 중서부의 항고도시 바사(Vaasa)는 스웨덴의 영향이 강하게 남아 있는 도시로, UNESCO 세계문화유산으로 지정된 크바르켄 군도(Kvarken Archipelago)와 인접하여 역시 주요한 관광지이다.

1999년 유럽연합의 정상회담이 열려 널리 알려진 탐페레(Tampere)는 스웨덴 최대 공업도시이면서 문화도시로 많은 박물관이 위치하고 매년 여러 음악제가 열린다. 이 외에도 핀란드에서 두 번째로 오래된 도시인 포르부(Porvoo)도 핀란드의 대표적 관광지이다.

### (1) 수오멘린나 요새

수오멘린나 요새(자료: 위키피디아)

18세기 해안가에 건설된 성벽 양식을 보여주는 대표적 관광지로 핀란드가 스웨덴의 지배를 받던 1847년에 러시아의 침입을 막기 위해 건설되었다.

수오네린나 요새에는 핀란드 해군이 제2차 세계대전 때 사용한 250톤에 달하는 베시코(Vesikko) 잠수함이 진열되어 있고, 박물관을 비롯한 다양한 볼거리와 함께 여름에는 여러 예술공연이 열려 헬싱키를 찾는 관관객의 필수코스가 되었다.

### (2) 파우카(Kauppatori) 광장

헬싱키의 랜드 마크 역할을 하는 곳이다. 파우카 광장은 채소와 생선을 파는 현지인들이 애용하는 시장이며, 봄부터 초가을까지는 야시장이 열린다.

### (3) 올란드 제도

핀란드의 다양한 문화와 정서를 볼 수 있는 관광지이다. 스웨덴과 핀란드 사이에 위치한 올란드 제도는 몇 개의 큰 섬과 약 1만여 개에 달하는 작은 섬으로 이루어진 곳으로 19세기에는 러시아, 스웨덴, 영국과 프랑스 등 여러 유럽 강대국 간 군사적 대립이 벌어져 독특한 역사적 유산을 볼 수 있는 곳이다.

올란드에 위치한 1890년대 핀란드의 전형적인 농촌마을을 보존한 카리스정원(Karlsgården) 역시 주요 관광지이다. 무엇보다도 올란도는 오염되지 않은 자연환경과 스웨덴과 가까워 연중 많은 관광객이 몰린다.

## 4) 핀란드의 주요 관광상품

### (1) 핀란드 오로라 투어(8일, ₩5,990,000~)

- 주요 일정: 인천 / 헬싱키 – 이발로 이동(1) – 라이더스 드림 스노우 모바일 사파리, 스노우 바이킹 어드벤처, 순록 사파리, 겨울의 기적 오로라 헌팅(1) – 라이더스 드림 스노우 모바일 사파리, 스노우 바이킹 어드벤처, 순록 사파리(1) – 허스키 사파리, 산타마을, 겨울의 기적 오로라 헌팅(1) – 설경 라이딩, 크로스 컨트리 스키, 아이스브레이커 투어, 산타클로스 야간열차(1) – 시벨리우스 공원, 우스펜스키 사원, 헬싱키 대성당, 마리메코 아울렛, 피제르 센터 – 헬싱키 / 인천
- 이용 항공: 핀에어
- 이용 호텔: 4성급(산타스 홀텔 툰투리 / 산타스 이글루 아틱 서클)

(2) **북유럽 4국**(노르웨이 / 덴마크 / 스웨덴 / 핀란드)(9일, ₩3,490,000~)

- 주요 일정: 인천 / 헬싱키 - 뉘하운, 작은 인어상, 게피온 분수대, 아말리엔보르 궁전, 크리스티안스보르 궁전(1) - 오덴세, 아루스, 히르트스할스(1) - 베르겐 자유시간(1) - 송네피요르드 유람선, 플름라인(1) - 비겔란 조각공원, 시청사, 카를 요한스 거리, 왕궁(1) - 스톡홀름 시청사 내부관광, 감라스탄, 바사 박물관, 왕궁, 바이킹 라인 인사이드 객실(1) - 헬싱키 대성당, 원로원 광장, 우스펜스키 사원 - 헬싱키 / 인천
- 이용 항공: 핀에어
- 이용 호텔: 4성급(밀링 호텔 윈저 - 오덴세 / MOXY Bergen / 베스트 웨스턴 구스타프 / 실야 라인 - 헬싱키 / 바이킹 라인 - 스톡홀름)

## 5) 핀란드 관광의 현주소

핀란드의 관광지표를 살펴보면 외국인관광객수 약 896,000명, 관광수입액 US$1,264 million, 관광산업 GDP US$3,491 million, 관광산업 비중 1.3%, 관광산업 일자리 56,000개로 2.1%를 차지하고 있다. 해외지출 대비 국내지출은 84.8%로 국내지출이 상대적으로 높은 것을 알 수 있다.

세계경제포럼(WEF)이 발표한 2021년 핀란드의 관광경쟁력은 세계 18위이며, 세부지표로 사회경제적 회복력과 조건 1위, 환경의 지속성 2위, ICT 준비 2위, 비즈니스 환경 4위, 안전과 치안 6위, 건강과 위생 8위로 세계 속의 관광 선진국의 면모를 보이며 상당히 높은 순위를 기록하였고, 국제개방성 14위, 인적자원과 노동시장 16위, 지상·해상 교통 인프라 25위, 비여가 자원 31위, 항공운송 인프라 39위로 중위권에 랭크되었으며, 문화적 자원 45위, 관광객서비스인프라 49위로 중위권을 보였으며 관광우선순위 65위, 자연적 자원 67위, 가격경쟁력 105위로 상대적으로 낮은 평가를 받았다.

핀란드의 관광산업 발전을 위해서는 자연적 자원을 신규 개발 및 보전이 필요하며, 특히 높은 물가는 발전의 저해요소로 보인다.

# 11.

## 노르웨이의 문화와 관광

노르웨이는 유럽 북방문화권 중에서도 국가통일이 가장 늦었던 나라로서, 노르웨이인의 조상인 노르드인은 8세기 말까지 소국분열(小國分裂)의 상태에 있었다. 9세기에 들어서자 노르드인의 해외진출이 급격히 활발해져서 아일랜드를 약 반세기 동안 지배하기도 하였다. 그 무렵 노르웨이 본토에서도 뒤늦게 통일국가 형성이 진척되어, 860년에 즉위한 하랄 미발왕(美髮王:harald Fairhair)이 노르웨이의 여러 지역을 정복하고 872년에 통일 왕국을 세웠는데, 그것이 노르게 왕국, 즉 노르웨이 왕국의 기원이다.

하랄왕에 패한 왕족・귀족들은 부하를 이끌고 아이슬란드를 비롯하여 셰틀랜드・오크니・헤브리디스 제도 등지에 정착지를 구하였고, 그린란드・북아메리카 등지로 이주한 자도 있었다. 9세기 이래 노르드인은 바이킹으로서 에스파냐 남부로 진출하고, 다시 11세기 초에는 이탈리아 남부와 시칠리아섬에 노르만국(國)을 건설하여 비잔틴 제국을 자주 습격하였다.

10세기 이후 노르웨이 왕국은 왕위계승을 둘러싼 내분이 지속되어 다시 덴마크의 지배를 받았으나, 망누스 1세(재위 1035~1047) 때는 한때 덴마크 왕을 겸하는 세력이 되기도 하였다. 1130년부터 50년간 왕권을 둘러싼 귀족들 간의 내란이 지속되었고, 마침내 1184년 스베레 구르드손(Sverre Sigurdsson)이 강력한 통일 국가를 완성하였다.

1184년에서 1319년에 이르는 기간은 스베레 왕가의 시대로 아이슬랜드, 헤브리디스 제도, 오크니 제도, 셰틀랜드 제도, 그린랜드 등으로 노르웨이의 영토를 확장하고 왕위를 장자가 상속하게 하는 등 국력이 크게 신장되고 제도가 정비되었다. 노르웨이가 그리스도교를 받아들인 것도 그 무렵이며, 처음에는 함부르크・브레멘 대주교구에 속했다가 1152년에는 니다로스 대주교좌가 설치되었다. 그럼에도 불구하고 국내적으로 대립항쟁이 그치지 않아 왕권(王權)이 쇠퇴하여 1282~1285년의 한자동맹의 경제봉쇄로 인해 경제적으로는 한자동맹에 굴복하였다.

## 1) 노르웨이의 개요

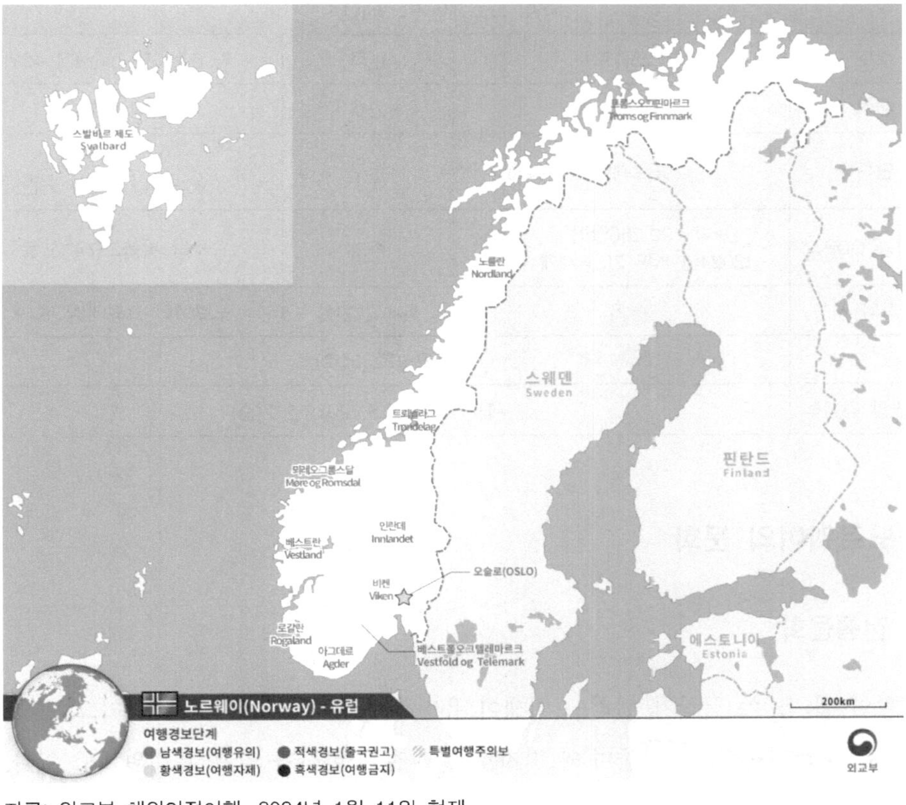


자료: 외교부 해외안전여행, 2024년 1월 11일 현재.

**[대사관 연락처]**

- 주소: inkognitogaten 3, 0258 oslo, Norway
- 대표번호(근무시간 중): (47) 2254-7090
- 긴급 연락처(사건사고 등 긴급상황 발생 시, 24시간): (47) 9026-3544
- 이메일: kornor@mofa.go.kr

**학습목표**

노르웨이의 개요, 문화, 핵심 관광지, 주요 관광상품과 노르웨이 관광의 현주소를 파악하여 노르웨이를 전문적으로 이해하고 설명할 수 있다.

| 국명: 노르웨이(Norway) | | | |
|---|---|---|---|
| 수도 | 오슬로 | 면적 | 약 6,245만 ha(세계 42위) |
| 언어 | 노르웨이어 | 기후 | 한대성 기후 |
| 민족 | 노르웨이인 | 인구 | 약 551만 명<br>(2024년, 통계청 기준) |
| 1인당 GDP | 99,266달러<br>(2024년 IMF 기준 세계 4위) | 종교 | 루터 복음교(74%) 등 |
| 한국과의 시차 | -8 | 화폐와 환율 | 노르웨이 크로네(NOK, kr) |
| 주요 도시 | 오슬로, 베르겐 | | |
| 국가관광 경쟁력 | 세계 20위(WEF, 2019년 기준) | | |

## 2) 노르웨이의 문화

### (1) 전통문화

『인형의 집』을 쓴 극작가 헨리크 입센이 유명하며, 음악가 에드바르 그리그도 세계적인 위인이다. 우리에게 '호호 아줌마'의 작자로 알려진 동화작가 알프 프뢰위센도 있다. 또한 '절규'로 유명한 에드바르 뭉크 역시 후기 인상파 화파로서 세계에 알려져 있다. 탐험가 프리티오프 난센과 로알 아문센도 노르웨이인이다.

1980년대 세계적인 영향력을 가졌던 팝그룹 'A-ha'도 노르웨이 출신이다. 낭만주의 시대의 작곡가인 에드바르 그리그, 요한 스벤젠 등이 노르웨이 출신이다. 또한 20세기 유명 소프라노 가수인 키르스텐 플라그스타드도 노르웨이 출신이다. 헤비 메탈의 하위 장르인 블랙 메탈이 1990년대 노르웨이에서 크게 발전했다. 초기 블랙 메탈을 이끈 밴드로는 엠페러, 다크스론, 고르고로스, 메이헴, 버줌 등이 있으며 당시 블랙 메탈과 관련된 교회 방화나 살인 사건 등으로 사회적으로 크게 논란이 되었다. 현재 인슬레이브드, 딤무 보거 등은 블랙 메탈을 새로운 형태로 발전시킨 밴드로 인기를 얻고 있다.

## (2) 요리

스칸디나비아 반도 서반부에 위치한 노르웨이는 내륙의 경우 스웨덴, 핀란드, 러시아와 국경을 접하며 해안은 북해, 노르웨이해, 북극해, 스카게라크 해협과 면한다. 기후는 여름이 짧고 겨울이 길며, 국토 중 72%가 빙하의 침식을 받아 평평해진 산지로 이루어져 있다.

품질이 뛰어난 수산물을 가진 어업 강국으로 대구・연어・송어・청어・고등어 등의 생선을 주로 먹으며, 생으로는 물론 훈제・염장 등 다양한 형태로 조리하여 먹는다. 그 중 말린 대구인 퇴르피스크(Tørrfisk)는 수 세기 동안 노르웨이의 주요 수출품이었고, 오늘날에는 노르웨이의 훈제연어인 로클락스가 많은 나라에 수출되고 있다.

육류로는 순록고기와 양고기를 많이 먹는데, 수렵육도 많이 먹어 노르웨이의 사냥 시즌인 가을에는 무스・순록・사슴・뇌조(grouse)를 사냥하며, 이를 활용한 요리는 레스토랑과 가정에서 맛볼 수 있다. 주식은 빵이며, 치즈는 염소젖의 유청으로 만든 브라운 치즈인 브루노스트(Brunost)가 유명하다.

디저트로는 사과와 배와 같은 과일이나 붉은 베리류를 그대로 먹거나 시럽, 크림을 곁들이기도 하고 케이크 등에 첨가하여 먹는다. 커피 소비량은 세계 최고로 커피의 수준 또한 높다.

### 가) 포리콜

포리콜(노르웨이어: fårikål)은 노르웨이의 양고기 요리이다. 가을에 먹는 계절 음식으로, 뼈가 붙은 어린양고기를 양배추와 함께 푹 익혀서 삶은 감자와 함께 낸다. 노르웨이의 국민 음식으로 여겨진다.

#### 나) 룀메그뢰트

노르웨이 전통 죽이다.

#### 다) 플랫브로드

생선이나 소금에 절인 고기나 수프와 함께 먹는 이스트를 넣지 않은 건조된 플랫브레드이다.

### 3) 노르웨이의 핵심 관광지

#### (1) 오슬로

오슬로(Oslo)는 노르웨이의 남부 해안에 있는 도시이자 노르웨이의 수도이다. 1048년에 바이킹 왕 하랄드 3세에 의해 건설되었다. 13세기 호콘 5세에 의하여 수도로 정해져 한자동맹의 항구로서 번영했다.

코펜하겐의 작은인어상(자료: 하나투어)

#### (2) 베르겐

베르겐(노르웨이어: Bergen)은 노르웨이 서남부, 호르달란주에 있는 도시이며, 인구는 25만 명이다(2008). 노르웨이 서남부 해안의 깊숙이 들어간 피오르에 위치한다. 수도 오슬로에서 서북쪽으로 400km 떨어져 있으며, 노르웨이에서 오슬로 다음으로 큰 제2의 도시이다.

#### (3) 송네 피오르

송네 피오르(자료: 하나투어)

송네 피오르(노르웨이어: Sognefjorden)는 노르웨이에서 가장 길고 수심이 깊은 피오르이다. 노르웨이 송노피오라네주에 있다. 길이는 204 Km로 전 세계에서도 두 번째로 긴 피오르이다. 피오르의 이름은 노르웨이의 과거 행정구역인 '송(노르웨이어: Sogn)'에서 딴 것이다. 송네 피오르의 지류는 복잡한 지형을 이루며, 송노피오라네주의 여러 지역에 가지처럼 뻗혀 있다. 송네 피오르의 중심 지역인 네뢰이 피오르는 UNESCO의 세계유산으로 선정되어 있다.

### 4) 노르웨이의 주요 관광상품

#### (1) 노르웨이(로포텐 / 트롬소) 오로라 투어(8일, ₩3,990,000~)

- 주요 일정: 인천 / 헬싱키 – 감라스탄 왕궁, 시청사, 북극열차(1) – 카펠보그, 보겐 교회, 카펠보그 광장(1) – 스카그산덴 해변, 람버그 해변(1) – 나르빅 전쟁 박물관, 트리니곤3, 나르빅 교회, 오로라 헌팅(1) – 북극권 박물관, 북극 대성당, 성모마리아 가톨릭 교회, 피엘하이슨 로프웨이(1) 트롬소, 헬싱키 – 헬싱키 / 인천
- 이용 항공: 핀에어
- 이용 호텔: 4성급(북극열차 숙박 / 퀄리티 호텔 그랜드 로열 – 나르빅 / 스칸디크 나르비크 / 퀄리티 호텔 사가)

#### (2) 북유럽 4국(노르웨이 / 덴마크 / 스웨덴 / 핀란드)(9일, ₩3,490,000~)

- 주요 일정: 인천 / 헬싱키 – 뉘하운, 작은 인어상, 게피온 분수대, 아말리엔보르 궁전, 크리스티안스보르 궁전(1) – 오덴세, 아루스, 히르트스할스(1) – 베르겐 자유시간(1) – 송네피요르드 유람선, 플름라인(1) – 비겔란 조각공원, 시청사, 카를 요한스 거리, 왕궁(1) – 스톡홀름 시청사 내부 관광, 감라스탄, 바사 박물관, 왕궁, 바이킹 라인 인사이드 객실(1) – 헬싱키 대성당, 원로원 광장, 우스펜스키 사원 – 헬싱키 / 인천
- 이용 항공: 핀에어
- 이용 호텔: 4성급(밀링 호텔 윈저 – 오덴세 / MOXY Bergen / 베스트 웨스턴 구스타프 / 실야 라인 – 헬싱키 / 바이킹 라인 – 스톡홀름)

# 5장

# 아메리카 문화와 관광 이해하기

최초의 유럽인을 맞은 아메리카의 모습은 결코 미개하거나 야만적이지 않았다. 당시 아메리카에도 서유럽의 인구 4천만 명에 맞먹는 인구가 살고 있었을 것으로 추정된다. 유럽의 식민지 정책이 시작될 무렵 현재의 미국 영토에 살았던 토착 미국인의 인구는 2천만 명에서 1,800만 명으로 추정되는데, 대부분의 역사가들이 대체로 수치를 낮게 잡는 걸 염두에 두면 어마어마한 숫자가 아닐 수 없다.

분명한 것은 유럽인이 처음 아메리카에 발을 들여놓은 순간부터 그들이 가지고 온 질병이 토착 인구를 급격하게 줄여놓기 시작했다는 사실이다. 실제로 유럽인이 전파한 천연두가 토착인을 쓸어버렸다고 해도 과언이 아니다. 역사가들은 17세기 인디언의 인구가 급격하게 감소한 직접적인 원인을 유럽에서 건너온 이주민들과의 싸움이 아니라 바로 이 천연두였던 것으로 추정한다.

당시 인디언의 관습과 문화는 천차만별이었다. 드넓은 지역에 흩어져 살고 있었으니 부족마다 환경이 달랐고, 거기에 적응해서 오랜 세월을 살았으니 당연히 그럴 수밖에 없었다. 그럼에도 불구하고 공통적인 요소는 존재했다. 대부분의 부족, 특히 숲이 많은 동부와 중부 지역의 인디언들은 사냥 및 채취 활동과 옥수수 경작 등을 통해서 식량을 조달했다. 여자들은 주로 농사를 짓고 음식을 만드는 일을 했으며, 남자들은 사냥 및 다른 부족과의 전투를 담당했다. 하지만 무엇보다도 북아메리카의 인디언 사회는 대지와 밀접한 관련을 맺고 있었다. 자신의 삶을 자연 및 자연을 이루는 요소들과 동일시하는 사고방식은 종교적인 믿음과 연결되었다.

인디언의 생활은 기본적으로 씨족공동체사회였다. 이곳에서 어린이들은 당시 유럽의 어린이들보다 훨씬 더 많은 자유와 관용과 사랑 속에서 자랐다. 북아메리카의 몇몇 부족들은 부족의 중요한 가치를 보존하기 위해 상형문자를 사용하기도 했지만, 인디언 문화는 기본적으로 이야기나 설화를 소중하게 여기는 구전 문화였다. 각 부족 간에 교역이 활발하게 이루어졌으며, 이웃한 부족들 사이에는 호의적이든 적대적이든 광범위하고 공식적인 관계가 형성되었다는 증거도 남아 있다.

한편, 남아메리카 또는 남미(南美)는 서반구에 위치한 대륙으로, 대부분 남반구에 위치해 있고 일부분은 북반구에 걸쳐 있다. 북쪽으로는 파나마 지협을 통해 북아메리카와 연결되며, 서쪽에는 태평양, 북동쪽에는 대서양, 남쪽에는 남극해와 접한다.

'아메리카'란 이름은 1507년 지도 제작자 마르틴 발트제뮐러와 마티아스 링만이 아메리카 대륙이 서인도가 아닌 신세계임을 주장한 최초의 유럽인인 아메리고 베스푸치의 이름을 기념하여 아메리카라고 부르기를 제창하였고, 이것이 뒤에 널리 승인되면서 붙여진 것이다. 남아메리카 대륙의 면적은 17,840,000$km^2$로, 지표면의 약 3.5%를 차지한다. 2023년 기준 이 대륙의 인구는 약 4억 3천만 명 이상으로 추산된다. 남아메리카는 4번째로 큰 대륙(아시아, 아프리카, 북아메리카, 남아메리카, 남극, 유럽 순)이고, 인구로는 5번째로 많다.

## 1.
# 미국의 문화와 관광

북아메리카 대륙에 사람이 살기 시작한 때는 16,000~20,000년 전으로 추정한다. 미국 뉴멕시코주 클로비스에서 발견된 유적을 통해 알려져 콜로비스(Clovis) 문화로 불린다.

아메리카 원주민들이 아메리카 대륙에 정착한 기원에 관해서는 여러 학설들이 있으나, 아시아 대륙으로부터 현재의 알래스카를 거쳐 여러 차례에 걸쳐 이주하여 이곳에 정착했다는 설이 가장 유력하다. 그들은 처음에 동부에서도 많이 살고 있었으나 유럽인에게 쫓겨 일부는 남부와 북부로 흩어지고, 대부분은 중서부에서 남서부에 걸쳐 정주하게 되어 지금도 그 문화의 일부가 남아 있다. 이 남서부 지역이 낳은 문화를 아나사지(Anasazi) 문화라고 하며, 여러 시기로 나누어진다. 가장 오랜 몇 개의 시기는 '바스켓 메이커'라고 일컫는 시기인데, 그 명칭의 유래는 이 시기에 바구니가 만들어졌기 때문이며, 이것을 계승한 것이 푸에블로(Pueblo) 문화이다. 전자의 문화를 대표하는 것은 이동성의 수렵민이며 후자를 대표하는 푸에블로는 정주민이었다. 이 두 시대를 통하여 투창기 · 토기의 제작, 활의 사용, 옥수수의 재배, 초기 촌락 등이 점차로 확대되었다. 건축도 수혈식(竪穴式) 오두막에서 진흙과 긴 막대기로 지은 집인 어도비나 돌로 만든 커다란 집으로 진화하였다.

다음 시대를 고전기라고 하며 대략 11세기 초부터 13세기 말까지 계속되었다. 이 시기에는 커다란 암굴 밑을 이용하는 주거가 만들어졌으며, 개중에는 500개 이상의 주거가 하나의 암굴 밑에 늘어선 것도 있었고, 무명천도 정교하게 짜여졌다. 이렇게 진보된 문화를 가졌던 푸에블로도 마침내 다른 유목민인 인디언(shoshoni 등)의 압박으로 차츰 퇴서를 거듭, 점거 지역도 좁아져 1300년경에는 리오그란데강과 리틀콜로라도강 연변에 새로운 촌락을 이루었다. 이 무렵부터 토기가 없어지고 다채로운 색상으로 장식된 도자기가 많이 쓰이기 시작하였다. 다음 16세기에 들어서자 에스파냐인이 침입하였으나 그들은 이 지역 고유의 문화를 소멸시키지는 못하였으며, 지금도 옛 문화의 전통을 보존하고 있어 인디언의 보고가 되어 있다.

## 1) 미국의 개요

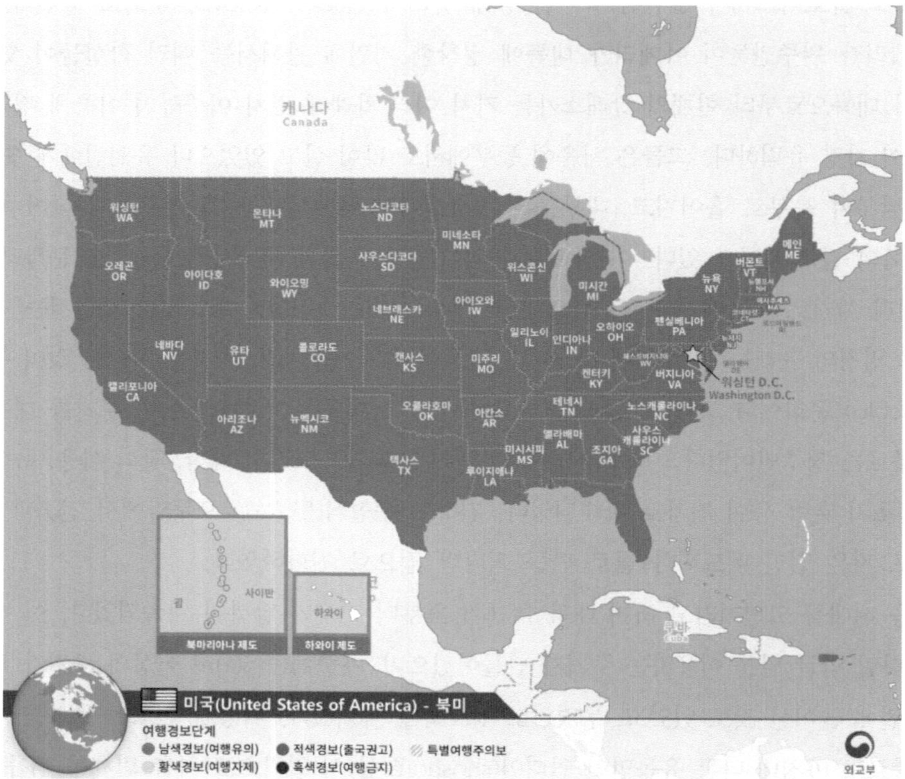

자료: 외교부 해외안전여행, 2024년 1월 11일 현재.

**[대사관 연락처]**

- 주소: 2450 Massachusetts Avenue N.W. Washington, D.C. 20008
- 대표번호(근무시간 중): (1) 202-939-5600
- 긴급 연락처(사건사고 등 긴급상황 발생 시, 24시간): (1) 202-939-5653

**학습목표**

미국의 개요, 문화, 핵심 관광지, 주요 관광상품과 미국 관광의 현주소를 파악하여 미국을 전문적으로 이해하고 설명할 수 있다.

| 국명: 미국(United States of America) | | | |
|---|---|---|---|
| 수도 | 워싱턴D.C. | 면적 | 약 9억 8,315만 ㏊(세계 3위) |
| 언어 | 핀란드어, 스웨덴어 | 기후 | 온대성 기후 |
| 민족 | 백인(59.3%), 히스패닉(18.9%), 흑인(13.6%), 인디언 / 알래스카 원주민(1.3%), 아시아인(6.1%) | 인구 | 약 3억 4,181만 명 (2024년, 통계청 기준) |
| 1인당 GDP | 80,412달러 (2024년 IMF 기준 세계 7위) | 종교 | 개신교 46.5%, 가톨릭 20.8%, 몰몬 1.6% 등 |
| 한국과의 시차 | -14(뉴욕 기준) | 화폐와 환율 | 미국 달러(USD, $) |
| 주요 도시 | 워싱턴, 뉴욕, LA, 샌프란시스코, 라스베이거스 | | |
| 국가관광 경쟁력 | 세계 2위(WEF, 2021년 기준) | | |

## 2) 미국의 문화

### (1) 전통문화

아메리카 대륙에 신세계를 구축한 개척자들은 엄격한 청교도이며, 그 금욕사상은 모든 경쟁이나 즐거움을 죄악시하여 종교적인 활동을 제외하고 생산과 결부되지 않은 활동을 부정했다. 따라서 영국에서 도입된 예술 · 스포츠 문화가 신세계에 뿌리를 내리고 꽃을 피우기까지는 꽤 오랜 시간이 걸렸다. 개척민들은 그들 고유의 언어와 문화관을 가지고 있었으나 빠르게 미국사회에 동화되었고, 새로운 문화를 형성해 나갔다.

건축·미술·문학·음악 등 다방면에서 미국적인 사고와 양식이 표출되었으며, 특히 지금까지 전 세계적으로 영향력을 가지는 것은 대중음악과 영화를 들 수 있다. 역사를 통틀어 미국은 일단의 뛰어난 작가들을 배출했다. 코튼 매더와 조내선 에드워즈의 설교집에서부터 벤저민 프랭클린과 토머스 제퍼슨의 불후의 저작에 이르기까지 식민지 시대와 건국 초기 시대가 미국 문학 속에 생생하게 묘사되어 있다.

19세기 문학은 너새니얼 호손, 허먼 멜빌, 에밀리 디킨슨, 에드거 앨런 포, 월트 휘트먼, 마크 트웨인, 헨리 제임스 등과 같은 작가들로 대변되었다. 20세기에는 어니스트 헤밍웨이, 윌리엄 포크너, 존 스타인벡, H.L. 멘켄, F. 스콧 피츠제럴드, 노먼 메일러, 솔 벨로, 존 업다이크 등의 작가들이 이름을 떨쳤다. 희곡 작가로는 유진 오닐, 테네시 윌리엄스, 시인으로는 에즈라 파운드, T.S. 엘리엇, 로버트 프로스트 등이 두각을 나타냈다.

### (2) 요리

미국 요리의 주류는 다른 서양 나라들과 유사하다. 밀은 미국인들에게 있어서 기본적인 곡물이다. 북미 원주민과 초기 유럽 이주민들은 전통적인 미국 요리에 칠면조, 사슴고기, 감자, 고구마, 옥수수, 호박, 메이플 시럽(캐나다의 메이플 시럽을 채출하는 나무에서 나오는 시럽)과 같은 원산 재료를 사용하기 시작했다. 천천히 조리하는 돼지고기와 소고기 바비큐, 크래브 케이크, 초콜릿 칩 쿠키는 독특한 미국 요리들이다.

아프리카 노예들에 의해 만들어진 솔 푸드는 남부를 중심으로 많은 아프리카계 미국인들에게 인기를 얻고 있다. 루이지애나 크리올 요리, 케이준 요리, 텍스 멕스와 같은 싱크리티즘 요리는 지방의 영향을 크게 받았다. 애플파이, 프라이드치킨, 피자, 햄버거, 핫도그와 같은 미국 특유의 음식은 다양한 이민자들의 레시피가 섞이면서 생겨났다.

프랑스식 감자튀김, 부리토(Burrito)와 멕시코식 타코(Taco)와 같은 멕시코 요리, 이탈리아에서 전해지면서 미국식으로 변형된 파스타 요리는 널리 퍼져 있다. 미국인들은 보통 차보다 커피를 좋아한다. 미국의 기업들에 의한 마케팅은 아침 식사와 함께 오렌지 주스 또는 우유를 마시는 것이 흔한 모습이 되는 데 큰 원인이 되었다.

미국의 패스트푸드 시장은 세계에서 제일 큰데 1930년대 드라이브 스루 형식을 만들어냈다. 패스트푸드의 소비는 건강에 대한 우려를 촉발했다. 1980년대와 1990년대를 거치면서 미국인들의 열량 섭취량은 24%가 증가했고, 패스트푸드 매장에서 자주 식사하는 것에 관련해 미국 공중위생관리는 '비만 유행성'이라고 부른다. 높은 당이 들은 청량음료는 널리 인기를 얻고 있는데, 이러한 설탕이 첨가된 음료는 미국인들의 칼로리 섭취량 9%를 차지하고 있다.

애플파이(자료: 나무위키)

### 가) 애플파이

사과 파이(沙果pie)는 사과를 넣어 구운 파이이다. 애플파이(영어: apple pie)로도 부르며, 미국의 국민 음식 가운데 하나로 여겨진다. 타르트 형태로 만든 것은 사과 타르트(沙果tarte)라 부른다.

### 나) 프라이드 치킨

프라이드 치킨(영어: fried chicken) 또는 서던 프라이드 치킨(영어: Southern fried chicken)은 미국 남부의 닭튀김 요리이다. 대한민국에서는 한국식 치킨과 다찬가지로 프라이드 치킨으로 불리기도 한다.

### 다) 크랩 케이크

크랩 케이크(영어: crab cake 크래브 케이크)는 미국의 해산물 요리이다. 게살을 주재료로 하고, 빵가루·우유·마요네즈·계란·조미료가 들어간 반죽을 둥글납작한 덩어리로 빚어 소테·굽기·튀기기 등의 방법으로 조리한다.

크랩 케이크는 전통적으로 메릴랜드주와 버지니아주를 포함하는 체서피크만 일대 지역과 관련이 있는 음식이다. 요리 명칭과 레시피의 정확한 기원을 확인하기는 어려우나, 일찍이 1891년에 출간된 토마스 J. 머리(Thomas J. Murrey)의 책『*Cookery with a Chafing Dish*』에도 크랩 케이크가 소개되어 있다.

### 라) 패스트 푸드

패스트 푸드(영어: fast food, 문화어: 속성음식)는 주문하면 즉시 완성되어 나오는 음식을 의미한다. 한국에서는 즉석식(卽席食)이라고도 하며, 즉석요리와는 다른 개념이다. 패스트푸드 산업은 세계 각국에서 빠르게 성장하고 있으나, 비만 등의 생활습관병 위험 등의 문제로 경계하는 목소리도 있으며, 사람의 몸에 해로운 쓰레기 음식이라는 의미로 정크 푸드(junk food)라는 별칭이 붙기도 하였다.

### (3) 스포츠

미국에서 매년 열리는 화려한 스포츠 행사들로는 프로야구의 월드시리즈, 대학 미식축구의 각종 볼(로즈볼), 프로미식축구의 슈퍼볼, 미국 프로농구협회(NBA)의 플레이오프전, 프로 아이스하키의 스탠리컵대회, 미국 오픈 테니스선수권대회, 미국 프로골프인협회 선수권대회 등이 있다.

인디애나폴리스 500마일 경주, 켄터키 더비, 프리크니스 스테이크스, 벨몬트 스테이크스, 서러브레드 경마, 프로복싱선수권대회(WBA, 세계복싱협회), WBC(세계복싱평의회), IBF(국제복싱연맹), 미국복싱협회(NBA: National Boxing Association)가 주도하는 대회 등도 세계적인 관심을 끈다.

가장 인기 있는 스포츠는 미식축구 · 야구 · 농구 · 하키 · 골프 · 테니스 · 아이스하키 등이며, 가라테를 포함하는 마셜아츠(종합격투기와 무예 등), 레슬링, 모토스포츠 등도 대중적이다.

## 3) 미국의 핵심 관광지

미국은 일본 · 중국 · 대만 · 홍콩 · 태국 등 아시아권에 비해 워낙 멀기도 하고, 유럽에 비하면 수많은 볼거리가 옹기종기 모여 있지도 않으며, 무엇보다도 입국이 영국과 함께 지구상에서 제일 까다로운 나라라서 여행지로서의 인기는 위의 장소들에 비해서는 다르기도 하다.

한국인은 그나마 무비자 협정이 체결되면서 미국 배낭여행자들도 꽤 많이 늘어나기는 했으나, 무비자협정 체결 전에는 방문이 번거롭다보니 외면 받았던 곳이다. 다만, 미국 입국 전에 반드시 ESTA를 신청해야 하며, 만약 유효한 비자가 없는데도 ESTA를 신청하지 않았을 경우 미국 땅을 밟기는커녕 출발지 공항에서 탑승 거부를 당할 수도 있다. 그러나 해외속령인 괌이나 북마리아나 제도의 경우 한국과 별도로 무비자 협정을 체결하였기 때문에 ESTA를 신청하지 않더라도 입국이 가능하지만 ESTA를 신청하면 더 빨리 입국할 수 있고 난이도도 낮아진다.

까다로운 입국과 달리 출국은 심사조차 안 하고 그냥 여권스캔 한 번만 하고 끝이다. 물론 범죄자나 출국금지대상일 경우 보안검색대에서 경찰이 잡아간다. 사실 미국 입국은 번거롭기는 하나 특이사항이 없고, 의사소통만 제대로 한다면 분노할 일도, 따로 잡혀갈 일도 없다. 대신 첫 방문 시에는 입국절차가 매우 까다로운 편이다. 운이 안 좋으면 국토안보부 소속 국경경비대 사무실에 끌려가 1시간 정도 억류될 각오를 해야 한다. 그리고 비자도 까다로워 발급부터 힘든 편이며, 발급 받아도 입국을 거부당하고 그 자리에서 비자가 무효화되고 강제퇴거 당할 수도 있다.

더구나 2011년 3월 이후로 이란 · 리비아 · 이라크 · 시리아 · 수단 · 소말리아 · 예멘 · 북한 · 쿠바 방문 시에는 ESTA 적용이 안 된다. 이란과 쿠바를 빼면 대게 여행금지국가 내지는 여행자제국가이긴 하지만 대체적으로 번거롭기는 마찬가지다. 물론 대한민국의 일반적인 국민이라면 대부분은 별 문제 없이 통과되는 경우가 대부븐이다.

### (1) 그랜드캐년

그랜드캐년(자료: 저자)

미국 애리조나 주 북서부 고원지대가 콜로라도 강에 침식되어 생긴 협곡이다. 미국하면 떠오르는 유명한 관광지 중 한 곳이다. 가장 유명한 루트는 네바다주 라스베이거스나 애리조나주 윌리엄스에서 출발하는 것이다.

라스베이거스에서는 소형 비행기 또는 헬리콥터로 이동하는 투어가 많이 운영되고 있으며, 윌리엄스에서는 그랜드 캐니언 사우스림까지 가는 관광용 열차가 매일 1~2회 운행되고 있다. BBC가 선정한 죽기 전에 가봐야 할 곳 1위에 선정되었다.

### (2) 디즈니월드

월트 디즈니 월드(Walt Disney World)는 1971년 10월 1일 개장한 미국 플로리다 올랜도의 테마파크다. 매직 킹덤(Magic Kingdom), 엡콧(EPCOT), 디즈니 할리우드 스튜디오(Disney's Hollywood Studios), 디즈니 애니멀 킹덤(Disney's Animal Kingdom) 총 4곳의 하위 테마파크와 디즈니 타이푼 라군(Disney's Typhoon Lagoon), 디즈니 블리자드 비치(Disney's Blizzard Beach) 총 2곳의 워터파크, 복합 엔터테인먼트 센터 디즈니 스프링스(Disney Springs)

로 구성된 거대한 리조트다. 미국에서는 보통 디즈니월드로 줄여 부르거나, 두 문자를 따 WDW로 칭한다.

### (3) 하와이

미국에 마지막으로 편입된 50번째 주(즉 정치적으로 나머지 49개 주와 동등한 본토에 해당)이자 태평양 한가운데 있는 제도, 면적 28,311km$^2$, 인구 1,455,271명(2020년 통계)이다. 또한 미국에서 도서지역으로만 이루어진 유일한 주이기도 하다.

와이키키 비치(자료: 하와이관광청)

하와이는 빅 아일랜드(하와이섬), 마우이(Māui)섬, 오아후(O'ahu)섬, 몰로카이(Moloka'i), 카우아이(Kaua'i) 등 8개의 큰 섬과 기타 부속도서로 이루어져 있으며, 호놀룰루시가 속한 오아후섬에 과반수의 인구가 거주하고 있다. 크게 관광객들이 가는 섬은 네 개가 있고(카우아이, 오아후, 마우이, 빅 아일랜드), 그 외에 사람들이 살기는 하지만 여러 가지 이유로 인해 관광객들이 많이 가지 않는 섬들(니하우, 라나이, 몰로카이), 그리고 사람들이 살지 않는 섬들(카호올라웨, 몰로키니 등)과 암초들로 이루어져 있다. 세계적으로 신혼부부들의 허니문 최고 인기 지역 중 하나로 알려져 있다.

### (4) 유니버설 스튜디오

NBC유니버설의 자회사인 유니버설 파크 앤 리조트(Universal Parks&Resorts)가 운영하며, 그 스티븐 스필버그가 크리에이티브 디렉터를 맡고 있는 테마파크 브랜드다. 유니버설 스튜디오 할리우드가 전 세계 최초로 1964년 문을 열었다. 올랜도 리조트는 1990년 개장했으며, 미국 외 타 국가 최초로 스튜디오 재팬이 2001년 개장했다. 2010년에 싱가포르에도 개장했으며, 2021년에 베이징 리조트가 개장했다.

### (5) 금문교

골든게이트 브릿지(Golden Gate Bridge) 또는 번역해서 금문교(金門橋)는 샌프란시스코의 골든게이트 해협을 가로지르는 현수교로, 왕복 6차로로 구성되어 있다. 샌프란시스코의

랜드마크로 유명하다. 샌프란시스코의 교통체증을 해결하기 위해 프랭클린 D. 루스벨트 대통령의 지시로 건설되었으며, 설계자는 조셉 스트라우스(Joseph Strauss)이다.

샌프란시스코 금문교(자료: 하나투어)

1937년 완공되었고, 당시에는 세계에서 가장 긴 다리였다. 총 길이 2,789m에 기둥 간 거리 1,280.16m에 형하 공간 67m의 기술적인 성취도 놀라웠지만, 무엇보다 석양이 질 때 다리가 아름다운 황금빛으로 물드는 모습이 자랑이었다. 기둥 간 최장거리의 기록이 깨진 지금에도 세계에서 가장 유명한 현수교의 이미지로 남아 있다.

### (6) 라스베이거스

라스베이거스(자료: 저자)

미국 서부 네바다주의 사막 한가운데 위치한 도시이며, 카지노와 호텔이 즐비한 번화한 도시로 이름 높다. 처음 명명된 스페인어로는 '라스베가스'이지만 미국식 발음을 적용하여 '라스베이거스 / 래스베이거스[lɑ：s ˈveɪgəs / læs ˈveɪgəs]'라고 읽는다.

라스베이거스도 2007년 이후에는 도박 수입에서 중국의 마카오에 추월당해 현재까지도 계속 세계 2위다. 하지만 오해하면 안 되는 것이, 이는 라스베이거스가 쇠락한 게 아니고 마카오가 2000년대 이후 매출이 어마어마하게 많이 늘어났기 때문이다. 딱히 놀랄만한 일도 아니고 당연히 그럴 수밖에 없는 게 중국 본토인들이 해마다 적게는 수천만 명, 많게는 1억 명 이상씩 마카오에 와서 돈쓰고 가니까 마카오의 매출이 라스베이거스의 매출을 추월하는 것은 당연하다. 원래 중국이 못 살았을 때는 도박하는 것은 엄두도 못 냈지만, 도박하러 마카오로 가는 경제적으로 풍요로워진 중국인들이 기하급수적으로 늘어나면서 매출도 늘어난 것이다. 추가로 라스베이거스의 도박 산업 자본들이 죄다 마카오로 몰려간 것도 한몫했다.

### 4) 미국의 주요 관광상품

#### (1) 미서부 3대 캐년＋태평양 연안 일주(9일, ₩2,990,000～)

✣ 주요 일정: 인천 / 로스앤젤레스 / 로스 바노스, 앤젤스 플라이트, 그랜드 센트럴마켓, 그리피스 천문대(1) – 17마일 드라이브, 페이블 비치, 금문교, 샌프란시스코 시청, 피어 39, 차이나타운, 트윈픽스(1) – 요세미티 국립공원, 하프 돔, 엘 캐피탄 바위, 브라이덜 폭포(1) – 아울렛 앳 바스토우, 7 매직 마운틴, 웰컴사인(1) – 라스베이거스 / 자이언 캐년, 브라이스 캐년, 캐납, 페이지(1) – 그랜드 캐년, 앤텔롭 캐년, 라플린(1) – 로스앤젤레스 / 할리우드, 명예의 거리, 돌비 극장(1) – 로스앤젤레스 / 인천

✣ 이용 항공: 아시아나항공

✣ 이용 호텔: 4성급(쿠퍼티노 호텔 – 산호세 / 파크 MGM 라스베이거스 / 하라스 로플린 호텔 & 카지노 – 라플린)

#### (2) 미동부 캐나다(10일, ₩3,490,000～)

✣ 주요 일정: 인천 / 뉴욕, 하이 라인 파크, 첼시 마켓, 베슬, 리틀 아일랜드(1) – 국립 자연사 박물관, 링컨 기념관, 국회의사당, 제퍼슨 기념관, 백악관, 한국전쟁 참전용사 기념공원(1) – 테이블 락, 꽃시계, 월풀, 나이아가라 선택관광(1) – 시닉터널, 나이아가라 아이스와인 공장, 구시청, 신시청, 디스틸러리 디스트릭트(1) – 국회의사당, 리도 홀, 캐나다 국립미술관, 노트르담 성당, 자끄 까르띠에 광장(1) – 사또 프로트낙 호텔, 뒤프랭 테라스, 다름 광장, 화랑가, 노트르담 대성당, 쁘띠 샹플랭, 르와이알 광장(1) – 몬트리올 우드베리 아울렛, 뉴욕(1) – 자유의 여신상, 황소 동상, 트리니티 교회, 월스트리트, 9・11메모리얼 – 뉴욕 / 인천

✣ 이용 항공: 아시아나항공

✣ 이용 호텔: 4성급(하야트 플레이스 페어 론 파라무스 / 올드 스톤 인 부티크 호텔 – 나이아가라 / 베스트 웨스턴 파크웨이 호텔 토론토 노스)

### (3) 하와이(7일〈빅아일랜드〉, ₩3,490,000~)

- 주요 일정: 인천 / 호놀룰루 / 카일루나 코나(1) – 코나 커피 농장(1) – 사우스 포인트, 푸날루우 블랙 샌드 비치, 푸날루우 베이크 숍, 하와이 화산 국립공원(1) – 힐로 / 호놀룰루(1) – 와이켈레 프리미엄 아울렛, 알라 모아나 쇼핑센터, T 갤러리아 DFS하와이, ABC스토어(1) – 호놀룰루 / 인천
- 이용 항공: 대한항공
- 이용 호텔: 4성급(로열 코나 리조트)

## 5) 미국 관광의 현주소

미국의 관광지표를 살펴보면 외국인관광객수 약 19,445,000명, 관광수입액 US$76,127 million, 관광산업 GDP US$356,153 million, 관광산업 비중 1.7%, 관광산업 일자리 4,037,000개로 2.7%를 차지하고 있다. 해외지출 대비 국내지출은 93.9%로 국내지출이 상대적으로 높은 것을 알 수 있다.

세계경제포럼(WEF)이 발표한 2021년 미국의 관광경쟁력은 세계 2위이며, 세부지표로 비여가 자원 1위, 인적자원과 노동시장 2위, 항공운송 인프라 2위, 자연적 자원 4위, 관광객서비스인프라 7위, ICT 준비 7위, 비즈니스 환경 7위로 세계 속의 관광 선진국의 면모를 보이며 상당히 높은 순위를 기록하였고, 문화적 자원 11위, 지상・해상 교통 인프라 24위, 국제개방성 27위, 관광우선순위 40위, 사회경제적 회복력과 조건 44위, 건강과 위생 48위로 중위권을 보였으며, 환경의 지속성 56위, 안전과 치안 68위, 가격경쟁력 110위로 상대적으로 낮은 평가를 받았다.

미국 관광산업 발전을 위해서는 환경과 치안에 대한 개선이 필요하며, 특히 높은 물가는 미국 관광산업 발전의 저해요소로 보인다.

# 2.

## 캐나다의 문화와 관광

캐나다가 세상에 알려진 것은 10세기경 노르만인(人)에 의해서이며, 14세기 전반까지는 덴마크인이 거주하였으나 그 후 소멸하였다. 1497년 영국 국왕 헨리 7세의 명을 받은 이탈리아인 지오반니 카보토가 뉴펀들랜드 등 캐나다 동해안을 탐험하였다. 당시 캐나다에는 소수의 인디언이 살고 있었으며, 실제 캐나다라는 지명은 인디언 이로코이족(族)의 말에 있는 카나타(Kanata: 부락이라는 뜻)가 어원(語源)이라고 한다.

캐나다는 북아메리카의 북쪽에 위치한 연방국이다. 태평양 상의 밴쿠버섬에서 오대호에 이르는 북위 49도선 이북을 통치하고 있는 나라로, 총 10개의 주(Provinces)와 3개의 준주(Territories)로 이루어져 있다.

지리적으로는 빙하기 당시 그린란드와 육로로 이어져 있었던 만큼 북극과 가장 가까운 나라 중 하나며, 대표적인 상징은 국기에도 그려져 있는 설탕단풍(sugar maple)과 비버(아메리카 비버, C. Canadensis)이다.

정치적으로 캐나다는 영국을 본 따 입헌군주제와 내각제를 채택했지만, 땅이 넓은 관계로 이웃 미국의 제도를 모방해 연방국가가 되었다. 1982년에는 '캐나다법(Canada Act 1982 / Loi de 1982 sur le Canada)'이 통과되어 영국 국회의 간섭 없이 헌법을 수정할 수 있는 고도의 주권이 성문법적으로도 보장되었고, 캐나다는 완전한 독립 국가가 된다. 정부 수반은 캐나다 총리로, 2022년 현임자는 제23대 쥐스탱 트뤼도다. 명목상 캐나다의 국가원수는 캐나다 국왕이며, 이는 영연방에 속한 동군연합으로서 영연방 왕국 구성국들의 국왕인 찰스 3세가 맡고 있다. 엄밀히 캐나다를 기준으로 영국 왕과 동일인물을 '캐나다 국왕'으로 둔 나라일 뿐 '국가원수가 영국 왕'은 아니다. 그러나 영국 국왕이 런던에 있기 때문에 일반적으로 '영국 왕의 나라'로 알려져 있다. 또한 영국과 대서양을 사이에 두고 멀리 떨어져 있다 보니, 효율적인 업무를 위해 캐나다 현지의 저명인사가 캐나다 총독으로 임명되어 국가원수의 대리를 맡는다.

### 1) 캐나다의 개요

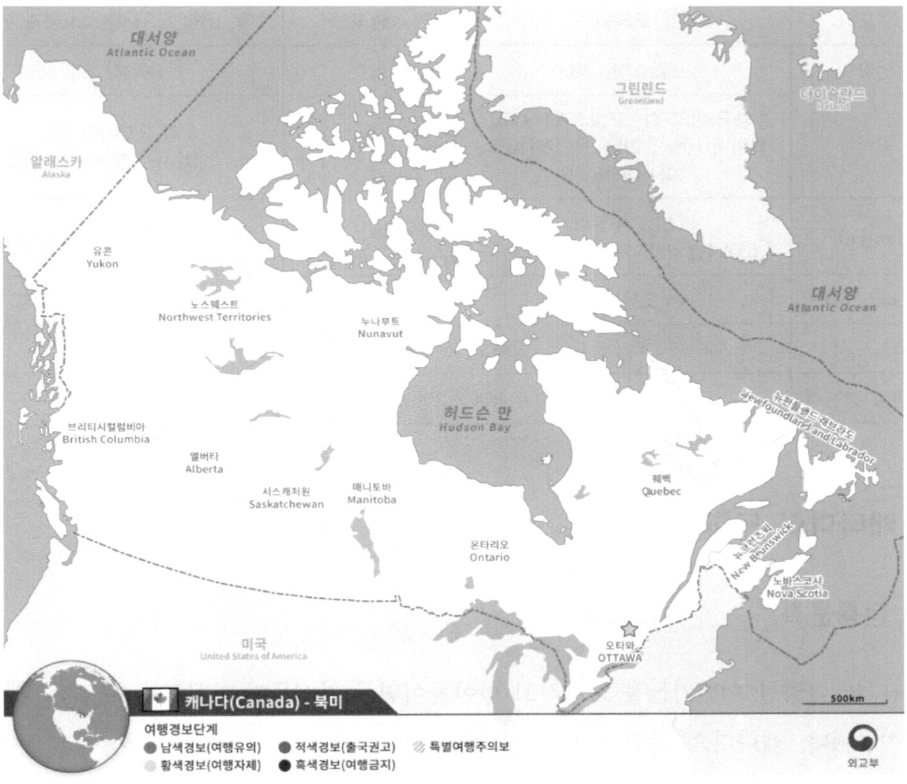

자료: 외교부 해외안전여행, 2024년 1월 11일 현재.

**[대사관 연락처]**

- 주소: 150 Boteler Street, ottawa, oN, K1N 5A6
- 대표번호(근무시간 중): (1) 613-244-5010
- 긴급 연락처(사건사고 등 긴급상황 발생 시, 24시간): (1) 613-986-0482
- 이메일: canada@mofa.go.kr

**학습목표**

캐나다의 개요, 문화, 핵심 관광지, 주요 관광상품과 캐나다 관광의 현주소를 파악하여 캐나다를 전문적으로 이해하고 설명할 수 있다.

| 국명: 캐나다(Canada) | | | |
|---|---|---|---|
| 수도 | 오타와 | 면적 | 약 15억 6,344만 ha(세계 2위) |
| 언어 | 프랑스어, 영어 | 기후 | 대륙성 기후 |
| 민족 | 영국계(33%), 프랑스계(14%), 독일계(10%), 기타 유럽계(15%), 아시아(18%) | 인구 | 약 3,910만 명 (2024년, 통계청 기준) |
| 1인당 GDP | 53,246달러 (2024년 IMF 기준 세계 17위) | 종교 | 가톨릭 43.6%, 개신교 29.2% 등 |
| 한국과의 시차 | -14(토론토 기준) | 화폐와 환율 | 캐나다 달러(CAD, C$) |
| 주요 도시 | 오타와, 몬트리올, 밴쿠버, 빅토리아 | | |
| 국가관광 경쟁력 | 세계 13위(WEF, 2021년 기준) | | |

## 2) 캐나다의 문화

### (1) 전통문화

캐나다는 다양한 이민자들을 포용하고 받아들이면서 자신들만의 문화를 따로 창조해내는 데에 성공했다. 캐나다의 최고 문화적 성취들 가운데 하나는 다문화주의로, 여러 문화권에 속한 사람들을 인정하면서도 하나의 문화권으로 묶어내는 것에 성공한 것이다. 가장 대표적으로 퀘벡의 경우에는 프랑스계 국민들이 매우 많은데, 일부 갈등은 있을지 몰라도 대다수의 사람들은 스스로를 캐나다인으로 생각하고 있다. 영국계가 주축이 되어왔던 캐나다에서 스스로를 캐나다의 한 구성원으로 인식하고 인정한 것이다. 이 같은 경우들은 아랍, 중국, 아프리카계 시민들까지도 모두 적용되며, 이같이 다양한 인종과 문화의 사람들이 모인 캐나다의 문화를 표현하기 위하여 문화 모자이크라고 칭한다.

캐나다의 문화는 역사적으로 영국, 프랑스, 유럽, 기타 문화들에 의해 영향을 많이 받아왔다. 20세기 동안에는 새롭게 유입되기 시작한 아시아계와 아프리카계, 카리브해계의 사람들이 점차 캐나다에 영향을 끼치기 시작했고, 문학 · 음악 · 예술계에도 큰 영향을 끼쳤다. 캐나다 문화의 특성들 중 하나로 꼽히는 '캐나다식 유머'가 꽤나 세계적으로 유명한데, 캐나다 출신의 수많은 코미디언들이 미국 텔레비전이나 프로그램들을 통하여 세계적으로 명성을 얻고는 했다.

캐나다는 자체적으로도 훌륭하게 발전된 미디어 산업을 가지고 있으나, 바로 옆에 붙어 있는 미국이 워낙 거대한 미디어 산업계를 가지고 있기에 상대적으로 그 명성이 미국에 가려지는 부분이 있다. 게다가 미국의 문화들이 바로 옆의 캐나다로 지나치게 쏟아져 들어와 캐나다 미디어 문화계를 압도해버리는 경향도 있기에, 캐나다는 정부 차원에서 캐나다 문화 진흥을 위하여 애쓰고 있다.

### (2) 요리

북아메리카 대륙 북부에 위치한 캐나다는 서쪽과 남쪽으로는 미국과 국경을 접하여 일상 요리가 미국과 유사하며, 서쪽으로는 북태평양, 북쪽으로는 북극해, 동쪽으로는 대서양과 접하여 있어 생선 및 해산물이 풍부하다.

캐나다의 요리는 역사적으로 캐나다 원주민과 프랑스, 영국 요리에 영향을 받았으며, 역사는 짧으나 다양한 국가에서 온 수많은 이민자들이 공존하여 요리 또한 다문화적 특성을 띤다. 고기는 전통적으로 돼지고기, 소고기, 토끼고기, 순록고기, 어린 말코손바닥사슴(moose)을 먹고, 알버타주의 소고기가 특히 유명하여 스테이크, 바비큐, 훈제 소고기, 육포 등으로 먹는다.

삼림이 많아 수렵육의 소비 또한 많다. 동쪽과 서쪽 지역은 바다나 호수에서 나는 어류와 해산물을 활용한 요리 또한 발달하였으며, 특히 연어 요리와 바닷가재 요리가 유명한데 프린스 에드워드섬은 큰 가리비가 특산품이기도 하다. 고기와 생선은 튀기거나 구워 먹는 것을 선호하고, 야채를 곁들인 스테이크나 스튜는 메인요리로 구성한다. 단풍나무 수액으로 만든 메이플 시럽은 캐나다의 상징으로 90%가 퀘벡에서 생산되는데, 각종 디저트에 두루 쓰여 캐나다 요리만의 독특한 향을 만든다.

캐나다는 세계에서 두 번째로 큰 나라로 지역에 따라 기후와 생산물 등이 다양하기 때문에 식문화에 큰 차이를 보인다. 온타리오주 남부와 해안지방은 영국과 스코틀랜드 요리가 일반적이며, 퀘벡 남부와 온타리오주 북동부, 뉴브런즈윅주에서는 프랑스 전통요리를 만나볼 수 있다. 온타리오주 남서부는 스칸디나비아 요리의 영향을 많이 받았으며, 캐나다 중남부의 초원 지역은 우크라이나 · 독일 · 폴란드의 식문화를 볼 수 있는데, 이는 제1차 세계대전 이전에 해당 지역으로 이주한 동유럽 주민들의 영향이다.

#### 가) 버터 타르트

밀가루 반죽에 버터 · 설탕 · 시럽 · 달걀 등으로 만든 속을 채워 오븐에 구워낸 페이스트리 타르트로, 캐나다의 전형적이고 인기 있는 디저트이다.

#### 나) 나나이모바

크래커 부스러기, 코코넛, 견과류를 섞은 첫 번째 층 위에 커스터드, 초콜릿을 올려낸 바 형의 간식으로, 캐나다의 전형적이고 인기 있는 디저트이다.

#### 다) 비버테일

통밀가루 반죽을 길쭉하고 납작한 모양으로 늘어뜨려 기름에 튀겨낸 뒤 시나몬과 설탕 등을 올려낸 페이스트리로, 캐나다의 인기 있는 디저트이다.

### (3) 스포츠

캐나다의 스포츠 역사는 1770년대로 거슬러 올라간다. 아이스하키 · 농구 · 야구 · 축구 등 여러 스포츠 등이 캐나다에서 인기를 끌기 시작하였던 것이다. 캐나다의 공식적인 국민 스포츠는 아이스하키와 라크로스 등이 있다. 골프 · 축구 · 야구 · 테니스 · 스키 · 배드민턴 · 사이클링 · 수영 · 볼링 · 럭비 · 카누 · 스쿼시 등도 인기가 많으며, 많은 국민들이 유년기부터 무술을 짧게나마 배우기도 한다. 캐나다는 대부분의 프로 스포츠 리그를 미국과 공유하는 경우가 많다. 캐나다의 유명한 프로 스포츠 가운데에는 캐나다 축구 리그, 라크로스

리그 등이 있다.

캐나다는 1900년 이래 거의 항상 올림픽에 참가한 바 있고, 1976년 하계 올림픽, 1988년 동계 올림픽, 1994년 농구 챔피언십, 2007년 FIFA U-20 월드컵, 2010년 동계 올림픽, 2015년 FIFA 여성 월드컵 등 여러 국제 경기들도 여러 차례 유치했다. 또한 2015년에 범아메리카 게임, 2015년 파라판 아메리칸 게임 등도 토론토에서 유치했다. 드리고 2026년에는 멕시코와 미국과 함께 2026년 FIFA 월드컵도 공동 개최할 예정이다.

### 3) 캐나다의 핵심 관광지

미국 바로 위에 붙어 있는 나라이기 때문에 멕시코와 함께 세트로 묶어서 여행하기도 하지만, 한국이 미국과 무비자 협정을 체결하기 전까지는 배낭여행자에게 있어서 미국과 캐나다의 취급이 상당히 달랐다. 미국은 여행을 위해서도 번거롭게 비자를 받아야 했지만 캐나다는 비자 없이도 여행 목적으로 입국이 가능했고, 입국심사도 미국에 비하면 덜 깐깐한 편이기 때문에 배낭여행자들에게는 미국에 비해 훨씬 선호되었던 곳이다. 심지어 일반적인 무비자 기간인 3개월이 아니라 최대 6개월이나 체류가 가능한데다가 아무런 조건도 없이 무비자 체류기간을 1회에 한해서 최대 6개월까지 추가 연장가능하다. 그리하여 캐나다 무비자로 최초 입국 시 6개월, 무비자 연장 후 추가 6개월로 최대 1년까지로 무비자로 캐나다에서 체류할 수 있다. 그리고 최초 6개월까지는 무비자만으로 어떠한 학업도 가능하다.

미국과 캐나다의 국경이 사실상 비방위 국경이다 보니 양국을 자유롭게 갈 수 있는 지역이 캐나다－미국에 몇 군데가 있다. 동부에 대표인 곳으로 나이아가라 폭포에 있는 Rainbow Bridge는 도보횡단이 가능한 국경 다리이고, 그 다리 위는 회색지대로써 중립지역이면서, 동시에 미국과 캐나다의 국경선이 지나간다. 캐나다 국경을 지나 다리에 진입 후 미국 쪽 국경에 들어가지 않고 관광을 즐길 수 있으며, 다시 캐나다 쪽으로 돌아가서 캐나다 입국심사 후 캐나다로 입국가능하다.

#### (1) 로키산맥

길이만도 대략 4,800km에 달하는 북아메리카 서부의 대산맥이다. 거대한 환태평양 조산대의 일부이며, 세계에서 두 번째로 긴 산맥이다. 그만큼 길지만 직접적으로 속하는 국가는 미국과 캐나다 단 둘 뿐이다. 물론 산맥 자체는 멕시코 고원에 연결된다. 로키 산맥 전체에서 최고봉은 콜로라도주의 엘버트산(Mount Elbert, 4,401m)이고, 캐나다 로키산맥에서는 브리티시 컬럼비아의 롭슨 봉(Mount Robson / Le mont Robson, 3,954m)이 최고봉이다.

로키산맥의 밴프 국립공원
(자료: 하나투어)

산맥의 캐나다 부분은 캐나다 로키산맥(Canadian Rockies or Canadian Rocky Mountains / Les Rocheuses cannadiennes)으로 호칭된다. 특히 밴프 국립공원을 중심으로 그 일대가 세계적인 관광 명소다. 최북단은 브리티시 컬럼비아주와 유콘 준주의 경계선이다. 그래서 알래스카 주까지는 닿지 않는다.

유네스코 세계자연유산에는 밴프 국립공원, 재스퍼 국립공원, 쿠테나이 국립공원, 요호 국립공원, 햄버 주립공원, 아시니보인산 주립공원, 롭슨산 주립공원 등이 포함되어 있다.

### (2) 밴쿠버

메트로 밴쿠버는 캐나다 서부 태평양과 맞닿은 브리티시컬럼비아주의 서남부에 위치한, 해당 주의 최대도시이다. 캐나다 전체로는 토론토와 몬트리올에 이은 제3의 도시이며, 태평양 북서부 지역에서는 워싱턴주 시애틀에 이어 두 번째로 인구가 많다. 대부분의 관광지는 오전 10부터 오후 5시 정도 까지만 열기 때문에 부지런히 다니는 것이 좋다.

밴쿠버 시내 전경(자료: 하나투어)

골드러시를 경험한 도시답게 포트 랭글리 같은 시에서는 관광의 일환으로 그 당시의 사금채취 등을 묘사한 관광지가 있다. 휘슬러 북쪽에 있는 릴루엣이라는 조그만 도시가 있는데, 그 옆에 캐시 크릭 쪽에는 100마일 하우스라고 하던 간이 휴게시설이 지금도 있는데, 당시 그 일대 유명한 광산까지 얼마나 남았는지 알려주던 지표이자, 중간에서 돈 긁어대던 곳이었다. '세계에서 살기 좋은 도시' 순위권에 자주 들 정도로 살기 괜찮은 도시이며, 그래서인지 중국계 캐나다인을 비롯한 이주민들이 많이 와 현재는 북미에서 평균 소득 대비 집값이 가장 높은 도시이기도 하다. 실제 과거부터 아시아 지역 부자들이 이주하여 본국과 왔다 갔다 하던 도시로 나름 유명했다.

### (3) 빅토리아

캐나다 브리티시 컬럼비아주의 주도로, 밴쿠버 섬 남단에 위치해 있다. 흔히 같은 주의 최대 도시인 밴쿠버가 주도인 것으로 오인하는데, 밴쿠버와는 100km 정도 떨어져 있다. 그리고 밴쿠버는 밴쿠버섬에 있지 않다. 물론 캐나다 기준으로 가깝기는 하지만, 별개의 다리는 없기 때문에 배나 비행기를 타고 가야 한다. 시애틀을 기준으로 삼아도 마찬가지이다. 다만, 밴쿠버 국제공항이나 시애틀 타코마 국제공항이나 모두 시내에서 거리가 좀 떨어져 있기 때문에, 현지인들은 주로 페리를 이용한다.

### (4) 토론토

토론토(City of Toronto)시는 캐나다 온타리오 주의 주도이자, 캐나다의 최대도시다. 토론토 시내에만 인구 300만 명 이상이 거주하고, 광역 토론토 지역(Greater Toronto Area, GTA)까지 넓히면 670만 명, 그리고 토론토의 영향을 받는 위성도시를 모두 합친 광역 생활권 '골든 호스슈(Golden Horseshoe)'의 인구는 최대 976만 명에 달한다.

토론토 구시청사(자료: 하나투어)

이에 이 지역은 캐나다 인구의 약 4분의 1을 책임지는 캐나다의 경제・사회・문화 중심지라 할 수 있다. 관광지로는 보통 CN 타워와 그 옆의 로저스 센터, 토론토 대학교, 오캐드 대학교 및 부속 박물관, 카사 로마(Casa Loma), 온타리오 과학센터 및 아이맥스 영화관, 센터 아일랜드, 토론토 동물원, 캐나다 원더랜드 등이 꼽힌다.

## 4) 캐나다의 주요 관광상품

### (1) 캐나다 항공 일주(8일〈밴프 숙박 / 나이아가라 폭포〉, ₩4 990,000~)

- 주요 일정: 인천 / 밴쿠버, 그랜빌 아일랜드, 차이나타운, 개스타운, 캐나다 플레이스, 스탠리 공원(1) – 밴쿠버 1일 자유(1) – 아이스 필드 파크웨이, 까마귀발 빙하, 보우 호수, 보우 빙하, 요호 국립공원(1) – 캘거리 / 주 의사당, 신시청, 구시청, 디스틸러리 디

스트릭트(1) – 나이아가라 폭포 / 저니 비하인드 폴스, 테이블 락, 꽃시계, 월풀(1) – 나이아가라 폭포 / 토론토 / 인천

✣ 이용 항공: 에어캐나다

✣ 이용 호텔: 4성급(컴포트 인 서레이 호텔 – 밴쿠버 / 캔모어 인 & 스위트 / 쉐라톤 온더 폴스 호텔 논폴스뷰 – 나이아가라폭포)

### (2) 미동부 캐나다(10일, ₩3,490,000~)

✣ 주요 일정: 인천 / 뉴욕, 하이 라인 파크, 첼시 마켓, 베슬, 리틀 아일랜드(1) – 국립 자연사 박물관, 링컨 기념관, 국회의사당, 제퍼슨 기념관, 백악관, 한국전쟁 참전용사 기념공원(1) – 테이블 락, 꽃시계, 월풀, 나이아가라 선택관광(1) – 시닉터널, 나이아가라 아이스와인 공장, 구시청, 신시청, 디스틸러리 디스트릭트(1) – 국회의사당, 리도 홀, 캐나다 국립미술관, 노트르담 성당, 자끄 까르띠에 광장(1) – 샤또 프로트낙 호텔, 뒤프랭 테라스, 다름 광장, 화랑가, 노트르담 대성당, 쁘띠 샹플랭, 르와이알 광장(1) – 몬트리올 우드베리 아울렛, 뉴욕(1) – 자유의 여신상, 황소 동상, 트리니티 교회, 월스트리트, 9・11메모리얼 – 뉴욕 / 인천

✣ 이용 항공: 아시아나항공

✣ 이용 호텔: 4성급(하야트 플레이스 페어 론 파라무스 / 올드 스톤 인 부티크 호텔 – 나이아가라 / 베스트 웨스턴 파크웨이 호텔 토론토 노스)

## 5) 캐나다 관광의 현주소

캐나다의 관광지표를 살펴보면 외국인관광객수 약 2,960,000명, 관광수입액 US$11,258 million, 관광산업 GDP US$15,336 million, 관광산업 비중 0.9%, 관광산업 일자리 600,000개로 3.3%를 차지하고 있다. 해외지출 대비 국내지출은 81.2%로 국내지출이 상대적으로 높은 것을 알 수 있다.

세계경제포럼(WEF)이 발표한 2021년 캐나다 관광경쟁력은 세계 13위이며, 세부지표로 비여가 자원 2위, 자연적 자원 7위, 인적자원과 노동시장 12위, 관광객서비스인프라 16위, 항공운송 인프라 18위, 비즈니스 환경 19위로 상대적 상위권에 올랐고, ICT 준비 24위, 문화

적 자원 27위, 사회경제적 회복력과 조건 28위, 환경의 지속성 29위, 국제개방성 41위, 지상・해상 교통 인프라 42위, 안전과 치안 46위, 건강과 위생 49위로 중위권에 올랐으며, 관광우선순위 73위, 가격경쟁력 91위로 상대적으로 낮은 평가를 받았다.

캐나다 관광산업 발전을 위해서는 관광우선 정책이 필요하며, 특히 높은 물가는 캐나다 관광산업 발전의 저해요소로 보인다.

# 3.

## 멕시코의 문화와 관광

멕시코는 기원전 2만 년경에 인간이 거주한 흔적이 있으며, 선고전기 중기인 기원전 1300년경 멕시코만을 중심으로 올멕 문명이 발흥했다. 올멕 문명은 그들의 지배자의 모습을 새긴 것으로 알려진 흑인 인종의 특징을 가진 거대한 석상 두상으로 알려져 있다. 선고전 시대의 말기에 멕시코 중앙 고원 텍스코코 호수 남쪽에 원형의 대형 피라미드로 알려진 쿠이쿠일코(Cuicuilco) 동쪽으로 테오티우아칸이라는 거대한 도시가 세워졌다. 그 후에도 후기 마야 문명과 아즈텍 문명과 같은 여러 고급 원주민 문명의 거점으로 활약했다.

1810년 계몽주의 사상을 가졌던 메스티소 이달고 신부는 원주민과 메스티소를 대변해 원주민의 세금 면제, 노예제도 폐지 등을 요구하며 독립투쟁을 하다 처형당한다. 1821년에 스페인군 사령관이 스페인을 배반하여 멕시코의 독립이 이루어지는 듯하였으나, 본국 출신의 스페인인에서 멕시코 출신의 스페인인에게로 권력이 넘어갔을 뿐, 진정한 의미의 독립은 찾지 못했다. 1823년에 공화국이 세워졌지만 자유파와 보수파로 나뉘어 50년 동안 서른 번 이상 대통령이 바뀌었고, 이 와중에 1848년 미국과의 전쟁이 일어나 텍사스에서 캘리포니아에 이르는 거대한 영토를 잃고 말았다.

신헌법 시행 이후 1934년 카르데나스 대통령은 농업 개혁안을 마련하여 노동자의 권리를 위한 정치를 시행하였고, 뒤를 이은 정치지도자들은 1960년대까지 안정된 성장을 이끌었다. 그러나 1970년대 주요 산유국 중 하나였던 멕시코는 1982년 유가 하락과 외채 부담으로 심각한 경제위기를 맞게 되었다. 이에 정부는 북미자유무역협정(NAFTA), 공기업 민영화 등을 통해 경제개혁을 하려 했지만, 가난한 치아파스 지역에서 무장봉기가 일어나면서 상황은 더욱 악화되었다. 2000년 선거에서는 경제 안정과 변화에 대한 새로운 희망이 요구되었고, 71년 만에 처음으로 자유파에서 보수파로 집권당이 교체되었다.

## 1) 멕시코의 개요

자료: 외교부 해외안전여행, 2024년 1월 11일 현재.

**[대사관 연락처]**

- 주소: Lopez Diaz de Armendariz 110, Col. Lomas Virreyes, Alc. Miguel Hidalgo, CDMX
- 대표번호(근무시간 중): (52) 55-5202-9866
- 긴급 연락처(사건사고 등 긴급상황 발생 시, 24시간): (52) 55-8581-2808
- E-mail: emcorea@mofa.go.kr

**학습목표**

멕시코의 개요, 문화, 핵심 관광지, 주요 관광상품과 멕시코 관광의 현주소를 파악하여 멕시코를 전문적으로 이해하고 설명할 수 있다.

| 국명: 멕시코(Mexico) | | | |
|---|---|---|---|
| 수도 | 멕시코시티 | 면적 | 약 1억 9,643만 ha(세계 13위) |
| 언어 | 에스파냐어 | 기후 | 열대성 기후 / 온대 기후 |
| 민족 | 메스티소 62%, 아메리카 인디언 21%, 아메리칸 7%, 기타(대부분 유럽계) 10% | 인구 | 약 1억 2,938만 명 (2024년, 통계청 기준) |
| 1인당 GDP | 13,803달러 (2024년 IMF 기준 세계 63위) | 종교 | 가톨릭 89%, 기독교 6% 등 |
| 한국과의 시차 | -15 | 화폐와 환율 | 멕시코 페소(MXN, Mex$) |
| 주요 도시 | 멕시코시티, 칸쿤 | | |
| 국가관광 경쟁력 | 세계 40위(WEF, 2021년 기준) | | |

## 2) 멕시코의 문화

### (1) 전통문화

멕시코는 멕시코 마야·아스테크·톨테크 문명 등 아메리칸 인디오의 찬란한 토착 문명을 지니고 있으며, 스페인 식민통치를 통해 서구문명이 유입되어 혼합문명이 형성되어 있다. 현재는 미국의 영향으로 점차 미국화되고 있으며, 국민의식 저변에 미국에 대한 경계심이 깔려 있기는 하나, 미국과 유사한 사회로 변모되고 있다. 국민성은 친절하고 낙천적이나, 배타적이기도 하다. 동양인에 대한 감정은 멕시코 원주민의 조상이 동양인이라는 이유에서 좋은 편이다.

### (2) 요리

옥수수가 주식인 멕시코에서는 말린 옥수수 가루를 반죽해 만든 토르티야에 다진 고기 등 각종 음식을 넣어 먹는 타코를 대표 음식으로 친다. 멕시코식 샌드위치라고 보면 된다. 토르티야를 바삭하게 하거나 부드럽게 해서 색다른 맛을 즐긴다. 타코는 손바닥 크기만큼 동그랗게 부쳐낸 토르티야에 소고기, 돼지고기, 닭고기 등 각종 육류 및 고추, 피망, 선인장 열매 등 다양한 야채들을 각기 볶아낸 소를 쌈처럼 싸먹는 전형적인 멕시코 요리다. 맛은 의외로 느끼하지 않고 담백하며, 무엇보다도 취향에 따라 소를 고를 수 있어 선택의 폭이 넓은 것이 장점이다. 뿐만 아니라 손에 들고 다니면서 먹기 쉬워 한 끼를 간편하게 때우기에는 최고의 음식이라 할 수 있다.

아주 전형적인 멕시코 음식으로는 포솔레(pozole)가 있다. 돼지 머리고기와 커다란 옥수수 덩어리들이 하얀 국물에 담겨 나오는데, 여기에 레몬즙과 순무, 양파와 향초, 고추 그리고 마지막으로 빨간 고추양념을 넣고 휘저여 먹는다. 매콤한 돼지고기 국물 맛이다.

주요 음료인 오르차타는 쌀 음료이며, 약간 계피향이 난다. 주류는 메스깔 등이 있고, 그 종류 중에 잘 알려진 테킬라가 있으며, 이 테킬라는 용설란으로 만든 술이다. 브리또와 퀘사디아도 잘 알려진 멕시코 음식 중 하나이다.

#### 가) 타코

타코(스페인어: taco)는 멕시코의 전통 음식이다. 토티아(토르티야)에 고기와 채소 등 여러 가지 재료를 올리고 소스를 얹어 먹는 음식으로, 대표적인 안토히토이다. 멕시코의 길거리 음식이며, 국민 음식 가운데 하나로 여겨진다.

#### 나) 토르티야

토르티야(스페인어: tortilla)는 메소 아메리카 지역의 납작빵이다. 팽창제 없이 얇게 만든 무효병의 하나이다.

#### 다) 테킬라

테킬라(스페인어: Tequila)는 멕시코를 대표하는 증류주로서 알코올 농도는 35~55% 정도이며, 주재료는 멕시코 할리스코주의 테킬라를 둘러싼 지역에만 서식하는 푸른 용설란이다. 1968년 멕시코시티 하계 올림픽에서 테킬라의 독특하고 강렬한 맛이 세계로 알려져 현재는 남아메리카와 북아메리카를 비롯한 세계 각지에서 널리 사랑받고 있다. 멕시코에서는 아무것도 섞거나 곁들이지 않고 마시는 것이 보통이나, 국외에서는 주로 소금・라임과 함께 즐기거나 혹은 마르가리타, 마타도르, 블러디 아즈텍 등의 칵테일의 베이스로 쓰인다.

#### (3) 스포츠

멕시코에서 가장 인기 있는 스포츠는 축구・복싱・야구・레슬링 등으로, 동남부 유카탄 지방과 서북부 켈리포니아 반도 지방에서는 축구보다 야구가 매우 인기 있다.

### 3) 멕시코의 핵심 관광지

멕시코를 방문하는 주요 관광객들은 멕시코시티와 메사 센트럴 주변 식민지 도시들, 멕시코시티의 북동쪽에 위치한 테오티우아칸의 기념비적인 유적지를 주로 방문해 왔다. 멕시코시티는 여전히 매력적인 관광도시이지만, 대기오염・치안 등의 문제로 인한 부정적인 이미지도 함께 가지고 있다.

아카풀코, 푸에르토 바야르타, 익스타파 시우아타네호, 마자틀란, 푸에르토 에스콘디도의 해변은 세계적인 휴양지로 관광객들을 유인한다. 1960년대 이후로 칸쿤, 코수멜섬, 카보산루카스 등의 지역이 더욱 주목을 받고 있다. 칸쿤은 현재 멕시코시티보다 매년 더 많은 외국인관광객을 유치하고 있다. 마야인들이 많이 찾는 유적으로는 치첸이트사, 툴룸, 움말, 리비에라 마야라고 불리는 유적과 산호초 지역이 있다.

#### (1) 멕시코시티

멕시코 최대의 도시이며, 멕시코뿐 아니라 라틴아메리카의 경제 중심지 중 하나이다. 2014년 미국의 싱크탱크가 공표한 사업・인재・문화・정치 등을 대상으로 한 종합적인 세계 도시 순위에서 세계 35위 도시로 평가되고 있으며, 라틴 아메리카에서는 부에노스 아이레스와 상파울루에 이어 세 번째이다. 행정상의 정식 명칭은 연방구(Distrito Federal, DF)이다.

### (2) 칸쿤

유카탄 반도의 북동부에서 카리브해에 면해 있는 멕시코가 자랑하는 대규모 휴양지이다. '칸쿤'이란 말은 마야어로 뱀을 뜻한다. 1970년대에 멕시코 정부가 본격적으로 개발해서 너비 400m 정도의 좁고 긴 L자형 산호섬 위에 설비가 완비된 초현대적 호화호텔들이 해변을 따라 늘어서면서 훌륭한 휴양지가 되었다.

에메랄드빛 초록색의 바다에서 수상 스포츠를 비롯하여 골프・테니스 등을 1년 내내 즐길 수 있다. 흰 모래도 인기를 끌어 아카풀코와 함께 국제적으로 소문난 곳이다.

### (3) 치첸이트사

건조한 석회암 지대에 있고, 유적은 석회암과 회반죽한 흙・목재 등으로 되어 있다. 이트사족(族)에 의한 최초의 취락 건설은 530년 이전의 일이라 하며, 7세기에 일단 포기되었다가 10세기에 재건되었고, 11세기 이후는 마야 신제국(新帝國)의 종교의 중심지로서 번영하였다.

치첸이트사(자료: 하나투어)

13세기 초에 이트사족은 아스텍-톨테카족의 연합군에 패하였으나, 이후 가장 번영시대를 맞아 많은 건물이 만들어졌다. 그러다가 15세기 무렵에 갑자기 폐허가 되었다. 유적은 8km²의 넓은 지대에 걸쳐 있고, 카스티요(높이 25m의 피라미드)와 그 동쪽의 '전사(戰士)의 신전(神殿),' 도로 건너편의 '천문대' 등이 알려져 있으며, 세계유산목록에 등록되어 있다.

## 4) 멕시코의 주요 관광상품

### (1) 중남미 6개국(멕시코 / 페루 / 아르헨티나 / 브라질 / 파라과이 / 미국)(15일, ₩11,990,000~)

✣ 주요 일정: 인천 / LA / 멕시코시티(1) - 소깔로 광장, 템플로 마요트, 메트로폴리타나, 테오티우아칸(1) - 칸쿤 / 치첸이사(1) - 칸쿤, 리마(1) - 산또 도밍고 성당, 삭사이와만, 캔코, 탐보 마차이, 12각의 돌, 푸카푸카라(1) - 우르밤바, 쿠스코(1) - 대통령궁, 대성

당, 아르마스 광장, 미라폴로레스, 라르꼬마르, 사랑의 공원(1) – 5월의 광장, 여인의 다리, 라 보카, 엘 아테네오 서점, 대통령 궁(1) – 부에노스아이레스 / 상파울로 / 이과수(1) – 이과수 폭포, 마꾸꼬 사파리(1) – 이과수 / 리오데자네이루(1) – 거대 예수상, 슈가로프 산(1) – 산타 모니카, 로데오 드라이브, 할리우드, 차이니즈 극장, 스타의 거리(1) – 로스앤젤레스 / 인천

✣ 이용 항공: 라탐항공

✣ 이용 호텔: 4성급(갈레리아 플라자 레포르마 – 멕시코시티 / 칸쿤 베이 리조트 / 호텔 미라마 – 리마 / 두오미 프라자 호텔 – 부에노스아이레스 / 비알레 카터라티스 호텔 – 이과수 / 리오 오톤 팰리스 – 리우데자네이루)

### (2) 칸쿤 허니문(7일, ₩3,990,000～)

✣ 주요 일정: 인천 / 댈러스 / 칸쿤(1) – 칸쿤 호텔에서 전일 자유시간(올인클루시브)(1) – 스칼렛, 치첸, 셀하, 스플로르, 세노떼, 스플로르 후에고, 소치밀코, 센스, 세비지(1) – 칸쿤 호텔에서 전일 자유시간(올인클루시브)(1) – 칸쿤 호텔에서 전일 자유시간(올인클루시브) – 칸쿤 / 댈러스 / 인천

✣ 이용 항공: 아메리칸항공

✣ 이용 호텔: 5성급(알로프트 칸쿤 / 호텔 스칼렛 아르떼)

## 5) 멕시코 관광의 현주소

멕시코의 관광지표를 살펴보면 외국인관광객수 약 24,284,000명, 관광수입액 US$11,024 million, 관광산업 GDP US$48,328 million, 관광산업 비중 4.5%, 관광산업 일자리 2,843,000개로 5.5%를 차지하고 있다. 해외지출 대비 국내지출은 85.0%로 국내지출이 상대적으로 높은 것을 알 수 있다.

세계경제포럼(WEF)이 발표한 2021년 멕시코 관광경쟁력은 세계 40위이며, 세부지표로 자연적 자원 2위, 문화적 자원 7위로 관광자원은 세계 최상위급으로 나타났고, 비여가 자원 13위, 항공운송 인프라 34위, 관광객서비스인프라 35위, 국제개방성 51위, 사회경제적 회복력과 조건 58위, 건강과 위생 60위로 중위권에 올랐으며, ICT 준비 61위, 인적자원과 노동시

장 73위, 가격경쟁력 70위, 지상・해상 교통 인프라 76위, 관광우선순위 80위, 비즈니스 환경 97위, 환경의 지속성 103위, 안전과 치안 117위로 낮은 평가를 받았다.

멕시코 관광산업은 좋은 관광자원(자연・문화)을 보유하고 있지만, 치안과 안전의 개선이 가장 시급해 보이며, 그 외의 항목들도 시차를 두고 개선을 하여 좋은 관광자원을 보유한 장점을 극대화할 필요가 있다고 보인다.

# 4.

# 브라질의 문화와 관광

1498년 바스코 다 가마가 인도 항로를 발견한 이후 포르투갈은 해외 영토 확장과 탐험에 본격적으로 나서게 되었다. 마침내 1500년 브라질은 페드루 알바레스 카브랄(Pedro Alvares Cabral)에 의해 발견되었다.

브라질이라는 국명은 포르투갈의 브라질 발견 당시 염료재료로 쓰였던 파우브라질(Pau-Brasil)이라는 나무의 이름에서 유래하였다. 포르투갈은 식민 초기 파우브라질 채취 이외에는 본격적인 식민 사업을 전개하지 않았다. 이는 당시 브라질에 상업적 가치가 있는 상품이 없었다는 점, 그리고 식민사업이 전개될 수 있는 기본적인 사회구조가 브라질에 존재하지 않았다는 점에 기인한다. 하지만 프랑스와 네덜란드의 상인들과 해적들의 지속적인 브라질 해안 지역에의 출몰, 그리고 이들의 파우브라질 나무의 밀매 행위로 인해 포르투갈은 마르띵 아퐁쑤 지 쏘우자(Martin Afonso de Sousa)를 중심으로 하는 탐험대를 브라질로 파견하여 본격적인 식민사업 전개를 위한 개척활동에 착수하였다.

마침내 포르투갈 왕실은 세습 봉토제와 총독제를 통한 브라질 식민사업을 전개하였다. 아프리카에서 흑인 노예를 수입하여 북동부 지역을 중심으로 사탕수수 산업이 본격적으로 발전하기 시작하였으며, 1570년대 들어 브라질에는 총 60여 개 이상의 사탕수수 농장이 설립되었다. 16세기와 17세기에 걸쳐 브라질은 세계 최대의 사탕수수 생산지가 되었다. 하지만 프랑스・네덜란드・영국의 해외 식민지에서도 본격적으로 생산된 사탕수수로 인해 브라질의 사탕수수는 점점 가격경쟁력을 상실해 갔으며, 18세기에는 식민경제의 중심축이 채광업으로 넘어가게 되었다. 금과 다이아몬드의 채광은 미나스제라이스주를 포함한 브라질의 남부 지역의 식민화를 촉진시켰으며, 결과적으로 1763년 브라질의 수도는 바이아주 사우바도르에서 리우데자네이루로 이동되었다.

## 1) 브라질의 개요

자료: 외교부 해외안전여행, 2024년 1월 11일 현재.

**[대사관 연락처]**

- 주소: SEN 801, Lote 14, Asa Norte, Brasilia – DF, 70800-915, Brazil
- 대표번호(근무시간 중): (55) 61-3321-2500
- 긴급 연락처(사건사고 등 긴급상황 발생 시, 24시간): (55) 61-99658-2421
- E-mail: emb-br@mofa.go.kr

**학습목표**

브라질의 개요, 문화, 핵심 관광지, 주요 관광상품과 브라질 관광의 현주소를 파악하여 브라질을 전문적으로 이해하고 설명할 수 있다.

| 국명: 브라질(Brazil) | | | |
|---|---|---|---|
| 수도 | 브라질리아 | 면적 | 약 8억 5,157만 ha(세계 13위) |
| 언어 | 에스파냐어 | 기후 | 열대성 기후 / 온대 기후 |
| 민족 | 백인(47.51%,), 혼혈(43.42%), 흑인(7.52%), 기타(1.55%: 일본계, 아랍계, 인디오) | 인구 | 약 2억 1,763만 명 (2024년, 통계청 기준) |
| 1인당 GDP | 10,412달러 (2024년 IMF 기준 세계 77위) | 종교 | 가톨릭 89%, 기독교 6% 등 |
| 한국과의 시차 | -12 | 화폐와 환율 | 브라질 헤알(BRL, R$) |
| 주요 도시 | 브라질리아, 리우데자네이루 | | |
| 국가관광 경쟁력 | 세계 49위(WEF, 2021년 기준) | | |

## 2) 브라질의 문화

### (1) 전통문화

브라질의 핵심 문화는 포르투갈 문화에서 건너왔는데, 이는 포르투갈이 브라질 지역을 식민지로 삼고 상당히 오랫동안 지배했기 때문이다. 포르투갈인들은 브라질에 포르투갈어, 로마 가톨릭, 식민지 건축양식 등을 소개하였다. 그 외에도 브라질 문화는 아프리카 문화에도 큰 영향을 받았으며, 수많은 교류로 인하여 포르투갈을 제외한 스페인 · 영국 · 프랑스의 영향도 받았다. 그 외에도 이탈리아 · 독일 · 일본 · 유대인 · 아랍의 이민자들이 19세기 즈음에 브라질로 쏟아져 들어오며 문화적 교류를 하였고, 토착 아메리카 원주민들의 문화도 섞여들어 언어와 음식 문화에 영향을 주었다. 아프리카인들은 언어 · 요리 · 음악 · 춤 · 종교 등에 영향을 주었다.

브라질 예술은 16세기부터 발전하기 시작하였으며, 19세기 초까지는 바로크 양식이 우세하였다. 이후 낭만주의, 모더니즘, 표현주의, 입체주의, 초현실주의, 추상주의 등의 순으로 발전하였다. 브라질의 영화계는 19세기 후반에 미디어가 본격적으로 태동하기 시작한 시기로 거슬러 올라가며, 1960년대에 폭발적으로 성장하면서 국제적인 명성을 얻었다.

브라질 문화는 인디오라는 투피 과라니계의 원주민과 유럽과 아프리카, 아시아 이민자 등이 유입되어 만들어낸 다양한 문화의 모자이크라는 평가를 받는다. 예로부터 음악과 건축, 스포츠 등의 분야에서 세계적으로 높은 평가를 받는 경우가 많으며, 세계적으로 유명한 뮤지션이나 스포츠 선수, 예술가를 많이 배출하고 있다. 또한 다양한 문화적 배경을 가진 국민을 대상으로 한 광고 표현 등에서도 최근에는 높은 평가를 받고 있다. 포르투갈의 문화와 브라질의 문화를 상징하는 말로 "사우다지"라는 말이 있다.

### (2) 요리

남아메리카 중앙부에 위치한 브라질은 남아메리카에서 가장 넓은 영토를 가지며 모든 남아메리카 국가와 국경을 접하는 지형적 특성과 다민족 국가로 포르투갈의 식민지였던 역사적 배경을 가지며 원주민과 흑인 노예, 포르투갈을 포함한 유럽 백인, 19세기 이후 유입된 각국의 이민자들의 영향이 융합되어 독특한 식문화를 갖는다.

브라질의 요리는 남아메리카 내에서도 가장 다양하고 세련된 요리로 꼽히며, 주식은 빵과 쌀이다. 곡창지대가 발달한 농업국가로 대표적인 농산물은 커피 · 사탕수수 · 카카오 · 쌀 등이 있으며, 중서부 지역은 농업과 목축업이 발달하였다. 북동부 지역은 사탕수수와 감귤류 과일이, 북부지역은 견과류와 아사이베리가 생산된다.

향토 식재료로는 카사바 · 카카오 · 고구마 · 참마 · 바나나 · 코코넛 · 팜유 · 땅콩 등이 있으며, 바나나 · 오렌지 · 파인애플 등 다양한 종류의 열대 과일 또한 생산된다. 뜨겁고 진한 커피를 주로 마시는데, 세계 최대의 커피 생산국이기도 하다.

### 가) 페이조아다

콩과 고기를 함께 끓인 것으로 대표적인 브라질 요리이다. 과거에 브라질의 흑인 노예들이 만들어 먹던 음식에서 유래하였다. 노예들은 먹을 것이 부족하였기 때문에 농장주인들이 먹지 않고 버린 돼지꼬리 · 귀 · 족발 등을 페이조(feijo)라고 하는 검은콩과 함께 삶아 먹었다고 한다. 요즘은 여러 가지 고기 · 소시지 · 베이컨 등과 야채를 넣어 다양한 맛을 낸다. 보통 수요일과 토요일 점심에 먹는데, 칼로리가 높고 소화하는 데 오래 걸리기 때문이다.

만드는 방법은 우선 검은콩을 하루 저녁 정도 불린다. 다음 날 검은콩과 함께 소고기 또는 돼지고기 · 돼지꼬리 · 족발 · 돼지귀 · 햄 · 소시지 등을 넣고 하루 종일 푹 삶는다. 삶아 낸 고기를 썰어 부위별로 그릇에 담고, 볶은 양파 · 마늘 등을 월계수잎 · 콩과 섞어 다시 끓인다. 쌀밥이나 감자의 일종인 마니옥 가루와 함께 먹기도 한다.

### 나) 슈하스코

페이조아다와 함께 브라질의 대표적인 전통음식이다. 영어로는 '츄라스코' 또는 '츄라스꼬'라고 하는데, 포르투갈어를 사용하는 브라질에서는 '슈하스코(churrasco)'라고 하며, 슈하스코전문점을 '슈하스까리아(churrascaria)'라고 한다.

육식을 주식으로 하는 브라질은 소고기 · 돼지고기 · 양고기 등을 주재료로 한 음식이 많이 발달하였는데, 생일이나 결혼식 등 잔치에 빠지지 않는 음식이 바로 슈하스코이다. 소고기 · 돼지고기 · 닭고기 등을 부위별로 맛볼 수 있으며, 파인애플 · 양파 · 호박 등의 채소를 곁들여서 만들기도 한다.

만드는 방법은 고기를 두툼하게 썰어서 1m 정도 길이의 쇠꼬챙이에 꽂는다. 굵은 소금을 뿌려가며 천천히 돌리면서 숯불에서 굽는다. 익은 부분만 먼저 베어내어 먹고, 익지 않은 부분은 소금을 뿌려 굽는 과정을 반복한다. 기름기가 충분히 제거되어 고기 맛이 담백하다. 다 구워지면 토마토소스와 양파소스에 곁들여 먹는다. 소고기의 경우 각 부위별로 고기를 자르는데, 최소한 3~4년의 경력이 필요할 정도로 숙련된 전문성이 요구된다.

### 다) 아카라제

동부콩(black-eyed pea)으로 만든 반죽을 덴데유에 튀겨내 새우 · 야채와 함께 먹는다.

### (3) 스포츠

축구와 배구, F1 등 모터 스포츠와 브라질 유술 같은 무술이 강하기로 세계적으로 알려져 있고, 이 운동에 수많은 세계 챔피언이 있으며, 유명한 선수를 많이 배출하고 있다. 브라질은 세계에서도 손꼽히는 스포츠 강국이다.

브라질에서 가장 대중적인 스포츠는 축구이다. 브라질 축구 국가대표팀은 FIFA 랭킹에서도 세계적으로 가장 높은 축에 속하며, FIFA 월드컵에서 5번이나 우승하면서 브라질을 세계적인 축구 강국으로 올려놓았다. 브라질에서 인기 있는 스포츠들에는 그 외에도 배구・농구・무술 등이 있다. 브라질 배구 국가대표팀은 현재 FIVB 배구 월드리그, FIVB 월드 그랜드 챔피언컵, FIVB 남자 배구 챔피언십, 배구 월드컵에서 승리를 거두었다. 자동차 경주에도 매우 실력이 좋은데, 브라질 선수들은 포뮬라 원에서 8번이나 우승을 차지한 바 있다. 여러 스포츠들은 브라질에서 유래한 것들이 많다. 비치 사커, 풋살, 풋볼리 등이 축구의 변형 게임으로 브라질에서 유래한 것이다. 또한 브라질의 카포에이라, 브라질리안 주짓수, 발리 투도 등의 무술들이 유명하다.

브라질은 여러 세계적인 스포츠 경기들을 유치하였다. 1950년 FIFA 월드컵을 개최하였고, 최근에는 2014년 FIFA 월드컵과 2019년 코파 아메리카를 개최하였다. 상파울루에서는 브라질 그랜드 픽스를 열기도 한다. 상파울루는 1963년에 4회 팬아메리카 게임을 개최하였으며, 리우데자네이루에서는 2007년에 15회 팬아메리카 게임을 개최하였다. 2009년 10월 2일에는 리우데자네이루가 2016년 리우 올림픽과 2016년 패럴림픽의 개최지로 선정되었으며, 남아메리카에서는 처음으로, 그리고 라틴아메리카에서는 멕시코시티 다음으로 2번째로 올림픽을 개최한 도시가 되었다. 또한 브라질은 1954년과 1963년에 각각 FIBA 농구 월드컵을 개최한 적도 있다. 1963년 농구 월드컵에서는 브라질 대표팀이 승리했다.

## 3) 브라질의 핵심 관광지

한국과는 반대의 계절을 가지고 있는 브라질은 여름철엔 피서지, 겨울철엔 피한지로 훌륭하다. 겨울철에 브라질 북부 지방은 덥기 때문에 추운 겨울을 피해 관광하기 적합하다. 2월 초나 3월 초에 리우데자네이루에서 열리는 카니발 축제 기간에 브라질을 방문하는 것도 좋다. 춘분 이후 보름을 기준으로 가까운 일요일에서 50일을 뺀 토요일부터 4일 동안 벌어지는 이 축제 때에는 브라질 삼바의 열정을 제대로 느낄 수 있으므로 여행객들이 대단히 많이 몰린다.

### (1) 리우데자네이루

리우데자네이루(자료: 위키피디아)

리우데자네이루(브라질 포르투갈어: Rio de Janeiro 히우지자네이루 ['ʁi.u d(ʒi) ʒa'nejɾu], '1월의 강')는 브라질 남동부 대서양 연안에 자리한 도시로 리우데자네이루주의 주도이다. 줄여서 리우(Rio, 리오, 히우)라고도 불린다.

1808년부터 1960년까지 포르투갈 왕국, 포르투갈 브라질 알가르브 연합왕국, 브라질 제국, 브라질 합중국의 수도였다. 쇼로, 삼바, 보사노바와 같은 음악이 시작된 곳으로 유명하다.

### (2) 상파울루

상파울루(브라질 포르투갈어: São Paulo)는 브라질 남부 상파울루주의 주도이다. 브라질에서 가장 인구가 많은 도시이다. 면적은 1,523km$^2$, 인구는 1,233만 명(2020년)이다. 브라질 최대의 도시이며, 브라질 뿐 아니라 남아메리카와 남반구 전체에서 가장 큰 세계적인 도시이다. 주변은 커피 재배의 중심지로, 커피 거래로 발전하였으며, 오늘날에는 각종 상공업이 발달한 브라질 경제의 중심지이다. 지명은 브라질 포르투갈어로 사도 바오로를 의미하는 단어에서 유래했다.

### (3) 이과수 폭포

이과수 폭포(자료: 하나투어)

이구아수 폭포(브라질 포르투갈어: Cataratas do Iguaçu, [kata'ɾatɐz du igwa'su]) 또는 이과수 폭포(스페인어: Cataratas del Iguazú, [kata'ɾatas ð el iɣwa'su])는 브라질 파라나주(20%)와 아르헨티나 미시오네스주(80%)의 국경의 이

구아수강에 있는 폭포이다. 이구아수강을 따라 2.7km에 걸쳐 270여 개의 폭포들로 이루어져 있다. 폭포 중에는 최대 낙폭 82m인 것도 있으나, 대부분은 64m이다.

### 4) 브라질의 주요 관광상품

#### (1) 중남미 6개국(멕시코 / 페루 / 아르헨티나 / 브라질 / 파라과이 / 미국)(15일, ₩11,990,000~)

✣ 주요 일정: 인천 / LA / 멕시코시티(1) – 소깔로 광장, 템플로 마요르, 메트로폴리타나, 테오티우아칸(1) – 칸쿤 / 치첸이사(1) – 칸쿤, 리마(1) – 산또 도밍고 성당, 삭사이와만, 캔코, 탐보 마차이, 12각의 돌, 푸카푸카라(1) – 우르밤바, 쿠스코(1) – 대통령궁, 대성당, 아르마스 광장, 미라폴로레스, 라르꼬마르, 사랑의 공원(1) – 5월의 광장, 여인의 다리, 라 보카, 엘 아테네오 서점, 대통령 궁(1) – 부에노스아이레스 / 상파울로 / 이과수(1) – 이과수 폭포, 마꾸꼬 사파리(1) – 이과수 / 리오데자네이루(1) – 거대 예수상, 슈가로프산(1) – 산타 모니카, 로데오 드라이브, 할리우드, 차이니즈 극장, 스타의 거리(1) – 로스앤젤레스 / 인천

✣ 이용 항공: 라탐항공

✣ 이용 호텔: 4성급(갈레리아 플라자 레포르마 – 멕시코시티 / 칸쿤 베이 리조트 / 호텔 미라마 – 리마 / 두오미 프라자 호텔 – 부에노스아이레스 / 비알레 카터라티스 호텔 – 이과수 / 리오 오톤 팰리스 – 리우데자네이루)

#### (2) 칸쿤 허니문(7일, ₩3,990,000~)

✣ 주요 일정: 인천 / 댈러스 / 칸쿤(1) – 칸쿤 호텔에서 전일 자유시간(올인클루시브)(1) – 스칼렛, 치첸, 셀하, 스플로르, 세노떼, 스플로르 후에고, 소치밀코, 센스, 세비지(1) – 칸쿤 호텔에서 전일 자유시간(올인클루시브)(1) – 칸쿤 호텔에서 전일 자유시간(올인클루시브) – 칸쿤 / 댈러스 / 인천

✣ 이용 항공: 아메리칸항공

✣ 이용 호텔: 5성급(알로프트 칸쿤 / 호텔 스칼렛 아르떼)

### 5) 브라질 관광의 현주소

브라질의 관광지표를 살펴보면 외국인관광객수 약 6,353,000명, 관광수입액 US$3,044 million, 관광산업 GDP US$23,642 million, 관광산업 비중 1.7%, 관광산업 일자리 1,648,000개로 1.9%를 차지하고 있다. 해외지출 대비 국내지출은 94.4%로 국내지출이 상대적으로 높은 것을 알 수 있다.

세계경제포럼(WEF)이 발표한 2021년 브라질 관광경쟁력은 세계 49위이며, 세부지표로 자연적 자원 3위, 문화적 자원 10위로 관광자원은 세계 최상위급으로 보였고, 비여가 자원 15위, 가격경쟁력 31위, 환경의 지속성 32위, 항공운송 인프라 42위, 관광객서비스인프라 45위로 중위권을 보였으며, 관광우선순위 64위, ICT 준비 65위, 건강과 위생 75위, 인적자원과 노동시장 84위, 사회경제적 회복력과 조건 87위, 지상・해상 교통 인프라 90위, 국제개방성 96위, 비즈니스 환경 105위, 안전과 치안 109위로 상당히 낮은 순위를 보였다.

브라질의 관광산업은 좋은 관광자원(자연・문화)을 보유하고 있지만, 치안과 안전의 개선이 가장 시급해 보이며, 그 외의 항목들도 시차를 두고 개선을 하여 좋은 관광자원을 보유한 장점을 극대화할 필요가 있다고 보인다.

# 6장

# 아프리카 문화와 관광 이해하기

아프리카(Africa)는 아시아, 아메리카에 이어 세계에서 3번째로 큰 대륙이다. 면적은 주변 섬을 합하여 30,200,000km$^2$으로, 지표면의 6%이며, 육지 면적의 20.4%를 차지한다. 61개 영토에 14억 5,000만 명(2022년 기준)이 살고 있으며, 세계 인구의 약 17%에 해당한다.

아프리카 대륙 주변으로 북쪽에는 지중해, 북동쪽에는 수에즈 운하와 홍해, 남동쪽에는 인도양, 서쪽에는 대서양이 있다. 아프리카는 지중해를 사이로 유럽과 떨어져 있고, 아시아와는 대륙의 북동쪽 끝에 폭 163km의 수에즈 지협(수에즈 운하가 지나간다)으로 이어진다.

고대 로마의 기록에 따르면 '아시아'는 아나톨리아와 동방의 여러 지역을 일컬었고, '아프리카'는 이집트의 서쪽을 이르는 말이었다. 두 대륙의 정확한 구분선은 지리학자 프톨레마이오스에 의해 그어졌는데, 본초자오선을 알렉산드리아로 잡고 홍해와 수에즈 지협을 두 대륙의 경계로 삼게 되었다.

아프리카의 기후는 열대에서 고산지의 아북극에 이른다. 북부 지역은 건조하거나 사막이며, 중부와 남부 지역에는 사바나 초원과 울창한 밀림(열대우림)이 있다. 둘 사이에는 수렴 지대가 있으며, 식생은 주로 사헬이나 스텝이 지배적이다.

아프리카는 세계에서 야생 동물의 수와 종류, 영역, 분포 밀도에서 가장 높은 곳으로, 큰 육식동물(사자 · 하이에나 · 치타 등)과 초식동물(물소 · 영양 · 코끼리 · 낙타 · 기린 등)이 인간이 소유하지 않은 평원에 자유로이 살고 있다. 또 아프리카는 온갖 밀림생물(뱀 · 영장류)이나 수생생물(악어 · 양서류)들의 서식지이기도 하다.

# 1.
# 이집트의 문화와 관광

지금부터 6000년 전 이집트는 주민의 생업과 정치, 종교, 문화의 정서가 서로 다른 두 지역처럼 나일 삼각주의 하이집트와 상류지방인 상이집트로 나누어졌다. 상이집트는 사막화가 진행되면서 이용할 만한 토지가 점차 줄어들고 생산성도 떨어져 가는 나일 강변의 좁고 긴 지역이었다. 하이집트는 오늘날 카이로 북부에 부채꼴 모양으로 펼쳐 있는 인구가 밀집된 풍요로운 땅으로 다른 이민족들과의 교역과 교류가 육지와 바다를 통해서 활발히 이루어지던 지역이었다.

그 후 1000여 년에 걸쳐 끊임없이 적대하고 경쟁하던 상・하이집트는 기원전 3000년경 무렵 상이집트의 나르메르(혹은 메네스)라는 왕에 의해 최초로 통일되어 수도는 중간지점인 나일 델타 곡창지대가 시작되는 멤피스에 건설되었다. 나르메르의 통일은 이집트 민족의 통합과 이집트 문명의 비약적인 발전의 계기가 되었다.

통일 후 이집트는 강력한 사회적인 힘을 갖게 되었다. 기원전 332년 가을 알렉산더 대제의 마케도니아－그리스 군이 이집트로 진군하자 이집트인들은 그들을 해방자로 환영했다. 알렉산더는 나일 삼각주 서편에 알렉산드리아를 건설하였고, 지중해에 면한 이 항구도시는 이집트 최대의 도시로 발전한다. 이집트 통치를 마케도니아・그리스・이집트인 행정관들에게 나누어 맡기고 떠난 알렉산더가 기원전 323년 바빌론에서 사망하자, 이집트는 우여곡절을 거쳐 마케도니아 귀족 출신 프톨레마이오스 1세의 수중에 들어갔다. 프톨레마이오스 왕조의 알렉산드리아는 헬레니즘 세계의 중심이었고, 학문과 예술의 수준이 세계 최고인 도시였다. 야심파이고 보기 드물게 유능했던 클레오파트라 7세의 자살로 고대 이집트 시대는 막을 내리고, 이집트는 로마 제국의 속주가 되었다.

로마 황제들은 이집트의 전통을 존중하였고, 이스스 숭배를 비롯한 이집트 문화의 영향이 로마까지 파급되었다. 이집트는 그리스어를 사용하는 동로마 제국의 일부가 되었고, 비잔틴 제국이 기독교를 국교로 공인하자 이집트에서의 토착종교는 거점을 점점 잃어 갔다. 기독교 수도자와 은둔자들이 급격히 늘어나 세계 최초로 이집트에 수도원이 등장하였다. 성서와 성자 및 순교자들의 삶에 대한 번역물이 주를 이루는 풍부한 콥트 문학이 이집트에서 발달하기 시작했다.

### 1) 이집트의 개요

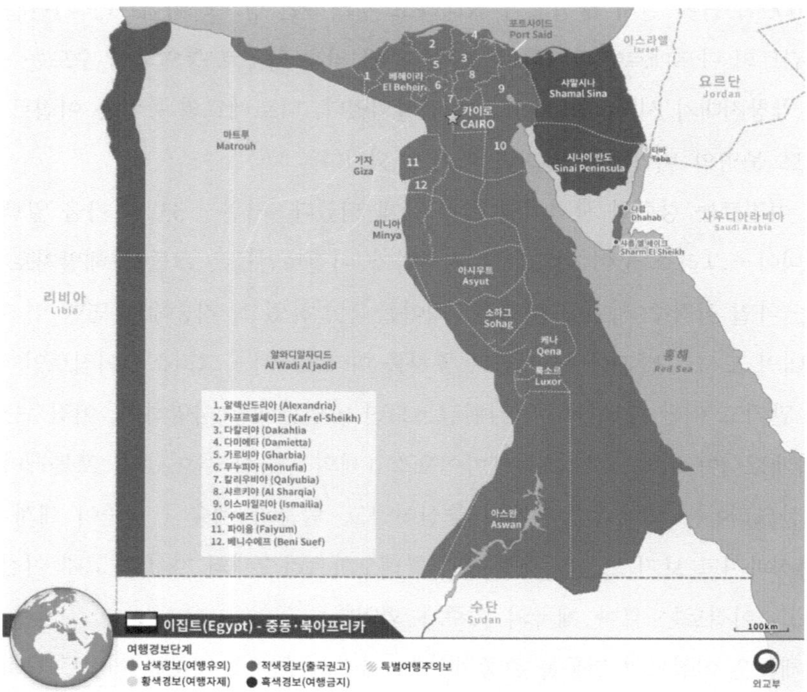

자료: 외교부 해외안전여행, 2024년 1월 11일 현재.

**[대사관 연락처]**

- 주소: 3 Boulos Hanna St., Dokki, Cairo, A.R.E
- 대표번호(근무시간 중): (20) 2-3761-1234~7
- 긴급 연락처(사건사고 등 긴급상황 발생 시, 24시간): (20) 12-8333-3236
- E-mail: egypt@mofa.go.kr

**학습목표**

이집트의 개요, 문화, 핵심 관광지, 주요 관광상품과 이집트 관광의 현주소를 파악하여 이집트를 전문적으로 이해하고 설명할 수 있다.

| 국명: 이집트(Egypt) | | | |
|---|---|---|---|
| 수도 | 카이로 | 면적 | 약 1억 14만 ha(세계 29위) |
| 언어 | 아랍어 | 기후 | 건조 기후 |
| 민족 | 이집트인(99.7%), 모로코, 리비아, 누비안, 터키계 민족(0.3%) | 인구 | 약 1억 1,448만 명 (2024년, 통계청 기준) |
| 1인당 GDP | 3,770달러 (2024년 IMF 기준 세계 125위) | 종교 | 이슬람(수니파) 90%, 기독교 10% 등 |
| 한국과의 시차 | -7 | 화폐와 환율 | 이집트 파운드(EGP, ￡E) |
| 주요 도시 | 카이로, 아스완, 알렉산드리아 | | |
| 국가관광 경쟁력 | 세계 51위(WEF, 2021년 기준) | | |

## 2) 이집트의 문화

### (1) 전통문화

이집트는 상대적으로 문화 검열이 심한 아랍 세계와 중동에서 그나마 자유로운 편이며, 인구도 많은 덕택에 아랍 계열 국가들의 문화를 선도하고 있는 국가이다. 현재 아랍과 중동의 문화는 이집트 문화에 지대한 영향을 받고 있으며, 이집트가 1950년대와 1960년대에 확보한 중동 세계에서의 발언력 덕분에 이집트 문화의 영향력은 날로 커지고 있다.

보통 외국인들은 이집트 문화라 하면 고대 이집트 문화만을 떠올리는 경우가 많으나, 현대 이집트는 이슬람 문명으로부터 오랫동안 영향을 받아왔기에 거의 아랍 문화와 유사한 부분이 오히려 더 많은 편이다. 다만, 아예 고대 이집트와 단절된 것은 아니어서 이집트에서 주로 쓰이는 아랍어 계열 방언인 이집트 아랍어는 고대 이집트어의 단어들과 유사한 점이 많다.

19세기 초의 이집트 계몽주의자인 리파 알 타타위는 고대 이집트에 대한 향수를 기반으로 이집트 사회에 계몽주의 열풍을 불러일으키는 데 성공하였으며, 고대와 중세 이집트에 대한 재발견과 탐구를 목적으로 이집트학 학교를 세우고 이집트의 역사・언어・문화에 대하여 조사하였다.

이집트의 문화적 르네상스는 19세기 후반과 20세기 초에 절정을 찍었고, 이 시기에 무함마드 압두흐, 아흐메드 루트피 엘 사예드, 무함마드 루트피 고우마, 타우피크 엘 하킴, 루이스 아와드, 카심 아민 살라마 모우사, 타하 후세인, 마흐무드 모크타르와 같은 걸출한 인물들이 연이어 등장하였다. 이들은 모두 자유주의적인 사상을 가지고 있었고, 이집트가 과학과 세속주의에 기반 하여 개인의 자유를 더 보장하여 주는 사회로 발전해나가야 한다고 주장했다.

이집트의 공식 언어는 아랍어로 인구의 약 90%가 이슬람을 믿는다. 따라서 이집트 국민의 일상생활에는 이슬람 경전인 코란의 가르침에서 비롯된 많은 사회적 관습이 녹아 있다.

① 이집트에서 환대는 특히 방문객에게 중요한 요소다. 악수는 일반적인 인사로 사용되지만, 남성 방문객이라면 상대 여성이 먼저 손을 내밀 때까지 기다려야 한다.

② 복장은 항상 보수적이어야 한다. 특히 이집트 여성의 경우에는 팔과 다리를 꼭 가려야 한다. 이러한 에티켓은 특히 의상으로 머리카락까지 가려야 하는 보수적인 종교 문화를 따르는 도시를 방문할 때 필수적이다. 보수적인 복장의 기준은 이집트 수도의 카이로나 알렉산드리아 및 기타 관광지 리조트의 현대적인 나이트클럽, 레스토랑, 호텔 및 바에서 약간 더 자유로워지는 경우가 있다. 그렇지만 공식 행사 및 사교 모임에 참석하거나, 고급 레스토랑 방문 시에는 더욱 갖춘 복장이 필요하다.

③ 이집트에서는 관광객이 피라미드, 무덤, 박물관 내부에서 사진을 찍으려면 요금을 지불해야 한다. 또한 타인의 모습을 사진 촬영할 때, 특히 여성의 사진을 찍을 때는 허락을 구해야 한다. 전통 의상을 입은 일부 지역 주민들은 유적지나 사원, 피라미드 밖에서 포즈를 취하며 사진촬영을 허락할 수 있는데, 이때 촬영비를 요구할 수 있으니 참고하자.

④ 이집트의 가정에 식사 초대를 받았을 때 가금류 · 양고기 · 송아지고기와 같은 육류를 대접한다면 꼭 감사의 표현을 하자. 이집트인들은 고기 요리를 사치품으로 여기며, 특히 비둘기 고기는 특별한 날에만 먹을 수 있는 귀한 음식이다.

### (2) 요리

이집트의 음식들은 대부분 채소와 야채들을 기반으로 한 것으로, 육류는 상대적으로 잘 사용하지 않는 편이다. 다만 알렉산드리아나 해안 도시들의 경우, 생선이나 다른 해산물들을 사용하여 음식들을 만들기도 한다.

대부분의 이집트 요리들은 땅에서 자라는 식물이나 곡물류들을 주로 활용하여 만드는데, 이는 역사적으로 가축을 기르기가 힘들었던 환경 때문에 사람들이 어쩔 수 없이 비싼 육류보다는 상대적으로 손쉽게 구할 수 있는 채소들을 활용하여 음식들을 만들었던 탓이 크다.

이집트의 가장 대표적이고 유명한 요리는 쌀과 렌틸콩, 마카로니를 섞어 만든 쿠사리가 있으며, 보통 볶은 양파를 올려 먹기도 한다. 그 외에도 뭉근하게 끓여 익힌 풀 메다메스가 대중적인 반찬이기도 하다.

이집트인들은 누에콩으로 타아메야(팔라펠)를 처음으로 만들어 먹기도 했는데, 이것이 중동 세계로 퍼져나가고 결국에는 세계적인 요리가 되기도 했다. 코리안더와 함께 볶은 마늘을 닭과 주트 이파리를 섞어 만든 수프에 올려 먹기도 한다.

#### 가) 쿠사리

면이나 밥 위에 토마토 소스와 콩을 얹어 먹는 전통적인 이집트 주식이다. 그 위에 풍미 가득한 토마토 소스, 마늘, 식초를 얹고 병아리콩과 바삭하게 튀긴 양파를 곁들여 먹는다.

#### 나) 몰로키야

이집트의 국민 음식으로, 잘게 썬 소고기 · 닭고기 등을 육수와 함께 끓이고 몰로키야 잎을 추가해 끓여 만든 스튜 요리이다. 보통 빵이나 흰 쌀밥과 함께 먹는다. 해안 지역에서는 생선을 굽기 전에 감싸서 생선에 맛있고 향긋한 풍미를 더하는 데 사용된다.

### 다) 베사라

베사라는 파바콩을 갈아 걸쭉한 매시나 페이스트로 만들어 부추, 피망, 튀긴 양파 및 향신료로 맛을 낸 채식 요리이다. 가끔 구운 고기나 생선과 함께 반찬으로 나오기도 하지만, 주로 이집트 납작한 빵과 파를 곁들인 메인 식사로 제공된다.

### (3) 스포츠

이집트에서 가장 대중적인 스포츠는 축구이다. 카이로에서 열리는 친선축기경기인 '카이로 더비(Cairo Derby)'는 아프리카에서 가장 인기 많고 격렬한 축구 경기들 중 하나이며, BBC도 이 카이로 더비를 세계에서 가장 험한 7개의 더비들 중 하나로 꼽았을 정도였다. 또한 이집트의 대표 축구팀인 알 아흘리는 20세기 아프리카 대륙 전체에서 가장 성공적인 축구 팀들 중 하나로, 현재는 최대 라이벌인 자말레크 SC와 힘을 겨루고 있다. 이들은 '아프리카 최대의 라이벌'이라고 불리기도 한다.

이집트는 1912년 이래 꾸준하게 하계 올림픽에 참여하였으며, 1951년의 1회 지중해 게임을 포함하여 여러 국제경기에도 활발히 참여하였다. 1991년에는 아프리카 게임을 개최하였고, 2009년에는 FIFA U-20 월드컵, 그리고 1953년, 1965년, 2007년에는 팬아랍 게임을 개최하기도 했다.

## 3) 이집트의 핵심 관광지

이집트는 거대한 피라미드와 스핑크스로 유명한 아프리카 북동부의 중심 국가이다.

### (1) 카이로

카이로는 이집트와 아랍 연맹의 수도이며, 나일강의 물줄기가 여러 지류로 갈라지기 시작하는 바로 그 지점에 위치하고 있는 아프리카 대륙과 중동 지역 최대의 도시이다. 서기 642년에 건설된 도시로, 도시권의 인구는 1,700만 명에 달한다.

### (2) 피라미드

피라미드와 스핑크스(자료: 하나투어)

피라미드(pyramid)는 일반적으로 정사각뿔 꼴의 고대 유적을 가리킨다. 피라미드의 어원은 고대 그리스어 피라미스인데, 이집트인은 "메르라"라고 불렀다고 한다.

고대 중국, 이집트, 메소포타미아, 중앙아메리카 등 많은 문명권에서 피라미드 형태의 유적을 만들었다. 그 중에서 고대 이집트의 피라미드, 특히 기자의 3대 피라미드가 가장 유명하다.

### (3) 아부심벨 신전

아부심벨 신전(자료: 위키피디아)

아부심벨은 아스완의 남쪽 280km 지점에 위치하고 있으며, 제19왕조의 람세스 2세가 고대 누비아 지방에 건립한 신전이다.

이를 통해 람세스는 자신의 권력과 신성을 과시하려 하였다. 입구에는 높이 20m의 거대한 4개의 좌상이 있는데, 왼쪽의 머리와 토르소는 고대 지진으로 인해 훼손되었다. 신전은 나일강 위의 절벽에 사암을 깎아서 만들었으며, 1960년초 아스완 하이댐이 건설되었을 때 유네스코가 기금을 조성하여 이 사원이 깊이 60m에 이르는 나세르 호수에 수몰되지 않도록 정교하게 3등분되어 1963년부터 1966년까지 약 70m 정도 위로 원형 그대로 옮겨졌다.

### (4) 룩소르

룩소르(자료: 하나투어)

룩소르는 이집트의 남부에 있는 도시이다. 고대 이집트 시대부터 존재해 왔다. 룩소르 신전, 카르낙 신전, 멤논의 거상 등을 포함한 유적들이 위치해 있고, 서안 지역에는 왕가의 계곡과 왕비의 계곡이 있다. 매년 수천 명의 관광객들이 찾으며, 룩소르 국제 공항이 위치해 있다. 시민들은 주로 사탕수수 농사에 종사하며, 경제는 관광업에 의존하고 있다.

### (5) 나일강 크루즈

룩소르에서는 나일강 유람선을 타고 고대 이집트를 여행하는 크루즈 여행을 즐길 수 있다. 크루즈 여행은 대부분 1주일 내외로 진행되며, 룩소르를 왕복하는 코스와 룩소르에서 아스완 사이를 왕복하는 두 가지 코스가 대표적이다.

### (6) 후르가다

멕시코 칸쿤을 알고 있다면 후르가다와의 평행이론에 놀랄지도 모른다. 칸쿤과 후루가다는 모두 어촌 마을에서 휴양지로 변신을 했다는 공통점이 있다. 또한 칸쿤에는 마야 문명의 정수 치첸이트사가 가까이 있고, 후르가다는 이집트 문명의 보고 룩소르가 가깝다.

후르가다(자료: 하나투어)

동부의 모래뿐인 사막을 가로질러 가다 보면 눈부시게 푸르른 해변이 나타난다. 사막 · 피라미드 · 스핑크스 · 신전 등 이집트의 전유물은 잠시 잊고, 후르가다에서 편안한 휴양 일정을 즐겨보는 것도 좋다.

## 4) 이집트의 주요 관광상품

### (1) 이집트 일주(10일, ₩2,990,000~)

✣ 주요 일정: 인천 / 이스탄불 / 카이로 – 이집트 박물관, 기자 피라미드, 스핑크스(1) – 이집트 문명 박물관, 미완성의 오벨리스크, 아스완 하이댐(1) – 아스완 / 대신전, 하토르 신전, 나일강 리버 크루즈(1) – 코옴보 신전, 호루스 신전(1) – 룩소 / 멤논의 거상, 왕가의 계곡, 핫셉수트 장제전, 카르낙 신전(1) – 후르가다 자유시간(1) – 후르가다 선택관광(사막 지프 사파리 or 반잠수함 투어)(1) – 후르가다 마리나, 후르가다 수산시장, 알미나 모스크(1) – 올드 카이로, 아기 예수 피난교회, 공중 교회, 모세 기념교회(1) – 카

이로 / 이스탄불 / 인천

✣ 이용 항공: 터키항공

✣ 이용 호텔: 5성급(힐튼 피라미드 골프 리조트 / TOLIP HOTEL – 아스완 / 힐튼 후르가다 플라자)

### 5) 이집트 관광의 현주소

이집트의 관광지표를 살펴보면 외국인관광객수 약 13,026,000명, 관광수입액 US$4,397 million, 관광산업 GDP US$9,477 million, 관광산업 비중 2.5%, 관광산업 일자리 965,000개로 3.8%를 차지하고 있다. 해외지출 대비 국내지출은 65.2%로 국내지출이 상대적으로 높은 것을 알 수 있다.

세계경제포럼(WEF)이 발표한 2021년 이집트 관광경쟁력은 세계 51위이며, 세부지표로 관광우선순위 2위, 가격경쟁력 6위, 문화적 자원 18위로 상위권을 형성하며 관광산업 발전가능성이 아주 높은 것을 알 수 있었고, 항공운송 인프라 32위, 비즈니스 환경 38위, 지상・해상 교통 인프라 39위, 자연적 자원 40위, 환경의 지속성 42위, 인적자원과 노동시장 52위, 비여가 자원 52위, 안전과 치안 55위로 중위권을 보였으며, ICT 준비 69위, 사회경제적 회복력과 조건 67위, 건강과 위생 80위, 관광객서비스인프라 83위, 국제개방성 92위로 상당히 낮은 순위를 보였다.

이집트의 관광산업은 조상이 물려준 좋은 문화관광자원을 보유하고 있지만, 관광객서비스인프라 개선이 가장 시급해 보이며, 그 외의 항목들도 시차를 두고 개선을 하여 좋은 관광자원을 보유한 장점을 극대화할 필요가 있다고 보인다.

## 2.

# 남아프리카공화국의 문화와 관광

남아프리카공화국의 원주민은 호텐토트나 부시먼이지만, 그 역사는 분명하지 않다. 1488년 포르투갈인이 지금의 케이프타운 부근에 내항하고, 1497년 지금의 나탈주 해안까지 도달했으나, 그들은 이 지역에 관심을 가지지 않았으며, 내륙에 발을 들여놓지도 않았다. 그리고 당시는 북쪽으로부터 반투계 부족들이 가축과 함께 차츰 남쪽으로 영토를 확대하는 중이었다.

1652년 네덜란드 동인도회사의 J. 리이베에크가 동양무역의 보급기지 건설을 위해 케이프타운에 상륙한 후부터 네덜란드인의 이주가 계속되었고, 프랑스와 독일의 신교도도 망명해 왔다. 이들은 농업과 목축을 하면서 스스로를 보어(네덜란드어로 농부)라 불렀다. 그러나 그들은 원주민의 토지를 약탈하고 칼뱅주의에 의한 노예 소유주의자 사회를 만들려고 했기 때문에 원주민과의 사이에 전쟁이 일어나 100년 동안이나 계속되었다.

18세기 후반 국제적인 해운통상국으로서 네덜란드를 물리친 영국은 인도무역의 중계지로서의 케이프타운을 나폴레옹의 네덜란드 점령기에 점령하였다가 1815년 정식으로 영국의 식민지로 만들었으며, 1843년 나탈도 점령하였다. 영국의 노예해방과 자유주의정책을 반대한 보어인은 1830년대부터 내륙으로 이동하였으며, 당시 북으로부터 남하해 오던 반투계 부족들과 싸우면서 트란스발공화국(1852)과 오렌지자유국을 건국하였다(1854).

19세기 중엽에 영국은 산업자본의 발달에 따라 광대한 시장을 필요로 하는 제국주의 시대에 돌입했으며, 1867년 오렌지자유국의 킴벌리에서 다이아몬드 부광(富鑛)이 발견되자 그 지방의 할양을 요구하여 1871년 영국령으로 만들었다. 이어서 1886년 트란스발의 위트워터스랜드에서 금광이 발견되자 케이프 식민지의 총리 C.J. 로즈가 이를 차지하기 위해 제임슨 침입사건을 일으켰으나 실패하여 실각하였다. 그 후 1899년 보어전쟁이 일어났다가 보어 측의 패배로 1902년 화해조약을 체결한 후 두 공화국이 영국의 식민지가 되었으며, 1910년에는 이들 4개 지역이 합병하여 영국연방의 일원으로 남아프리카 연방이 형성되었다.

제1차 세계대전 때에는 영국 편에 서서 참전하여 독일령 서아프리카(현재의 나미비아)를 점령하고 위임통치령 지역으로 만들었다. 1924년 국민당과 노동당의 연립내각이 성립되었으며, 일련의 인종차별법이 제정되었다.

제2차 세계대전 때에는 연합군의 일원으로 전승국이 되었으며, 1948년에는 보어계의 내각이 구성되어 인종차별이 더욱 강화되었다. 1950년 인종등록법을 제정하여 주민을 인종별로 분류해 등록하게 함으로써 '아파르트헤이트'라는 인종차별정책의 기초를 마련하였다. 또 1959년 반투 자치촉진법으로 흑인들의 남아프리카공화국 국적을 박탈했다. 또 통행법을 만들어 흑인들을 감시했으며, 이 통행법에 반대해 일어난 시위대를 무차별 진압한 1960년의 샤프빌 학살로 약 2만 명의 흑인이 희생되었다. 이러한 인종차별 정책에 대하여 영국 정부가 비판하자 영국연방을 탈퇴하고, 1961년 5월 남아프리카공화국을 선언하며 독립하였다.

### 1) 남아프리카공화국의 개요

**[대사관 연락처]**

- 주소: 265 Melk Street, Nieuw Muckleneuk, Pretoria 0181, South Africa
- 대표번호(근무시간 중): (27) 12-460-2508
- 긴급 연락처(사건사고 등 긴급상황 발생 시, 24시간): (27)(0)66 332 5897
- E-mail: embsa@mofa.go.kr

자료: 외교부 해외안전여행, 2024년 1월 11일 현재.

**학습목표**

남아프리카공화국의 개요, 문화, 핵심 관광지, 주요 관광상품과 남아프리카공화국 관광의 현주소를 파악하여 남아프리카공화국을 전문적으로 이해하고 설명할 수 있다.

| 국명: 남아프리카공화국(Republic of South Africa) | | | |
|---|---|---|---|
| 수도 | 프리토리아, 케이프타운, 블룸폰테인 | 면적 | 약 1억 2,190만 ha(세계 24위) |
| 언어 | 영어, 아프리칸스어 | 기후 | 아열대성 기후 |
| 민족 | 흑인(81%), 혼혈(8.8%), 백인(7.6%), 인도 / 아시아계(2.6%) | 인구 | 약 6,102만 명 (2024년, 통계청 기준) |
| 1인당 GDP | 6,190달러 (2024년 IMF 기준 세계 97위) | 종교 | 기독교 |
| 한국과의 시차 | -7 | 화폐와 환율 | 남아프리카공화국랜드(ZAR, R) |
| 주요 도시 | 케이프타운, 요하네스버그 | | |
| 국가관광 경쟁력 | 세계 68위(WEF, 2021년 기준) | | |

## 2) 남아프리카공화국의 문화

### (1) 전통문화

남아프리카공화국은 다종교 사회이고 피부색에 따라 여러 집단으로 나뉘어 있다. 아프리카인(人)과 영국인 모두 어느 한쪽으로 섞이는 것을 원하지 않아 전통의 흑인 문화는 크고 작은 여러 집단으로 형성되어 있다. 전통 흑인 문화는 도시가 아닌 지역에 여전히 많이 남아 있으며, 남성의 힘과 정신을 하나의 신으로 여기고 일부다처의 문화가 허용된다. 또한 부와 제물의 상징으로 양을 키우는 것도 문화의 한 형태이다.

산업・경제・문화의 중심지인 요하네스버그나 프리토리아에는 다양한 건축양식이 현대적인 거리와 조화를 이루고 있다. 여러 박물관에는 고대 유물들이 잘 보존되어 있으며, 식민지 통치를 했던 백인들의 문화도 곳곳에서 엿볼 수 있다.

남아프리카공화국의 공용어가 영어・아프리칸스어(語)를 합쳐 11개나 된다는 것은 이 나라의 문화적 다양성을 잘 말해준다. N.P. 반 위크 로, 브레이튼 브레이튼바흐는 아프리칸스어권 작가로, 앨런 페이턴, 네이딘 고디머, 에이솔 푸가드 등은 영어권 작가로 유명하다.

### (2) 요리

남아프리카공화국(이하, 남아공)은 육류가 풍부하여 대다수의 국민들이 매 끼니 소고기와 닭고기, 양고기뿐 아니라 사슴이나 멧돼지 등의 야생 동물에 이르기까지 각종 고기 요리를 많이 먹는다. 주로 야외에서 장작을 피우고 고기를 구워 먹는 바비큐를 즐기는데, '브라이'라고 불리는 이 바비큐 요리는 모임이나 파티에서도 흔하게 볼 수 있다.

#### 가) 빌통

소고기 빌통(자료: 위키피디아)

빌통은 나미비아, 남아프리카공화국, 짐바브웨의 염지・건조 식품이다. 소고기와 사냥 고기부터 필레까지, 여러 종류의 고기를 근섬유 결대로 채썰거나 결 반대 방향으로 얇게 저며 만든다. 과거에는 스프링복이나 큰쿠두 등 사냥감을 활용해 만들었으나, 오늘날은 소고기와 타조고기를 많이 쓴다.

#### 나) 루이보스

가는 둥풀 또는 루이보스(아프리칸스어: Rooibos, 학명: Aspalathus linearis)는 콩과 식물에 속하는 침엽수다. 남아프리카공화국 케이프타운 북쪽에 있는 웨스턴케이프주 세더버그(Cederberg) 산맥 일대의 450m 이상 고산지대에서 자생한다.

'루이보스'란 아프리칸스어로 '붉은(rooi)'+'관목(bos)'이란 뜻이다. 잎을 건조하여 차로 이용한다. 차는 단맛이 나는데, 카페인이 없고 홍차나 녹차에 비해 타닌 농도도 극히 낮으며, 항산화 작용이 있다고 여겨진다.

#### 다) 보보티

말레이 이주자들에 의해 전수된 요리로, 카레 가루를 타서 만든 노란색 밥에 고기와 야채를 곁들여 먹는다.

### (3) 스포츠

남아프리카공화국은 영연방의 일원으로 영국식 스포츠가 인기를 끌고 있는데, 인구의 80%인 흑인들이 좋아하는 축구가 남아공에서 가장 인기 있는 스포츠이다. 그 다음 인기 있는 스포츠는 럭비와 크리켓으로, 럭비는 남아프리카공화국의 백인들 사이에서 인기가 있고 크리켓은 백인과 흑인 구분 없이 좋아하는 스포츠로 알려져 있다.

올림픽에서는 1904년 세인트루이스 올림픽 때부터 참가하기 시작했는데, 그때까지만 해도 백인만 참가하였다. 1964년부터 아파르트헤이트 문제로 7개의 대회 참가가 금지되었으며, 아파르트헤이트 정책 폐지 이후에야 참가가 허용되었다.

럭비 월드컵에서는 1995년과 2007년, 그리고 2019년 결승에서 영국을 꺾고 우승하였다. 월드컵축구대회에는 1998년 프랑스 월드컵 때부터 출전하기 시작했다. 그리고 2010년 6월 12일부터 7월 11일까지 아래의 도시와 경기장에서 2010년 FIFA 월드컵을 개최하였다.

### 3) 남아프리카공화국의 핵심 관광지

남아프리카공화국의 주요 관광지는 요하네스버그와 케이프타운에 밀집해 있다. 요하네스버그는 뮤지엄 아프리카, 요하네스버그 동물원, 만델라 하우스, 헥터 피터슨 박물관 등 남아프리카공화국 자연・문화・역사를 엿볼 수 있는 관광지들이 자리하고 있다. 세계적 관광도시인 케이프타운은 천혜의 자연환경과 어우러진 볼거리를 자랑한다.

대표적 관광지는 클리프톤 비치와 캠프스베이, 샌디베이 비치, 슬레이브 로지 등 해변과 희망봉 자연보호구역, 펭귄 서식지 보울더스 비치 등이 있다. 이 외 츠와니 국립공원, 포트엘리자베스의 아도 국립공원 등도 남아프리카공화국의 자연환경을 둘러볼 수 있는 대표적 관광지다.

#### (1) 테이블 마운틴

테이블 마은틴(자료: 하나투어)

테이블산 또는 테이블 마운틴(Table Mountain)은 남아프리카공화국의 산이다. 남아프리카공화국의 수도이며, 웨스턴케이프주의 주도인 항구도시 케이프타운 희망봉에서 북쪽으로 약 50km 떨어진 케이프반도 북단에 있다. 높이는 해발 1,084.6m(3,558ft)이다. 케이프타운 남쪽에 위치하고 서쪽으로 대서양을 바라보고 있다. 수직으로 깎아지른 듯한 절벽이 특징인 산으로 테이블 마운틴 국립공원을 형성하고 있다. 1990년 뉴케이프반도 국립공원으로 지정되었고, 1998년 테이블 마운틴 국립공원으로 다시 지정되었다.

#### (2) 희망봉

희강봉(자료: 저자)

동양 무역의 중계지로 불리는 희망봉은 아프리카 대륙의 남단에 있는 곶(岬, 串, cape)으로, 케이프타운에 가까운 반도의 맨 끝에 자리해 '케이프 포인트(cape point)'라고도 한다.

15세기 후반 '대항해시대'의 개막을 알린 포르투갈의 항해왕자 엔히크(Henrique)가 아프리카 서남해안을 남하해 인도로 가는 항로를 모색하다가 사망(1460)하자, 그 뒤를 이어 역시 포르투갈의 항해가인 디아스(B. Dias)가 1488년에 3척이 범선을 이끌고 아프리카의 남단에 도착하였다. 심한 폭풍우 속에서 발견했다고 하여 이곳을 '폭풍의 곶(cape of storms)'이라고 명명하였다. 그러나 당시 포르투갈의 국왕 후앙 2세는 '미래의 희망'을 시사하는 뜻에서 '희망봉'으로 개명하였다. 9년 후 바스코 다 가마가 이 희망봉 길을 에돌아 '인도 항로' 개척에 성공하였다.

### (3) 볼더스 비치

볼더스 비치는 아프리카 유일의 펭귄 서식지로 유명하다. 사람을 두려워하지 않아 근접 관찰이 가능한 자카스펭귄 덕분에 늘 많은 관광객으로 붐비는 곳이다. 볼더스 비치는 테이블마운틴 국립공원에 속해있는 작은 규모의 해안이다. 화강암 바위와 모래사장으로 이루어져 있다.

볼더스 비치(자료: 저자)

### (4) 만델라 하우스

남아프리카의 국민 영웅이자 인권운동가, 노벨 평화상 수상자인 넬슨 만델라가 살던 집을 박물관으로 개관했다. 소웨토 빌라카지 거리 8115호에 자리해 있다. 1963년 만델라가 종신형을 선고받고 체포될 때까지 거주하던 집의 내부를 그대로 공개해 놓은 박물관이다.

## 4) 남아프리카공화국의 주요 관광상품

### (1) 아프리카 핵심 4국(7일, ₩5,490,000~)

✣ 주요 일정: 인천 / 아디스아바바 / 빅토리아폭포 – 잠베지강 럭셔리 선셋 크루즈(1) – 초베 국립공원, 초베 국립공원 사파리 게임 드라이브, 초베 리버 보트 사파리(1) – 시그널 힐, 케이프타운(1) – 캡스베이, 물개섬, 체프만스 피크 드라이브, 볼더스 비치, 케이프 포인트, 희망봉(1) – 테이블마운틴, 컨스텐시아 와이너리, 커스텐보쉬 국립공원, 보캅마을, 희망성, 시청광장, 워터프론트(1) – 케이프타운 / 아디스아바바 / 인천

✣ 이용 항공: 에티오피아항공

✣ 이용 호텔: 4성급(아잠베지 리버 로지 – 빅토리아폭포 / 가든 코트 빅토리아 정크션 – 케이프타운)

## 5) 남아프리카공화국 관광의 현주소

남아프리카공화국의 관광지표를 살펴보면 외국인관광객수 약 2,802,000명, 관광수입액 US$2,471 million, 관광산업 GDP US$3,988 million, 관광산업 비중 1.3%, 관광산업 일자리 479,000개로 3.2%를 차지하고 있다. 해외지출 대비 국내지출은 66.7%로 국내지출이 상대적으로 높은 것을 알 수 있다.

세계경제포럼(WEF)이 발표한 2021년 남아프리카공화국 관광경쟁력은 세계 68위이며, 세부지표로 자연적 자원 13위, 비여가 자원 21위, 문화적 자원 26위로 상위권을 보였고, 관광우선순위 41위, 가격경쟁력 43위, 항공운송 인프라 43위, ICT 준비 59위로 중위권을 보였으며, 관광객서비스인프라 71위, 지상・해상 교통 인프라 73위, 비즈니스 환경 74위, 인적자원과 노동시장 76위, 건강과 위생 93위, 사회경제적 회복력과 조건 94위, 국제개방성 95위, 환경의 지속성 109위, 안전과 치안 112위로 전반적으로 많이 낮은 순위를 보였다.

남아프리카공화국의 관광산업은 상대적으로 자연적・문화적으로 좋은 관광자원을 보유하고 있지만, 안전과 치안에 대한 개선이 가장 시급해 보이며, 그 외의 항목들도 시차를 두고 개선을 하여 좋은 관광자원을 보유한 장점을 극대화할 필요가 있다고 보인다.

## 3.
# 케냐의 문화와 관광

케냐는 BC 1000년경까지만 해도 원주민은 부시먼족(Bushman) 계통이었던 것으로 보이는데, 그 무렵 아라비아 반도 쪽으로부터 소말리아와 에티오피아를 경유하여 햄족과 셈족의 인종이 남하해 왔다.

인도양 연안에는 기원 초까지도 그리스인 · 이집트인 · 페르시아인 · 아랍인 · 인도인 등이 들어와 거주하였던 것으로 전해지고 있으며, 7세기경에는 아랍인이 정착하여 그들의 마을을 형성하기에 이르렀고, 1498년 이후 포르투갈인이 해안지대에 진출해 왔다.

16세기에는 서쪽으로부터 반투족이 이동해왔고, 해안지대는 아랍인과 포르투갈인의 쟁탈장이 되었다. 19세기에 들어와 영국과 독일의 그리스도교 포교활동이 활발해지면서 1824년부터 몸바사 부근에 세력을 펴게 되었다. 1888년 영국의 동아프리카 회사가 특허회사로서 이 지역의 무역을 독점하였고, 1895년 영국의 동아프리카 보호령이 되었다. 유럽인의 식민 이주가 장려되어 이민자들은 내륙 고원에 백인고원(White Highlands)이라고 일컫는 농업지대를 형성하였다.

특히 제1차 세계대전 후에 많은 백인들이 들어와 살게 되었고, 1920년 6월에는 인도양 연안을 케냐 보호령으로, 그 밖의 지역을 케냐 식민지로 개칭하였다. 그 후 영국은 우간다 및 탕가니카(현재의 탄자니아)와 공통의 통화(通貨)를 사용하게 하고, 그 밖에도 경제적으로 긴밀한 관계로써 묶어 통치하였으나 1930년대부터 키쿠유족을 중심으로 한 독립운동이 빈번하게 일어나 제2차 세계대전 후에는 더욱 강화되었다.

1952년 10월에 시작된 '마우마우(Mau Mau)의 투쟁'은 1956년경까지 계속되었는데, 이는 유럽인에게 빼앗긴 농토를 되찾기 위한 민족운동이기도 하였다. 조모 케냐타(Jomo Kenyatta)가 독립운동의 지도자로서 세계에 알려지게 된 것도 이 무렵의 일이다. 이윽고 1963년 12월 12일 케냐는 독립을 성취하였으며, 1964년 12월 12일 공화국을 선언하였다.

## 1) 케냐의 개요

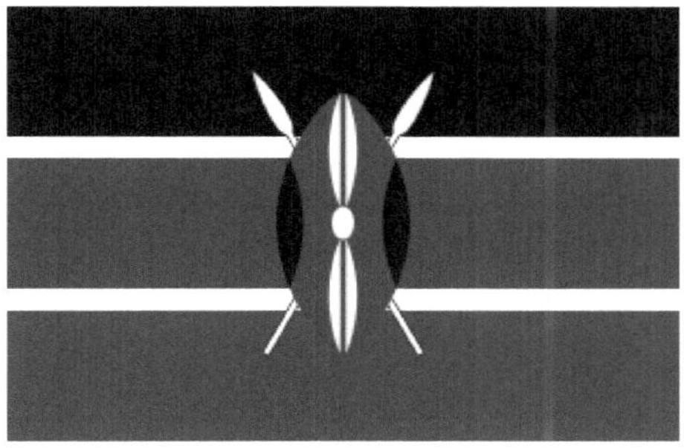

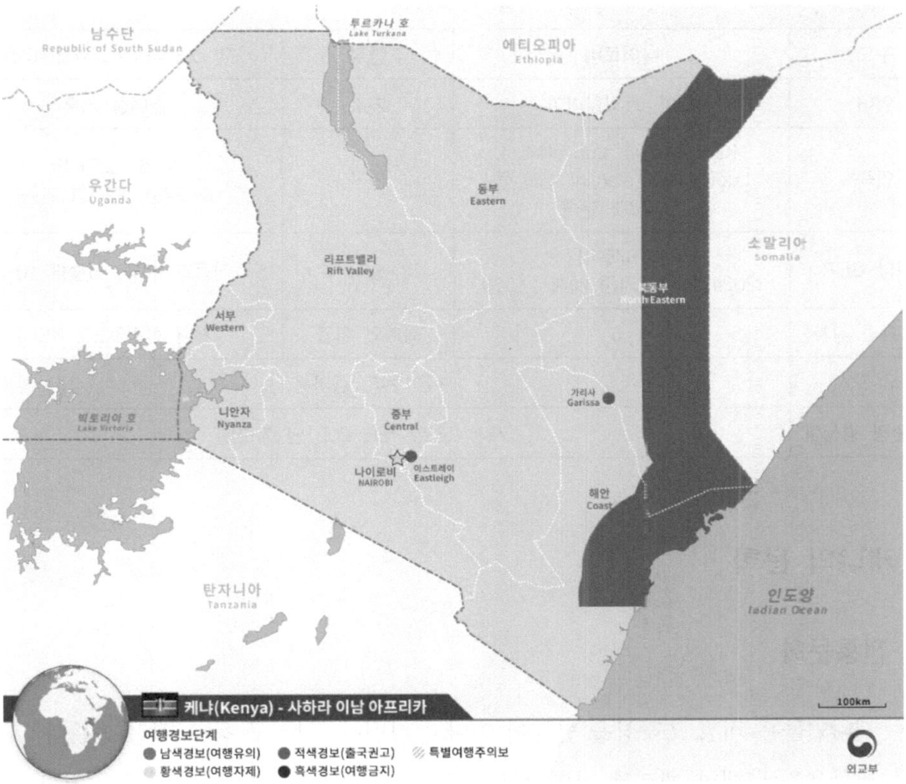

자료: 외교부 해외안전여행, 2024년 1월 11일 현재.

**[대사관 연락처]**

- 주소: 1st, 2nd Fl. Misha Tower, Westlands Road, Nairobi, Kenya
- 대표번호(근무시간 중): (254) 20-361-5109 br
- 긴급 연락처(사건사고 등 긴급상황 발생 시, 24시간): (254) 708-984-891 br
- 이메일: emb-ke@mofa.go.kr

**학습목표**

케냐의 개요, 문화, 핵심 관광지, 주요 관광상품과 케냐 관광의 현주소를 파악하여 케냐를 전문적으로 이해하고 설명할 수 있다.

| 국명: 케냐(Kenya) | | | |
|---|---|---|---|
| 수도 | 나이로비 | 면적 | 약 5,803만 ha(세계 47위) |
| 언어 | 영어, 스와힐리어 | 기후 | 열대성 기후 |
| 민족 | Kikuyu(23%), Luhya(14%), Luo(13%), Kalenjin(11%) 등 약 43개 부족 | 인구 | 약 5,620만 명 (2024년, 통계청 기준) |
| 1인당 GDP | 2,187달러 (2024년 IMF 기준 세계 145위) | 종교 | 기독교 80%, 이슬람 10% |
| 한국과의 시차 | -6 | 화폐와 환율 | 케냐 실링(KES, KSH) |
| 주요 도시 | 나이로비, 몸바사 | | |
| 국가관광 경쟁력 | 세계 78위(WEF, 2021년 기준) | | |

## 2) 케냐의 문화

### (1) 전통문화

많은 케냐인들은 직접 조각상을 만들어 지니고 다닌다. 장신구 등도 직접 만든다. 모든 작품이나 생활용품에 대한 재료를 자연에서 채취한다. 또한 케냐는 현재까지도 에티오피아와 함께 아프리카 육상 경기의 양대 산맥이자 최대의 라이벌로 불리며, 에티오피아와 마찬가지로 중·장거리 달리기와 마라톤에서 강세를 보이고 있고, 킵초게 킵 케이노, 새뮤얼 완지루, 엘리우드 킵초게 등 수많은 마라톤 스타를 배출했으며, 그 명맥은 여전히 현재진행형이다.

### (2) 스포츠

축구는 현재까지도 FIFA 월드컵 본선진출기록이 전무하며, 아프리카 네이션스컵 본선에는 6번 출전했지만 그나마도 모두 조별리그에서 탈락하는 등 이렇다 할 성과를 거두지 못하고 있다. 현재 케냐의 유명 축구 선수로는 메이저리그 사커의 CF 몽레알에서 활약 중인 빅터 완야마, 카타르 스타스 리그의 알두하일 SC에서 활약하고 있는 마이클 올룽가 등이 있다.

### (3) 요리

케냐 요리는 동아프리카 대호수 지역에 있는 케냐의 요리이다. 특히 감자와 옥수수인 마이즈(Maize)를 이용한 것이 많으며, 조리법이 매우 간단하다.

#### 가) 냐마 초마

냐마 초마는 케냐를 비롯한 동아프리카 지역의 바비큐이다. 케냐의 국민 음식 가운데 하나이기도 하다. 이웃한 탄자니아에서도 즐겨 먹는다. 스와힐리어 '냐마(ɲyama)'는 '고기'라는 뜻이며, '초마(choma)'는 '불에 익히다,' '굽다'를 뜻한다. '불고기'와 비슷한 조어이다. 염소고기 외에도 소고기・양고기・돼지고기・멧돼지고기・닭고기・타조고기・낙타고기・악어고기 등을 꼬챙이에 꿰어 숯불에 구워 먹는다.

#### 나) 우갈리

옥수수가루를 물에 개어 치댄 케냐의 주식으로, 기장이나 수수가루로 만들거나 카사바 가루를 섞기도 한다.

#### 다) 수쿠마위키

케일과 비슷한 잎채소인 수쿠마와 양파, 토마토 등 각종 야채에 향신료를 넣고 볶은 음식으로 우갈리와 함께 먹는다.

### 3) 케냐의 핵심 관광지

케냐는 탄자니아와 국경을 맞대고 있는 만큼 지형이나 기후, 생활 전통문화 등 다방면에서 대동소이한 모습을 보여준다. 아프리카 사파리를 말할 때 항상 언급되는 것도 탄자니아의 세렝게티와 케냐의 마사이마라이다. 탄자니아에 아프리카의 최고봉 킬리만자로산이 있다면 케냐에는 아프리카에서 2번째로 높은 케냐산이 있고, 탄자니아에 최고의 휴양지 잔지바르가 있다면 케냐에는 몸바사가 있는 식이다. 대체로 탄자니아가 좀 더 우세한 위치를 점유하지만, 케냐는 교통의 중심인 나이로비에서 주요 관광지까지의 접근성이 좋고, 관광 인프라가 상대적으로 잘 되어 있으며, 투어 비용 역시 좀 더 저렴하다는 장점이 있다.

#### (1) 나이로비

나이로비 전경(자료: 하나투어)

케냐의 수도이다. 이름의 유래는 마사이어로 시원한 물을 뜻하는 '에와소 니이로비(Ewaso Nyirobi)' 또는 '엥카레나이로비(Enkarenairobi)'라고 한다. 제조업이 발달한 동아프리카 최대의 상업도시다. 인구는 2019년 집계로 약 456만 명이다. 아프리카의 금융 허브이자 가장 활기찬 대도시로 유명하다. 유엔환경계획(UNEP: United Nations Environment Program)의 본부가 위치한 곳으로, 개발도상국에 위치한 최초의 UN 산하기구의 본부이다. 사실 이는 정치적인 배경도 있는데, 환경관련 국제기구 특성상 개발도상국들에 대해 개발을 억제하라는 입장을 취하는 경우가 많다. 따라서 환경기구는 강대국의 입김을 줄여야 한다는 취지에서 다른 유엔 산하기구가 많은 뉴욕이나 제네바가 아닌 나이로비로 오게 된 것이다.

#### (2) 마사이마라 국립공원

마사이마라 국립공원은 차보 국립공원과 함께 전 세계적으로 유명한 국립공원이다. 그리고 지리적으로 마사이마라 국립공원은 탄자니아의 세렝게티 국립공원의 일부이기 때문에 그랜트얼룩말, 아프리카코끼리, 누, 사자가 세렝게티와 마사이마라를 자주 왕복한다. 그 외에도 마사이마라 국립공원은 누의 무리가 서식하기 때문에 관광객들도 많이 온다.

마사이마라 국립공원내에는 누, 그랜트얼룩말, 사자, 아프리카코끼리를 포함한 여러 동식물이 서식한다. 유명 관광지이자 전 세계적으로도 유명한 사바나이기도 하다. 또한 세렝게티 국립공원과 함께 다큐멘터리 등에도 자주 나온다.

마사이마라 부족마을(자료: 하나투어)

## 4) 케냐의 주요 관광상품

### (1) 아프리카 인생 샷 여행(10일, ₩8,990,000~)

- 주요 일정: 인천(1) / 두바이 / 나이로비 – 아루사 시내관광(1) – 응고롱고로 사파리 드라이브, 게임 드라이브(1) – 올두바이 계곡, 마사이 부족마을, 세렝게티 국립공원(1) – 세렝게티 국립공원, 게임 드라이브(1) – 경비행기, 잔지바르(1) – 잔지바르 호텔 자유시간(1) – 나이로비 / 두바이 / 인천
- 이용 항공: 아랍에미레이트항공
- 이용 호텔: 4성급(사파리 파크 호텔 & 카지노 – 나이로비 / 마운트 메루 호텔 – 탄자니아 / 잔지바르 세레나 호텔)

## 5) 케냐 관광의 현주소

케냐의 관광지표를 살펴보면 외국인관광객수 약 1,863,000명, 관광수입액 US$472 million, 관광산업 GDP US$1,233 million, 관광산업 비중 1.2%, 관광산업 일자리 288,000개로 1.7%를 차지하고 있다. 해외지출 대비 국내지출은 78.1%로 국내지출이 상대적으로 높은 것을 알 수 있다.

세계경제포럼(WEF)이 발표한 2021년 케냐 관광경쟁력은 세계 78위이며, 세부지표로 관광우선순위 25위, 자연적 자원 26위로 상대적으로 높게 나왔고, 환경의 지속성 54위, 항공운송 인프라 57위, 비여가 자원 57위, 지상・해상 교통 인프라 67위, 비즈니스 환경 67위, 국제개방성 67위, 인적자원과 노동시장 70위로 중위권을 보였으며, 가격경쟁력 72위, 사회경제적 회복력과 조건 89위, 문화적 자원 90위, 관광객서비스인프라 94위, ICT 준비 98위, 안전과 치안 101위, 건강과 위생 107위로 전반적으로 많이 낮은 순위를 나타냈다.

케냐의 관광산업은 상대적으로 자연적으로 우수한 관광자원을 보유하고 있지만, 안전과 치안 및 위생에 대한 개선이 가장 시급해 보이며, 그 외의 항목들도 시차를 두고 개선을 하여 좋은 관광자원을 보유한 장점을 극대화할 필요가 있다고 보인다.

# 참고문헌


## 단행본

공윤주(2023), 세계관광과 문화, 백산출판사.

김정준 외 3인(2023), 세계문화와 관광, 한올출판사.

이병열 외 3인(2018), 세계관광과 문화, 한올출판사.

## 주요 여행사 홈페이지

노랑풍선 홈페이지 https://blog.naver.com/allnewegypt

레드캡투어 홈페이지 https://www.redcap.co.kr/

롯데관광 홈페이지 https://www.lottetour.com/welcome

모두투어 홈페이지 https://www.modetour.com/

참좋은여행 홈페이지 www.verygoodtour.com

하나투어 홈페이지 https://www.hanatour.com/

한진관광 홈페이지 https://www.kaltour.com/

## 국가별 관광청 홈페이지

괌 정부 관광청 https://www.welcometoguam.co.kr/

그리스 관광청 https://www.visitgreece.gr/

남아프리카공화국 관광청 https://country.southafrica.net/country/kr/ko

노르웨이 관광청 https://www.visitnorway.com/

대만 관광청 https://www.taiwantour.or.kr/

독일 관광청 https://www.germany.travel/en/home.html

라오스 관광청 https://www.tourismlaos.org/
말레이시아 관광청 https://www.tourism.gov.my/
베트남 관광청 http://vietnamtourism.or.kr/
스위스 관광청 https://www.myswitzerland.com/ko/
스페인 관광청 https://www.spain.info/en/
싱가포르 관광청 https://www.visitsingapore.com/ko_kr/
영국 관광청 https://www.visitbritain.com/en
이집트 관광청 https://blog.naver.com/allnewegypt
이탈리아 관광청 https://www.instagram.com/italia.kr/
인도네시아 관광청 https://www.indonesia.travel/kr/ko/home
일본 관광청 https://www.japan.travel/ko/kr/
중국 관광청 http://visitchina.or.kr/m/about/
체코 관광청 https://www.visitczechia.com/ko-kr
캄보디아 관광청 https://www.tourismcambodia.com/
태국 관광청 http://www.visitthailand.or.kr/thai/
튀르키예 관광청 https://www.facebook.com/GoTurkiye.kr/
프랑스 관광청 https://www.france.fr/ko
핀란드 관광청 https://www.visitfinland.com/en/
필리핀 관광청 https://philippinetourism.co.kr/packages
홍콩 관광청 https://www.discoverhongkong.com/kr/index.html

## 기타 사이트

나무위키 https://namu.wiki/
네이버 지식백과 https://terms.naver.com/
두산백과 https://www.doopedia.co.kr/
외교부 해외안전여행 https://www.0404.go.kr/
위키피디아 https://ko.wikipedia.org/
WORLD ECONOMIC FORUM https://www.weforum.org/

# 저자소개

## 정대봉(鄭大奉)

**학력**

- 경기대학교 관광전문대학원 여행항공크루즈 석사
- 경기대학교 관광전문대학원 여행항공크루즈 박사(PH. D)

**경력**

- MICE전문강사 과정 수료(이화여대)
- 우수여행상품 심사위원(문화체육관광부)
- 경기대학교 관광전문대학원 여행・항공・크루즈경영 박사 최우수논문
- 전, (사)관광경영학회 홍보이사
  경기관광공사 MICE컨설팅 전문위원
  (주)레드캡투어 해외여행사업본부 패키지 / 마케팅 / MICE 팀장
  호서직업학교 관광경영과 외래교수
  재능대학교 호텔관광과 외래교수
  경복대학교 LINC+ 전담교수
  한국관광공사 코리아유니크베뉴 컨설턴트
  (사)관광경영학회 학술이사
  경복대학교 국제관광과 교수(학과장)
  경복대학교 미래직업지도위원
- 현, 경복대학교 호텔관광과 교수
  경복대학교 입학사정관
  경복대학교 기업지원센터 주임교수
  경복대학교 스마트서비스 ICC 주임교수
  (재)포천문화재단 임원추천위원회 위원
  한국관광공사 관광두레 컨설턴트
  경복대학교 교양인성교육센터 운영위원
  인천관광공사 평가위원
  경기관광공사 평가위원
  수원컨벤션센터 평가위원

**저서 및 논문**

- 최신 스마트 투어와 AI
- 관광법규의 이해
- 여행상품상담 실무
- 여행상품상담사: 자격증 예상문제집
- 국외여행인솔자: 자격증 공통교재
- PBL 교수법 학습자 워크북: 여행상품 마케팅 계획
- PBL 교수법 학습자 매뉴얼: 여행상품 마케팅 계획
- PBL 교수법 학습자 워크북: 여행상품 시장조사
- PBL 교수법 학습자 매뉴얼: 여행상품 시장조사
- PBL 교수법 학습자 워크북: 여행상품 상담
- PBL 교수법 학습자 매뉴얼: 여행상품 상담
- PBL 교수법 학습자 워크북: 스마트 관광
- PBL 교수법 학습자 매뉴얼: 스마트 관광
- 신혼여행상품 구성요소와 여행사 브랜드 인지도가 구매의사에 미치는 영향 연구
- 인센티브 여행 참가자 만족이 직무만족과 경영성과에 미치는 영향 연구
- 감정노동자의 인센티브여행 체험이 심리적 웰빙과 회복탄력성, 조직유효성에 미치는 영향 연구

## 정환(鄭桓)

**학력**

- Univ of California Berkeley, Linguistic & 경희대학교 경영대학원 관광경영학과 석사 수학
- 호주 Melbourne Monashy Univ Research Analysis Ph. D 수학
- 경희대학교 관광대학원 관광경영학과 석사(관광경영학석사)
- 세종대학교 일반대학원 영어영문학과 문학 석사 · 박사 수료
- 고려대학교 일반대학원 경영학과 박사과정 수학(연구조사방법)
- 경희대학교 일반대학원 호텔관광학과 박사(관광학박사)

**경력**

- 세종대학교 인문학부 영어영문학과 · 호텔경영학과 외래교수
- 동덕여자대학교 영어영문학과 · 국제경영학과 외래교수 / 서일대학 영어과 · 교양과 겸 · 전임강사 / 호서대학교 인문학부 영어영문학과 겸 · 전임교수 / 용인대학교 영어과, 용인송담대학 영어과 외래교수 / 경인여자대학교 항공관광과 외래교수 / 대림대학교 세무회계과 외래교수 / 대림대학교 경영계열 중국관광비즈니스학과 겸 · 전임강사 / 세종대학교 인문학 연구원
- 경희대학교 관광대학원 관광경영학과 외래교수
- 관광통역안내사, 국외여행인솔자, 아바카스, 토파즈, 해외여헝인솔자, 국내여행안내사
- 와인 소믈리에(Napa Valley Sommelier(Beringer, Specialist) - U.S.A.
- 전, (사)한국창업학회 상임이사, 사무국장, 부회장, 대한경영학회.
  Pacific Korea Co., Inc in Korea(지사장) / Ace Travel & Service Inc., San Francisco
  (주)세방여행 외국인여행사업본부 구미부 / 대성그룹 성주 인터내셔널 해외영업부
  SKATE Pasta & Cafe 프랜차이즈 대표 / (사)한국창업학회 부회장(공로상 · 논문우수상 수상)
- 현, 문화관광해설사 전문위원, 인천관광공사 평가위원
  (사)한국골프산업학회 홍보이사 · 사무국장
  중국 산동성 상업직업대학교 관광관리과 교환강의교수
  인천재능대학교 항공관광학부 학부장, 호텔관광과 / 항공관광과 교수

**저서 및 논문**

- 난 영어하나로 세계일주 한다 / 실전실용영어 / 새로운 시작 / 호텔 · 관광 비지니스 실무영어 / 외식창업경영론 / 신관광사업총론 / 신관광용어사전 / 투어컨텍터 실무론 / 여행사 창업경영론 / 신관광법규론 / 관광자원론 / 여행사 현장매뉴얼 / 여행업 실무 / 관광여행영어회화 / 항공 · 관광용어 해설의 이해 / 관광과 정보 / 취업인터뷰 영어 / 관광법규의 이해 / 최신 호텔경영론 / 최신관광사업론 / 식음료서비스 관리론 / AI 관광자원해설의 활용 / 글로벌 토익 550 / AI 관광사업의 이해
- VIP라운지 이용고객의 항공사 선택속성과 고객 재구매 의도에 미치는 영향에 관한 연구
- 여행상품 브랜드 이미지의 생산성 향상에 미치는 영향
- 중국여행 상품의 특성에 따른 서비스 생산성 제고 전략
- 국제항공사 VIP라운지의 서비스 생산성과 전략적 위상에 관한 연구
- 직장 감정노동자의 인센티브 여행 체험이 직무만족과 경영성과에 미치는 영향 연구
- 항공사 VIP라운지의 고객차별화 전략에 관한 연구
- 홀세일러 여행사의 대리점 CRM이 소비자 재구매 의사에 영향을 미치는 연구
- 국제 항공서비스 요인이 항공사 선택 속성과 고객 재구매 의도에 미치는 영향에 관한 연구
- B2B 종사자 간의 CRM에 있어 신뢰만족이 상품추천의도에 미치는 영향에 관한 연구
- Leslie Marmon Silko 소설에 나타난 소수민족의 역사적 저항과 파괴 그리고 화해의 비전
- 대한민국 수출확대를 위한 호텔외식경영의 미각조사 연구(KIST 한국과학기술 벤처재단)
- A Study on Hawthorn's Humanism and Symbolism as depicted in the Scarlet Letter
- Revitalizing Korea and Indian Tourism Market through CEPA(영어논문)
- A Strategic Analysis of the Convergence of the On-line and Off-line E2B Business(영어논문) 외 다수

## 이소윤(李素潤)

**학력**

- 경희대학교 일반대학원 호텔관광학과 박사(관광학박사)
- 미국 New York Adelphi University ELS Master Course Certificate

**경력**

- 한국관광서비스학회 우수지도자상 수상(2022), 한국관광학회 신진연구자상 수상(2015), 글로벌 바리스타챔피언십 지도자상 수상(2017), 한국퍼실리테이터(CF), WSET Awards in Spirit(QCF) Spirit(칵테일, 주류) 자격, SCAE(유럽 스페셜티 커피인증바리스타), SSI KIKISAKE-SHI Certification(기키사케시, 일본 사케소믈리에), 한국커피바리스타 심사위원(JUDGE), 막걸리 소믈리에 출제위원
- 전, 가천대학교 관광경영학과 겸임교수 / 경희대학교 호텔관광대학 외래교수
  세종대학교 호텔경영학과 외래교수 / 한림성심대학교 호텔관광경영학과 외래교수
  유니버셜스튜디오코리아 Creative Department(개발기획팀) Korea Opening Team
  한국문화관광연구원 관광산업연구실, 관광정책연구실 (위촉)연구원
  (사)한국문화가치연구협회 연구실장, RealtyLab 도시개발연구소 여가명소화팀 팀장
  3S C&F 관광개발팀 팀장
- 현, 제주관광대학교 관광학부 호텔관광과 교수
  가이드미(festival & travel 전문 월간 매거진) 관광트렌드 칼럼니스트(2019~현재)
  제주특별자치도 호텔등급평가요원 / 경상남도여성가족재단 자문위원
  공공도시디자인 전문저널 『*Public Design Journal*』 전문위원
  농식품부 농촌축제 심의 자문위원 / 농식품부 농산어촌중심지 활성화사업 PM단
  한국 커피바리스타 심사위원(ADI), 관광개발설계사, 여가문화설계사 심의위원

**저서 및 논문**

- 넥스트투어리즘 / 최신관광법규 / 신관광자원론 / 여행사 창업경영론 / 신관광법규 외
- Family Support, Managerial Self-Efficacy, and Performance of Micro-Firms in Tourism Destinations During the COVID-19 Pandemic(영어논문), 2022.
- Cognitive appraisal theory, memorable tourism experiences, and family cohesion in rural travel(영어논문), 2021.
- 관광지 소기업의 사회적 자본이 경영성과에 미치는 직접효과와 경영자의 자기효능감이 가지는 매개효과 분석: 강원도 정선지역 상권을 중심으로, 2022.
- 기억할만한 관광경험이 농촌관광객의 SNS(Social Network Service) 게재의도에 미치는 영향: 경기도 양평 농촌체험마을을 대상으로, 2022.
- 지방정부 관광행정의 조직역량 분석 연구: 보령 축제관광재단의 형성과 발전 사례를 중심으로, 2020.
- 강원관광재단 중장기 경영전략 수립 연구, 2021.
- 경남관광재단 중장기 경영전략 수립 연구, 2021.
- 정선군 중장기 경영전략연구 수립 및 상권활성화 시범사업 실행, 2021.
- 농촌축제 지원사업 매뉴얼 개발 연구, 2020.
- 심적회계이론에 의한 테마파크 리조트의 프레이밍 전략
- 테마파크 번들링 상품의 프로모션 프레이밍이 구매의도와 매몰비용효과에 미치는 영향
- 스키리조트 다종묶음상품의 프레이밍 유형에 따른 매몰비용효과
- 사찰방문 관광객의 자연에 대한 심리태도 연구
- 선호분석(MDPREF)을 이용한 템플스테이 프로그램의 포지셔닝 연구
- 영상문화단지 개발요인에 관한 탐색적 연구
- 지리산 국립공원 지정 50주년 기념행사 및 프로그램 연구 개발
- 농림부 색깔 있는 마을 만들기 현장활동가 교육과정 프로그램 개발 연구
- 서울관광대상 2010 후보자 선정 및 공적조사 연구
- 템플스테이 심신치유 프로그램 활성화 전략 연구
- 광진구 지역활성화를 위한 관광객 유치 전략방안 연구
- 관광공급지표 개발연구
- 아시아문화중심도시 광주의 관광객 유치 활성화 전략 연구 외 다수

저자와의
협의에 의하여
인지를
생략합니다.

**글로벌 문화와 관광**

**초판 1쇄 인쇄** 2024년 3월 1일
**초판 1쇄 발행** 2024년 3월 5일

**저자** 정대봉 · 정 환 · 이소윤 | **발행인** 박성진 | **발행처** 대 왕 사
**등록** 1976년 11월 30일 제5~54호
**주소** 서울시 동대문구 외대역동로 133-1
**물류** 경기도 파주시 소라지로 176-25(송촌동 414-12)
**전화** (031)947-5471(代) | **팩스** (031)947-5470
**홈페이지** http://www.daewangsa.net | **이메일** dws74@hanmail.net
**값** 22,000원

ISBN 978-89-456-9303-7 93380